Heinrich Kemner Da kann ich nur staunen

Heinrich Kemner

Da kann ich nur staunen

Lebenslauf

R. BROCKHAUS VERLAG WUPPERTAL

ABC team

ABC team-Bücher erscheinen in folgenden Verlagen:
Aussaat Verlag Wuppertal/R. Brockhaus Verlag Wuppertal
Brunnen Verlag Gießen/Bundes-Verlag Witten
Christliches Verlagshaus Stuttgart/Oncken Verlag Wuppertal
Schriftenmissions-Verlag Gladbeck

3. Auflage 1985

Umschlaggrafik: Ralf Rudolph, Ratingen
Gesamtherstellung: Breklumer Druckerei Manfred Siegel

ISBN 3–417–12302–X

Höher heben aus dem Staube
kann nur eine heil'ge Schar,
die nicht nur der Schoß der Erde,
die der Glaube mit gebar,
die im Morgenrot des Lichts
betend auf Erfüllung harrt,
bis das ewige Geheimnis,
das kein Erdengeist ergründet,
kein Mysterium verkündet,
Jesus Christus offenbart.

Einführung

Unsere gelebte Rätselfrage

Vor einigen Jahren hatte ich in einer Studentengemeinde über das Thema »Wahrheitsbegriffe heute« zu sprechen. Ich entwickelte das Thema zunächst nach seinem philosophischen und theologischen Gehalt und kam dann auf die Kernfrage der jungen Leute – ich wurde sozusagen darauf gestoßen; denn nachdem ich den Wahrheitsbegriff der jonischen Naturphilosophie bis zur Scholastik, der Reformation und Aufklärung behandelt hatte und mich gerade zum komplementären Denken der Naturwissenschaft durcharbeitete, rief ein junger Professor mir zu:

»Uns interessiert nicht so sehr, was Sie uns an Schreibtischwahrheiten anzubieten haben; wir wollen wissen, was Ihre Wahrheit, Ihre gelebte Wirklichkeit ist!« Mir verschlug's die Sprache, so betroffen machte mich dieser Einwurf. Aber dann legte ich mein gelehrtes Manuskript – es hatte mich viel Mühe und eine Menge Zeit gekostet! – beiseite und begann mit der unmöglichen Möglichkeit, mein Leben zu beschreiben.

»Sie haben mir das Thema meines Lebens gegeben«, antwortete ich dem Professor und fuhr fort, ohne Konzept, jedoch so fließend zu referieren, als hätte ich mich tagelang mit nichts anderem als nur mit der Antwort auf diese so gar nicht professorale Frage beschäftigt:

»Wenn ich mich recht verstehe, ist mir die unterschwellige Unruhe meines Lebens schon als Teil der Schöpfungsordnung Gottes mitgegeben. Die Frage nach dem Woher – Wozu – Wohin, die bedrängende

Dringlichkeit dieser Frage ist es ja, die den Menschen umtreibt und die nur er – kein anderes Geschöpf – stellt. Aber von Sokrates bis Camus hat mir niemand Antwort gegeben. Das Geworfensein in diese Welt ohne Antwort hat mich dazu geführt, die Frage nach der Wahrheit dort zu stellen, wo Wahrheit und Wirklichkeit deckungsgleich sind. Ich fand nur einen, bei dem dies zutraf: Jesus Christus.«

Erstauntes Schweigen. Ich hatte Widerspruch erwartet.

»Wer wissen will, wo die Krisis von Wahrheit und Wirklichkeit unausweichlich für uns ist«, fuhr ich fort und suchte meine Position zu profilieren, »der stelle sich mit seiner Lebensfrage dem Kreuz Christi. Wer das ehrlich tut, steht in der Wahlentscheidung jener beiden Verbrecher, die zur Rechten und Linken von Jesus Christus gekreuzigt wurden. Die Krisis des Todes als Grenzfrage des Lebens erschöpfte sich für den Verbrecher zur Linken in dem Wunsch: ›Bist du Christus, dann steige herab vom Kreuz und hilf dir selbst und uns!‹ Seine Vorstellung von Wahrheit und Wirklichkeit war auf die Erhaltung seiner irdischen Existenz eingeengt. Die Hilfe, die er suchte, war die Veränderung seiner Verhältnisse, aber nicht die Veränderung seiner selbst. In seiner Wirklichkeitsdeutung wurde die natürliche Sehnsuchtshoffnung als Wahrheit für absolut gesetzt.

Ganz anders deuten sich Wahrheit und Wirklichkeit beim Schächer zur Rechten. Im Blick auf den Dorngekrönten begreift er seine Lebenswahrheit in dem Bekenntnis: ›Wir hängen mit Recht hier, aber ER hat nichts Unrechtes getan.‹ Angesichts des sterbenden Christus artikuliert sich die Grenzfrage seines Lebens in dem Seufzer: ›Herr, denke an mich, wenn du in dein Reich kommst!‹ Er erkannte in dem Gekreuzigten den Erhöhten und die Antwort auf seine Lebensfrage, und dies in ihrer zeitlichen Erfüllung und in ihrer ewigkeitlichen Ausrichtung. Nur wer sich angesichts des Kreuzes Christi der ewigen Wahrheit stellt und seine gelebte Lüge ins Licht dieser Wahrheit – nur der hört die Botschaft in ihrer beglückenden Seligkeit: ›Heute noch wirst du mit mir im Paradiese sein . . .‹«

Wieder unterbrach mich der Professor: »Wollen Sie etwa behaupten, daß wir alle Verbrecher sind?«

Ich ging das Risiko ein und sagte: »Genau das behaupte ich; es ist das Urteil, das Gott über uns im Kreuz Christi gefällt hat.«

Es kam zu einem Tumult. Einige Studenten wollten mich niederschreien. Ich appellierte an ihre Kinderstube und bat um die Gelegenheit, meine These im Sinne unseres Themas verteidigen und belegen zu dürfen. »Ich möchte in Ihrem Leben nicht nach blutroten Sünden suchen. In unserem Selbstverständnis sind wir doch alle, wie die Brüder Josefs es auch glaubten, ehrbare Leute. Diese tragische und konsequenzenreiche Selbsttäuschung erledigt sich jedoch in der Begegnung mit Jesus Christus.« Als ich auf die Unheimlichkeit der Selbstverliebtheit einging, auf die verlorene Zeit, die, im Selbstbezug gelebt, niemandem nützt, wurde es immer stiller. Es war eigentlich mein eigenes Sündenbekenntnis, das ich da ablegte. Und dabei entdeckte ich die Voraussetzung für jede Verkündigung; nämlich daß ich den andern am gewissesten erreiche, seine Vorbehalte überwinde – nicht wenn ich ihm sage, wer er ist, sondern wenn ich sage, wer ich bin. Nur wenn Gott uns selbst erreicht hat, finden wir auch den Schlüssel zur Lebensfrage des anderen. Aus jenem Abend wurde eine Nacht der Seelsorge, die vielen eine Veränderung über den Tag hinaus schenkte, und unter den vielen auch mir. Wir wirken niemals aus dem Gewollten Frucht, immer nur aus dem Geschenkten.

Wenn ich nun, nachdem die Höhe des Lebens überschritten ist, im Rückblick auf die Wegführung meines Lebens versuchen will, mein Leben recht zu sehen, dann geschieht das mit dem Gebet, daß nicht Selbstgefälligkeit, verborgene Eitelkeit und Wünsche mitspielen, die zur Folge haben, daß man Mängel und Schwächen retuschiert. Die Menschen der Bibel hatten das nicht nötig. Wer zu Jesus kam, wußte sich als Sünder. Und nur unter dieser Voraussetzung entdeckte er den Gottessohn.

So hat auch der Versuch einer Lebensbeschreibung nur dann einen Sinn, wenn der, der sie liest, unter all dem Fehlsamen, in all dem Versagen des Verfassers die Spuren Gottes in seinem Erbarmen entdeckt. Wer sich selber ein Denkmal setzen will, steht der Ehre Gottes im Wege. Unsere Werturteile sind immer Fehlurteile, wenn sie nicht beachten, daß Gottes Gnade größer ist als unser Herz. Da, wo bei Christen die Sünde sündig wird, ist die Gnade und Vergebung schon in Kraft. Wer deshalb ein Menschenleben nur nach ethischen Maßstäben beurteilt, wird auch in der besten Lebensbeschreibung nach Möglichkeiten suchen und finden, sich selbst hinter den Schwächen des anderen zu verbergen.

Das Alter hat der Jugend eins voraus: daß aus dem Erleben des Lebens Erfahrung geworden ist. Nun möchte ich nicht sagen, daß man auf die Erfahrung der Alten immer hören soll; aber sie hat dann Gewicht, wenn sie in Freiheit, Klugheit und Weisheit eingebettet ist. Eine Biographie hat Wert, wenn sie überzeugt, daß die Fehler, die der andere gemacht hat, im eigenen Leben vermieden werden können, wenn man sich der Lebensfrage des anderen stellt. Sie kann für einen jungen Menschen Anstoß werden, wenn dieser sich im anderen entdeckt. Eine Lebensbeschreibung ist ein Spiegel und mehr als das, wenn sie prägendes Vorbild ist.

Wenn ich heute zurückdenke, bin ich dankbar, daß ich in jungen Jahren wohl am meisten beeindruckt wurde durch die Lebensbeschreibungen großer Männer. Wie habe ich die Biographien von Bodelschwingh, Livingstone, Hudson Taylor, Williams, Wesley, Bismarck und anderen verschlungen. So wie ich hat jeder junge Mensch, wenn er ehrlich sucht und fragt, das Verlangen, sich an Persönlichkeiten zu orientieren. Lebensbeschreibungen können helfen, den Klärungsprozeß von einer erfüllten Mitte her durchzuhalten.

Von einem Studenten wurde ich gefragt: »Wie wird man eine Persönlichkeit?« Ich antwortete ihm, nicht die Hochschule mache aus ihm eine Persönlichkeit, sondern die überzeugende Ausrichtung seines Lebens.

Der Idealismus behauptete, höchstes Glück der Erdenkinder sei doch die Persönlichkeit. Hier wird vorausgesetzt, daß eine Selbstfindung im Eigenen möglich ist. Im Evangelium ist das anders. Die Veränderung durch Christus wandelt Personsein zur Persönlichkeit. Der Glaube an Jesus Christus schenkt neues und erfülltes Leben. Als die Jünger in der Gefahr standen, sich darüber zu freuen, daß ihnen Dämonen untertan waren, und diese Tatsache als ihren Erfolg buchen wollten, sagte Jesus: Freut euch, daß eure Namen im Himmel angeschrieben sind. Es geht nicht um Erfolg, es geht um Frucht. Jedes Menschenleben ist vorgeprägte Form, die sich lebend entwickelt, hineingeworfen in eine Fragestellung, die im Woher und Wohin Antwort sucht.

I. Die Kindheit

Der Lebensraum – ein alter westfälischer Hof

Bewußtwerdung geschieht zunächst in den Grenzen, die durch Elternhaus, Umgebung und die gemeinschaftsbildenden Kräfte der Umwelt bestimmt sind. Niemand kann die Stätte seiner Geburt bestimmen. Sie kann wie die ererbten Veranlagungen eine Mitgift bedeuten, die sich schicksalhaft als Verhängnis oder als vorlaufende Gnade auswirkt.

Vor vielen Jahren hatte ich einen Heiligabendgottesdienst in einem Zuchthaus angenommen. Ich predigte über das Jesajawort: »Kann auch ein Weib ihres Kindleins vergessen, daß sie sich nicht erbarmte über den Sohn ihres Leibes? Und ob sie desselben vergäße, so will ich doch dein nicht vergessen. Siehe, in meine Hände habe ich dich gezeichnet, deine Mauern sind immer vor mir« (Jes. 49,15f.). Als ich von der Mutterliebe sprach, wie ich sie erfahren hatte, schrie ein junger Zuchthäusler mitten in der Predigt auf und schluchzte: »Diese Liebe habe ich nie gekannt!«

Als ich nach der Andacht bei ihm in der Zelle saß, wurde mir das Geschenkte dankbar bewußt. Der junge Freund war in einem Kellergeschoß in Hamburg von einem Mädchen der Nacht geboren. Sein Vater war Zuhälter und Trinker. In der Schamlosigkeit aufgewachsen, vom Evangelium nicht berührt, war sein Weg praktisch vorgezeichnet. Mit achtzehn Jahren war er schon ein Mörder.

Womit habe ich es verdient, daß ich das Licht der Welt auf einem Minden-Ravensberger Bauernhof erblicken durfte? Wie ist es möglich, daß mein Jugendland sich auf der zarten Membran des Herzens wie ein Traumland ausmacht, wo ich die Grenze zwischen Einbildung und Wirklichkeit oft nicht mehr genau sehe? Mit der Bewußtwerdung meines Lebens begann das zaghafte Eintasten in eine Welt, die entdeckt sein wollte, um Begegnung zu werden. Diese Begegnung ist für mich nicht deutbar, ohne daß sie verklärt wird von Kräften, die ich erfuhr, die ich jedoch schwer oder nur im ehrfürchtigen Staunen deuten kann. Der Elternhof war für mich ein Stück lebendige Geschichte.

Wie nahezu alle niedersächsischen Bauernhäuser schmückten auch unseren Dachfirst die beiden Pferdeköpfe, und die Giebelfront aus Fachwerk trug über dem riesigen Dielentor den vom Alter geschwärzten Balken mit dem sorgfältig nachgezogenen uralten frommen Spruch: »An Gottes Segen ist alles gelegen.«

Jedesmal, wenn ich später nach Hause kam und unter dem Spruch durch die kleinere Tür im Dielentor eintrat, umwehte mich etwas, was mit Ahnen, Dauer, Beständigkeit zu tun hatte. Auch als die Küche schon modernisiert und der Räuchervorgang vollautomatisiert war, roch ich noch das damals im Rauchfang hängende Fleisch von der letzten Schlachtung und den Ruß vom Herdfeuer, der in den rauchgeschwärzten Balken festhing. Ich brauchte nur an den uralten Truhen oben zwischen den Schlafzimmertüren vorbeizukommen, und schon stiegen mir unsere Kinderstreifzüge vom Keller bis oben in den dritten Speicher, wo wir auch die letzten Winkel und Ecken des strohgedeckten Hauses durchstöberten, in die Erinnerung. Alles war alt und deshalb geheimnisumwittert.

Jugend will Entdeckungen, und wenn diese zu Begegnungen werden, prägen sie den Charakter.

Meine früheste Erinnerung ist wohl der Augenblick, als ich mich mit meinen Kinderhänden an der Kante des großen Eichentisches emporreckte und in die irdenen Teller spähte, um zu erfahren, was gegessen wurde. Morgens weckte uns das Scheppern der Milchkannen und im Spätsommer der geräuschvolle Takt der Dreschflegel – wer uns damals von der Dreschmaschine oder gar dem Mähdrescher erzählt hätte, wäre als Phantast verlacht worden. Wenn es heute schon für den Bauern keinen Achtstundentag gibt, so ging damals das Tagewerk fast rund um die Uhr. Ich kenne Bäuerinnen, die stehend an eine Leiter gelehnt etwas geschlafen haben. Für mich sprang beim Dreschen mit den Flegeln bald eine nicht gerade angenehme Tätigkeit heraus: Ich mußte dann oft stundenlang die Wehemühle drehen, mit deren Windgebläse das Korn gereinigt wurde. Ja, das war noch eine andere Welt!

Ich war ältester Sohn, im Jahre 1903 geboren, und gehörte zu dem Jahrgang, von dem man später sagte, er sei in bezug auf den ersten Weltkrieg »zwischenzeitlich« gewesen. An die Geburtsstunden meiner drei Geschwister kann ich mich noch schwach erinnern. Uns erzählte man damals ja noch das Märchen vom Klapperstorch und daß die Storchentante, die Hebamme, die mit einer großen Tasche in die Häuser ging, wo Kinder geboren wurden, diese vom Storchenvater überbrachte. Natürlich fanden wir, daß unsere Mutter irgendwie am Kinderkriegen beteiligt war. Sie stillte ja das Neugeborene und brauchte erstmal Ruhe und Pflege. Aber da der Vater jedesmal eine ansteckende Freude ausstrahlte, fanden wir es auch herrlich, wenn die Storchentante uns das Geschenk des neuen Erdenbürgers in die Wiege legte. Die Wiege war auf dem Bauernhof eine Selbstverständlichkeit. Ich habe sie oft, wenn meine Geschwister schrien, so hart geschaukelt, bis die Säuglinge wahrscheinlich in einer gewissen Seekrankheit zum Schweigen kamen.

Der Elternhof datierte geschichtlich weit zurück. Wie mein Vetter, ein Jurist, bei der in der Nazizeit obligatorischen Ahnenforschung festgestellt hat, ist der Name Kemner, der dem Hof durch die Einheirat meines Großvaters gegeben wurde, fast bis in die Tage des Sachsenherzogs Widukind als Bauerngeschlecht nachweisbar und geht vermutlich darauf zurück, daß der ursprüngliche Inhaber dieses Namens Kämmerer – althochdeutsch *chamaran*, mittelhochdeutsch *kameraere* – bei einem Adelsgeschlecht war. – Es war vor allen Dingen mein Großvater, der mir immer wieder bewußt machte, daß ich zum Bauernadel gehöre, was Vorbild und Verpflichtung bedeute.

Die Persönlichkeit meines Großvaters hat sich mir tief eingeprägt. Wie es auf den Höfen Tradition war, bekam ich als Ältester seinen Vornamen. Ich war unter den Kindern sein Liebling. Bei ihm suchte und fand ich Rückendeckung, wenn mich mein Vater nach irgendeinem dummen Streich bestrafen wollte. Als ich einmal während eines Streits mit einem Stein nach meinem Bruder geworfen hatte, lief ich, um der Bestrafung zu entgehen, zu diesem Opa. Er nahm mich so sehr in Schutz, daß mein Vater keine Möglichkeit der Bestrafung hatte. Nach dem Tode des Großvaters hatte mein Vater Not mit mir. Wie weit es ihm gelungen ist, eine in dieser Hinsicht falsche Erziehung zu korrigieren, bleibt offen.

Die mancherlei Ämter dieses Großvaters sowohl in der politischen als auch in der Kirchengemeinde verliehen ihm Ansehen. Sein Rat wurde gehört, und seine Erfahrung war gefragt. Wenn ich an ihn denke, werden mancherlei Erinnerungen wach. In den Jahren, als die Dreschmaschine in unserem Dorf eingeführt wurde, war es Großvater, der mich an die Hand nahm und mir das Geheimnis der Dampfmaschine erklärte, die den Dreschkasten in Bewegung setzte. Auf sein Geheiß hin mußte ich bei jeder Schweineschlachtung, wenn das Schwein gefesselt war, den Schwanz des Tieres halten. Ob er meinte, eine solche Abhärtung könne dem sensiblen Knaben nichts schaden?

Meine Großmutter habe ich nicht gekannt. Sie hatte vier Söhnen das Leben geschenkt. Mein Vater als Jüngster war nach der Westfälischen-Höfeordnung der Erbe. Der eine Bruder wurde Rektor im Schuldienst, die beiden anderen heirateten in bäuerliche Betriebe ein. Die Großmutter war eine fromme Frau. Ihr Wesen war nicht frei von Schwermut, und so ist sie durch manche Anfechtung im Glauben gegangen. Vor ihrem Tode war sie den Anfechtungen entnommen, sie durfte – die Familie empfand den Wechsel ihres Befindens als eine besondere Gnade – in der Getrostheit des Glaubens heimgehen.

Nach dem Tode der Großmutter heiratete mein Großvater bald wieder. Die Führung der Wirtschaft, Haus, Hof und vier Söhne verlangten das. Mein Vater konnte sich noch gut an die Hochzeit erinnern, weil es als Hochzeitsgericht einen Eintopf, »saure Fizebohnen«, gegeben hatte. Diese Großmutter wurde mir im eigentlichen Sinne zur »Oma«. Sie hat mich sehr verwöhnt. Wenn ich artig war, durfte ich morgens zu ihr ins Bett kriechen. Wenn ich dann wie ein Mops im Stroh neben ihr lag, kam regelmäßig die Bitte: »Oma, erzähl mir eine Geschichte aus der Bibel!«

Ob es nun Einbildung war oder nicht – ich meine heute noch, daß ich niemals wieder die biblischen Geschichten so unmittelbar als Begegnung mit Gott übersetzt bekommen habe wie durch diese Oma. Es war nicht nur der Inhalt, den sie erzählte, sondern die Art, die bei mir ankam und zu Herzen ging. Eine Geschichte ist mir besonders erinnerlich: der brennende Dornbusch bei Mose. Sie hatte mir den Sachverhalt so lebendig vorgetragen, daß ich am Nachmittag beim Kühehüten den Dornbusch vom Horeb an unseren Wiesenrain versetzte. Lange habe ich gebetet: »Lieber Gott, wenn du da bist, dann laß diesen Dornbusch doch auch endlich brennen, damit ich deine Stimme, wie einst Mose, höre!« Dieses kindliche Gebet hat Gott viele Jahre später in anderer Weise, als ich dachte, erhört. Der Stundenschlag der Uhr Gottes stimmt eben nicht immer mit unserer Uhr überein.

Ich erinnere mich auch noch, daß auf dem Eckbord neben der Bibel Goßners Herzbüchlein stand. Die Oma war es, die mich davon überzeugte, daß all die Tiergestalten Wirklichkeiten des menschlichen Herzens bedeuteten, die sich auch in meinem Leben als Versuchungen bemerkbar machen konnten. Als ich vor Jahren in Afrika vor farbigen Pfarrern sprach und ich sie nach ihren Wünschen in theologischer Literatur fragte, war ich erstaunt, daß ein Pastor mich bat, ihm Goßners Herzbüchlein zu schicken. Das Bildhafte liegt offenbar der Wirklichkeit unseres Lebens näher als der kluge Gedanke.

Mein Gedächtnis hat auch den Augenblick festgehalten, als durch unser Dorf das erste Fahrrad fuhr. Als ich mit der Oma vor der Hoftür stand und der Mann auf dem hohen Stahlroß an uns vorbei trampelte, fragte ich:

»Oma, was ist das?«

»Junge, dat is de Düwel«, antwortete sie.

Ich hatte mir den Teufel mit Hörnern und Schwanz, also ganz anders vorgestellt und war erstaunt, ihn nun in menschlicher Gestalt zu sehen. Wenig später habe ich diese Erklärung für einfältig gehalten. Heute, im Zeitalter der Neutronenbombe, legt sich mir die Erkenntnis nahe: Was kein Verstand der Verständigen sieht, das ahnet mit

Einfalt ein kindlich Gemüt. Der Siegeslauf der Technik bekam damals ein rasantes Tempo. Heute befürchten wir ein Ende im Chaos. Was wird kommen, wenn die Steuerung versagt?

Gut kann ich mich noch erinnern, wie mein Großvater sich anschickte, die letzte Reise anzutreten. Beim Heiligen Abendmahl durfte ich zusehen. Wenige Tage vor dem Tode schickte mich meine Mutter zu der Oma Buchholz mit der Bitte, meinen Großvater zu besuchen. Sie lebte mit ihrer Schwester als Näherin in einer bescheidenen Wohnung. Wenn sie auch als arm galten, so hatten sie doch, und insbesondere die Schwester Charlotte, ein hohes Ansehen. Mir ist sie im Kindesalter oft als eine Heilige erschienen. Auf ihrem Gesicht lag ein Glanz, so schien es mir, der Glanz einer anderen Welt. Man merkte es schon in der Begegnung, daß sie eine betende Frau war. Wenn ich ihr auf der Straße oder sonstwo begegnete, hatte ich immer den manchmal nicht angenehmen Eindruck, daß sie mich durchschaute. In Nöten der Anfechtung war sie für viele im Dorfe die Beichtmutter. Man ging sehr oft nicht zum Pfarrer, wenn man Trost und Antwort suchte, sondern zu der Oma Buchholz. Der Pastor Karl Gottschalk, dem ich viel im Glauben verdanke, hat mir später berichtet, daß die Oma Buchholz auch seine Beichtmutter war. War es da ein Wunder, daß sie an das Sterbebett meines Großvaters gerufen wurde?

Als sie in das Sterbezimmer ging, sah ich ihn in Unruhe und Angst. Sie war dann mit ihm allein. Als sie nach einiger Zeit das Zimmer verließ, lag ein großer Friede auf dem Gesicht des Sterbenden. Die Veränderung beeindruckte mich tief. Mein Vater hat mir später berichtet, daß er danach zum Großvater gerufen wurde, der ihm eine letzte Mahnung gab: »Junge, schieb du das Wichtigste in deinem Leben nicht auf! Fang du eher damit an als ich!«

Vom Vater hab' ich die Statur . . .

Die Erziehung des Kindes beginnt in der Begegnung mit Vater und Mutter. Wer die Familie gefährdet, tastet den empfindlichsten Kern menschlicher Gemeinschaft an. In der Seelsorge an den Drogen-Rehabilitanden zeigt sich heute, wie das Werden des Menschen von der Struktur des Elternhauses abhängig ist. Die ererbten Veranlagungen und Eigenschaften kristallisieren sich in der Erziehung und in der Umgebung zum Personsein.

Vor einiger Zeit war ich erschrocken, als ein Rehabilitand zu mir kam, der mich bat, mit ihm zu beten, weil er gegen den unwiderstehlichen Drang kämpfen müsse, seinen Vater zu ermorden; gleichzeitig hing er mit Liebe und Verehrung an seiner geschiedenen Mutter. Die Seelsorge machte einsichtig, daß der Grund für diese Entwicklung in dem Erlebnis der furchtbaren Szenen seines Elternhauses lag. Liebe und Haß sind eines Lichtes Flamme. Als der Vater neulich den Jungen besuchte, schlug ihm der Junge die Türen seines Mercedes ein.

Ich denke auch an ein Mädchen, das vor Jahren in der Schweiz zu mir kam. Der Vater hatte im betrunkenen Zustand die Türen verwechselt und statt bei seiner Frau bei der Tochter geschlafen. Ihr Leben schien ruiniert, weil sie ein Kind vom eigenen Vater hatte. Nach ihrer Lebensbeichte stand sie verlegen vor mir. Auf meine Frage sagte sie: »Ich habe nur einen Wunsch: Ich möchte einmal in meinem Leben echt Vater sagen können. Darf ich Sie so anreden?« Dieser Augenblick, als ich ihr die Bitte gewährte, hat ihr ganzes Leben verändert.

Auch mein junges Leben wurde geprägt von Vater und Mutter. Vater war von großer bäuerlicher Statur und besaß alle charakterlichen Eigenschaften einer Respektsperson. Ich habe immer mit Hochachtung, sogar mit einer gewissen Scheu, zu ihm aufgeblickt. Er hatte Neigung zur Schwermut, war gelegentlich auch übergewissenhaft. Niemals habe ich erlebt, daß er die Unwahrheit sagte. In der Ehe, im Umgang mit dem Gesinde und den Häuerlingen war er vorbildlich. Da er in der Grundhaltung seines Denkens konservativ war, mußte jeder Fortschritt in der Wirtschaft von der Mutter angestoßen werden. Er gab sich in der Rede nie aus, war oft wortkarg und urteilte nur mit Zurückhaltung. Nach seiner Meinung redete ich zuviel; und ehrlicherweise muß ich bekennen, daß die fortschrittlichen Anregungen, die fast immer von unserer Mutter bejaht und vielfach auch durchgeführt wurden, Vater oft als rückständig erscheinen ließen. Das bewährte Alte schien ihm wertvoller als das ungewisse Neue.

Sein Wesen war frei von Eitelkeit und Hochmut. Wenn ich sein Urteil suchte, war das nicht immer leicht. Ich versuchte entweder den Weg über die Mutter, oder ich trug ihm die Frage selbst vor. Wenn er dann keine Antwort gab, stellte ich nach einer Weile die gleiche Frage, ging aber so nahe an ihn heran, daß ich ihm ins Auge schauen konnte. Im Zwinkern seiner Augen fand ich dann ohne Worte doch eine Antwort.

Für mein Gebetsleben habe ich aus diesem Erlebnis mancherlei gelernt. Müssen wir nicht auch an den Herrn, der sagt: »Wer bittet, nehme in Glaubenszuversicht«, so nahe herangehen, daß wir im Blickwechsel mit ihm die Bitten als empfangen nehmen können, die wir von ihm erbeten haben?

Meine Eltern

Unser Vater war ein tiefgläubiger Christ. Der Kirchgang war für ihn wie für das ganze Haus selbstverständlich. Gottes Wort, Andacht und Gebet gehörten auf dem Elternhof zum täglichen Brot. Vater besuchte gelegentlich die Bibelstunden der Gemeinschaftskreise, beteiligte sich auch an den Aussprachen oder hielt selbst eine kurze Andacht. Aber der Grund seines Wesens war vom lutherischen Pietismus geprägt.

Als er auf dem Sterbebett lag, besuchte ihn ein Gemeinschaftskreis und bat ihn, sich ein Lied zu wünschen. Er bat um das Lied »Aus tiefer Not schrei ich zu dir!« Das hat manchen der Chorsänger leicht befremdet. Aber gerade dieses Lied entsprach seiner Grundhaltung.

Vater hatte seine Militärdienstzeit beim ersten Garderegiment in Potsdam abgedient und war hier zeitweilig Bursche bei einem Hauptmann, der durch den General von Viebahn zum Glauben gekommen war. Dieser Hauptmann empfahl nun seinem Burschen, den CVJM in Berlin-Wilhelmstraße zu besuchen. Der sagte zu, schob die Einladung aber so lange hinaus, daß der Hauptmann schließlich unwillig wurde. Um den Mahner loszuwerden – so erzählte es uns der Vater – entschloß er sich, einmal hinzugehen. Und dieses eine Mal wurde für ihn zur Begegnung mit Jesus Christus. Sie traf auf eine religiöse Grundhaltung, die in Notzeiten zum Gebet und auch zu beeindruckenden Gebetserhörungen führte.

Es gibt im Christenleben keinen Zufall. Als mein Vater die Tür zum Versammlungssaal in der Wilhelmstraße aufmachen wollte, stand vor ihm der Forstmeister von Rothkirch. Er nahm meinen Vater wie einen alten Bekannten in den Arm, humpelte – er trug ein Holzbein – nach vorn, stellte den großen Gardisten dem ganzen Kreis vor und überwand in seiner geheiligten Natürlichkeit alle Hemmungen meines Vaters. Nach der »Stunde« lud er ihn dann noch zum Kaffee ein. Die Unterhaltung war schließlich zu Ende, und mein Vater wollte gehen. Da trat in liebevoller Vollmacht von Rothkirch mit der Frage an ihn heran, ob er sein Leben mit Gott über Jesus schon in Ordnung gebracht habe. Von meinem Vater habe ich nie erfahren, was danach geschah. Aber so viel hat er mir doch angedeutet, daß v. Rothkirch ihn mit einer unaufdringlichen Selbstverständlichkeit zum Glauben an Jesus als seinen Heiland führte. Der Traditionsglaube war nach der Beichte überholt durch das Wissen im Herzen von der Vergebung der Sünden.

Vater war mit dem alten Bodelschwingh gut bekannt und setzte sich für Bethel ein, wo er nur konnte. Mit eindrücklichen Worten mahnte dieser die Leute, für Bethel zu geben. »Ihr werdet mir im Himmel noch danken«, höre auch ich Bodelschwingh noch sagen, »daß ich euch das Geld überhaupt abgenommen habe!«

Vater meinte deshalb, auch weil bei Bodelschwingh Wort und Tat übereinstimmten, müsse man vor einer Begegnung mit ihm immer genau überlegen, wieviel Geld man mitnehme. Bodelschwingh überzeuge einen zu schnell von der Tatsache, daß das Unnützeste, was es gebe, jenes Geld sei, das man für sich behalte.

Eines Tages machte sich Vater wieder einmal zum Besuch des Betheler Missionsfestes fertig. Ich stand als Junge gerade hinter ihm, als er den Geldschrank öffnete und ihm einen Hundertmarkschein entnahm.

In diesem Augenblick durchzuckte mich der Gedanke: Für die Handwerksburschen in Bethel hat er Geld, und seine eigenen Kinder sollen immer sparen . . . »Vater, soviel?« platzte ich heraus.

Er sah mich kurz an, sprach kein Wort, drehte sich um und nahm noch einen Schein. Ich fürchte, er hätte bei weiteren Fragen den ganzen Geldschrank ausgeräumt. Aber diese väterliche Predigt hat mein Leben lang nachgewirkt.

Vielleicht prägen uns jene Erlebnisse mit unseren Eltern und Erziehern am stärksten, die uns demütigen – allerdings nur dann, wenn der Demütigung die Hilfe gefolgt ist. Ich erinnere mich an einen heftigen Streit mit meinem Bruder, in dessen Verlauf ich ihn arg verprügelt hatte. Ich wußte: Die Strafe von meinem Vater war mir so sicher wie das Amen in der Kirche.

Mein lieber Schutzpatron, der Großvater, war tot, und so zog ich mir vorsorglich zwei Hosen an. Aber, o Wunder, am Abend geschah zu meinem Erstaunen nicht das geringste. Nun – aufgeschoben ist nicht aufgehoben, die Strafe würde wohl am anderen Morgen folgen. Aber auch jetzt geschah nichts. Sehr bald sollte ich aber merken, daß die Strafe im Vollzug war: Mein Vater sprach kein Wort mit mir, ich war für ihn Luft. Die Erleichterung des Augenblicks wandelte sich bei mir in Bedrückung, das Schweigen des Vaters zur Hölle. An einem der folgenden Abende reifte bei mir schließlich der Entschluß des verlorenen Sohnes: Ich will zu meinem Vater gehen . . . Leise erhob ich mich von meinem Bett, öffnete die Tür zum Schlafzimmer der Eltern und schlich mich an Vaters Bett. Er schaute mich verwundert mit großen Augen an. Ich stammelte: »Vater, es tut mir leid; verhau mich, ich habe es verdient. Ich kann ohne dein Wort nicht schlafen.«

In seinen Augen lag ein Leuchten, als er mich in den Arm nahm und sagte: »Es ist gut, daß du gekommen bist; bist doch mein Junge! Nun leg dich hin und schlaf gut!« Dann geschah etwas, was ich bei meinem Vater nur noch einmal erlebte, als er Soldat wurde: Er gab mir einen Kuß.

Es muß in jenen Jahren gewesen sein, als Vater und ich im Wiehengebirge von einem Gewitter überrascht wurden. Wir standen schutzsuchend unter einer Buche, als der Blitz in eine nahe Eiche schlug. Damals empfand ich Vaters Hand, das Wissen, daß er bei mir ist, als ein großes Glück.

Als ich später das Examen in der Tasche hatte und damit die Qualifikation, einen landwirtschaftlichen Großbetrieb zu leiten, hielt ich viel von der Theorie und weit mehr von meinem Urteil als dem des Vaters. Die Korrektur erhielt ich Jahre später, als ich – inzwischen Oberinspektor eines Rittergutes – mit meinem Vater durch die elterliche Wirtschaft ging. Ich hörte aufmerksam den Erklärungen meines Vaters zu, als dieser plötzlich stehenblieb, mich anschaute und sagte: »Junge, du hast dich verändert.« Als ich ihn fragend anschaute, fuhr er fort: »Du hast keine Widerworte mehr.« Ich begriff: Wenn man selber einen Betrieb leiten muß und sich selbstkritisch überprüft, weiß man erst, wie viele Fehler man macht.

Am größten wurde mir der Vater in seinem Sterben. Als ich am letzten Morgen an seinem Sterbebett saß, fragte ich ihn, ob er noch einen Wunsch habe.

»Lies mir noch einmal das Kapitel vor«, bat er.

Ich wußte, was er meinte. Für ihn gab es in der ganzen Bibel nur ein Kapitel. Ich schlug Jesaja Kapitel 53 auf: »Fürwahr, er trug unsere Krankheit und lud auf sich unsere Schmerzen. Die Strafe liegt auf ihm, auf daß wir Frieden hätten . . .« Beim Hören dieser Worte veränderte sich sein Gesicht wie eine Landschaft nach regenverhangenen Tagen, wenn die Sonne durchbricht. Ich hatte den Eindruck, daß er mich nicht mehr wahrnahm, daß der Tod ihn schon berührte.

»Vater«, bat ich, »gib mir noch ein Segenswort!«

Er legte seine Bauernhand auf meinen Kopf, schaute mich an und sagte: »Du hast den schönsten, aber auch den schwersten Beruf; aber was du bist, sei ganz!«

Es waren seine letzten Worte an mich. Sie hängen als dauernde Mahnung über meinem Schreibtisch. Wo anders hatte Vater die Ganzheit gefunden, die Völligkeit der Hingabe, als allein unter dem Kreuz Christi! Wenn überhaupt, konnte auch ich sie nur hier finden.

Als wir Vater begruben, erging es mir wie Matthias Claudius, der bekannte: »Wir haben einen guten Mann begraben, und mir war er mehr.«

. . . von Mütterchen die Frohnatur

»Gebt mir Mütter, und ich will die Welt retten!« – mit diesem Wort deutet Augustin einen Notstand an, der mir besonders in unseren Tagen von höchster Bedeutung zu sein scheint. Die Erfahrung lebendiger Mütterlichkeit macht – bewußt und unbewußt – unser Leben reich. Man hat mir nachgesagt, ich sei nicht ganz frei von einem Mutterkomplex; und wenn ich mich selber kritisch besehe, muß ich zugeben, daß an dieser Bemerkung etwas Wahres ist. Wenn sich in all den Jahren seelsorgerlicher Gespräche die Randprobleme auf das Eigentliche zu konzentrieren begannen, stieß ich zu oft auf diesen Mangel an erlebter Mütterlichkeit, als daß ich diesem Problem nicht nachgegangen wäre. Es ist ja nicht nur das frühkindliche Defizit, sondern so häufig auch die fehlende mütterliche Begleitung des Jugendlichen, die sich so katastrophal auswirken.

Goethe hat im Zweiten Teil des Faust das Zurücksuchen unseres Lebens zur Mütterlichkeit klassisch formuliert, und es ist nicht übertrieben, wenn man feststellt, daß bei manchen unserer katholischen Mitchristen die Mutter Maria einen höheren Stellenwert hat als Christus selber. In einer Marienandacht, die ich einmal miterlebte, gelang es dem katholischen Pater durch seine Predigt und die Mystik des kirchlichen Raumes, mich so an meine eigene Mutter zu erinnern, daß mir die Tränen kamen.

Mütterlichkeit ist ein Geheimnis, das verborgene Quellen hat; sie ist für den, der sie erlebt, Gnade und Geschenk. Da können die

Freud'schen Analysen, die versuchen, den Menschen vom Eros her aufzuschlüsseln, wenig überzeugen. Martin Buber hat hier klarer gesehen, wenn er darauf hinweist, daß, wer das Menschenbild deuten will und dabei den Eros absolut setzt, verkennt, daß der Mensch mehr ist als ein biologischer Komplex. Ich empfinde es als eine Tragik, als eine Verkennung des Menschen in seiner Lebensfrage, ja, eine gefährliche Selbsttäuschung, wenn man heute mit allen Mitteln der Massenmedien die Jugend glauben machen will, sie habe Anspruch auf Lust – Anspruch auf Befriedigung sexueller Bedürfnisse. Dieser Anspruch macht aus den Jugendlichen nicht nur seelische und körperliche Krüppel; er gefährdet jede Ehe, die ihre Erfüllung allein hier sucht.

Mir sagte ein sterbender Arzt, der drei Ehescheidungen hinter sich hatte: »Die größte Täuschung meines Lebens war die Einbildung, daß ich bei der nächsten Frau mehr Erfüllung finden könnte als bei der bisherigen. Ich wechselte nur die Schwierigkeiten.« Der Machtkampf der Geschlechter wird nicht nur von den Frauen bezahlt, sondern auch von den Kindern, die weder väterliche Väter noch mütterliche Mütter haben, sondern nur noch austauschbare Funktionäre, die ihre Nachkommen versorgen.

Auch der Gedanke an meine Mutter läßt mich dankbar an die vorlaufende Gnade meines Schöpfers denken. Mutter war, im Gegensatz zu meinem Vater, in der äußeren Erscheinung eher zierlich und behende, so daß ich mit Goethe sagen kann: »Vom Vater erbt' ich die Statur, des Lebens ernstes Führen; vom Mütterchen die Frohnatur, die Lust zum Fabulieren!« Das Fabulieren freilich hätte, wie sich später in der Entwicklung zeigen sollte, mir auch zum Verhängnis werden können.

Mein Vater hatte sich seine Frau »hinter dem Berge« geholt; der Hof, auf dem sie aufgewachsen war, lag jenseits des Wiehengebirges. Wenn wir Kinder mit den Eltern über das Wiehengebirge wanderten, um die Großeltern zu besuchen, war das immer ein wundervolles Erlebnis. Wir gingen dann an der Babylönie vorbei, wo der Sachsenherzog Wittekind seine Burg gehabt haben soll. Der Vater erzählte unterwegs die Geschichte der Höfe, die am Weg lagen, von den Sattelmeiern in Enger, die einst zur engsten Gefolgschaft des Herzogs gehört hatten. Gespannt hörten wir zu, wie der getaufte Wittekind zu seiner Grabkirche kam: Er wollte dort begraben werden, wo man am schnellsten eine Kirche errichtet hätte. Bünde, Herford und Enger beteiligten sich an diesem seltsamen Wettbewerb. Sieger wurde Enger, weil man die Kirche zunächst ohne Turm errichtete. Hier liegt Wittekind nun auch begraben.

Von einer bestimmten Stelle aus konnte man über die Ravensberger Mulde hinweg das Denkmal Hermanns des Cheruskers auf dem Teutoburgerwald bei Detmold erblicken. Das alles schuf in uns Heimatbewußtsein, auch ein ausgeprägtes Nationalbewußtsein, das ich mir ohne diesen historischen Hintergrund kaum denken kann. Das erhobene Schwert des Cheruskers, der im Jahre 9 nach Christus die Schlacht im Teutoburgerwald gegen die römischen Legionen des Varus gewann, trägt die Inschrift: »Deutschlands Einigkeit meine Stärke, meine Stärke Deutschlands Macht.« Das war das Disneyland meiner Jugend.

Von allen Verwandtenbesuchen schätzte ich den auf dem Großelternhof mütterlicherseits am meisten. Wenn wir über den Berg gewandert waren und dort ankamen, oder auch mit dem Kutschwagen durch die Berglücke am Limberge vorbei den Hof erreichten, gab es immer einen festlichen Empfang. Meine Mutter und ihre Geschwister hingen zusammen wie die Kletten. Regelmäßig gingen die Erwachsenen nach dem Kaffee, der für uns Kinder aus Milch und riesigen Kuchenbergen bestand, über die Ländereien, um den Stand des Getreides zu begutachten, während es uns Kinder zur Jugend in der Nachbarschaft zog, mit der wir, der kindlichen Spiele bald müde, in den nahen Waldern verschwanden. Wir erzählten uns Räuber- und Gespenstergeschichten und suchten auf der Babylönie nach dem verborgenen Eingang zur unterirdischen Burg Wittekinds, in der er wie der Kaiser Barbarossa im Kyffhäuser bei märchenhaften Schätzen überlebe.

Versüßt wurden die Besuche auch durch ein ausgeklügeltes Mitbringselritual. Die kleinen Geschenke für uns Kinder waren immer in ein großes rotes Tuch gebunden, und es ist wohl verständlich, daß wir bei aller Herzlichkeit der Verwandten doch immer wie die Schießhunde auf der Lauer lagen, wann endlich das geheimnisvolle Tuch aufgeknotet würde.

Onkel Kaspars Hof bot uns ganz andere Vergnügungen. Dieser Onkel betrieb neben seiner Landwirtschaft eine Getreidemühle. Ach, was gab es da in Neuemühle alles zu entdecken! Das schwere Mühlenrad, der Bach mit seinem Geplätscher, die vielen Teiche mit Rohr und Schilf! Wenn wir nicht badeten, suchten wir uns in einem Holztrog auf dem Wasser fortzubewegen. Wir neckten die Schwäne, die, wenn die Reizschwelle überspielt war, zum Angriff übergingen und uns mit schlagenden Flügeln verfolgten. Und wenn dieser Onkel Kaspar erzählte, lag in seinem Tonfall eine Musik, in seinem Gesicht und den Gesten so viel Leben, daß es einen einfach mitriß. Die kleinste Begebenheit wurde durch ihn zu einem Ereignis.

Und doch wäre keines dieser Erlebnisse gewesen, was es war, wäre nicht die heitere Mutter dabeigewesen, die mich und meine Geschwister wie eine lichte Wolke umgab. Weil die Arbeit auf dem Hof, in Haus und Viehställen sie ganz in Anspruch nahm, ist sie mir immer wie ein flinkes Wiesel erschienen, das überall und nirgends war. Sie war die Seele der ganzen Wirtschaft. Es stimmt schon, was die alte Bauernweisheit sagt: Eine Bauersfrau kann mehr in der Schürze vom Hof wegtragen, als der Erntewagen hereinbringt. Umgekehrt war es bei uns: Kein Zug von Treckern hätte je hinausfahren können, was unsere Mutter in Hof und Familie samt Gesinde hereingebracht hat.

Sie war eine großartige Pädagogin. Das stellten wir erst als Erwachsene in der Erinnerung an ihre Reaktionen auf unsere Streiche und Unarten fest.

Sie machte gerade einen Besuch, als wir mit einigen Nachbarskindern auf den Gedanken kamen, die Zeit zu einem Indianerspiel zu nutzen. Wir suchten uns alle möglichen Kleidungsstücke zurecht, verkleideten uns entsprechend und inszenierten über Tische und Bänke eine Indianerschlacht. Die Stube war in wüster Unordnung, als mein Bruder durch das Fenster die Mutter kommen sah. Nun war guter Rat teuer. Ich kam auf den Gedanken, alle Verkleidungsstücke schnellstens hinter dem neuen Vorhang der Garderobe verschwinden zu lassen. In aller Schnelle brachten wir es fertig, die schönste Ordnung vorzutäuschen. Als die Mutter hereinkam und sogar noch ein Mitbringsel hatte, nahmen wir das nicht ohne eine gewisse Beschämung an. Wenige Minuten später wollte sie sich zur Arbeit umziehen. Sie schlug den Vorhang zurück und entdeckte unsere Täuschung. Ich mußte ihr in die Augen schauen, als sie sagte:

»Ich verstehe euch zwar in eurer Spiellust, aber warum nicht ehrlich?«

Ich habe später noch oft an diese Frage gedacht: Warum nicht ehrlich? Warum nicht offen? Warum nicht wahr? Nur »wer aus der Wahrheit ist, hört meine Stimme«, sagt Jesus.

Meine Mutter hatte früh entdeckt, daß mir eine gewisse Raffiniertheit eigen war, eine Mitgift, die erst nach meiner Bekehrung überwunden wurde, was sie zu ihrer Freude noch miterlebte.

Mir ist heute klar, daß es nicht meine Qualitäten waren, die mich Pfarrer werden ließen – ich hätte ebenso ein Rocker oder Gammler werden können. Daß die Wegzeichen in andere Richtung lenkten, danke ich nächst der Gnade Gottes meinen Eltern.

Es kommt Scham in mir hoch, wenn ich daran denke, wie sie mich durchschaute, aber auch nicht locker ließ, wenn mein Blick und unruhiges Verhalten verborgene Absichten vermuten ließen. War eine

Strafe berechtigt, ließ sie es geschehen, daß der Vater mich oft hart strafte. Sie konnte mich aber auch vor einer Strafe bewahren.

Wir Kinder kamen einmal auf die Idee – veranlaßt durch die Leichenzüge, die immer an unserem Hof vorbei zum Friedhof zogen –, eine tote Maus feierlich zu begraben. Ein Grab wurde ausgehoben, ein Leichenzug wurde inszeniert, und im feierlichen Zuge beerdigten wir die Maus mit dem gleichen Zeremoniell, das wir vom Pastor, den Sargträgern und den Rednern her kannten. Die Leichenrede hielt ich. Als ich mitten in der Ansprache war, rief mein Vater, der das beobachtet hatte, mich zu sich. Eine Strafe war gewiß. Da griff die Mutter ein. Sie erklärte dem Vater, daß die Beerdigungszeremonie nichts mit Gotteslästerung zu tun habe. Es gehörte zur Umgangsform unserer Eltern, daß sie beide aufeinander hörten. Vater sah ein, daß Mutter mit ihrem Einwand recht hatte, und entließ mich.

Wenn die Wiesen im Juni gemäht wurden, damals noch mit der Sense, war es ungeschriebenes Gesetz, daß auch wir Jungen im Morgendämmer aufstanden und, solange die Wiesen noch im Tau lagen, das Gras schnitten. Mein Bruder und ich konnten schlecht aus den Federn finden. Als eines Morgens der Wecker uns aus dem Schlaf rappelte, nahm einer von uns den unbequemen Mahner und stellte ihn ab. Wir schliefen schon wieder fest, als das Hausmädchen kam und anklopfte.

»Der Häuerling ist schon an der Arbeit«, rief sie. »Die Milchsuppe steht bereit, wollt ihr nicht aufstehen?«

Halb im Schlaf drehten wir uns um und schliefen weiter. Was kümmerte uns schon das Mädchen! Aber dann hörten wir den Schritt der Mutter. Wie war nun noch eine Täuschung möglich? Vor dem Bett standen unsere Holzschuhe. Wir klapperten schnell damit auf den Boden, als ob wir schon angezogen wären. Und wahrhaftig, die Mutter ließ sich durch diesen Trick täuschen.

Diese Erinnerung ist mir bei meinen evangelistischen Diensten immer ein gleichnishaftes Bild für die Gefahr geworden, an der sich vielleicht Ewigkeiten entscheiden. Die Frage ist immer: Ist man wirklich unter dem schöpferischen Anruf Gottes so hellwach geworden, daß man mit ganzem Willensernst aus dem Todesschlaf der Sünde aufsteht – oder war es nur »Holzschuhgeklapper«?

Trotz ihrer vielen Arbeit wußten wir die Mutter doch immer in der Nähe. Sie lebte sozusagen unser Jungenleben mit uns. Viel später erst wurde mir klar, welches Glück das für uns war. Nichts hat ja so bewahrende Kraft wie echte Mütterlichkeit.

Als in der Pubertätszeit ein Mädchen meine Gedanken und Wünsche beschäftigte, schrieb ich meinen ersten Liebesbrief – nicht um ihn abzuschicken, sondern mehr aus dem Bedürfnis zur Selbstmitteilung. In der oberen Schublade der Himmelbettstelle verbarg ich ihn. Nun wurden die Betten gewöhnlich von dem Hausmädchen gemacht, doch die hatte einige Tage Urlaub. Wie der Blitz durchfuhr mich der Gedanke: Wenn nun die Mutter das Bett gemacht hat und sie in den Schubkasten geschaut und den Brief gefunden hat? Ich untersuchte die Schublade und stellte zu meinem Schrecken fest, daß der Brief fort war. Wie ein begossener Pudel ging ich die Treppe hinunter. Da öffnete sich die Tür, und die Mutter stand vor mir. Aufgeregt nahm ich Igelstellung ein. Aber was tat die Mutter? Sie legte mir ihre Hand auf den Kopf und sagte in einem Tonfall, der mir durch und durch ging:

»Junge, ich habe den Brief gefunden; du bist jetzt im Feuer drin, du brauchst dich dieses Briefes nicht zu schämen. Ich werde für dich beten, daß das Feuer rein bleibt. Wenn du in Anfechtung bist, dann denk an deine Mutter und an deinen Heiland!«

Ich sehe uns heute noch beieinander stehen – der große Junge und die Mutter. Geborgenheit, liebevolle Nähe, Vertrauen halfen mir mehr als alles andere.

Mütter, denen sich die heranwachsenden Kinder bedingungslos anvertrauen können, sind berufene Seelsorger.

Es war ein ungeschriebenes Gesetz in der bäuerlichen Ethik meiner Jugend, daß man vor der Ehe keine geschlechtlichen Erfahrungen sammelte. Der junge Mann mußte die Kraft gewonnen haben, über seine Sexualität Herr zu werden – nur dann traute man ihm Treue, Dauer und Erfüllung in der Ehe zu. Es war ein Makel, wenn man, wie man sagte, ein Mädchen heiraten mußte. Ich möchte glauben, daß mich die Achtung vor der eigenen Mutter, die ja auch von Vaters Umgang mit Mutter geprägt wurde, Mutters Gesprächsoffenheit und die strenge, vom biblischen Wort abgeleitete Ethik im Elternhaus davor bewahrt hätten, einem Mädchen etwas zu leide zu tun. In einer Zeit wie heute, in der man sich damit wichtig tut, alles aufzulösen, was ethischen Wertmaßstab schenkt, wird einem das besonders bewußt. Es hat sich ja auch in der Ehepraxis herausgestellt, daß nicht der, der sich auslebt, Verheißung für eine glückliche Ehe hat, sondern vielmehr derjenige, der in der Zeit der Pubertät Selbstdisziplin gelernt hat. Die gebändigte Kraft hat mehr Verheißung als die ausgegebene. Auf einem anderen Blatt steht, ob die Kirche immer recht gehandelt hat, wenn sie bei den Aufgeboten fragen ließ, ob »in Ehren oder Unehren«. Ich selber habe als Hilfsgeistlicher aufgrund der Gemeindeordnung diese Frage noch stellen müssen. Und wenn dann nach der Kirchenordnung »abgekanzelt« werden mußte, daß bei einem getrauten Paar wegen des ankommenden Kindes die Trauung

»nicht in Ehren« war, tat man das so leise, daß man den Namen kaum verstehen konnte.

Die Mutter lebte nicht nur mit ihren heranwachsenden Kindern. Sie begleitete auch die »mündigen«. Ich war schon Oberinspektor und verwaltete ein Rittergut in Pommern, als ich eines Tages in eine gewisse Versuchung geriet. Die Tochter eines Arztes, die als Haustochter dort tätig war, hatte offenbar Feuer gefangen. Ihr Zimmer im Schloß lag genau dem meinen gegenüber. An einem Abend ließ sie, nachdem wir uns Gute Nacht gesagt hatten und sie in ihr Zimmer gegangen war, ihre Tür angelehnt. Es war eindeutig, was sie damit ausdrücken wollte. Nach einer etwas unruhigen Nacht bekam ich am anderen Morgen einen Brief von meiner Mutter. Sie schrieb: »Mein lieber Sohn, ich habe das Gefühl, daß Du in einer Versuchung bist. Ich möchte Dich bitten, daran zu denken, daß Du eine Mutter hast, die für Dich betet. ›Wie wird ein Jüngling seinen Weg unsträflich gehen? Wenn er sich hält nach deinen Worten.‹«

Dieser Brief half mir, die Versuchung zu überwinden. Eine ähnliche Erfahrung machte ich später. Ich studierte Theologie und hörte bei einem Professor, der die Bibel wissenschaftlich, wie er meinte, erforschte und mich mit seiner strengen Hinterfragung aller biblischen Aussagen so stark beeindruckte, daß ich in der Gefahr stand, meine Erstgeburt für ein Linsengericht zu verkaufen. Ohne daß es mir zunächst einsichtig wurde, befiel mich ein tiefer Zweifel, der mir die Unmittelbarkeit mit dem Herrn vernebelte.

Als ich in den Semesterferien zu Hause war, hatten wir an einem Abend eine Gesprächsrunde mit den Eltern und Nachbarn. Ich wurde gefragt, was denn die Gelehrten heute von der Bibel meinten. Nach einer positiven Vorrede meldete ich die Zweifel an, die ich von dem Professor übernommen hatte. Ich tat das sehr vorsichtig, mit einem Hauch von Sachlichkeit, die kein Zeugnis mehr ist. Plötzlich stand meine Mutter auf und verabschiedete sich für die Nachtruhe.

Ich hatte mir das neueste Buch meines Professors gekauft und wollte etwas daraus vorlesen. Es lag in der »guten Stube«. Als ich über den Teppich zum Bücherschrank ging, hörte ich plötzlich im anliegenden Schlafzimmer meiner Eltern jemanden sprechen. Es war die Mutter. Ich stand still und lauschte. Da hörte ich sie inbrünstig zu ihrem Herrn für den gefährdeten Sohn beten. Schnell stellte ich das Buch wieder in den Schrank, ging zu den andern hinüber und sagte Gute Nacht. Auf die erstaunte Frage, warum ich ginge, konnte ich nur noch antworten, das Problem sei ohne Belang.

Ich blieb noch lange wach. Ist es nicht merkwürdig? dachte ich. Seit ich diesen Professor höre, schiebt sich etwas zwischen Gott und mich.

Ich verliere an Unmittelbarkeit; das tägliche Gebet – ich könnte ganz gut darauf verzichten. Es ist nicht mehr so wie bei den Eltern, die über Jesus Christus eine direkte Verbindung mit dem Vater haben. Ich mußte an die Worte von Schiller denken:

Sie geben, ach, nicht immer Licht der Wahrheit helle Strahlen.
Wohl denen, die des Wissens Gut nicht mit dem Herzen zahlen.

Wenn das innere Auge finster ist, dachte ich, wie groß muß dann die Gottesfinsternis in der Grubenlampe des Intellekts sein! Pascal hatte recht: Wissen, was Gott will, und diesem Wissen gehorsam sein, das ist die einzig wahre Wissenschaft.

Unsere Eltern fragten nach dem Willen Gottes und suchten ihm gehorsam zu sein.

In einer Zeit, in der mit dem vierten Gebot auch die Familie weithin aufgelöst wird, ist es wichtig zu erkennen, wo die Unbehaustheit unserer Jugend ihre eigentliche Ursache hat. Man kann feststellen, daß sich das Chaotische in dem selben Maße verstärkt, wie sich die Zahlen der Ehescheidungen erhöhen und sich Gemeinschaften mit ihren Ersatzlösungen bilden, in denen sich die Stetigkeit und Tragfähigkeit der Mütter kaum noch entfalten können, weil alles austauschbar wird. Wer wissen will, was ihn vor den tiefen Verlorenheiten des Lebens, in die er hineingeschaut hat, ohne hineinzufallen, bewahrt hat, der wird noch im Staunen über Gottes Führung sicher auch auf sein Elternhaus verweisen.

Vielleicht war die Mutter für mich so wichtig, weil ich mehr als meine Geschwister das gefährliche Leben liebte. Das Herz der Mutter schlägt besonders für das ihrer Kinder, das in der Gefahr steht, verlorenzugehen. Und weil ich aus dieser Grunderfahrung meines Lebens und vor allem auch in der Seelsorge entdecken mußte, daß jeder Mann in der Frau mehr die Mutter sucht als die Frau, stellt sich hier eine Frage, die für die ganze Gemeinschaft der Menschen entscheidend ist. In jedem Manne steckt ein Kind; kein Wunder, daß es rebelliert, wenn es die Mutter nicht findet, und in falscher Selbsterfassung eigene Wege sucht.

Bei der Begegnung mit Corrie ten Boom kürzlich in Los Angeles, als sie wahrscheinlich auf ihrem Sterbebett lag, wurde mir plötzlich bewußt, wie die Mütterlichkeit einer Frau, die nicht aus sich selbst, sondern aus einem Geheimnis mit Jesus lebt, zur Verklärung ausreift. Dieser Anblick ist unauslöschbar. Ich mußte an das Sterbebett meiner Mutter denken. Eines Tages bekam ich von ihr einen Brief. Sie lud uns Kinder mit besonderer Herzlichkeit zu einem Besuch ein, jedoch ohne den Grund zu nennen. Verwundert fragten wir uns, als wir daheim den gedeckten Tisch vorfanden, was denn wohl die Ursache dieser Einladung sei. Bei Tisch betete die Mutter kurz, wie sonst auch; dann sagte sie:

»Aus einem besonderen Grunde habe ich euch hierher gerufen. Wir haben Vater begraben, nun darf es euch nicht wundern, daß die Stunde für meine Heimfahrt kommt. Ich war beim Arzt, und nun weiß ich, daß ihr mich nicht lange mehr haben werdet. Wir wollen beten, daß der Herr Gnade zu meiner Reise gibt.«

Schmerzbewegt schrien wir auf: »Mutter, das kann doch nicht wahr sein!«

In überlegener Ruhe, in der Gewißheit, daß mit Christus auch der Tod überwunden ist, ging sie in das Tal des Leidens, wo sie wie eine Ähre für die himmlischen Scheunen ausreifte. Sie hat mich noch einmal in meinem Pfarramt in Ahlden besucht. Es war mir tröstlich, als sie meinte:

»Um dich habe ich keine Sorgen mehr; ich habe sie in der Unruhe deines Lebens oft gehabt. Ich bin getrost, weil ich weiß, daß du die Wirklichkeit Jesu so kennst, daß, wenn du auch wolltest, du ohne ihn nicht mehr leben kannst.« Wenn ich sie auf dem Elternhof besuchte, fand ich sie eigentlich nur noch mit der Bibel in der Hand. Was sie gelesen hatte, leuchtete aus ihrem Gesicht. Als wir Geschwister in Erbangelegenheiten verschiedener Meinung waren – ich schäme mich heute noch deswegen –, sagte sie mit trauriger, aber gütiger Stimme:

»Hängt ihr noch an dem irdischen Kram? Ich habe ihn abgegeben.«

Je näher ihr Ende kam, umso mehr gewann sie an innerem Gewicht. Eines Tages erreichte mich der Ruf, ihr das Heilige Abendmahl zu geben. Ich tat es mit zitterndem Herzen. Als ich sie fragte, ob sie im Glauben angefochten sei, antwortete sie:

»Ja, auch mir will's oft verschwinden, daß ich einen Heiland habe; aber das Licht kommt immer wieder. Ich bin gewiß: Mein Erbarmer läßt mich nicht, das ist meine Zuversicht. Mein Wunsch ist nicht ein besonderer Platz im Himmel, ich möchte am Eckpfosten der Himmelstür sitzen. Es genügt, wenn ich Jesus sehe.«

Ich wollte den Auftrag, die Beerdigung zu leiten und die Grabrede zu halten, abwehren. Aber sie war unerbittlich:

»Du weißt, warum ich dein Leben an meinen Sarg binde. Predige über das Wort aus dem Timotheusbrief: ›Sie verließen mich alle, aber der Herr stand mir bei. Er wird mich erlösen, er wird mir aushelfen zu seinem himmlischen Reich. Ihm sei Ehre in Ewigkeit.‹«

Am letzten Morgen ließ sie sich für den Sarg fertig machen. Ich mußte ihr auf dem Klavier noch das Lied spielen, das sie mit ihrer reinen Stimme so oft gesungen hatte:

Heimgehen, selig werden, oh, wunderbares Wort.
Forteilen von der Erden und ewig ruhen dort,
Wo ich den Heiland sehe, der mich erlöset hat,
Und in der Heiligen Stadt in seinem Lichte stehe.

In ihrem Herzen hat sie als Sterbende sicher noch mitgesungen. Dann hörte ich das letzte Wort von ihr:

»Junge, jetzt geht es nach Haus!«

Das war, als stiege man eine Treppe höher. Das war kein Sterben, das war Heimgang. Wir Kinder konnten nicht weinen, wir konnten nur danken.

Keine Predigt ist mir in meinem Leben so schwer geworden wie die Grabrede am Sarg meiner Mutter. Ich wußte, was ich dem Herzen dankte, auf das ich nun die Erde warf.

Als die Kette der Abschiednehmenden vorüber war, kam als letzter der Arzt zu mir, der sie behandelt hatte. Er sagte:

»Die gewaltigste Predigt meines Lebens habe ich von Ihrer Mutter gehört. Als ich ihr den Hals durchröngt hatte und das Bild überprüfte, wußte ich: Da gibt es keine Rettung. Die Frau wird verhungern auf vollem Hofe. Ich sagte Ihrer Mutter, da sei eine Geschwulst im Halse, aber wir würden in der Behandlung die Sache wohl beheben. Ihre Mutter schaute mich liebevoll an, nahm mich in den Arm und erwiderte: ›Herr Doktor, mich brauchen Sie nicht zu belügen, mir können Sie ruhig die Wahrheit sagen. Ich muß sterben, und Sie bringen mir die schönste Botschaft meines Lebens. Ich bin längst vor meinem Tode im Kreuzestod Jesu Christi gestorben und mit ihm zum ewigen Leben auferstanden. Jesus lebt, nun ist der Tod mir der Eingang in das Leben. Wissen Sie das auch?‹«

Die Predigt war angekommen. Der Apostel sagt: Als die Sterbenden und siehe, wir leben. Als die nichts inne haben und die doch alles haben.

Das Dorf meiner Kindheit

Als Kind meiner Minden-Ravensberger Heimat hatte ich geglaubt und wohl auch gehofft, ich würde dort bleiben und mein Leben auch dort beschließen. Aber die Lebensführung lag anders. Die Heide wurde mir zur Heimat. Ich liebe sie und liebe die Lieder, mit denen Hermann Löns die Heide besungen hat.

Die Entscheidung über Beginn und Ausgang unseres Lebens und darüber, welche Landschaft uns Heimat wird, hat man nicht in der

Hand. Es gibt Vorgegebenheiten, die uns ausrichten und bestimmen. Ich bin dankbar, daß ich kurz nach der Jahrhundertwende noch in Sitte und Brauchtum einer bäuerlichen Umgebung aufgewachsen bin. Die Heimat hat mich so stark bestimmt, daß ich das Heimweh danach nie losgeworden bin. Sind wir ein Gedanke Gottes schon in der Vorbestimmtheit unseres Lebens, so sicherlich auch in der Mitbestimmtheit durch Tradition, Volkstum und Heimat.

Mit dem Verlust der Tradition geht die moderne Unbehaustheit Hand in Hand. Unstetigkeit, Flucht, Sinnentleerung, Verzweiflung – ein Zustand, der sich am treffendsten als Wüste umschreiben läßt. Tradition, Brauchtum und Sitte allein haben freilich keine verändernde Kraft; aber sie strahlen bewahrende und ausrichtende Wirkungen aus. Freilich, wenn der Bezug zur Lebensmitte nicht mehr gegeben ist, können diese bewahrenden Kräfte auch als Zwangsjacken wirken. Dankbar bin ich deshalb, daß ich durch meine Geburt in ein Elternhaus eingebettet wurde, in dem sich alles Leben in allererster Linie an den Weisungen Gottes orientierte und auf diese Weise vor der Erstarrung bewahrt blieb.

Um die Jahrhundertwende glich das dörfliche Leben noch einer geschlossenen Gesellschaft. Jeder Hof hatte seine eigene Geschichte, viele mit einem sagenhaften Hintergrund, wo man nicht mehr recht wußte, was Dichtung und Wahrheit war. Diese alten Geschichten hörten wir von Kind auf. An den langen Winterabenden saßen die Alten mit den weißen Bärten auf der Ofenbank um den russischen Ofen zusammen und klönten, während in der Ecke der Stube das Spinnrad surrte. Ich drehte den Haspel, bis er knackte, und hörte zu.

Da hatte der alte Timmert sein Haus gebaut. Als der Giebel errichtet wurde, ruft jemand ihm zu:

»Du, da ist einer vom Balken gestürzt!«

Der Timmert sagt: »Laß purzeln, was purzeln will!«

Da ruft der andere: »Du, das ist dein Sohn, der gepurzelt ist!«

Nun schreit der Timmert auf: »Herr, erbarme dich!«

Da wurde bei einem anderen eingebrochen, der bekannt war als ein großer Angeber. Seine Frau hört nachts, wie es in der Räucherkammer rumort. Sie weckt ihren Mann und sagt:

»Kaspar Hinnerk, da ist jemand auf dem Boden.«

Er zieht sich die Bettdecke über den Kopf, sagt zu seiner Frau: »Weib, ich höre nichts« und schläft weiter.

Als er am anderen Morgen feststellt, daß ihm das ganze Fleisch gestohlen ist, protzt er bei den Nachbarn: »Wenn ich die Diebe gefaßt hätte, dann würde ich ihnen das Messer zwischen den Rippen umgedreht haben!«

Als die Elektrizität aufkam, hatte der Boden mehr ideellen als monetären Wert. Kein Wunder, daß wegen einer Landenteignung Prozesse geführt wurden. Als die Elektrizitätsgesellschaft den Prozeß gewonnen hatte, kam der leitende Ingenieur zum Bauer mit dem Gerichtsbeschluß und ließ das Land abmessen. Es war eine Weide, die enteignet werden sollte. Als der Bauer protestierte, zeigte der Ingenieur ihm die Enteignungspapiere. Daraufhin ging der Bauer in den Stall, ließ einen Bullen auf die Leute los, die fluchtartig davonliefen.

»Nun zeig dem Bullen deine Papiere!« rief ihnen der Bauer nach.

Es wurde über Heiraten gesprochen, Anekdoten über Pastoren und Lehrer erzählt und was sonst im dörflichen Leben Bedeutung hatte.

Da hatte im benachbarten Bünde ein Kirchenvorsteher seinen Pfarrer bei der Kirchenbehörde angezeigt. Als der Pastor das erfuhr, predigte er am anderen Sonntag über den Judas und zitierte vor dem Einsammeln der Kollekte die Bibelstelle: »Dieser, der den Beutel trägt, der hat mich verraten.«

Die Pastoren waren damals weithin liberal, und da dieser Geistliche im Skatklub die Hauptperson war, hatte man ihm bei Geldverlusten im Spiel den Vorschlag gemacht, die Schuld solle ihm erlassen werden, wenn er am anderen Sonntag in seiner Predigt das beim Skatspiel übliche »Trumpf« dreimal sagen würde. Am anderen Sonntag sprach er über die Auferstehung Jesu und gewann die Wette, indem er in seiner Osterpredigt sagte:

»Da sitzen viele nächtens beim Skatspiel und sagen ›Trumpf, Trumpf und abermals Trumpf!‹ Die Kirche aber sagt: Triumph, der Herr ist auferstanden!«

Das Gemeinschaftsgefühl war vor dem ersten Weltkrieg ausgeprägter und das nachbarliche Miteinander in allen Beziehungen verbindlicher. Man lebte nicht einsam, man lebte gemeinsam. Das kam in der starken Beziehung zu den Nachbarn zum Ausdruck. Bei Taufen, Beerdigungen, bei Krankheit und Sorgen wegen der Ernte oder dem Vieh – die Nachbarschaft war immer zur Stelle. Sie rangierte noch vor der Verwandtschaft. Wurde auf dem Nachbarhofe geschlachtet, so stand auf unserm Tisch eine Kostprobe. Bei Hochzeiten wurden Huhn, Butter und Milch in die Nachbarschaft gebracht, das gleich bei Beerdigungen. Familienfeste wurden gemeinsam gefeiert. Der in den Städten aufbrechende Klassenkampf konnte auf den Höfen keine Wurzeln schlagen. Häuerlinge und Gesinde wirtschafteten auf dem Hof wie zu Hause und standen für ihn und alle Hofbewohner ein.

Die Sattelmeierhöfe, die ihre Tradition auf Wittekind zurückführten, stellten eine Art Bauernadel dar. Standesunterschiede wurden also keineswegs verwischt; man gab Ehre, dem Ehre gebührte; war gehorsam, auch wenn man anderer Meinung war. Und wenn es um den Hof, die Nachbarschaft oder das dörfliche Ansehen ging, hielt man zusammen wie Pech und Schwefel. Wie oft habe ich als Kind den Häuerlingen Bescheid gesagt, sie möchten zur Arbeit auf den Hof kommen. Dann schien es immer selbstverständlich zu sein, daß die Arbeit auf dem Hof den eigenen Wünschen voranging. Fiel mein Vater in der Leitung des Hofes aus, wußte sich der Häuerling verantwortlicher als der Bauer selber. Man lebte vom Hof und für den Hof und war auch bei allen Festen dabei.

Wenn ich noch in späteren Jahren zum Elternhof kam, gehörte zu meinen ersten Besuchen das freudige Wiedersehen mit den Häuerlingen. Ich gehörte ja auch zu ihrer Familie wie sie zu meiner; und wenn die Verhältnisse sich auch verändert haben, so ist diese Bindung doch bis in mein Alter noch immer die gleiche.

Wo die Grundstrukturen der sozialen Frage in Ordnung sind, ist eine Sozialreform überflüssig. Wer dem andern die Ehre gibt, die ihm gebührt, und vom anderen her denkt und sorgt, erfährt, daß es Ströme gibt, die zurückfließen.

Wie ein Traum

Wenn ich im Sinne der modernen Psychologie mich auch am liebsten bis in die frühesten Kindheitserinnerungen zurückfragen möchte, so erscheint es mir doch fast unmöglich, all die Erlebnisse und Eindrücke so zu deuten und zu bewerten, wie sie im gelebten Leben Eindruck und Ausdruck geworden sind. Begegnungen können, wenn sie echt sind, nachhaltiger prägen als eine Welt, die sich nur aus Sachzwängen und Terminkalendern zusammensetzt. Ein Gemälde, ein Musikstück, ja, die Kunst überhaupt ist erst dann wirkliche Kunst, wenn hinter dem Gesehenen, Gehörten ein Rest bleibt, der nicht auszudenken ist, der Geheimnis bleibt. So ist auch das Menschenbild, dieses Kunstwerk Gottes, in seiner Vielfalt und Tiefe nur für Gott deutbar.

Ist es nur Einbildung oder sehe ich richtig, wenn ich meine, in meiner Jugend sei der Boden für das Wachstum einer Persönlichkeit lokkerer, reicher, gesünder gewesen als heute? Waren die Gesichter damals menschlicher, schöner? Die Gegenwart formt eine Menschheit ohne Profil. Die Quellen echter Begegnung versiegen, und der scheinbare Reichtum unserer Wohlstandsgesellschaft liegt wie ein zu kurzer Mantel über der verarmten und frierenden Persönlichkeit.

Wenn am frühen Morgen die Hähne krähten und die Hühner auf

den Wiemen gackerten, wenn eine Kuh kalbte und im Schweinestall die jungen Ferkel quiekten und sich um die Zitzen der Muttersau stritten, ja, wenn das Geklapper der Dreschflegel schon vor dem erwachenden Morgen begann, dann war das eine andere Musik als das Geräusch der Moderne, das uns heute umgibt, und eine andere Luft. Die Natur, die der Mensch nach Gottes Willen pflegen und erhalten soll, schenkt über dieser Arbeit Kräfte, die den Menschen aus seiner Einsamkeit und seinem falschen Selbstbezug befreien können.

Man sollte meinen, der Mensch fände mit seinem Aufbruch in die sogenannte Mündigkeit mehr Sinn und Erfüllung für sein Leben. Genau das Umgekehrte ist der Fall. Wer sich in dieser Welt nur selbst verwirklichen und Raum und Zeit für sich gewinnen will, verliert sich ja gerade in diesem falschen Bezug der Selbsterfassung und erreicht die apokalyptische Grenze, die der Seher von Patmos in den letzten Kapiteln der Offenbarung beschreibt: Von da ab wird keine Zeit mehr sein. Wer keine Zeit hat, hat keine Ewigkeit, und nur wer die Ewigkeit gefunden hat, lebt erfüllte Zeit. In diesem Sinne erweist sich alles Gericht Gottes als Selbstgericht des Menschen. Er ist zeitkrank – eine Krankheit, die zum Tode führen kann.

Hölderlin hat gesagt, es sei für den Menschen entscheidend zu wissen, wohin er in seiner begrenzten Freiheit aufbrechen wolle. Dieses Wissen bahnt sich im jungen Leben als ein Geöffnetsein und Suchen nach Gemeinschaft an und nicht so sehr als denkendes Bewußtwerden. So bemächtigt sich meiner, wenn ich an meine Kindheit denke, ein Gefühl, als beträte ich eine Frühlingswiese. Es ist wie ein Traum, und mir fehlen die Worte, ihn zu erzählen, und Kraft, ihn zu deuten. Doch er zerfließt mir nicht, wenn ich mich zu erinnern suche; er weist auf ein Geheimnis, das schwer zu erklären ist. Das gelebte Leben ist eben mehr als Erinnerung. Ich kann deshalb verstehen, daß ein hochbetagter Lehrer auf einer Altenfeier meiner Gemeinde nicht ohne Bitterkeit bekannte, wie enttäuscht er gewesen sei, als er die Stätten seiner Jugend wieder besucht habe. Tempora mutantur et nos mutamur in illis – Die Zeiten ändern sich und wir mit ihnen.

Bei mir ist das anders. Ich wuchs auf dem Lande auf und bin mein Leben lang eigentlich ein Bauer geblieben. Säen und Pflanzen, Hüten und Ernten erfüllten meine Tage mein Leben lang, und auch wenn man mir alle möglichen Titel und Würden angeboten hätte, würde ich das Leben in der bäuerlichen Natur niemals mit dem Leben in der Stadt vertauscht haben. Die Stadt mit ihren Hochhäusern war für mich immer die Perversität geschenkter Natürlichkeit. Vielleicht ist daran aber auch das Glück meiner Kinder- und Jugendzeit nicht unbeteiligt. Ein paar Eindrücke mögen dies verdeutlichen.

In der häuslichen Kinderstube herrschte eine gewisse Ordnung. So hatte ich beim Essen meinen festen Platz auf der Eckbank. Von den geistlichen Büchern, die über mir auf dem Eckbord standen, wurde die Bibel nur an Festtagen und bei besonderen Gelegenheiten gebraucht. Gewohnt waren uns die Andachten von Bogatzki, die vor dem Essen gelesen wurden. Aber die waren lang, und wenn uns dann der Duft aus den Schüsseln in die Nase stieg, konnte die geistliche Vorspeise schon zur Pein werden. Weit kurzweiliger war da schon Goßners Herzbüchlein.

Regelmäßig am Sonnabend fuhr ein Wagen mit weißem Sand durch das Dorf. Häufig war ich es, der dann für einen »Fünfer« einen Eimer voll Sand kaufen mußte. An Sonn- und Feiertagen und besonders, wenn Besuch kam, wurde damit der Dielenboden der guten Stube bestreut. Ich höre es noch unter meinen Füßen knirschen. Der Gang über einen Perserteppich hat mich nie so beeindruckt wie der Gang über den Sand der guten Stube. Der weiße Sand und das Sonntagskleid gehörten zusammen.

In der Winterzeit klapperte auf dem Hof der Webstuhl. Was war das immer für eine Freude, wenn ein neuer Ballen Leinen für die Mitgift in den großen Schrank wanderte! Als bei dem späteren Brand des Hofes all die Leinenschätze in den Truhen zu Asche zerfielen, war mit dem materiellen Wert auch ein Stück Jugenderinnerung begraben.

Der jüdische Händler Abel brachte die weite Welt ins Dorf. Wenn er mit seiner klapperigen Mähre vor dem alten Leiterwagen in den Ort kam, sammelte sich das ganze Dorf um ihn, um einzukaufen und Neues zu hören. Was hatte er nicht alles für Schätze in den verschiedenen Kisten! Er war aus dem dörflichen Leben nicht wegzudenken. Weil er uns Kindern immer kleine Geschenke in Form von Bilderbüchern mitbrachte, war es kein Wunder, daß wir den Eltern in den Ohren lagen, dem alten Mann doch bloß etwas an Stoffen oder anderen Dingen abzukaufen. Als ich zum erstenmal die Geschichte von Kain und Abel hörte, schmeckte mir das Essen nicht, weil ich meinte, unser Bilder-Abel sei nun gestorben. Wie froh war ich, als er wenige Tage später vom vermeintlichen Tode auferstanden war.

Wichtig war für uns wie für alle Kinder das Spiel, und es gibt – das meine ich allen Ernstes noch heute – keinen besseren Spielplatz als einen Bauernhof mit seinen Ecken und Winkeln, dem Backhaus und den Heuböden. In den Scheunen bauten wir uns Rutschbahnen, fielen übereinander, rauften uns und vertrugen uns wieder. Räuber und Schanditz spielten wir oft, bis der Pfiff des Vaters kam. Den aber zu überhören hätte bedenkliche Folgen gehabt.

Pflegten die Hühner in guter Ordnung ihre Eier in Nester zu legen, so bestätigte doch auch hier die Ausnahme die Regel, denn es gab auch unter den Hühnern Außenseiter der Gesellschaft, die den Zyklus der Gewohnheiten durchbrachen und an einer verborgenen Stelle im Heu oder im frisch gedroschenen Stroh ihre Eier legten. Ja, es konnte Überraschungen geben, wenn plötzlich eine Glucke mit ihren Küken aus der Unergründlichkeit des Versteckes auftauchte und damit ungewollt zur Tagesneuigkeit wurde. So war es kein Wunder, daß wir Kinder uns auf die Suche nach verborgenen Eiernestern machten. Hatten wir einmal ein Nest mit einem Dutzend oder mehr Eiern gefunden, erhielten wir zur Belohnung einen Zweier, den wir gleich wertunbeständig anlegten. Es sei aber nicht verschwiegen, daß uns gelegentlich die Tücke unseres Herzens versuchte und wir die gefundenen Eier der Mutter wieder entwendeten, um sie dann mit einem nicht guten Gewissen noch einmal zu finden. Die Mutter, eines Tages mit dieser Möglichkeit vertraut, ließ dann jeden Eierfund überprüfen.

Geburt, Hochzeit, Tod

Vor unserm Hof lag eine uralte Kapelle. Auf dem erhöhten Friedhof ruhten meine Ahnen. Nur selten fand dort eine Beerdigung statt. Der eigentliche Friedhof lag einige hundert Meter von unserem Hof entfernt.

Für uns Kinder war es immer aufregend, wenn jemand »das Zeitliche gesegnet« hatte. Der Tod weckte in unseren Herzen ein unerhörtes Befremden. Regelmäßig begann in solchem Fall die nächtliche Totenwache, zu der sich alle Nachbarn verpflichtet wußten. Man erzählte sich Geschehnisse aus dem Leben des Entschlafenen, betete auch, und ab und zu hörte man den Gesang geistlicher Lieder. Doch war der Trost, daß die Seele bei Gott war, stärker als die Trauer – wenn man den Tod nicht als Naturgegebenheit einfach hinnahm. Am Beerdigungstag wurde der Verstorbene auf der großen Diele aufgebahrt. Erst bei Beginn der Leichenfeier wurde der Sarg geschlossen. Mit einem stummen Gebet verabschiedete man sich vor Beginn der Feier von dem Entschlafenen. Das Schließen des Sarges besorgte der Nachbar zusammen mit dem Tischler – jenem Mann, der in Gehrock und Zylinder im Dorf die Leute zur Leichenfeier geladen hatte. Die Kleidung des Leichenbitters deutete schon an, was der Zweck seines Besuches war. Weil man am Beerdigungstag alle Gäste mit trockenen Brötchen und Zwieback bewirtete, gebot es die nachbarliche Sitte, daß man zum Leichenschmaus etwas beisteuerte. Es ist nicht ausgeschlossen, daß auch die Beerdigungen bei meiner Berufsentscheidung unterschwellig mitgewirkt haben.

Der Leichenzug folgte einer festen Ordnung. Ganz vorn stellten sich ausgewählte Schulkinder auf, die gut singen konnten. Unter der Führung ihres Lehrers sangen sie mit der Gemeinde im Sterbehaus bei der Leichenfeier. Auf dem Weg zum Friedhof wurde mit Unterbrechungen regelmäßig das Lied: »Wer weiß, wie nahe mir mein Ende« mit seinen elf Strophen gesungen. Hinter den Kindern kam die Bahre oder später der Wagen, hinter dem der Pastor ging, gefolgt von den Angehörigen und der Verwandtschaft. Weil das Zeremoniell auf dem benachbarten Friedhof vom Pastor immer mit lauter Stimme vollzogen wurde, war mir das alles bald so vertraut, daß bei der erwähnten Beerdigung der toten Maus kein Stück fehlte.

Heute ist fast durchweg die Friedhofskapelle an die Stelle des Trauerhauses getreten. Das mag seine guten Gründe haben. Wenn sich aber die Trauergemeinde um den offenen Sarg auf der Diele des Hauses sammelt, dann ist das ein ganz anderer Abschied. Er ist eingebettet in die Kette einer bestehenden Tradition, von der die alten frommen Sprüche an den Giebelbalken reden, die mehr zur Sterbens- als zur Lebensbewältigung mahnten. Später, als ich selbst Beerdigungen zu leiten hatte, brauchte ich mich nur an diese Sprüche zu halten, um alles, was ein Leben ausmacht, in die Predigt einfließen zu lassen: Trost, Ermahnung, Gericht, frohe Botschaft.

Aber Beerdigungen sind nicht nur Trauerfeiern. Es gehören eine ganze Portion Humor dazu, Menschenkenntnis und Beweglichkeit, um allen Situationen gerecht zu werden, in die eine solche Dorfgemeinschaft den Pastor bringen kann. Ich hatte einmal auf einem Hof gerade mit der liturgischen Feier begonnen, als auf dem Hühnerwiemen immer dann der Hahn krähte, wenn ich eine Pause machte. Zunächst blieb das ohne Wirkung. Als sich das aber mehrfach wiederholte, fingen die jungen Leute auf der Diele an zu lächeln. Ungewollt wurde der Hahnenschrei immer mehr zum Bezugspunkt der ganzen Leichenfeier. Aus meiner Verlegenheit wurde ein ängstliches Suchen nach dem Wort. Ich verlor schließlich den Faden, so daß ich nicht mehr weiter wußte und mit einem Amen als Stoßseufzer schloß. Der Hahnenschrei, der für den Petrus Weckuhr Gottes wurde, bewirkte bei mir das Gegenteil.

Als Hilfsgeistlicher hatte ich einmal für einen Hofbesitzer die Leichenfeier zu halten. Am Morgen teilten mir die Nachbarn mit, die Schwiegertochter habe die Frau des Entschlafenen so schwer mißhandelt, daß diese bei der Feier nicht erscheinen konnte. Der Grund war, daß die Frau für den Sarg ihres Mannes die besten Eichendielen genommen hatte. Auf dem Balken lag ein ganzer Berg von diesen Dielen.

Zur Feier kam die Schwiegertochter ohne die Ehefrau an den Sarg. Sie wischte sich die Augen, wollte offenbar Trauer heucheln. Über diese Verstellung war ich so empört, daß ich, obschon die Vereine mit ihren Fahnen auf der Diele standen und fast das ganze Dorf versammelt war, den Fall zur Sprache brachte, da es ja jedermann wisse, was heute morgen auf diesem Hof geschehen sei, und es nicht geraten sei, mit einer frommen Lüge den Entschlafenen zu beerdigen. Ich forderte die Trauergemeinde auf, zu allererst ein Bußgebet zu sprechen. Als das geschah und die Worte wie Blitz und Donnerschlag trafen, wurde die Schwiegertochter ohnmächtig. Für die Gemeinde war das eine Befreiung. Die fromme Maskerade hatte ich durch Offenheit entlarvt.

Wider Erwarten wurde ich am Abend in das Trauerhaus gerufen. Die Schwiegertochter suchte Buße, und es kam zur Versöhnung. Im Gottesdienst am nächsten Sonntag teilte ich es der Gemeinde mit, so daß Frieden im Dorf einkehrte.

In den Außendörfern der Gemeinde war der Weg vom Trauerhaus zum Friedhof oft sehr weit. Nun war in einer Gemeinde ein Bauer, der sich sehr unbeliebt gemacht hatte, durch einen Unglücksfall ums Leben gekommen. Nach der Sitte mußte der nächste Nachbar den Leichenwagen fahren. Alles ging in guter Ordnung vor sich; aber als wir in einer gewissen Entfernung vom Hof waren, wurden die Pferde unruhig, setzten zum Trab an und fielen schließlich in Galopp. Bis zum Friedhof dauerte das Rennen an. Der ganze Trauerzug, der mit mir in kilometerweiter Entfernung wanderte, war vom Schrecken gelähmt. Als wir endlich am Friedhof ankamen, sagte mir der Bauer, er habe – »Gott sei Dank« – die Pferde mit äußerster Kraft halten können. Ich dankte im Gebet noch am Grabe dafür, daß alles gut gegangen war. Als wir jedoch nachher im Trauerhaus beim Kaffee zusammensaßen, nahm mich ein Bauer beiseite und flüsterte mir zu: »Die Galoppbeerdigung war Theater; der Nachbar hat einmal bei einer Auseinandersetzung dem Toten gedroht, daß er, wenn dieser eher stürbe, ihn im Galopp zum Friedhof fahren würde.«

Wie der Abschluß eines Lebens, war auch sein Anfang in nachbarschaftliche Bindungen eingebettet. War irgendwo ein Kind geboren, so wurde der Wöchnerin zur Stärkung ein »Stönsel« gebracht. Die Gabe bestand meist aus jungen Tauben, Hähnchen und Weintrauben. Die Geburt eines Stammhalters wurde von der ganzen Nachbarschaft besonders mitgefeiert. Es war eine Ehre für die Nachbarin, wenn sie das Kind zur Taufe in die Kirche tragen durfte.

Ein anderes großes Ereignis kündete sich an, wenn der Hochzeitsbitter den Hof betrat. Bunte Fächer schmückten sein Fahrrad, farbige Bänder flatterten vom Hut und dem blumengeschmückten Stock. Er sagte seine Verse auf, übergab feierlich die Einladung, worauf er reichlich bewirtet wurde. Er war im wahrsten Sinne des Wortes ein Freudenbringer. Mir wurde er zum Kommentar für das Gleichnis Jesu vom König, der seine Knechte aussandte, zur Hochzeit seines Sohnes einzuladen. Eine Gemeinschaft, eine Kirche, die mit Leichenbittermiene zur Hochzeit einladen will, wird wenig ausrichten. Wie sagte doch Nietzsche: Die Erlösten müßten erlöster aussehen, wenn er an ihren Erlöser glauben solle.

Die ganze Nachbarschaft war in Bewegung, wenn eine Bauerntochter ihr »Gedinge« durch die Hochzeit wechselte. Kam sie als Hofbesitzerin in einen anderen Ort, wurde am Polterabend die Mitgift auf einen bekränzten Leiterwagen geladen, der von geschmückten Pferden gezogen wurde. Sachverständig wurde alles begutachtet, und jedermann wußte genau, wie viele Ballen Leinen sich die Braut am Webstuhl als Mitgift erarbeitet hatte. Je und dann war hinten am Wagen auch eine Kuh oder ein Pferd gebunden. Mir kam es immer so vor, als versuche man, selbst aus dem elterlichen Stall noch ein Stück Heimat mitzunehmen.

Die Hochzeit selbst war immer ein großes Ereignis. Alle Hofbesitzer kamen mit geschmückten Kutsch- und Jagdwagen. Auf dem Weg zur Kirche und zurück schien die Kette oft unabsehbar. Die Ereignisstärke war ganz anders, als wenn heute die Autokolonnen die Hochzeit bestimmen.

Es sei aber auch an dieser Stelle einer unguten Sitte gedacht, die mich in jungen Jahren jedenfalls dazu bewog, meinen Weg bis zum Oberinspektor in Pommern zu suchen. Nach der westfälischen Höfeordnung erbte nicht das erstgeborene, sondern das jüngste Kind den Hof. Das hat sicherlich seine guten Seiten. Wenn die anderen Kinder »unter der Haube« waren, wußte das jüngste auf jeden Fall, wie hoch die Schuldenlast war, die es für die anderen übernehmen mußte. Diese Belastungen hatten aber auch oft zur Folge, daß nicht der Mensch, sondern der Hof geheiratet wurde. Waren die Kinder im heiratsfähigen Alter, kam irgendwann die Verwandtschaft zusammen, um einen Heiratsvermittler zu beauftragen, je nach Größe und Wert des Hofes die notwendigen Kontakte aufzunehmen. Wenn die geschäftlichen Dinge in Ordnung waren, wurden die zu Verheiratenden gerufen. Auf Beschluß mußten sie die Kontakte aufnehmen, wie sich das für folgsame Kinder gehörte. Die so zustande gekommene Verlobung wurde dann angezeigt.

Die Folgen blieben meist nicht aus. Jedenfalls hatte ich mir geschworen, mich dieser Sitte um keinen Preis zu unterziehen, obwohl mir auch die guten Seiten dieses Brauchtums in der glücklichen Ehe meiner Eltern vor Augen stand. Wie mir bekannt war, hatten auch sie sich auf diesem Wege gefunden. Hier hatte der Heiratsvermittler zweifellos einen guten Blick bewiesen.

Klönschnack

Der Umgang mit der Nachbarschaft und der Dorfgemeinschaft war eigentlich ein laufender Begegnungskontakt. Freudige und traurige Ereignisse weckten eine Anteilnahme, die fast seelsorgerlichen Bezug hatte. Es gab aber auch Tratschtanten. Eine ältere Frau in der Nachbarschaft war der lebende Dorftelegraf. Es gab nichts, was sie nicht wußte. Leider aber waren ihre Kommentare nicht ungefärbt. Eines Tages kamen wir Jungen auf den Gedanken, ihr einen Denkzettel zu verpassen. Wenn jemand im Dorf gestorben war, ging das unter der Lesart: Er ist eingeschlafen. So fragten wir sie, ob sie schon wisse, daß der alte Schütte gestern abend eingeschlafen sei? Die Neuigkeit brachte sie so in Wallung, daß sie sofort von Haus zu Haus lief, bis der alte Schütte ihr lebend begegnete.

Wenn die Bauern an den langen Winterabenden zum »Klönschnack« zusammen kamen, blickten wir mit Ehrfurcht zu den weißbärtigen Männern auf. Sie wurden in der dritten Person angesprochen und bekamen wie im alten Athen immer einen Ehrenplatz. An solchen Abenden hielten wir Kinder uns mäuschenstill, um nicht aufzufallen.

Durch eine besondere Klappe sprangen wir Kinder von der Stube aus ins »Himmelbett«. Diese Bettstelle, die heute nur noch in Museen zu finden ist, war aus massivem Eichenholz wie eine Kabine gebaut. Am Kopfende hatte sie Inschriften, deren Jahreszahl sie als Mitgift bei irgendeiner Ahnenhochzeit auswies. Auch die Überdachung mit den Schubkästen am Kopfende war bemalt. Ich hatte immer das Gefühl, als wäre ich in dieser Bettstelle mit meinen Ahnen besonders verbunden.

Wenn nun die Alten ihre Kriegs- und Kasernengeschichten erzählten, lauschten wir an den Ritzen der Klappe, damit uns möglichst kein Wort entging. Wurde es langweilig, dann balgten wir uns oft so laut, daß der Vater an die Klappe schlug.

Unter den Nachbarn war ein Bauer, der priemte. Nun gab es früher in den Stuben Spucknäpfe. Aber dieser Mann kümmerte sich wenig darum. Wenn er erzählte, spuckte er beim Priemen so, daß er immer einen Halbkreis erreichte. Er ging niemals eher nach Haus, bis er den Halbkreis vollendet hatte. Wegen seines Alters wurde ihm diese Unsitte nicht verwehrt. Wir Kinder schauten bei den Bettschlachten je und dann durch die Ritze, um zu sehen, wie weit er schon gespuckt hatte. War der Halbkreis noch nicht fertig, konnten wir uns getrost noch eine Schlacht liefern.

Nach dem Brand des Hofes, über den ich noch berichten werde, bekamen wir wieder ein Himmelbett geschenkt. Dieses Traumbett stand dann in einem Schlafzimmer, das feucht und kalt war. Wenn mein Bruder im Winter eher zu Bett ging als ich, war es immer ein Problem, wie man den angewärmten Platz des anderen einnehmen konnte. Natürlich rückte er keinen Millimeter. Aber einmal habe ich ihn doch durch eine List dazu gebracht. So leise wie möglich flüsterte ich ihm ins Ohr: »Ernst, ein Mörder!«

Wie von der Tarantel gestochen fuhr er hoch und rief: »Wo!«

Ich beruhigte ihn nur schwer.

Einige Tage darauf kam seine Rache. Ich mußte morgens sehr früh nach Bünde zum Bahnhof, um den Zug nach Herford zum Besuch der Landwirtschaftsschule zu bekommen, und stand immer pünktlich auf, wenn der Wecker klingelte. Die Mutter hatte abends schon Kaffee und Brot bereitgestellt. Als ich in sternklarer Nacht auf dem Bahnhof in Bünde ankam, hatte ich einige Stunden bis zur Ankunft des Zuges Zeit, über meine Sünden nachzudenken. Mein Bruder hatte die Uhr um einige Stunden vorgestellt.

Für die Verkündigung lernte ich aus diesem Erlebnis, auch den Anruf Gottes angesichts der Gefahr durch den Mörder von Anfang so deutlich zu bezeugen, daß Menschen aus dem Todesschlaf erwachten. Körperlicher Mord ist schlimm, Seelenmord ist gefährlicher.

Es sind so viele Mosaiksteine, die meine Jugendzeit ausmachen. Offenbar kehren die Erinnerungen im Alter wieder. Man sollte dafür dankbar sein; Erinnerungen leuchten zurück und erleichtern die Anfechtungen des Alters.

Die religiöse Atmosphäre meiner frühesten Jugend war von einer Rechtgläubigkeit geprägt, die ihre Wurzeln in der Erweckung meiner Heimat hatte, inzwischen aber auch Zeichen von Erstarrung aufwies. Traditionelle Kirchlichkeit, die vom Gesetz her das Evangelium zu leben sucht, hat keine befreiende Kraft. Oft habe ich als Kind gedacht, wenn die langen Predigten von Louis Harms gelesen wurden: Man muß es ja ertragen. Aber wenn Gottes Wort auch nur gelangweilt mit halbem Ohr gehört wird, ist es immerhin besser, als wenn es überhaupt nicht gehört wird. Wie oft geht ein Samenkorn, das lange verborgen liegt, unversehens auf, wenn die Gottesstunde kommt. Im letzten Kriege habe ich das auf den Hauptverbandsplätzen oft erlebt. Da lag ein sterbender Kamerad vor mir. Der Tod stand ihm auf dem Gesicht geschrieben. Ich wollte mit ihm sterbend noch ein »Vater unser« beten. Er sagte, das könne er nicht, seine Mutter habe ihm den kirchlichen Unterricht verboten. Aber dann fuhr er fort:

»Ein Gebet kann ich doch, meine Oma hat's mir gelernt . . .« und betete sterbend:

»Ich bin ein kleines Kindelein, und meine Kraft ist schwach.
Ich möchte gerne selig sein, und weiß nicht, wie ich's mach.
Ach, lieber Heiland, lehre du, wie ich es fange an,
daß ich die Sünden von mir tu und selig sterben kann.«

Nach dem Gebet war er tot, aber es lag ein großer Friede auf seinem Gesicht.

Das Gebet der Oma war als Saatgut Gottes aufgegangen.

Es gibt keine Not, die den Glaubenden weiter zurückwerfen könnte als in den Sieg ihres Herrn. In den Tiefen der Angst urständet das ewige Leben, sagt Jakob Böhme. In der Gefahr ruft der Mensch nach dem Rettenden, und nur in der durch Christus gesicherten Ungesichertheit wird der Christ zum Überwinder geadelt.

Unvergeßlich ist mir, wie ich einmal mit meiner Mutter zum Bünder Missionsfest ging. Die Nachversammlung fand im großen Stadtgartensaal statt, der so überfüllt war, daß ich mir in dem Gedränge völlig verloren vorkam. Da rief einer der Redner, der schon öfter Gast auf unserm Hof gewesen war, von der Kanzel her meine Mutter an und bat die Anwesenden, ihr doch Platz zu machen, daß sie seinen Stuhl bekäme. Auf diesen Anruf hin entstand eine Gasse, und verlegen folgte meine Mutter dem Ruf, nachdem sie mir zugeflüstert hatte: »Junge, halt dich an meinem Rockschnapp fest!«

Ich sah stur auf meine Mutter und hielt nur den »Rockschnapp« fest. So erreichten wir den Platz, den ich stolz mit meiner Mutter in Besitz nahm. Dieses kleine Erlebnis erscheint mir beachtlich für das Bedrängende und Angefochtensein unseres Lebens. Wer sich in Einfalt an Jesus und sein Wort hält, der erfährt das Wunder, daß er von Jesus und seinem schöpferischen Wort auch in den angefochtensten Lagen gehalten wird. Er führt uns immer auf rechter Straße um seines Namens willen. Deshalb ist nichts so wichtig, wie der Blick auf ihn. Wenn der Blickwechsel von der Welt zu Jesus zum Schrittwechsel, zur verbindlichen Nachfolge wird, ist das Ziel alles und der Weg nichts.

Der Hofbrand

Zu den Erinnerungen, die mir unvergeßlich eingeprägt sind, gehört der Brand des Elternhofes. Es war am 11. September 1911, in einem Jahr, in dem Bäche und Brunnen austrockneten und Felder vor Trokkenheit rissen. Die Ernte war gerade eingebracht. Das alte, mit Stroh gedeckte Fachwerkhaus und die Scheune waren bis in den letzten Winkel mit Getreide angefüllt.

In jener verhängnisvollen Nacht hatten mir meine Eltern erlaubt, bei dem Hofknecht, der sein Schlafgemach an der großen Diele hatte, zu übernachten. Eine große Anhänglichkeit hat mich mit ihm bis an seinen Sarg verbunden. Er nahm mich oft auf Äcker und Weiden mit; so war es nicht verwunderlich, daß die Kontakte zu ihm besonders herzlich waren.

In dieser Nacht erwachte ich durch einen furchtbaren Schrei des Knechtes Fritz Wippermann. Mit entsetztem Gesicht richtete er den Blick zur Decke empor, über der sich ein Häckselboden befand. Durch die lehmverputzte Holzdecke züngelten Feuerflammen in den rauchgeschwängerten Schlafraum. Als Fritz die Tür zur großen Diele aufmachte, war alles ein Flammenmeer. Das uralte Haus mit dem reifen Getreide und dem gerade neu geteerten Fachwerk brannte wie Zunder. Ohne zu erfassen, was da geschah, erschien mir der Augenblick wie ein Fanal des jüngsten Gerichts.

Die einzige Rettung für unser Leben bestand offenbar in der Flucht durch das Fenster. Weil aber in früheren Jahren in diesem Raum oft Mädchen aus Erziehungsanstalten geschlafen hatten, war von meinem Vater Vorsorge gegen ihre Gefährdung getroffen und eine Eisenstange in den Fensterrahmen eingelassen worden, die jeden Ausstieg unmöglich machte. Ich sah nun, wie sich der verzweifelte Fritz mit aller Gewalt gegen die Eisenstange warf. Mit einem Verzweiflungsschrei umklammerte er sie und versuchte sie aus dem Rahmen zu reißen. Und, o Wunder, das Unglaubliche geschah, die Stange löste sich aus dem Eichenrahmen. In letzter Minute vor dem Ersticken ergriff mich die Hand des treuen Begleiters. Aus dem brennenden Bett warf er mich durch das offene Fenster. Mit dem Kopf schlug ich auf einen Göpelbaum. Die Narben von den Quetschungen und Brandwunden trage ich noch heute. In letzter Minute rettete sich Fritz auf dem gleichen Wege.

Durch seinen markerschütternden Schrei war auch der Vater erwacht. In Sekundenschnelle überschaute er die Lage und ahnte unsere Todesnot. Was uns unmöglich schien, wagte mein Vater. Mit einigen Sätzen war er durch die Glut der Diele in unser Zimmer gesprungen. Er entdeckte, daß wir aus dem Fenster entkommen waren. Weil er aber selber mit seiner großen Gestalt nicht durch die Öffnung des Fensters konnte, holte er am offenen Fenster tief Luft und sprang noch einmal durch das Flammenmeer der Deele und erreichte, wenn auch mit Brandwunden, glücklich den Ausgang. Unter dem brennenden Gebäude wurde fast alles Vieh und sämtliche Habe begraben. Nur wir selbst waren gerettet.

Wenn ich an das dritte Kapitel des Propheten Sacharja komme, wo es heißt: »Ist dieser Mann nicht wie ein Brand aus dem Feuer gerettet?« dann muß ich immer an diese Nacht denken. Aber auch meine eigene Rettung durch Gott geschah nicht anders – wie ein Brand aus dem Feuer – aber: gerettet!

Nach dem Brand unseres Hofes zogen die Eltern zeitweilig in die Häuerlingswohnung. Wir waren offensichtlich schlecht versichert; so begann für uns alle eine knappe, ja manchmal auch notvolle Zeit, in der meine Eltern von dem Wiederaufbau voll in Anspruch genommen waren und sich um die vier Kinder so gut wie gar nicht kümmern konnten. Aber der Brand hatte im Dorf und in der ganzen Gegend wie ein Alarmsignal gewirkt und Nächstenliebe und Mitmenschlichkeit geweckt. Die Felder wurden von den Nachbarbauern bestellt, neues Vieh wurde geschenkt, und wir Kinder aßen und spielten auf den Nachbarhöfen.

Von der Schule auf den Acker

Zur Schule ging ich gern. Das Lernen fiel mir nicht schwer. Es lag auch wohl mit daran, daß ich Vertrauen zu dem Lehrer von der Heide fand, der offenbar aus innerster Berufung Lehrer war. Bei ihm verband sich Autorität mit Väterlichkeit. Man konnte Fragen stellen, ohne je zurückgewiesen zu werden.

In unserer Schule wurden Fleiß und Begabung nach Plätzen bewertet, und so saß ich bald ganz vorn. Eines Tages fragte von der Heide, wo das Herz des Menschen sei. Da vieles zu Hause mit dem Herzen in Verbindung gebracht wurde, was auch mit dem Denken zu tun hatte, sagte ich, es müsse sich im Kopf befinden, und wurde natürlich gründlich ausgelacht. Da kam von der Heide zu mir, legte mir die Hand auf den Kopf und meinte:

»Du hast dir schon was Rechtes bei der Antwort gedacht; aber heute abend, wenn du im Bett bist, legst du mal deine Hand auf die linke Seite; dann wirst du gewiß entdecken, daß es in der Brust ist.«

Als ich am Abend in meinem Bett lag, folgte ich diesem Rat und entdeckte mein Herz. Es schlug wie eine Uhr. Wenn ich die Hand wegnahm, bekam ich Angst, ob es wohl noch schlug? Da ich selber diese Lebensuhr noch nie in Gang gesetzt hatte, mußte sie wohl vom lieben Gott aufgezogen worden sein. Eine erste Lebensangst packte mich, und die Frage, was sein würde, wenn es nicht mehr schlägt, wurde zum kindlichen Gebet.

Der Lehrer riet meinen Eltern, mich zum Realgymnasium nach Bünde zu schicken. Nach der Sexta gab mir ein älterer Mitschüler abenteuerliche Hefte, Erlebnisse bei der Fremdenlegion und Indianergeschichten, die meine Phantasie so bestimmten, daß ich die Grenzorientierung zwischen Dichtung und Wahrheit gelegentlich verlor. Durch einen unglücklichen Sturz bekam ich eine Gehirnerschütterung, fehlte lange und bekam auf diese Weise einiges vom Lehrstoff nicht mehr mit, was zur Folge hatte, daß einige Noten beim nächsten Zeugnis schlechter waren. Damals erlag ich der Versuchung und besserte die schlechten Noten auf. Meine Eltern merkten nichts von dem Betrug, jedoch die Leitung des Gymnasiums, die daraufhin meinen Eltern nahelegte, mich von der Schule zu nehmen und wieder in die Volksschule zu schicken. Das geschah dann auch.

Wenn ich heute an diese alte Geschichte zurückdenke, bringe ich die Fälschung nicht nur mit der erwähnten Lektüre zusammen, sondern auch mit einer gewissen Eitelkeit, die es mir geradezu unerträglich machte, eigene Fehlleistungen anzuerkennen. Wie viel hätte es mir im Verlauf meines Lebens geholfen, wenn ich mich mit diesem Charakterzug ehrlich auseinandergesetzt hätte. Besonders meiner Mutter taten Ursache und Konsequenzen dieser kindlichen Lüge weh. Sie hat die Unruhe über eine mögliche Fehlentwicklung meines Lebens erst verloren, als sie festgestellt hatte, daß mich die Begegnung mit dem lebendigen Jesus Christus verändert hatte.

Nun besuchte ich die Volksschule, bis das Jahr 1914 ins Land zog und der erste Weltkrieg begann. Noch sehe ich die Schar der Einberufenen und Freiwilligen in überschwenglicher Begeisterung singend zum Bahnhof marschieren. Viele von ihnen kehrten nie in die Heimat zurück. Zunächst war mein Vater reklamiert, aber dann erreichte auch ihn der Gestellungsbefehl. Von diesem Augenblick an kam mir als dem Ältesten eine besondere Verantwortung zu. Mit meiner Mutter mußte ich den ganzen Hofbetrieb durchsorgen. Sicher habe ich in jener Zeit für zwei geschuftet. Aber die Schule habe ich nicht häufig von innen gesehen. Aus der Not wurde eben eine Tugend.

Aber irgendwie fielen mir wieder Bücher in die Hände, die meinem Denken und meiner Phantasie nicht gut taten und in mir das weckten, was man wohl den Urzweifel nennt. Die ganze Kirchlichkeit meines Elternhauses und die traditionelle Rechtgläubigkeit wurden mir fragwürdig. Damals erschien als »blaues Buch« Paul Rohrbachs *Habt lieb die Welt*. Nachdem ich dieses und ähnliche kritische Bücher gelesen hatte, erschien mir unsere Rechtgläubigkeit hart und der Pietismus überspannt. Damals kam mir auch Schopenhauer in die Hände. Nun hinterfragte ich auch die Bibel und schließlich jede Form von Frömmigkeit.

Die Sorge ums tägliche Brot nahm ich jeden Morgen mit auf den Acker. Gesinde und Arbeitskräfte konnte man nicht halten, wenn man es nicht ordentlich ernährte, und wer hätte schon von dem, was man auf Lebensmittelkarten bekam, leben und auch noch arbeiten können! So zwischen Gut und Böse behaust, mußte ich darauf sinnen, den Staat so gut wie möglich zu überlisten. Mit dem Müller, der auch das Getreide lagerte, das abgegeben werden mußte, wurde ich einig, daß er die Mahlkarte mehrmals bediente. Heute tut es mir noch leid, wie wir in der Hungerzeit mit dem Nachbarn ein Schwein im Keller schwarz geschlachtet haben – nicht weil die Sünde inzwischen sündig geworden wäre, sondern weil die Schlachtung unsachgemäß geschah.

Als ich im letzten Krieg im Konfirmandenunterricht einen Jungen fragte, warum er am Sonntag nicht in der Kirche gewesen sei, kam er auf wiederholtes Fragen zu mir und flüsterte mir leise ins Ohr:

»Vater hat Sonntag schwarz geschlachtet, und ich mußte dabei helfen.«

Dafür hatte ich dann volles Verständnis. Auch hatten wir damals ein großes Stück Fleisch, das von irgend jemand aus der Gemeinde im Dunkeln auf den Flurtisch gelegt worden war, nicht mit allzu schweren Gewissensbissen gegessen, obwohl ein Zettel dabei lag, auf dem stand: »Geschenk für den Herrn Pastor aus einer Schwarzschlachtung. Guten Appetit!«

Um ein sicheres Versteck für das Getreide zu finden, wollte ich ganz schlau sein und wählte einen leeren Schornstein. Durch den Schieber oben hatte wir das Getreide hineingeschüttet, um es durch den Schieber unten wieder in den Sack füllen zu lassen. Dem Auge des Gesetzes entging dies. Aber wie erschrak ich eines Tages, als der Roggen oben aus dem Schornstein herauswuchs. Der Verräter schlummert nicht.

In der Seelsorge habe ich gelernt, die Kasuistik nicht absolut zu setzen. Die Umstände haben sicher ein Gewicht. Wenn man aber in einer Situationsethik glaubt, alles verstehen bedeute alles entschuldigen, dann möchte ich dem noch weniger zustimmen. Mit dem Intellekt, wenn man ihn unter falscher Voraussetzung gebraucht, kann man alles verstehen, alles erklären, alles entschuldigen. Nichts ist so verlogen wie der menschliche Intellekt, wenn er dämonisiert ist – und er ist dämonisiert, darin hat Kierkegaard recht, wenn die menschliche Existenz eine Doppelexistenz ist, eine gelebte Lüge.

Zuweilen gehört es zur seelsorgerlichen Weisheit, sich in der Entscheidung zwischen zwei Übeln von der Kasuistik bestimmen zu lassen; aber solche Situationen erfordern ein besonderes Stehen vor Gott. Wenn ich, wie bereits erwähnt, in bestimmten Augenblicken meines Lebens nicht wußte, was mein Vater wollte, er mir auch keine Antwort gab, ging ich ganz nahe an ihn heran; dann bekam ich doch im Blick seiner Augen eine Antwort, die für den Moment ausreichend war. In der Anfechtung muß man sich so durchglauben. Es kann durchaus Lagen geben, in denen Luthers Wort an den Zauderer Melanchthon richtig ist: Sündige tapfer! Wehe aber, wenn man das an falscher Stelle sagt oder gar zur Norm erhebt.

Während der Abwesenheit meines Vaters im Kriege wurde mein Verhältnis zur Mutter besonders herzlich. Sie war eine kluge und weitherzige Christin, ein Paradebeispiel für das Wort Jesu, daß die Wahrheit frei macht. Der Vater dagegen war mehr versucht, vom Gesetz her das Evangelium zu sehen. Von unseren gewagten Korrekturen etwa in der Ernährungsfrage während des Krieges durfte Vater nie etwas wissen. Das letzte Goldstück gab er gewissenhaft ab. Bei ihm, wie auch später in der Seelsorge, wurde mir deutlich, daß eine Übergewissenhaftigkeit auch Anfechtung bedeuten kann. Für meine Mutter ergab sich die Ethik aus dem Glauben. Sie konnte das Gesetz nicht ohne das Evangelium sehen und leben. Beide Eltern verstanden im lutherischen Sinne das Wesen der Bekehrung mehr als ein Ineinander als ein Nacheinander.

II. Zwei große Entscheidungen

Zwischen Philosophie und Glaube – wer bin ich?

Wie sich das für uns Bauern in meiner Heimat so gehörte, gingen wir alle am Sonntag zur Kirche. Der Aufriß der Predigt blieb sich immer gleich: Drei Teile, beim ersten Teil konnten wir Jungen mit Unterbrechungen noch aufpassen, beim zweiten Teil zogen wir aus innerem Protest die Uhren auf, beim dritten Teil überlegten wir, wie wir die Langeweile nach dem Mittagsbraten vertreiben könnten. Nichts ist so langweilig wie Gottes Wort, wenn man es mit verschlossenen Herzensohren hört.

Die Unruhe meiner Jugend, die man genauso als Rebellion hätte bezeichnen können wie die der heutigen, ist nichts anderes als die Reaktion auf eine Wüstensituation, die man mit einem falschen Fluchtversuch überwinden will. Aber da Gott uns in jedem Lebensalter besser versteht, als wir uns selber verstehen können, hat er uns abgeholt, als wir noch Sünder waren. Er hat für uns am Kreuz gebetet: Vater, vergib ihnen, denn sie wissen nicht, was sie tun. Das ist Musik in meinen Ohren jedes Mal, wenn ich das Karfreitagsgeschehen höre, lese oder darüber predige. Eine Symphonie für Gottes Ohren muß dann das Gebet der Heiligen und der Sünder sein, wenn sie in das Gebet mit der eigenen Bitte um Sündenvergebung einstimmen. Hört, wenn der große Musikmeister, der Heilige Geist, die Akkorde schlägt!

Die Einfalt des Kinderglaubens ging mir vollends verloren, als ich die Landwirtschaftsschule besuchte und Darwin und Nietzsche gelesen hatte. Das Gebet war nur noch Selbstgespräch.

Kaum habe ich ein Buch so verschlungen wie den Zarathustra. Heute noch könnte ich die letzten Seiten auswendig hersagen. Die Radikalität seiner Fragestellung traf mich in der Mitte meines Seins. Ich entdeckte die »Unbehaustheit«, die unheimliche »Tiefe« der Welt, die Fragwürdigkeit aller Tradition und aller kirchlichen Sicherheiten. Hatte Nietzsche nicht recht, daß alle Lust Ewigkeit sucht? Konnte man es noch deutlicher sagen?

> Die Welt ein Tor zu tausend Wüsten, stumm und kalt.
> Wer das verlor, was ich verlor, macht nirgend halt.
> Ich bin zur Wüstenwanderschaft verflucht
> Dem Vogel gleich, der stets nach kältern Himmeln sucht.
> Weh dem, der keine Heimat hat.

Ich erahnte das namenlose Weh, »tiefer als der Tag gedacht«. Konnte das traditionelle Christentum auf diese Not aller Nöte Antwort geben?

Es kamen durchgrübelte und unruhige Nächte. Die einzige, die mich in dieser Zeit ernstnahm, war wieder meine Mutter. Über das Grab hinaus möchte ich es ihr danken, daß sie mir in jenen Tagen einen unvergeßlichen Dienst getan hat. Man erreicht den anderen wohl am besten, wenn man ihn erleidet. Wenn ich meine Zweifel mit ihr besprach, deren Dialektik sie vermutlich nicht erfassen konnte, hielt sie mich nicht mit Schriftbeweisen oder Erfahrungsbeweisen – sie hielt mich mit ihrer Liebe, die mit dem Quadrat der Entfernung zu wachsen schien. Das gab ihrer Mütterlichkeit einen Adel, der mich emporhob und vor abgründigen Tiefen bewahrte. Das Herz hat auch Gründe für die Wahrheit, und die gelebte Mütterlichkeit wiegt schwerer als die des Verstandes. Wie recht hat doch Augustinus: Gebt mir Mütter, und ich will diese Welt retten!

Die Zeit, als in Minden-Ravensberg markante Zeugen Gottes auf den Kanzeln standen, war vorüber. Die Namen Volkening, Schmalenbach, Mühlenweg, Bodelschwingh und andere wurden zwar noch genannt, aber der erweckliche Strom war zum Bett der Tradition geworden. Man schmückte die Gräber der Propheten, aber ihre Botschaft war keine Neuigkeit des Erdentages mehr. Das Geheimnis der Erweckung war ja ihre wandelnde und erneuernde Kraft, der Beweis ihrer Echtheit, das neu geschenkte Leben selber. Aber jede Erwekkung wird eines Tages zur Tradition – wie Kierkegaard sagt, zur »Jüngerschaft aus zweiter Hand« – und hat dann noch bewahrende, aber keine errettende Kraft mehr.

Die verborgene Lüge, die in der traditionellen Kirchlichkeit meiner Heimat lag – jedenfalls für den, der radikal sucht und fragt –, entging mir im Wachwerden der eigenen Lebensfrage keineswegs. Was lag nun näher, als die Zweifelsfragen in meiner angefochtenen Lage mit dem Pfarrer zu besprechen! Aber mit seinen Dogmen und Formeln nahm er mir im Grunde mehr, als er gab. Bei der Schulentlassung hatte schon der Hauptlehrer zu meinem Vater gesagt: »An dem Jungen werden Sie noch Kummer erleben.« Als ich nun dem Pastor einige Thesen von Nietzsche vorgetragen hatte und von ihm eine überzeugende Widerlegung erwartete, kam er mit billigen moralischen Werturteilen über Nietzsche. Er wechselte von der Sache zur Person. Aber nicht genug damit: Er ging zu meinem Vater und erklärte ihm, der Nietzsche nie gelesen hatte: »Ihr Sohn besudelt sich mit Pech, bewahren Sie ihn vor der Lektüre dieser gottlosen Bücher!«

Nun verbrannte mein Vater die Bücher, und ich kaufte sie mir schnellstens wieder. Die reine Lehre schafft noch kein Leben, keine Erneuerung. Wer das Christentum so verteidigt, hat es im Grunde verraten. Das Christentum kann nur bezeugt werden. Wer es anders haben will, hat dem Motor die Zündung genommen.

Im Konfirmandenunterricht war ich wohl einer der besten gewesen. Die über 300 Fragen des Herforder Katechismus und ihre Antworten hatte ich spielend auswendig gelernt. Bei der Chorprüfung wurde ich gefragt, was die Wiedergeburt sei. Ich gab die Katechismusantwort: »Die Wiedergeburt ist ein Werk Gottes, wodurch wir aus Kindern des Zornes Kinder der Gnade, aus geistlich Toten geistlich Lebendige werden.« Es gab keine Frage, die ich, wenn andere versagten, nicht hätte beantworten können. Aber jene Veränderung, daß aus Kindern des Zornes Kinder der Gnade wurden, konnte nur noch selten erlebt werden.

Mein Vater war inzwischen aus dem Kriege heimgekehrt, so daß er meine Konfirmation miterlebte. Sie war sicherlich feierlich und beeindruckend. Aber die Begegnung mit dem, den die Konfirmation meinte, wurde nicht geschenkt. Ich war froh, als alles vorüber war. Wegen des Ledermangels hatte ich keine neuen Schuhe bekommen, sondern die Schuhe meiner Mutter anziehen müssen, die unheimlich drückten, so daß ich wie ein Storch auf Stelzen ging. Die Uhr dagegen, die mir mein Großvater mütterlicherseits, mein Pate, schenkte, war für mich wichtiger als die Konfirmation selber.

Nun betritt das Ewige diese Welt auf Taubenfüßen, und ich kann beim besten Willen das eigentlich Entscheidende in meinem Leben nicht in eine Formel klammern. Sie wird in jedem Fall gesprengt. Es ist die Freiheit Gottes, daß er ruft, wie, wann und wo er will. Ich möchte einfach sagen: »Es begab sich . . .«

Mein Vater wollte nach meiner Konfirmation einen tüchtigen Bauern aus mir machen. Er merkte, daß ich fortschrittlich dachte. So versuchte ich mit bäuerlicher Schläue auch die Inflation zu nutzen, denn mir war klar, daß alle Kredite, die man aufnahm, Gewinn brachten, weil die Inflationsrate die Zinsen bei weitem übertraf. Bei einem Waldverkauf erhielt ich den Zuschlag auf das Höchstgebot. Daß der Betrag erst nach einem Vierteljahr bezahlt werden mußte, machte das Preisgebot, den Inflationsschwund mit einkalkuliert, äußerst verlokkend. Als mein Vater von meinen Kauf erfuhr, war er entsetzt. Er schalt mich leichtsinnig, ging zu einem Zimmermann im Dorf und verkaufte den Wald zum gleichen Preise weiter. Nach dem Vierteljahr kostete der Wald nur noch ein Butterbrot.

Damals hielt ich meinen Vater oft für rückständig. Es ist mir später immer ein Trost gewesen, daß auch gute Pietisten wie August Hermann Francke hervorragende Geschäftsleute waren und mit beiden Füßen auf dem Teppich blieben.

Gelegentlich besuchte ich in meinem Heimatdorf auch den CVJM. Man gab mir die Bibliothek zur Betreuung. Als Lektüre wählte ich vorwiegend theologische und philosophische Bücher, aber auch einfachere wie Gustav Frenssens Hilligelei; sie halfen mir aber keineswegs zur Lösung meiner eigenen Lebensfragen.

Nun war ich zwar, nach meinem heutigen Selbstverständnis, mit ganzem Herzen Bauer. Das Leben der Natur und das Leben in der Natur hat mich zu allen Zeiten fasziniert und inspiriert: Titel, Würden und Ehren dagegen – auch in der theologischen Hierarchie – nur wenig. Ich beobachtete immer wieder, wie die Inhaber hoher Ämter Zwängen ausgeliefert waren und durch die Zwänge die Unmittelbarkeit zur Natur verloren. Wenn ich aber hinter dem Pflug ging und dabei die kritischen Fragen der am Abend vorher gelesenen Bücher durchgrübelte, merkte ich doch den Bruch in meiner Existenz. Die Denknot wurde mehr und mehr zu einer Existenznot. Ich suchte Antwort auf das Woher – Wozu – Wohin meines Lebens. Dazu kam die Spannung zwischen meiner bohrenden Unruhe und einer Kirche, die diese Fragen umging. Diese Unruhe war der Anfang der Erwekkung. Nur der erwachte Mensch merkt ja, daß er geträumt hat. Für mich war der Tag angebrochen.

Wenn man wissen will, wer man ist, muß man den Mut haben, sich der Wirklichkeit zu stellen – anders gesagt: Man muß sich der Wahrheit stellen, die uns in Jesus Christus begegnet. Als ich damals versuchte, mich mit meiner eigenen Wirklichkeit konfrontieren zu lassen, um zu wissen, wer ich sei, begegnete ich einem Abgrund. Das hat sich mir in der Seelsorge immer wieder bestätigt: Der Mensch kann den Menschen nicht zu rettender Selbsterkenntnis führen, weil dabei immer nur ein Abgrund dem anderen begegnet. Martin Buber argumentiert hier in seiner Freud-Diagnose völlig richtig: Die abgründige Tiefe im Menschen läßt sich nicht vom Eros her ausloten. Alle psychologischen Maßstäbe sind zu kurz. Wer sich selber identifizieren will, schaut in ein bodenloses Loch, in einen tödlichen Abgrund.

Das hat mir ein lieber Schweizer Freund, ein Gemsenjäger, vor Augen geführt. Er nahm mich mit auf den Berg. Nach einem beschwerlichen Weg standen wir plötzlich vor einer Tiefe, die bodenlos schien. Der Jäger forderte mich auf, ich möchte doch einmal eine Mutprobe durchführen und feststellen, wie weit ich mich dem Abgrund nähern könne. Er selber bewegte sich mit immer kürzeren Schritten auf den Abgrund zu. Der Blick in die Tiefe bannte ihn so, daß er an einer bestimmten Stelle nicht mehr weiter konnte. Die Macht der Tiefe lähmte ihn so, daß Blutleere im Gehirn eintrat und Schwindel ihn ergriff. Dann unternahm ich den Versuch. An einer bestimmten Stelle hatte nicht ich den Abgrund, sondern der Abgrund hatte mich. Der Jäger hatte es viele Jahre versucht, auf der Gratspitze des Abgrundes zu stehen, aber er hat es nicht geschafft.

Machen wir nicht die gleiche Entdeckung? Es ist verlorene Liebesmüh, wenn wir unser Personsein durchleuchten, um uns selbst zu erkennen. Mal wird uns dies bewußt, mal jenes – aber sich selber verstehen hieße, einen Abgrund deuten. Da stoßen wir an die Grenze, die Paulus im Römerbrief wie ein Pendelgesetz beschreibt: Das Gute, das ich will, das tue ich nicht, und das Böse, das ich nicht will, das tue ich (Röm. 7,19).

Begegnung mit Kierkegaard und der neue Anfang

In jener Zeit, als mich die Unruhe meiner ungelösten Lebensfrage bedrängte und ich in mir weder Stimme noch Antwort fand, fiel mir in der Bibliothek, die ich verwaltete, Sören Kierkegaards *Krankheit zum Tode* in die Hände. Ich war ehrlich genug, mir einzugestehen, daß mein eigener Zustand gelebte Verzweiflung war. Nun hörte ich, daß beim Pfarrer oder im Gemeindehaus einige junge Männer zusammenkamen, die die Bibel lasen und auslegten. Sie benutzten dieses Buch der Bücher nicht als Lektüre, sondern sie behaupteten, daß sie in diesem Buch eine zureichende Antwort auf ihre Lebensfrage gefunden hätten. Irgendwie wurde es auch unter uns jungen Leuten ruchbar, daß sie die Normen kirchlicher Tradition durchbrochen und den Mut zu einer Gemeinsamkeit gefunden hätten, die mehr Zeugnis sei als alles fromme Geschwätz.

Echtes Christentum wirkt wie eine Weckuhr. Kein Wunder, wenn man versucht, sie abzudrehen. Nur wer aus der Wahrheit ist, hört Jesu Stimme. Aber im Grunde war mir die gelebte Lüge noch immer lieber, und so schloß ich mich der Meinung derer in den Wirtshäusern und Spinnstuben an, die die Unruhestifter als Schwärmer abtaten. Merkwürdig, wie sich die Welt mit einer gewissen Kirchlichkeit solidarisch macht, wenn beide die Alarmglocke Gottes überhören wollen. Wenn die Menschen huren und saufen und die Perversität zur Moral erheben, dann ist das eben menschlich. Wenn aber zehn Leute in einem Ort sich verändern, den Allerweltsglauben überwinden, anfangen zu beten und sich dem lebendigen Glauben zuwenden, dann schafft das Aufregung bis in das letzte Haus. Wenn ein heiliger

Brand entsteht, ist die geistliche Feuerwehr auch gleich unterwegs. In meinem Dienst habe ich das oft erfahren. Kein Wunder, daß ich mich damals dieser Feuerwehr anschloß. Und trotz alledem – wir können Gott nicht entfliehen. Meine Lage damals könnte ich nicht besser formulieren als mit den Versen des 139. Psalms. Solange ich unbeteiligt war oder mich im Widerstand befand, wurde die Lüge für mich nicht etwa kritisch. Das wurde sie für mich erst, als sich einer meiner Freunde bekehrte.

Bis dahin hatten wir eigentlich unsere Sonntage so begonnen, daß wir am Samstagabend in einer bestimmten Schusterbude überlegten, wie wir mit der Langeweile des Sonntags fertig werden wollten. An Mädchengeschichten und Tanzen dachten wir nicht. Hier war die überkommene pietistische Norm noch bindend. Tanzen war Sünde.

Nun, nachdem mein Freund zum Glauben gekommen war, begann er mir mit anderen den lebendigen Christus zu bezeugen. Lange Gespräche und Debatten folgten. Ich versuchte, ihm die »Überspanntheit« auszureden, aber er fragte mich mit tiefem Ernst nach dem Fallgesetz meines Lebens, ob ich da frei sei oder nicht. War die Denknot in meinem Leben schon zur Existenznot geworden, so wurde ich nun mit der Wahrheit selbst konfrontiert, und wie es in einer solchen Lage wohl jeder tut, wählte ich zunächst den Weg des Idealismus: Ich versuchte, mich aus dem Teufelskreis selber zu befreien.

Es erging mir wie jenen jungen Löwen, die ich bei Hagenbeck in Stellingen beobachtete. Die Könige der Wüste waren frisch importiert. Als sie aus dem Transportkäfig in die neuen Gehege gelassen wurden, glaubten sie, die Freiheit wieder erlangt zu haben. Plötzlich entdeckten sie die Gitter. Die waren stärker als ihre Pranken. Sie suchten einen Ausweg, aber nirgendwo gab es einen. In diesem Augenblick begann ein Gebrüll, das einem durch Mark und Bein ging.

Der Blick in den Abgrund in mir machte mich einsam und bedrängte mich mehr und mehr.

Doch gerade in jener Zeit nach dem ersten Weltkrieg schenkte Gott dem traditionellen Christentum meiner Heimat eine neue erweckliche Welle. Sie erinnerte an jene Tage, als auf den Kanzeln Minden-Ravensbergs begnadete Zeugen Gottes standen. Bethel, die Stadt der Barmherzigkeit, ist nur auf dem Hintergrund einer solchen Erweckung zu verstehen. Oft habe ich mich in meiner Jugend gewundert, wenn die alten Bäuerinnen an den Spinn- und Strickabenden auf den Höfen noch ganze Teile einer Predigt wiedergeben konnten, sogar mit Themenangabe, die sie einmal in der Jugend unter der Kanzel eines dieser Erweckungsprediger gehört hatten. Ich fand damals dafür keine Erklärung, wenn ich nicht annehmen wollte, daß die Berichte erfunden waren und man sie nur einem großen Prediger unterschob, um sie aufzuwerten. Aber ich bin hier korrigiert worden. Das Herz hat offenbar auch Ohren; und was man mit dem Herzen unmittelbar hört, behält man fürs Leben.

Es gibt Probleme, die nur von der erlebten Wirklichkeit her zu verstehen sind, sich kritischen, am Schreibtisch erdachten Methoden jedoch entziehen. Mir sind Menschen begegnet, die behauptet haben, daß ich an einem bestimmten Sonntag vor zwanzig oder mehr Jahren in einem Erweckungsort über ein bestimmtes Bibelwort gesprochen hätte. Sie erzählten mir noch den ganzen Inhalt meiner Predigt. Ich selbst wußte davon nichts mehr. Als ich sie erstaunt fragte, wie das möglich sei, erhielt ich die Antwort: »Ich bin durch dieses Wort zum Glauben gekommen.« – »Ich hatte unter dieser Predigt eine Begegnung mit Jesus Christus.« Wenn das Wort schöpferisch wird und Begegnung schenkt, ist Gott am Werk. Dafür könnte ich eine Menge Zeugen anführen. Es waren oft einfache Menschen, ohne auffälliges Erinnerungsvermögen. Vorgegeben war jedoch immer ein ehrliches Suchen nach der Antwort auf eine ihr Leben bestimmende Frage. Wenn diese Leute zur Begegnung mit Jesus Christus durchbrachen und bei ihm die Antwort fanden, dann ging es ihnen wie dem früheren Zöllner Levi, der uns noch 60 Jahre später den Inhalt der ganzen Bergpredigt überliefern konnte. Die Begegnung mit Jesus, sein Anruf, wurde sofort Bewegung: Er verließ alles und folgte IHM nach.

In meinen Diensten in Afrika ist mir in diesem Zusammenhang noch eine Erkenntnis geworden. Bei Missionsversammlungen in Zambia, Rhodesien, Süd- und Südwest-Afrika wurde ich oft durch eine Dolmetscherin ins Afrikaans übersetzt. Der bekannte Evangelist Shadrach Maloka übersetzte dann in die Bantusprache. Im Anfang wunderte ich mich, wie er aus fünf Sätzen von mir einen kleinen Vortrag machte. Das Verwundern hörte auf, als ich herausfand, daß er meine Worte mit einem Kommentar versah, der sie den Bantus anschaulich und verständlich machte. Wenn man die Botschaft eines anderen übersetzen will, muß man diesen besser verstehen, als er sich möglicherweise selbst versteht. Wenn im Johannesevangelium etwa Worte Jesu von Johannes so kommentiert werden, daß selbst mit linguistischer Akribie die Worte Jesu vom eventuellen Kommentar des Johannes nicht sicher unterschieden werden können, dann habe ich nach meiner afrikanischen Erfahrung keinen Zweifel mehr, daß die Apostel die Aussage Jesu eventuell erklärt, aber nicht verändert haben.

Eine Erweckung ist nicht machbar, noch weniger erklärbar, aber sie ist als Wunder Gottes erfahrbar.

Der Wahrheit Schatten tastend trauen.
Und wenn das Lebensrätsel groß,
das göttliche Geheimnis schauen,
das ist der Selbsterkenntnis Los.

Kein Erdengeist hat je ergründet,
was von Beginn verschleiert war.
Des Lebensrätsels Lösung findet
nur, wem sich Gott selbst offenbart.

Waren mir durch Nietzsche und Kierkegaard die Abgründe meines Lebens bewußt geworden, so wuchs in der damit verbundenen Einsamkeit eine suchende Unruhe in mir, die sich in einem verborgenen und zuweilen offenen Widerstand äußerte. Der Widerspruch ist in diesem Stadium eine Normalerscheinung. Er wird von gläubigen Christen oft falsch bewertet. Aber eine unruhige und widersprechende Jugend ist besser als eine Jugend, die in ihrer religiösen und politischen Fragestellung gedrosselt und abgewürgt wird. Wer im Zweifel ehrlich widerspricht, steht dem Evangelium oft näher als der Gleichgültige, der in der Selbsttäuschung dahinvegetiert.

Als ich vor einigen Jahren in einer Kongreßhalle sprach, näherte sich ein Apo-Führer mit einigen Genossen meinem Pult. Die Absicht war deutlich, er wollte mir das Mikrophon wegnehmen. Als er noch in einer gewissen Entfernung war und ich seine Absicht erkannte, sprach ich ihn an:

»Lieber Freund, überlegen Sie sich die Sache – ich stamme von den Urgermanen ab. Kennen Sie Max Schmeling? Wenn ich Sie streichele, sind drei Rippen und zwei Backenzähne in Frage gestellt. Darf ich Sie warnen?«

Die ganze Halle lachte. Wer die Lacher auf seiner Seite hat, hat gewonnen. Er zog sich zurück. Am Ende der Evangelisation kam er zu mir und bekannte:

»Ich habe den Schritt über die Linie getan. Als ich Sie am ersten Abend hörte und das Torpedo Ihrer Verkündigung meine Weltanschauung traf, hätte ich Sie am liebsten erwürgt. Am zweiten Abend habe ich gedacht: Wenn der Mann lügt, dann lügt er jedenfalls so überzeugend, daß man es glauben sollte. Am dritten Abend konnte ich nicht mehr ausweichen. Darf ich Sie um Vergebung bitten?«

In Krelingen erleben wir das gleiche. Im Widerspruch bewegt man sich zwischen den Fronten. Solange die Sünde noch nicht wirklich sündig, also zum Ekel geworden ist, dreht man sich noch um die eigene Achse. Ob der Selbstbezug dann fromm oder unfromm ist, spielt dabei keine Rolle. Es ist aber schon viel gewonnen, wenn man, um zu widersprechen, Gottes Wort hören muß, auch wenn man sich selber schwer mitschleppt. Man will sich ja los werden. Wer Nein sagt, um das Ja zu finden, der steht nach den Worten Bezzels dem Evangelium näher, als wer aus Bequemlichkeit und Denkfaulheit ja sagt, aber in seiner Lebensbewegung das Gegenteil bezeugt.

Irgendwie fing ich damals an, das Evangelium zu lesen. Nicht so, wie es allgemein gelesen wird, sondern suchend; wie Zachäus wollte ich wissen, wer Jesus sei (Luk. 19). Sucht man zunächst nur Information über Jesus, so wird das anders, wenn man erkennt, daß er die seit langem gesuchte Antwort auf lebenswichtige Fragen sein könnte.

Begehren ist ein unwiderstehliches Verlangen. Was man begehrt, will man haben. Das verstehen die am besten, die von Tabak oder Alkohol oder Drogen abhängig sind. Ich selbst durchlitt es, als ich noch Raucher war. Von einem Amtsbruder war ich zu Kaffee und Kuchen eingeladen. Auf dem Tisch stand eine offene Kiste mit Zigarren. Ich freute mich schon auf das Angebot. Aber weil der Amtsbruder selber nicht rauchte, vergaß er es. Ich selbst hatte nicht die Freiheit, mir eine Zigarre zu nehmen. Als ich nach Hause kam, fragte mich meine Frau, wie es gewesen sei.

»Schrecklich! Ich habe begehrt ohne Erfüllung«, sagte ich.

Mein geistliches Verlangen nach einer Begegnung mit Jesus wirkte sich so aus, daß ich wie Zachäus die Straße aufsuchte, wo in vollmächtiger Verkündigung Jesus vorüberging. Damals predigten in meiner Heimat Evangelisten wie Daniel Schäfer, Ernst Modersohn, Fritz Binde, Owen Hoffmann und wie sie alle heißen mochten. Ihre Predigten hörte ich mit kritischem Vorbehalt. In jener Zeit entstand die Bünder Glaubens-Konferenz. War vorher das Bünder Missionsfest der geistlich erweckliche Mittelpunkt für Minden-Ravensberg, hatte ich hier als Kind schon den Missionar Vedder von der Rheinischen Mission, den ich noch in Süd-Westafrika im hohen Alter besuchen konnte, gehört, so bildete sich nun mit der Bünder Glaubens-Konferenz ein zweiter Brennpunkt der Erweckungsellipse. Geistliche Bewegungen haben ihr eigenes Gefälle.

Wenn man nach Erfüllung seines Lebens verlangt, sie aber nicht findet, befindet man sich in der eigentlichen Krisis seines Lebens. Man erkennt sich als betrogenen Betrüger, findet aber nicht die Tür, über die Jesus geschrieben hat: »Wer durch mich eingeht, wird Leben und volles Genüge finden.« Und doch – es gibt ein Gebet, das dahin führt: »Jesus, erbarme dich!« – das Gebet, das Raum und Zeit durchdringt und einem beim eigenen Ende Gottes Anfang entdecken hilft.

Nun gab und gibt es in dieser Welt keinen Erweckungsprediger, der die unfehlbare Methode entdeckt hätte, wie man Lebensfragen aufschlüsseln und Menschen zur Bekehrung bringen kann. Trotzdem stehen wir immer in der Gefahr zu meinen, wir könnten die vollmächtige Verkündigung in den Griff bekommen; aber dann könnten wir ja Gott selber »in den Griff« bekommen – was für ein Gott wäre das! Vollmächtige Verkündigung ist allemal ein Wunder aus Gericht und Gnade – zuerst für den Verkündiger, dann für seine Hörer. Es gibt aber keine vollmächtige Verkündigung, die das Ärgernis vom Kreuz billiger vermarkten kann, als es ist. Gott hat den vollen Preis bezahlt – davon läßt sich nichts mehr herunterhandeln.

Unvergeßlich bleibt mir die Frage jenes am Anfang genannten Professors: »Sie wollen doch nicht behaupten, daß wir Verbrecher sind?« Wir sind keine gemalten Sünder, wir sind wirkliche Sünder, sagt Luther. Wir sind Verbrecher, nicht im Buchstaben irdischer Gesetze, sondern im Urteil Gottes am Kreuz seines Sohnes Jesus Christus. Hier geht es nur um die eine Frage: Ich elender Mensch, wer wird mich erlösen von dem Leibe dieses Todes? Oder reformatorisch gesprochen: Wie bekomme ich einen gnädigen Gott?

Diese Frage wurde für mich aktuell, als ich, wie Luther sagt, Gott Gott sein ließ und den Maßstab für Gott und Mensch im Kreuz seines Sohnes ernst nahm. Noch hatte ich den Schritt über die Linie nicht getan, noch war ich im Widerstand, da predigte in der Stadtkirche von Bünde während der Bünder Glaubens-Konferenz der bekannte Evangelist Ernst Modersohn. In unserem Dorf hatte man davon gehört, und so ging das junge Volk, um zu hören. Ich wollte kritisch urteilen. Als ich ohne Gesangbuch in der letzten Reihe der Bünder Kirche saß, setzte sich ein Herr mit langem Vollbart zu mir. Er rückte immer näher, sang aus vollem Halse mit und schob mir langsam das Gesangbuch zu. Nicht im geringsten dachte ich daran mitzusingen. Da legte er mir väterlich die Hand auf die Schulter und raunte mir ins Ohr: »Brüderchen, ich verstehe dich, ich war auch mal so!« Damit war der Widerstand gebrochen. Das war Alfred Christlieb, der Pfarrer von Heidberg.

In meiner Heimatgemeinde evangelisierte kurz darauf Ludwig Henrichs. Auch seine Verkündigung sprach mich an. Eine Wolke der Verheißung muß damals über uns jungen Leuten geschwebt haben. Wir fühlten uns in dem Trott dörflicher Langeweile nicht mehr wohl. Wir wollten nicht nur Verkündigung von Jesus Christus, wir begannen die Begegnung mit ihm, dem Gekreuzigten und Auferstandenen, zu suchen.

Das war die Zeit meiner Bekehrung. Ich kann Tag und Stunde nicht nennen; wohl aber weiß ich eine Zeit, in der ich während der Verkündigung beim Namen gerufen wurde. Der Anruf Gottes in Christus ist

Ereignis und Bewegung zugleich. Er führt aus der Ungewißheit eigener Existenznot zur geschenkten Gewißheit. Nie habe ich Luther so verstanden wie dort, wo er bekennt:

> Die Angst mich zum Verzweifeln trieb,
> daß nichts denn Sterben bei mir blieb,
> zur Hölle mußt ich sinken!

Doch das war nun erst mal vorbei. In mir war Freude.

In vielen Erweckungen habe ich inzwischen erlebt, daß man Sünden- und Höllenangst nicht trennen kann. Luther hat recht: Gott hebt immer aus der Hölle in den Himmel. Die Menschheitsfrage lautet nicht, wer begräbt uns, sondern wer erlöst uns. Doch würde mein Bericht nicht vollständig sein, wenn ich nicht zwei Ereignisse noch erwähnte, die irgendwie in der Planung Gottes für mein Leben mit entscheidend wurden. Es gibt keinen Zufall. Gott handelt, das ist mir mit Luther gewiß, in allem Geschehen.

In jenen Tagen bekam mein Freund, der mir die Frage nach dem Fallgesetz der Sünde gestellt hatte, einen Blutsturz. Unmittelbar vor dem Tode war ich bei ihm. In der Unruhe meines Herzens fragte ich ihn nach der Wirklichkeit seines Glaubens. Er schaute mich tief an, legte die Hände zusammen und stammelte sterbend:

> »Ich danke dir, du wahre Sonne,
> daß mir dein Glanz hat Licht gebracht.«

Diese Begegnung mit dem sterbenden Freund nahm mir den letzten Vorbehalt.

An jenem Abend bin ich in den dunklen Keller gegangen, habe mich auf die Rüben geworfen und zum erstenmal die paar Worte herausgeschrien, auf die Gott wartet: »Jesus, erbarme dich! Herr Jesus, wenn du da bist, dann hilf mir! Zerbrich mir alles, aber laß mein Leben nicht in einer Lüge enden!«

Gott hat dieses Gebet gehört und erhört.

Als ich die Buße suchte, sie aber nicht finden konnte, erging es mir genau wie Luther: Ich fiel noch immer tiefer, bis ich meine Bettlerhände ausstreckte, um das größte Geschenk anzunehmen. Selig sind die Bettler im Geist, denn das Himmelreich ist ihrer.

Meine Sündennot – so scheint es mir heute – bestand darin, daß ich Buße für die Sünde suchte und doch nicht wirklich überzeugt davon war, daß ich sie brauchte. So konnte ich sie auch nicht finden. Da fiel mir das Buch von Spurgeon in die Hände: *Ganz aus Gnaden!* Jetzt erst wurde mir gewiß: Jesu Gottverlassenheit war meine Buße. Er hat meine Lebensangst, meine Lebensfrage durchlitten und mich mit seinem Leiden erlöst. In »getroster Verzweiflung« durfte ich mich nun der Gnade anvertrauen, die meine Vergangenheit in Ordnung gebracht hat, mein Heute erfüllt und meinem Morgen Gewißheit schenkt. Jesus Christus hat eine volle Erlösung vollbracht. Er hat mich erlöst von mir selber: Glaube als Blickwechsel von mir weg auf IHN.

Wir wagen es, wir laden
ihn ungescheut herbei,
die Allmacht seiner Gnaden,
die macht das Herz ganz frei.

Die Ewigkeit wird erst zeigen, welche vorlaufende Gnade uns den Anstoß zur ewigen Bewegung gab. Es ist mir gewiß geworden, daß Gott in allem Geschehen handelt; daß denen, die Gott lieben, alle Dinge zum Besten dienen müssen.

Auch hier war es meine Mutter, die mich in meiner zukünftigen Entwicklung bestimmen sollte. Ungewollt erfuhr ich, daß ihr Leben in höchster Gefahr war. Die Glaubenserfahrung, daß ich den Geschmack an bestimmten Jugendsünden verloren hatte, gab mir den Mut zu dem Herzensgebet: »Herr, nimm mir alles, aber laß mir meine Mutter, und dann will ich dir geloben, das zu werden, was ich nie habe werden wollen: Laß mich dein Zeuge sein, wenn du willst, auch als Pfarrer oder Evangelist!«

Das erhörte Gebet – meine Mutter hat noch 34 Jahre gelebt – wurde nunmehr die eigentliche Unruhe meines Lebens.

So war es wohl auch kein Wunder, daß die Mutter als erste in aller Heimlichkeit die Veränderung meines Lebens bemerkte. Von meiner Bekehrung überzeugte sie eine Sache, die scheinbar am Rande lag. Bis dahin hatte ich meine Schuhe immer am Sonntag während des Glokkenläutens geputzt. Allen Ermahnungen meiner Eltern, das am Samstag zu tun, begegnete ich mit Widerstand. Als Mutter zum erstenmal entdeckte, daß meine Schuhe am Samstag geputzt waren, ging sie ins Schlafzimmer und dankte dem Herrn, daß der verlorene Sohn auf dem Heimweg war.

Die Heilung meiner Mutter stellte mich unter das Psalmistenwort: »Opfere Gott Dank, und bezahle dem Höchsten deine Gelübde.«

Die Mutter wußte von der Heilung, fand aber keine zureichende Erklärung. Ich wußte sie, stand ihr aber mit meiner Liebe zu nah, um das Geheimnis über die Lippen zu bringen. Erst am Sterbebett, als ich ihr das Abendmahl reichte, konnte ich es ihr sagen: »Ohne dich wäre ich niemals Pfarrer geworden.« Als ich das bekannt hatte, gab sie mir einen Kuß und sagte: »Ich hab mir eingebildet, ich kennte meinen

Jungen, und habe sein Geheimnis doch nicht gewußt. Oft habe ich Sorge um dich gehabt, weil du wie ein Vulkan warst, von dem man nie weiß, wann er ausbricht. Aber nun bin ich gewiß, du wirst in einem erfüllten Leben enden. Was der Herr angefangen hat, führt er auch zum Ziele. Der Herr Jesus ist dir so groß geworden, daß du, auch wenn du es wolltest, ohne ihn nicht mehr leben könntest.«

Die große Freude

Alles erfüllte Geschehen sucht ein zeitliches Datum: Kairos – Chronos. Der Mensch findet es in der Wiedergeburt. Nur wo Vergebung der Sünden ist, sagt Luther, da ist auch Leben und Seligkeit. Man sollte die Wiedergeburt nicht dogmatisch etwa mit der Taufe oder mit der Bekehrung gleichsetzen. Sie liegt, und da gehe ich mit Bezzel einig, im Widerspruch einer doppelten Bewegung. Sie ist eine Ellipse mit zwei Brennpunkten. Im Gleichnis vom verlorenen Sohn erklärt Jesus: Der Sohn war tot und ist lebendig geworden. Das Lebendigwerden vollzog sich in der Bewegung des Vaters zum Sohn und in der Bewegung des Sohnes zum Vater. Das Ereignis läßt sich nicht methodisch bestimmen. So war es auch in meinem Leben. Der Grenzübertritt verlief ähnlich wie neulich zwischen Norwegen und Schweden: Wir suchten die Grenzmarkierung. Als wir sie nicht fanden, verwunderten wir uns. Mit einem Mal entdeckten wir, daß wir längst in Schweden waren.

Als mich in Zürich eine Frau fragte, ob man den Tag der Bekehrung wissen müsse, zeigte ich ihr den Ring an meiner Hand und fragte, was er bedeute. Sie antwortete:

»Daß Sie verheiratet sind.«

»Der Ring bedeutet also, daß Vertrauen und Liebe zwischen meiner Frau und mir am Altar in die Verbindlichkeit der Ehe einging. Der lebendige Gott macht es mit uns auch nicht anders. ›Also hat Gott Sie geliebt, daß er seinen eingeborenen Sohn für Sie gab; damit Sie, wenn Sie an ihn glauben, ewiges Leben haben.‹«

Darum geht es am Kreuz Christi. Wenn ein Kind seinen Geburtstag nicht weiß, aber es atmet und bewegt sich, es tummelt sich in lebendiger Bewegung, dann ist es höchstwahrscheinlich geboren, obwohl es den Geburtstag nicht nennen kann. Gott fragt nicht nach unserer Bekehrung, er fragt nach unserem Vertrauen und nach der Nachfolge. Die geistliche Bewegung als Glaubenszeugnis ist in den Anfechtungen unserer Zeit überzeugender als das fromme Wort. »Welche der Geist Gottes treibt, die sind Gottes Kinder.«

Wenn ich das Datum suche, an dem mir der Herrschaftswechsel bewußt wurde, dann wäre es eine Jugendstunde, in der ich zum erstenmal den Mut zum freien Gebet geschenkt bekam. Alle anderen lebten in der Freude einer Unmittelbarkeit, die ich auch suchte und im Eigenen nicht fand. Erst als die Freude Jesu über mich kam, konnte ich sie ausdrücken.

Der Herrschaftswechsel verändert unser Leben, so daß es Zeugnis der Gnade wird. Die Erlösung durch Christus beglaubigt sich somit als Erlösung von uns selber. Die Wahrheit in Christus macht uns frei von uns für Gott. Kierkegaard nennt das weiße Kleid der Bibel die Existenz ohne Vergangenheit. Da die Rechtfertigung dauerndes Ereignis ist, bezeugt der Glaubende in der Heiligung Gottes erfüllte Wirklichkeit und wird damit zur Weckuhr Gottes. Durch die Bekehrung wird der Mensch eine neue Kreatur – nicht indem sein Personsein verändert wird, nicht in einer unnatürlichen Heiligkeit, sondern in einer geheiligten Natürlichkeit. Das macht die Wiedergeburt.

Das Merkmal echter Erweckung sowohl in meinem Leben als auch dort, wo diese Erfahrung meinen evangelistischen Dienst begleitete, ist die Freude. Diese Zeit der ersten Liebe, wie die Bibel sie nennt, diese unmittelbar gelebte, vollkommene Freude, die Jesus uns erworben hat, ist eine Folge seines Kreuzes. Paulus wurde Zeuge dieser Freude, als er im Kerker in Rom auf die Hinrichtung wartete und an die Philipper schrieb: »Freuet euch in dem Herrn allewege, und abermals sage ich, freuet euch.« Kierkegaard beschreibt diese Freude, als er am 19. Mai 1838 vormittags um 10.30 Uhr den Schritt über die Linie wagte. Er schreibt in sein Tagebuch: »Es gibt eine unbeschreibliche Freude, die uns ebenso unerklärlich durchglüht, wie der Ausspruch des Apostels unmotiviert hervortritt: Freuet euch, und abermals sage ich euch, freuet euch! Nicht eine Freude über dies, das oder jenes, sondern der Seele voller Ausruf mit Zunge und Mund und von Herzensgrund: Ich freue mich bei meiner Freude, in, mit, auf, durch und an meiner Freude, ein himmlischer Kehrreim, der gleichsam plötzlich unser übriges Singen abschneidet: Eine Freude, die einem Windhauch gleich kühlt und erfrischt, ein Stoß des Passats, der vom Haine Mamre weht zu den ewigen Wohnungen.«

Ebenso berichtet Augustin in seinen »Bekenntnissen« von der Freude am Rande der Anfechtung, als ihn im Garten von Mailand das Wort der Adventsepistel wie Blitz und Donnerschlag traf: »Die Nacht ist vorgerückt, der Tag aber nahe herbeigekommen. So laßt uns ablegen die Werke der Finsternis und anlegen die Waffen des Lichts. Laßt uns ehrbar wandeln als am Tage, nicht in Fressen und Saufen, nicht in Wollust und Unzucht, nicht in Hader und Streit, sondern ziehet an den Herrn Jesus Christus.« Augustin wurde dieses Wort zum Anruf Gottes, Gestellungsbefehl der Ewigkeit im Kreuz Christi. Im Verlust der eigenen Mitte fand er die große »Freude, die allem Volk widerfahren wird« und entdeckte in der Erhörung der Gebete seiner Mutter Monica: Erweckung ist Durchbruch zur Freude. Jesus Christus ist erfüllte Wirklichkeit.

Luther berichtet in der Vorrede seiner Werke von 1545, wie er als untadelig lebender Mensch in der Einsamkeit der Klosterzelle darüber verzweifelte, daß er Gott nicht rein und selbstlos aus eigener Kraft lieben konnte. Als er in dieser Verzweiflung beim Lesen an das Wort kam »Der Gerechte aber wird aus dem Glauben leben«, da brach bei ihm Freude durch. Er bekennt, daß er von der Botschaft so ergriffen war, daß er gemeint habe, durch die offenen Pforten des Paradieses zu treten und die Engel im Himmel singen zu hören.

Ähnlich erging es Pascal. In seinen Sterbekittel war ein Zettel eingenäht, das »Memorial«, das mit den Worten beginnt: »Größe der menschlichen Seele« und mit Ausbrüchen verzweifelter Anfechtung fortfuhr. Der Zettel endet mit der Freude der Gnadengewißheit, indem er am Schluß in die Worte ausbricht: »Gott Abrahams, Isaaks und Jakobs: Freude, Tränen der Freude!«

Nicht anders als die angeführten Zeugen könnte ich die Zeit nach meiner Bekehrung beschreiben, obwohl diese Freude eigentlich unbeschreibbar ist. Sie ist die Erlösung vom Selbstbezug – auch von dem eines vermeintlich nun anbrechenden großen Glaubenserlebnisses. Sie besteht vielmehr in der Gewißheit und im Vertrauen zu einem großen Herrn. Dieser ewige Drehwurm: Ich, icher, am ichsten, diese stinkige Selbstverliebtheit und Eitelkeit, diese vergiftete Phantasie wird uns am Kreuze Christi nun als Schuld einsichtig. Wir jungen Leute erfuhren in jenen Tagen etwas von dem, was der Prophet mit dem Worte ausdrückt: »Euch aber, die ihr meinen Namen fürchtet, soll aufgehen die Sonne der Gerechtigkeit und Heil unter ihren Flügeln. Und ihr sollt herausgehen und hüpfen wie die Mastkälber.«

Jede Erweckung kennt diese ansteckende Freude. Ich habe erlebt, wie ganze Dörfer in wenigen Tagen von dieser Freude verwandelt wurden, wie erweckte Jugend ganze Nächte durch sang. Wie könnte sich auch sonst das Wesen der ersten Liebe ausdrücken! Wer durch ihren Dornröschenkuß erweckt wurde, empfängt eine Freude, die der Verstand nicht erklären kann. In dieser geschenkten Freude liegt der Anstoß zu einer missionarischen Bewegung.

Alles, was ich vom Heiligen Geist weiß, wurde für mich – soweit das raum-zeitlich überhaupt möglich ist – im erwecklichen Leben real. Wie für unsere Wahrnehmung die Wand zwischen dem Dämonischen und Heiligen hauchdünn ist und wir nur mit Hilfe des Geistes Gottes selbst die Geister prüfen können, ob sie von Gott sind, so kann sich auch die Kirche nur mit Hilfe jener Unmittelbarkeit, die der Heilige Geist im schöpferischen Wort schenkt, erneuern. Er verklärt nicht das eigene Tun, sondern den Namen Jesu. Er läßt sich nicht herbeiexperimentieren, sondern wird gesandt zur Erhellung unseres Elends. Er macht Christus zum Ereignis im Hier und Heute. Er beweist sich mehr in Kraftwirkung und Vollmacht als in logischen Erklärungen, die sein Wesen ohnehin nicht erfassen. Er entsichert unsere Denkkategorien, versichert aber dem Glauben die unmögliche Möglichkeit, daß Gott dem Sünder gnädig sei.

Es dauerte in jenen Tagen der Erweckung nicht lange, da waren es gerade die kirchlichen Kreise, die uns der Schwärmerei bezichtigten. Wir nahmen das nicht weiter tragisch und lebten unbekümmert unserm Tagewerk. An jedem Sonntagmorgen versammelten wir uns eine Stunde vor dem Gottesdienst mit unserem Pfarrer in einer immer größer werdenden Schar und beteten für den Gottesdienst. Irgendeiner von uns jungen Leuten hielt dann die Einleitung zu einem selbstgewählten Bibelwort. Wir sprachen dann darüber, so daß es aktuell und zur Hilfe für uns wurde. Der Heilige Geist machte diese Stunden äußerst interessant. Wer zu uns kam, wurde von seinen Sünden überführt, bekannte sie fast immer, im gemeinsamen Gebet wurde er seines Heiles gewiß, woraufhin er dann fröhlich seine Straße zog. Das Ereignis wurde umschrieben mit dem Wort: Zum Glauben gekommen. Unser Anliegen drückt sich am besten aus in dem Gebet von Bullinger: »Lasset uns Gott, den Vater, bitten, daß er uns durch den Sohn, unsern Herrn Jesus Christus, diesen seinen Heiligen Geist in unsere Herzen senden, unsere verfinsterten Gemüter erleuchten und uns nach der Heiligen Schrift auf den rechten Weg der Wahrheit leiten wolle.«

Natürlich waren die Exegesen nicht immer wissenschaftlich einwandfrei – existenzbezogen waren sie auf alle Fälle. Ich erinnere mich, wie einer von uns den »Kämmerer aus dem Mohrenland« auslegte. Obwohl ich noch nicht Theologe war, konnte ich mich eines Lächelns nicht erwehren, als er meinte, das Wort Kämmerer habe etwas mit Kamm zu tun und der Mann habe offenbar die Haare der Königin Kandaze gekämmt. Ein Oberkirchenrat hätte bei dieser Exegese wohl den Kopf geschüttelt, und doch war es eine der gesegnetsten Stunden, an die ich mich erinnere. Neulich sagte mir ein Alttestamentler, er möchte einmal wissen, was von allen unseren Exegesen am Jüngsten Tage noch Bestand habe. Wo man an die eigene Begrenzung stößt, wird man bescheiden.

In jener Zeit habe ich oft, wenn ich morgens mit den Pferden zum Acker ging, mein Butterbrot vergessen, nie aber die Bibel. Was ist das doch für eine herrliche Sache, wenn das Gotteswort zu reden anfängt, wenn wir etwas erfahren von der befreienden Wirklichkeit, die uns von Sünde, Schuld, Macht und Herrschaft erlöst!

Als ich neulich während einer Freizeit eine Teilnehmerin fragte, ob sie etwas empfangen habe, antwortete sie: »ER spricht wieder mit mir.« Es ist mit dem Gotteswort wie mit den Perlmuscheln, die der Taucher in der Südsee findet: Sie müssen sich selbst öffnen. Mit eigener Kraft kann man sie nicht aufbrechen, mit Dynamit müßten sie sonst gesprengt werden. Wo Gottes Wort mit aufgeschlossenem Herzen erfahren wird, wird es verwandelnde Kraft, Dynamit Gottes, Sonne, der sich die Knospen auch des schwächsten Glaubens öffnen.

Es dauerte nicht lange, daß auch unser Pastor in den Bann getan wurde. Die Erweckung störte die Ruhe des Dorfes zu stark. Er wurde beim Superintendenten verklagt. In einer Kirchenvorstandssitzung verbot man ihm, Evangelisten ohne behördliche Genehmigung kommen zu lassen. In behördlichem Auftrag hielt ein fremder Pfarrer eine Predigt, in der er uns, die erweckten Kreise, die den organisierten Leerlauf einer traditionellen Kirche empfindlich störten, als Schwärmer abtat. Wir haben den Vorwurf betend erlitten, damit erledigte er sich von selbst.

Hier möchte ich meinem Heimatpfarrer Karl Gottschalk ein Denkmal setzen: Er hat sich des erweckten Lebens mit ganzem Herzen angenommen. Wir konnten im Pfarrhaus wirklich zu Hause sein. Er scheute weder Zeit noch Mühe, um uns im Glauben zu korrigieren und zu vertiefen. Jedes Opfer war ihm recht, wenn es der Sache Jesu diente. Als er starb, waren seine letzten Worte: »Ich lege mich in die Hand meines Heilandes, da bin ich gut aufgehoben.«

Als ich meine eigene Lage mit ihm durchsprach, die durch das Gelöbnis bei Mutters Krankheit recht bedrängend geworden war, hat er mich voll verstanden. Er überlegte einen Weg, wie ich durch Privatunterricht das Abitur nachholen könnte, und besprach das auch mit meinen Eltern. Aber mein Vater dachte, ich sei doch der geborene Landwirt, und warnte mich vor eiliger Verwirklichung des Gelöbnisses. Wir – der Pfarrer und ich – machten die Not gemeinsam zum Gebet. Nicht ohne Bitterkeit in der Stimme vertraute er mir seine eigenen Belastungen an. Er riet mir, meinen Weg in der Gewißheit zu gehen, daß, wenn es Gottes Wille sei, er mir Türen aufschließen würde, die niemand zuschließen könne. Und so geschah es. Sein seelsorgerliches Wort gab mir die Gelassenheit, keine falsche Eile in meine Entschlüsse zu legen.

Flucht in die unterste Kabine

Nach dem Besuch der Landwirtschaftsschule hatte ich einige Artikel in landwirtschaftlichen Zeitungen veröffentlicht, die bei der Landwirtschaftskammer Beachtung fanden. Von dort kam der Rat, mich auf der höheren Lehranstalt für praktische Landwirte in Soest weiterzubilden. Auch meine Eltern hielten das für gut. Inzwischen hatte ich einen solchen Wissensdurst entwickelt, daß ich für die Dozenten zweifellos zur Elite gehörte. Besonders Dr. Steinhausen, der Sohn des bekannten Malers, bemühte sich sehr um mich. Mit der Zeit schwand die Freudigkeit zum kirchlichen Dienst mehr und mehr. Ich beruhigte mich damit, daß es doch gleichgültig sei, an welcher Stelle und in welcher Funktion ich Christus diente. Die Begeisterung für landwirtschaftliche Aufgaben erwies sich als rational großartiger Fluchtweg, und so lag ich bald wie Jona in der untersten Kabine, um dem totalen Zugriff Gottes zu entgehen.

Gleichzeitig rechnete ich wie Jeremia dem lieben Gott vor, daß ich doch eigentlich meinem Wesen und meiner Veranlagung nach gar keine Begabung für den kirchlichen Dienst hätte, zumal mir auch der Pfarrerberuf nicht die geringste Begeisterung entlocken konnte; im Gegenteil, er war mir – schlicht gesagt – zuwider. Ich konnte auch in meiner späteren Amtsführung eine gewisse Rebellion gegen den kirchlichen Leerlauf nie ganz unterdrücken. Als ich in den Ruhestand ging, schrieb denn auch die hiesige Zeitung eine Teilwahrheit, die ich nur unterstreichen konnte; obwohl ich gern gewußt hätte, woher sie diese Kenntnis hatte: »Pastor Kemner war im Grunde seines Herzens Pfarrer wider Willen.«

Aber ich war es mit ganzem Herzen, auch das soll an dieser Stelle gesagt werden. Und dies aus dem einfachen Grund, weil Gott es war, der dieses unwillige Herz zu lenken bereit war. Allerdings – wie weit ich ein Zeuge seiner Wahrheit gewesen bin, das zu entscheiden möchte ich dem Urteil Gottes überlassen.

Nach dem Staatsexamen für Landwirte in Soest war ich dann zunächst wieder auf dem elterlichen Hof. Ich besuchte die Stunden der Gemeinde Jesu wie ehedem, hatte einen gläubigen Freundeskreis, vielschichtig in den Berufen und doch einhellig im Glauben.

Mein geheimes Vorhaben, das Gelübde zu umgehen und aus dem Gehorsamsweg auszubrechen in einen selbstgewählten Beruf, ließ mich aber nie ganz zur Ruhe kommen. Später habe ich oft jungen Leuten in ähnlichen Lagen geraten, eine solche Unruhe, die die Membran des Herzens bewegt, im Zweifelsfalle als Zeichen Gottes zu verstehen.

Zwischendurch fragte ich bei der Kirchenbehörde an, ob in meiner Lage, die ich ausführlich schilderte, der Weg ins Pfarramt noch möglich sei. Es wurde mir in einem ausführlichen Schreiben dringend abgeraten. Wie angenehm!

Wesentlich anders war die Reaktion von St. Chrischona. Missionsdirektor Veil schrieb mir einen Brief, der nicht nur seelsorgerlich war, sondern mir auch das Vertrauen gab, daß ich hier verstanden wurde. Zwischen den Entschlüssen pendelnd, schob ich die Entscheidung immer weiter hinaus. Da las ich in »Heilig dem Herrn« eine Anzeige, daß man für das Rittergut Turow in Vorpommern einen Gutsinspektor suchte. Meine Bewerbung wurde trotz vieler anderer Interessenten angenommen. Nach kurzer Zeit schon saß ich als Oberinspektor im Sattel. Es begann nun ein Weg, der dem des Pastors von Bodelschwingh nicht ganz unähnlich war – doch nach Ninive ging die Reise nicht.

Als ich in Grimmen aus dem Zuge stieg, holte mich der Kutscher von Turow mit den Trakehnerpferden ab. Ein neuer Lebensabschnitt hatte begonnen, der mir aber die Erfahrung brachte, daß man auch in der untersten Kabine Gott nicht aus der Schule laufen kann.

Mein Dienst ließ sich gut an, ich habe ihn mit ganzer Freude getan. Meine Herrin, eine ältere Dame, legte viel Wert auf honorige Sitten und auf Respekt vor ihrer Autorität. Je mehr sie mich aber kennenlernte, desto mehr verlor sich der Unterschied, den Stand und Beruf vorschrieben, sie wurde mir schließlich eine mütterliche Freundin. Natürlich ließ meine bäuerliche Erziehung einiges von der hohen Schule des Adels vermissen. Aber Frau von Ferber war von einer bewußt pietistischen Tradition und Erziehung geprägt; so konnte ich mit ihr die Hände falten und beten. Allerdings habe ich in Turow auch andere Vertreter des Landadels kennengelernt, die nichts von der Würde und menschlichen Reife Frau von Ferbers verspüren ließen. Auch merkte ich bald, daß die geistliche Struktur Vorpommerns ganz anders war als unsere in Minden-Ravensberg. Hier waren keine Spuren früherer Erweckungen festzustellen. Die Gutsarbeiter ließen kaum so etwas wie eine Glaubenssubstanz erkennen. Man brachte mir zwar Achtung entgegen, aber Kontakte, die zu einer Begegnung führten, wurden selten geschenkt. Wie weit Vorpommern wirklich christianisiert ist, dürfte eine offene Frage sein.

Ich wurde bald weiter ernüchtert, als ich entdecken mußte, daß auf dem Gut Sünden im Schwange waren, deren Namen man im ersten Kapitel des Römerbriefes nachlesen kann und die man im Lasterlexikon als Sodomie bezeichnen muß. Ging schon im Winter kaum jemand zur Kirche, so blieb sie im Sommer fast ganz leer. Der Pfarrer entsprach ganz dieser Situation. Er hatte für alle möglichen landwirtschaftlichen Interessen ein offenes Ohr, nur nicht für das Eine, das hier wie überall not war. Mit Hilfe Frau von Ferbers erreichte ich es, daß er einmal eine Bibelstunde hielt, bei der auch der Betriebsrat auf meinen Wunsch anwesend war. Aber ich habe es bei dem einen Mal bewenden lassen. Wer selber nichts von Gott empfangen hat, kann auch nichts geben. Ich mußte an die Hagar denken: »Ich kann nicht ansehen des Knaben Sterben.«

Saß ich auch beruflich recht fest im Sattel, so spürte ich doch je länger desto mehr die Gefahr einer geistlichen Verödung. Man kann verlieren, was man hat. Frau von Ferber behandelte mich zwar sehr lieb und zuvorkommend, aber sie war doch der Meinung, daß der Adel auch in der himmlischen Platzordnung bevorzugt sei. Der Kontakt zur Gutsbelegschaft fehlte ihr fast völlig, den verbot ihr das Standesbewußtsein. Ich stellte also mit der Zeit fest, daß es den Leuten einfach am christlichen Vorbild fehlte, um sich einen erlösenden Christus überhaupt vorstellen zu können. So versuchte ich, soweit ich konnte, zunächst die alten Leute und die Kranken mit Hilfeleistung und Bibelwort zu erreichen. Mein Beruf als leitender Beamter machte aber die Überwindung der Vorbehalte schwierig. In Kinder- und Bibelstunden, die zunächst vereinzelt, dann immer stärker besucht wurden, beglaubigte Gott sein Wort jedoch, so daß ein Umbruch erkennbar wurde.

Frau von Ferber führte mich nun bei den Familien des pommerschen Landadels ein. Dazu mußten erst einmal meine Umgangsformen geschliffen werden. Kein Wunder, wenn das nicht ohne Pannen ging. Ein humorvolles Ereignis ist meiner Erinnerung besonders eingeprägt.

Ein benachbarter Gutsbesitzer lud Frau von Ferber und mich zum Mocca ein. Ich hatte noch nie etwas von Mocca gehört und machte mir nun Gedanken, was da auf mich zukommen könnte. Ich hatte schon einige Gesellschaften besucht, die waren immer stilvoll, um nicht zu sagen: steif verlaufen. Doch bei manchen hatte man nach dem Essen irgendein Unterhaltungsspiel gemacht. So stellte ich mir vor, Mocca müsse wohl auch so etwas sein.

In sommerlicher Gluthitze fuhren wir am Nachmittag durch die wogenden Kornfelder mit dem Jagdwagen zum Nachbargut. Die Trakehner liefen so leicht, daß man schwebte, wie auf Adlers Flügeln. Die Räume des gastlichen Hauses nahmen uns auf, und beim anregenden Gespräch über Tages- und Wirtschaftsfragen flog die Zeit dahin. Während der Unterhaltung öffnete sich die Tür, ein dienstbarer

Geist rollte einen Servierwagen an unsere niedrigen englischen Sessel. Lange schon hatte ich gegen den brennenden Durst gekämpft, und was mußten meine Augen nun sehen? Kleine Täßchen, wie Nußschalen, die mit Kaffee gefüllt wurden. Das war doch einfach Knauserei, wenn man mitten im Sommer schon mit dem Kaffee sparte. So etwas war ich vom elterlichen Bauernhof nicht gewöhnt! Da gab es für Herrschaft und Gesinde gleichgroße Tassen, »Köppken« genannt, die bis zum Rand gefüllt wurden. Da konnte jeder trinken, so viel er wollte. Na, ich würde es diesen knauserigen Gutsbesitzern schon beibringen.

Zu meiner Verwunderung begnügten sich alle zunächst mit einem Täßchen. Das war doch keine ehrliche Haltung, bei dieser Hitze! Hier wurde doch Höflichkeit zur konventionellen Lüge!

Endlich war der Wagen bei mir gelandet. Ein Schluck, und die Tasse war leer. Ich nickte dem Mädchen zu, und sie füllte die Tasse aufs neue. Mit zwei Täßchen kann niemand seinen Durst stillen. Als das Mädchen zum neunten oder zehnten Mal einschenkte, verstummten die Gespräche immer mehr. Mit durchbohrenden Augen sah mich Frau von Ferber an. So beendete ich die Kette der Tassen; die Kanne war wohl auch leer. Eine Weile gingen die Gespräche noch weiter, dann kam der Aufbruch.

Kaum saßen wir im Wagen, als die Dame sehr betont sagte:

»Herr Oberinspektor, ich wundere mich, daß Sie bei dem Mocca keinen Schlaganfall bekommen haben. Sie müssen Nerven haben wie

Rittergut Turow

Drahtseile. Wie Sie Mocca getrunken haben, das war geradezu unverschämt!«

In verlegenem Schrecken stammelte ich meine Entschuldigung: »Ich hatte gedacht, Mocca sei ein Spiel.«

Sie lachte laut auf. »Ich konnte mir Ihr Benehmen auch nicht erklären. Mocca ist ein Kaffee-Extrakt, den säuft man nicht, den trinkt man nicht, den nippt man nur.«

Ich habe es inzwischen gelernt.

Es geht um ein Gelübde

In jenen Tagen schenkte mir Gott auch einen Freund, der meinen Weg veränderte. Das geschah so:

An einem Sonntag war ein Kreis von Juristen, die am Landgericht in Greifswald ihren Dienst taten, bei uns zu Gast. Beim Mittagstisch ergaben sich allerlei Gespräche. Dabei fiel mir auf, daß ein junger Gerichtsassessor wiederholt gehänselt wurde. Sein Landgerichtsdirektor sagte:

»Herr Doktor, da war in diesen Tagen unter meiner Post ein Irrläufer. Ungewollt habe ich einen Blick auf die Karte geworfen und den Anfang gelesen. Da wurden Sie angeredet als ›lieber Bruder‹. Können Sie mir erklären, was es mit dieser Bruderschaft auf sich hat? Es gibt doch Bundesbrüder, Schützenbrüder, Tippelbrüder – ißt man in dieser Bruderschaft vielleicht kein Pferde- oder Hammelfleisch?«

Als es in diesem Jargon eine Weile fortging, merkte ich die geistliche Verwandtschaft mit dem jungen Assessor. Er ließ sich bei den Spötteleien nicht aus der Ruhe bringen und bewahrte eine Gelassenheit, die mich veranlaßte, mich vorläufig nicht in das Gespräch einzumischen. Als man es ihm schließlich zu dick gab, fragte er mit charmanter Freundlichkeit, ob er nicht einmal ein Lied am Flügel singen dürfe. Er war wegen seiner guten Stimme bekannt. Frau von Ferber nickte freundlich. Er schlug die Tasten des Flügels an – und was sang er?

O Liebe, goldner Sonnenschein,
fürs arme Menschenherz,
strahlst du nur hell in mich hinein,
versüßt ist jeder Schmerz.
Das Dunkel weicht, die Nacht entflieht,
wenn warm die Sonne scheint,
und Freud und Lebenswonne zieht
hinein ins Herz, das weint.

Es wurde augenblicklich still. Unvergeßlich ist mir die Wirkung dieses Liedes. Er sang weiter:

Als durch die Lieb am Kreuzespfahl
in meine Sündennacht
eindrang der helle Gottesstrahl,
bin ich für Gott erwacht.
Seitdem ich weiß, wer mich geliebt,
bis in den Tod so heiß,
mein Herz sich IHM zu eigen gibt,
zu seines Namens Preis.

Frau von Ferber dankte ergriffen. Die Tafel wurde schweigend aufgehoben. Eine Weile später kam ein Rechtsanwalt zu mir und sagte:

»Haben Sie das eben gehör? So etwas gibt es bei uns am Landgericht nur einmal. Wenn ich am Sonntagmorgen aufstehe, dann nörgele ich zuerst eine Weile herum, dann gehe ich zum Frühschoppen. Am Nachmittag gehe ich vielleicht auf die Jagd, und der Tag endet beim Doppelkopf mit Jägerlatein. Was macht der Doktor? Er holt in Greifswald die alten Leute zusammen und liest mit ihnen die Bibel. Er predigt, wie ein Pfarrer, vielleicht sogar besser. Während ich die Langeweile des Sonntagnachmittags totschlage, hält er irgendwo einen Jugendkreis. Er ist immer missionarisch tätig. Wissen Sie, ich habe

Mit dem Trakehner über die Felder von Turow

den Namen eines Christen, aber er ist Christ. Auch am Landgericht ist er angesehen. Er liefert die besten Urteilsbegründungen.«

Am gleichen Nachmittag noch begann unsere Freundschaft. Er hat mir dann in vielen geistlichen Diensten zur Seite gestanden. Er wurde der Anstoß zu einer erwecklichen Bewegung auf dem Rittergut und half mir, mit geistlichem Takt der Gutsgemeinde gleichzeitig Vorgesetzter und Seelsorger zu werden. Heute ist das Rittergut nicht Kolchose, sondern eine geistliche Stätte des Segens in Vorpommern. Es gehört dem Gnadauer Verband und ist ein Wunder Gottes. Sicherlich hat der Dienst jenes Freundes mit den Anstoß zu dieser Führung Gottes gegeben.

Bei einer Gelegenheit erzählte er mir vom Besuch bei einem Gutsbesitzer, der 20000 Hektar sein eigen nannte. Der Freiherr nahm ihn eines Tages mit auf den Balkon seines Schlosses und sagte sehr betont: »Herr Doktor, so weit Sie schauen können, nach allen Richtungen, das ist alles mein Besitztum.« Mein Freund schwieg einen Augenblick und sagte dann: »Sie irren, das gehört nicht Ihnen, das verwalten Sie nur. Und wem viel gegeben ist, von dem wird man morgen viel fordern. Aber ich will Ihnen sagen, was mir gehört: Hinter den Sternenhimmeln, die man bis heute entdeckt hat, gibt es einen Raum bei Gott, der gehört mir. Sind wir denn Kinder, so sind wir auch Erben, nämlich Gottes Erben und Miterben Christi, so wir anders mit leiden, daß wir auch mit zur Herrlichkeit erhoben werden.« Jene Güter sind längst Kolchose geworden. So wechseln die Rollen.

Er war es auch, der mir den dringenden Rat gab, mein Gelübde zu erfüllen. »Du wirst nicht zur Ruhe kommen, wenn du nicht das Risiko des Gehorsamsweges eingehst. Nur so wird der Herr dich segnen, und du wirst ein Segen werden.«

Bald darauf passierte noch folgendes: Als Gutsbeamter hatte ich zwei Reitpferde, einen gemütlichen Hannoveraner, der fromm war und den man im Schlaf reiten konnte; das andere war ein Trakehner Vollblut, das ich nur mit der Kandare reiten konnte. Es war oft unberechenbar. Eines Tages nahm ich mir den Trakehner, um die Arbeitskolonnen abzureiten. Plötzlich warf er mich aus dem Sattel. Da mein Fuß im Steigbügel hängen blieb, schleifte er mich etwa hundert Meter mit. Wie durch ein Wunder wurde ich frei. Dieses Ereignis verstand ich als eine Mahnung Gottes, denn denen, die Gott lieben, müssen alle Dinge zum besten dienen. Ohne Vorbehalt entschloß ich mich, den Gehorsamsweg zu gehen. Wenn Gott ruft, ist alles für den Gehorsam einkalkuliert. Auch die erste Liebe meines Lebens, über die ich später berichte, konnte meine Entscheidung nicht ändern.

Nach unruhigen Nächten schrieb ich noch einmal an Direktor Veil nach St. Chrischona. Ich bewarb mich dort um Aufnahme und erhielt sie. Doch was geschah? Als mir schon mein Visum ausgestellt worden war und ich nicht ohne große Schwierigkeiten meinen Eltern klargemacht hatte, daß dies mein Weg sei, kam es ganz anders.

Meine Eltern konnten nicht verstehen, daß ich eine so gute Stellung ohne zureichenden Grund aufgab, und sprachen mit meinem Heimatpfarrer. Daraufhin erreichte mich von ihm ein Brief, in dem er mir mitteilte, daß mein Entschluß ihn ganz anders als meine Eltern in große Unruhe gebracht habe. So sehr er ein Herz für St. Chrischona habe, sei er doch nach vielen Gebeten über meinen Weg der Meinung, daß meine Entscheidung nicht richtig sei. Denn damit würde die Berufung, von deren Echtheit er überzeugt sei, in einer evangelistischen Arbeit enden. Ich würde aber von der Kirche nur voll anerkannt, wenn ich meinen Weg nicht als Schmalspurtheologe wählte. Er sei überzeugt, daß meine Begabung ausreiche, um das Abitur nachzuholen und ein volles Studium der Theologie durchzuführen. Ich würde auch als guter Theologe einen Auftrag haben.

Daraufhin bat ich ihn – für den Fall, daß seine Sicht dem Willen Gottes entspräche –, sich mit Direktor Veil in Verbindung zu setzen. Er hat das getan, und Direktor Veil schrieb mir einen verstehenden Brief, in dem er mir riet, den Rat meines Heimatpfarrers anzunehmen.

Obschon nun alles ganz anders lief, ist mir eine Liebe zu St. Chrischona bis heute geblieben. Ich durfte dort auf Tagungen und in den verschiedenen Aufgaben des Werkes oft Dienste tun.

Als ich Frau von Ferber diese neue Wegführung vortrug, zeigte sie wenig Verständnis. Mit allen Mitteln versuchte sie, mich im Dienst zu behalten. Der geistliche Auftrag lasse sich auch in praktischer Arbeit erfüllen. Besonders schwer wurde mir der Abschied von den Mitarbeitern. Die aufbrechende Erweckung hatte mir das kindliche Vertrauen geschenkt, daß Gott, wie immer er mich auch führe, es bewirken könne, daß aus Steinen seine Kinder erweckt würden. In diesem Sinn ließ ich mit Luther Gott Gott sein. Es hat mich später sehr bewegt, wenn mich nach vielen Jahren Angestellte dieses Rittergutes besuchten und mich die Nachwirkungen der Erweckung sehen ließen. Turow ist eine Stätte der Erholung und Erbauung geworden. Vor einiger Zeit hat auch der Posaunenchor meiner Heimatgemeinde, der in aller Welt musiziert, dort gastiert. Die Bläser wurden an den Sohn ihres Dorfes besonders erinnert. Wie recht hat doch der Prophet: »Er führt es herrlich hinaus.«

Auf der »Presse«

Am Samstag saß ich noch im Sattel, am Montag auf der Schulbank. Diese stand in der Privatschule Hansa-Gildemeister in Hannover, wo ich im Schnellstudium in der kürzest möglichen Frist das Abitur nachholen sollte. Der Weg ins Ungewisse war nun vollends ein Weg ins Risiko. Als dieser Schritt in meinem Heimatdorf bekannt wurde, erklärten ihn viele für unverständlich, ja leichtsinnig. Aber wer erkennt Gottes Weg, und wer ist sein Ratgeber gewesen? Wenn Gott ruft, hat er die Türen schon geöffnet. Nachfolge ist kein Spaziergang; aber für den Glauben liegt in unserem Ende Gottes Anfang.

Kein Wunder, daß ich von der neuen Umgebung zunächst schokkiert war. Die höhere Privatschule wurde im Volksmund »Presse« genannt. Auf diesen Schulen findet man oft Kinder, die im Schulbetrieb der staatlichen Schulen das Klassenziel nicht erreichten und die Fehlleistungen im Wissen hier aufholen sollen. Nach meiner Beobachtung gelingt das immer nur bei denen, die durch die neuen Verhältnisse, sonderlich durch die Pädagogik der Lehrer, sich aufraffen zu dem Ernst, den »keine Mühe bleichet«. Sicherlich kann man oft von dem Bildungsstand rückschließen auf den Lehrer, aber auch der beste Lehrer ist zuweilen machtlos. Es scheint mir ein falscher Ehrgeiz vieler Eltern zu sein, ihre Kinder mit Hebel und Schrauben zum Abitur pressen zu wollen, während sie ihre Lebensaufgabe oft besser in einem handwerklichen Beruf erfüllen könnten. Beruf ohne Berufung kann ein ganzes Leben falsch ausrichten. Bildung ist nicht vom Wissen abhängig. Bildung ohne Charakter und Persönlichkeitswert ist weniger als nichts.

Auf dieser »Presse« fand ich aber auch junge Menschen, die mit ungeheuren Energien als Spätberufene in kürzester Frist das Externenabitur zu erreichen suchten. Jeder wird sich vorstellen können, daß es für mich nicht ganz einfach war, das Pensum eines Gymnasiums zu schaffen, das in einem halben Jahr ein bis zwei Jahre Schulpensum nachholt. Als ich von Wurzeln in der Mathematik hörte, dachte ich natürlich an die Wurzeln auf dem Feld und fragte mich, was die hier zu tun hätten. Weil ich gleichzeitig in verschiedenen Klassen Unterricht nahm, um beschleunigt voranzukommen, konnte es sein, daß die verschiedenen Arbeiten auch sehr unterschiedlich beurteilt wurden. Schon nach kurzer Zeit merkte ich am Streß, daß ich begann, mich nach den Fleischtöpfen Ägyptens – sprich Pommerns oder zu Hause – zurückzusehnen. Solche Anfechtungen kann man nur durch Härte überwinden. Wem es hier an Willen mangelt, der wird es nicht schaffen. Oft habe ich, wenn ich stockmüde war, meine

Füße in eiskaltes Wasser gestellt, um noch Vokabeln zu pauken. Um die Gefahr einer Willensschwäche zu überholen und mich noch fester in den Auftrag einzubinden, machte ich mit der Direktion der Schule einen Vertrag: Ich bezahlte die ausgehandelte Summe in bar, stellte aber die Bedingung, daß man mir einen Schulplan vorlege, der mich mein Ziel in zwei Jahren erreichen ließe. In den beiden Jahren habe ich von Hannover nur den Weg von der Fernroder Straße bis zum Schiffgraben kennengelernt.

Die Sprachen lernte ich mehr akustisch als nach den Gesetzen der Grammatik. Tag und Nacht speicherte ich Wissen und kam entsprechend voran. Unvergeßlich ist mir, wie ich durch den Oberschulrat a.D. Nickel den Zugang zum klassischen Griechentum fand. Sophokles, Äschylos, Eurypides, Homer und Platon hatten ihn geformt. Als er uns zum erstenmal die Antigone vorlas und wir mit ihm übersetzten, geschah das mit einer solchen Ergriffenheit, daß ihm bei dem Vers »nicht mit zu hassen, mit zu lieben bin ich da«, die Tränen in den Bart rollten. Diese geprägte Persönlichkeit packte mich so, daß ich die ersten Seiten der Antigone sofort auswendig lernte. Ein begnadeter Lehrer ist eben nur, wer einem den Lehrstoff so anbietet, daß er uns formt. Nur wer begeistert ist, kann begeisterungsfähig machen. Dieser mein verehrter Lehrer, Oberregierungs- und Schulrat Nickel, war es auch, der mich zu sich einlud und mich ohne Entgelt in die hebräische Sprache einführte.

Nach einem Jahr meldete ich mich bei der Schulbehörde zur Zwischenprüfung für die Prima an. Ich wollte wissen, wie weit ich im Lernpensum war. Im Laufe der Prüfung im Adolfinum in Bückeburg fielen vier meiner Mitprüflinge durch. Man fragte mich bei der Lateinprüfung nach dem Konjunktiv in Hauptsätzen. Ich nannte den Konjunktiv prohibitivus. Ich sollte ein deutsches Beispiel bilden und dann lateinisch übersetzen. In der Aufregung verhaspelte ich mich im Tempus. Der Direktor mahnte mich und sagte:

»Noch einmal, und Sie gehen unter.«

Dann kam der Konjunktiv adhortativus. Ich sagte augenblicklich: »Cum honore cadamus« – Laßt mich mit Ehren untergehen! Alle lachten, und ich hatte bestanden.

Aber wenn ich auch eine gesunde bäuerliche Natur hatte, so wurden meine Nerven auf die Dauer sicherlich überfordert. Auch das dauernde Willenstraining hat seine Grenzen. In einer Unterrichtsstunde der Oberprima, in der ich bei einer griechischen Übersetzung einen etwas komischen Ausdruck wählte, fing ein Mitschüler in meiner Bank an zu lachen; ich knallte ihm daraufhin eine Ohrfeige und bekam nach der Entschuldigung einen Nervenzusammenbruch. Als

Professor Oehlers mich untersuchte, sprach er von einem zu flotten Leben. Ich konnte ihn jedoch beruhigen, vertraute ihm aber meine Lage an. Er riet mir zu einem Klimawechsel und schlug die Schweiz oder Österreich vor.

Kremser Geschichten

Mit dem ärztlichen Attest als Begründung reichte ich mein Gesuch bei dem Bundesschulkollegium in Wien ein. Man überwies mich im Oktober zur Aufnahmeprüfung in die Oberprima an das Bundesgymnasium in Krems/Donau. Erst als ich bei der Prüfung auch einige Fragen aus dem katholischen Religionsunterricht bekam, merkte man, daß ich evangelisch bin. Als Lösung des Konflikts schlug man mir vor, am katholischen Religionsunterricht und an den Exerzitien nur fakultativ teilzunehmen. Das habe ich mit Freuden getan, lernte ich doch auf diese Weise manche Dinge auch ökumenisch zu sehen. Hier wurde auch der geistliche Grund für die spätere Freundschaft mit Romano Guardini und Domprobst Donders in Münster gelegt. Da ich die Aufnahmeprüfung mit gutem Erfolg bestand, war damit das Abitur schon einigermaßen sicher.

Weil ich über das Klassenalter weit hinaus war, wurde ich ungewollt bald Mittelpunkt der Klasse. Man gab mir, dem Preußen, einen Extraplatz an einem Tisch mit einem sesselartigen Stuhl. Mit vielen meiner Klassenkameraden bin ich heute noch verbunden.

Vom Abitur ist mir noch in Erinnerung, daß ich am ersten Prüfungstag verschlafen habe und eine Stunde zu spät kam. Der Aufsatz in Deutsch wurde aber trotzdem noch der beste.

Das Abitur wurde traditionell mit einem Ball gefeiert. Der pietistischen Tradition meiner Heimat entsprechend konnte ich weder tanzen, noch wollte ich mich vergnügen; mein Glaube legte mir Hemmungen auf. Diesen Mitteldingen, den Adiaphora, gegenüber habe ich immer eine gewisse Reserve behalten. Bezzel sagt nicht zu Unrecht, daß hinter ihnen oft Dämonen schlummern.

Einige Jahre zuvor hatte ich auf einer großen Bauernhochzeit in meiner Heimat zum erstenmal eine Tischdame. Wir unterhielten uns angeregt, bis draußen in einem Zelt der Tanz begann. Als die junge Dame immer wieder verstohlen zur Musik hinüberschaute, sagte ich ihr, daß ich nicht tanzen könne, sie aber als Tischherr frei gäbe, wenn sie tanzen wolle. Sie meinte, das sei nicht unbedingt notwendig, wir könnten auch einen kleinen Bummel machen. Auf dem Rückweg standen wir vor dem Zelt und schauten den Tanzenden zu, bis sie plötzlich sagte: »Darüber, daß Sie nicht tanzen können, brauchen Sie sich bei diesem Tanz keine Sorgen zu machen; das ist ein Schieber, da braucht man nur zu gehen.«

Sie nahm mich beim Arm, und im Augenblick wurde mir klar, daß ich diesen Versuch mit einer halben Wahrheit erkaufte. Mitten im Tanz blieb ich stehen und sagte, ich könne zwar nicht tanzen, aber ich wolle es auch nicht. Mein Leben sei im Glauben abhängig von Jesus Christus. »Ich habe Sorge, ich könnte auf diesem Boden die Geborgenheit verlieren«, sagte ich. »Vielleicht verstehen Sie das nicht, aber ich bin Ihnen dieses Bekenntnis schuldig.«

Das Mädchen sah mich groß an und erwiderte: »Über Ihre Begegnung mit Jesus müssen Sie mir berichten.« Während die anderen tanzten, saßen wir in einer Ecke, und ich erzählte ihr von meiner Lebenswende.

Viele Jahre später predigte ich in einem Dorf in der Nähe von Osnabrück. Nach dem Gottesdienst betrat eine Dame mit einem sehr großen Hut die Sakristei und sagte etwas stürmisch: »Lange schon habe ich den Entschluß gefaßt, und heute steht er ganz fest, bitte helfen Sie mir, den Schritt über die Linie zu finden. Kein anderer als Sie soll mich zu Jesus führen.«

Ich wurde etwas stutzig. »Liebe Frau«, sagte ich, »hängen Sie sich nicht an Menschen; verwechseln Sie nicht die Werkzeuge mit dem Meister!«

»Nein, ich möchte, daß Sie mich zu Jesus bringen, denn wir beide sind alte Bekannte.« Ich solle sie doch einmal genau ansehen und einige Jahre zurückdenken.

Weil mich der Hut in der Betrachtung etwas störte, bat ich: »Nehmen Sie doch einmal diesen Wolkenschieber ab!«

Nun lachte sie laut auf: »Wissen Sie denn nicht mehr, daß Sie mit mir einen Schieber getanzt haben? Diesen Tanz mit Ihnen habe ich nie wieder vergessen, und unter Ihrer Predigt heute wurde mir klar, daß ich mich als erste in unserer Familie völlig Gott ausliefern muß. Zu wem ginge ich da lieber als zu Ihnen?« Inzwischen war die ganze Familie in unserem Freizeit- und Rüstzentrum, und man kann sagen: »O selig Haus, wo man dich aufgenommen!«

Ganz anders prägte sich mir der Abiturientenball ein. Einige Zeit vorher ließ mich der Direktor in seine Kanzlei rufen und sagte mir, daß ich die Ehre hätte, den Ball mit seiner Frau zu eröffnen. Ich war darüber so betroffen, daß ich nur einige Dankesworte stammelte, aber den Mut zu einer Erklärung nicht fand. Als ich in meiner Verlegenheit mit einem Klassenfreund die Sache besprach, meinte dieser, meine Glaubensgründe dürften dem Direktor nicht einsichtig sein. Ich solle in einem gerade laufenden Tanzkurs wenigstens die Walzerschritte so lernen, daß ich die Polonaise mit dem anschließenden Walzer ohne Schwierigkeiten durchstehen könne. Kurz darauf behauptete der Tanzmeister, daß ich mit Sicherheit auf dem Parkett bestehen würde. Die Tochter des Hotelbesitzers, in deren Saal der Tanzkursus stattfand, zeigte Verständnis für meine Lage, und mit ihrer Hilfe wurden die Übungen durchgeführt.

Am Abend des Balles hatte ich nun die Ehre, unter den Klängen der Militärmusik die Frau Direktor zur Polonaise zu führen. Da sich mein Tanzgefühl auf die drei Takte des Walzers konzentrierte, keineswegs aber einem spiegelglatten Parkett gewachsen war, brachte ich die Polonaise zwar noch glücklich hin, aber beim Donauwalzer entschwanden mir die Takte, ich kam ins Rutschen, klammerte mich an meine etwas korpulente Partnerin, die das gleiche bei mir tat, und unversehens machten wir – die Frau Direktor und ich – eine Schlittenfahrt durch den Saal. Ich war völlig am Boden zerstört und fand keine Worte. Dem Pietisten Kemner hätte es wie eine Strafe Gottes erscheinen können. Inzwischen bin ich damit nicht mehr so schnell bei der Hand, und im schönen Krems gab man solchen Vorfällen keine so tragische Bewertung. Die Militärkapelle spielte einen Tusch, und mit Verständnis und Humor half man uns auf die Beine.

Als ich nach dem Kriege in einer Wiener Stadtkirche Vorträge hielt, packte mich unwiderstehlich das Heimweh nach der Wachau. An einem Morgen besuchte ich mit meiner Frau in Krems die alten, vertrauten Stätten und unterhielt mich lange mit dem Lehrerkollegium, in dem einige Klassenkameraden von mir waren. Die Lebensschicksale wurden lebendig: Einer meiner Freunde war aus der Anwartschaft zum Priestertum ausgeschert und ein bekannter Opernsänger in Wien geworden. Ein anderer bekleidete ein hohes Amt im katholischen Klerus. Einer, der mir nahe stand, war durch meinen Einfluß evangelisch geworden und besaß als bekannter Arzt eine Klinik. Schließlich ging das Gespräch auf theologische Fragen über. Mitten im lebhaften Gespräch über Grundfragen evangelischer und katholischer Dogmatik wurde der Direktor merkwürdig still.

»Ich muß Ihnen eigentlich sagen, wie ich eines Tages den Kern des evangelischen Glaubens begriffen habe«, begann er dann. »Als Student wanderte ich einmal in der Lüneburger Heide. Eines Tages hatte ich mich verlaufen. Weil ich kein Gasthaus fand und unter Hunger und noch mehr unter Durst litt, nahm ich mir schließlich ein Herz und kehrte beim nächsten Bauernhof am Wege ein. In der geräumigen Bauernstube ging die Familie gerade zu Tisch. Ich nannte mein Anliegen und wurde sogleich zu Tisch gebeten. Wie selbstverständlich, als gehörte ich schon lange zur Familie, wurde ich eingeordnet.

Am oberen Ende des Familientisches saß der alte Heidebauer mit schlohweißem Bart. Er hatte einen geprägten Kopf, wie aus Stein gemeißelt, der einen Bildhauer hätte begeistern müssen. Ohne Worte strahlte er eine Wirkung aus, die mir als jungem Dachs das Gefühl gab, einer Persönlichkeit gegenüber zu sitzen. Nach dem Essen reichte man ihm die alte zerlesene Familienbibel. Mit einer Ehrfurcht und Feierlichkeit, als beträte er einen geheiligten Raum, schlug der Heidjer die Bibel auf. Dann las er das Kapitel der Tageslese, wie ich niemals in meinem Leben mehr die Worte der Heiligen Schrift habe lesen hören. Der Mann stand vor seinem Gott. Jedes Wort war ganz, demütig und echt. Als er das Amen sprach, schlug er die Bibel zu und faltete seine schwieligen Hände. Er betete ein kurzes Gebet, frei und geschenkt, wie ein großes Kind ehrfurchtsvoll zu seinem Vater spricht. Das gemeinsame ›Vater unser‹ schloß sich an. Diese Gebete gingen mir durch Mark und Bein. Es wurde nicht geplappert, sondern war ein Reden vor Gott und mit Gott. Niemals in meinem Leben habe ich ein solches Beten wieder gehört. Das Jenseitige kam über die Brücke dieses Gebetes in die Bauernstube, es berührte mich und ging mir so unter die Haut, daß ich noch heute vom Anstoß dieser Stunde bewegt bin.« Nach einer kurzen Stille fuhr er fort: »Manche evangelische Dogmatik habe ich in der Zwischenzeit gelesen. Recht klug bin ich aus all der Dialektik nicht geworden. Was ich von der evangelischen Dogmatik begriffen habe, verdanke ich jenem Heidebauern: Evangelischer Christ sein heißt, unter dem Kreuze Jesu Christi unmittelbar sein zu dem Heiligen Gott. – Ob es in der Heide wohl noch solche Bauern gibt?«

Eine bessere Erklärung über das Wesen evangelischen Glaubens aus theologischem Munde habe ich niemals gehört. Sind unsere Theologen auf den Kathedern und Kanzeln, sind alle unsere Gottesdienstbesucher in diesem Sinn noch evangelische Christen?

Ich träumte noch eine Weile von alten Erinnerungen und ging an einem der nächsten Tage mit meiner Frau auf die Donaubrücke, die für mich den Charakter eines Denkmals hatte. Das war so:

Geradezu unermüdlich war die Geduld meines Freundes, als er versuchte, mich zu einem guten Schwimmer auszubilden. In den stehenden Gewässern der Donaulachen hatte ich oft schon Schwimmversuche gemacht. Doch nur für eine kurze Strecke hatte es gereicht, dann verlor ich die Kraft, mich über Wasser zu halten. Ich machte den Rücken krumm und versuchte mit wilden Schlägen, Sicherheit zu gewinnen. Aber ich konnte mich nicht freischwimmen.

Eines Tages nahm mich mein Freund mit auf diese Brücke. Er schaute mich fest an und stellte dann die unerwartete Frage:

»Sag mal, bin ich wirklich dein Freund?«

»Aber natürlich bist du mein Freund«, erwiderte ich unbedenklich. »Das mußt du doch wohl wissen.«

Er lächelte und sagte: »Ob ich das wirklich weiß, hängt davon ab, ob du mir völlig vertraust.«

»Daran brauchst du nicht zu zweifeln«, erwiderte ich, »du stellst eine unnütze Frage.«

»Du vertraust mir – nun, das wird sich jetzt zeigen. Wer weiß, wie oft ich hier durch die Donau geschwommen bin, ich kenne jede Stelle haargenau. Die Strömung ist sehr tief, ruhig und ohne Strudel. Das ist nicht unbedeutend für die Tragkraft beim Schwimmen. In den Donaulachen gewinnst du niemals volle Sicherheit, hier ganz gewiß.«

»O Nachtigall . . .« Mir wurde schwummerig zumute.

Mein Freund fragte: »Soll ich dir nochmal alles erklären?«

Ich wollte Zeit gewinnen und meinte, das sei wohl besser.

»Nun, du mußt wissen, daß ich mit dir abspringe, und ich würde lieber sterben, als meinen besten Freund versinken zu lassen. Daß ich ein guter Schwimmer bin, weißt du. Spring ab, und laß dich eine Weile stromabwärts treiben, und du wirst sehen, wie recht ich habe.«

Ich fragte, ob es gleichgültig sei, wie ich den Sprung riskierte. Er sagte: »Völlig.«

Wie ein Kind durch lautes Reden die Angst im Walde überwinden will und sich selbst ermutigen, so rief ich: »Hau ruck« und schlug mit den Armen. Aber ich blieb auf der Brücke. Als mein Freund lachte, nahm ich einen Anlauf. Aber auch der brachte mich nicht über den toten Punkt.

Der Freund schüttelte den Kopf und sagte: »Was für ein Theater, das nennst du nun Vertrauen!«

Ich schämte mich, legte die Hände im spitzen Winkel zusammen und schloß die Augen. In diesem Augenblick gab er mir einen Stoß. Hinein ging es in die Donau. Die Strömung trug mich aus der Tiefe wieder nach oben. Nach ein paar Schlägen merkte ich, wie wunderbar die Tragkraft war. Nun konnte ich schwimmen. Schon hörte ich die Stimme des Freundes neben mir: »Nun, wie geht es?«

»Herrlich, einfach wunderbar!«

Jugenderinnerungen eines alten Mannes.

Martin Luther hat den Glauben als verwegene Zuversicht bezeichnet. Verwegene Zuversicht zu der Gnade Gottes im Kreuz Jesu Christi. In Christi Gottverlassenheit stellt uns der heilige Gott unausweichlich die Vertrauensfrage, ob wir unser Eigenleben führen wollen, oder ob wir unser kurzes, enteilendes Leben in seine durchgrabenen Hände legen. Gehen wir dieses Risiko ein? Kein Glaubenszeugnis und nicht die beste Logik theologischer Beweisführung könnte diesen Glaubensakt ersetzen. »Wer tun wird, was ich sage, wird erfahren, wer ich bin«, sagte Jesus. Den Anstoß zu diesem Tun gibt Gott, die Willensentscheidung liegt bei uns. Kierkegaard sagt: »Wäre man auch imstande, den gesamten Glaubensinhalt in die Form des Begriffes zu überführen, so folgt daraus doch nicht, daß man den Glauben begriffen hat, begriffen hat, wie man in ihn hineinkommt« (Furcht und Zittern). Die Glaubenserfahrung, um die es hier geht, ist der Sprung über den Abgrund vom Allerweltsglauben zur Existenzgewißheit im lebendigen Glauben. Der ist aus tragendem Fels.

Als Student in Krems

III. Studium und Vikariatszeit

Eine große Liebe

Nach dem Abitur studierte ich fünf Semester in Wien, Münster und Bonn. Das Semester in Wien stand mehr auf dem Papier, als daß es mir geistig Gewinn gebracht hätte. Um das zu erklären, muß ich im Tagebuch meines Lebens zurückblättern.

Wenige Wochen, bevor ich meine Tätigkeit als Oberinspektor in Vorpommern aufgab, wurde ich von einem befreundeten Studienrat zu seiner Hochzeit eingeladen. Sein Schwiegervater war Güterdirektor. Bei der Hochzeit auf dem großen Gut erhielt ich die einzige Schwester der jungen Frau zur Tischdame. Nach der Tischrede, die ich auf Wunsch meines Freundes hielt, und nach der ersten etwas unpersönlichen Bekanntschaft wurde mir mit dem geheimnisvollen Wissen des Herzens klar, daß die Begegnung mit diesem Mädchen Bedeutung für mein Leben haben würde. Was mich geradezu faszinierte und wie ein heimlicher Zauber überfiel, war die Ausstrahlung eines fraulichen Charmes, wie er mir in meinem Leben noch nicht begegnet war. Je mehr ich mich seiner Wirkung entziehen wollte, desto mehr verfiel ich ihm. Meine Tischgefährtin hatte gerade ihr Abitur gemacht, worüber wir uns zunächst unterhielten. Als sie dann die Tasten des Flügels anschlug, lag darin schon mehr, als ein Wort deuten kann. Ohne mich hier in lyrischen Ergüssen ergehen zu wollen, wird jeder verstehen, daß die aufkeimende Liebe die Nähe des anderen suchte. Kein Zweifel, daß auch ich sie liebte. Und so haben wir eine Weile geträumt, wie Kinder im Märchenlande.

Am anderen Morgen hatte Frau von Ferber mit den Augen einer reifen Frau sofort erkannt, daß sich etwas gewandelt hatte. Ihrer Frage konnte ich nicht ausweichen. Ihr erschien dieser Umstand günstig, weil sie nun hoffen konnte, daß ich blieb. Sollte ich die Kündigung zurückziehen? Ich glaube, ich bin in meiner Verliebtheit, in dem Neuland, das ich noch nicht kannte, nie wieder so angefochten gewesen wie damals. Aber ich hatte ja meinen schon erwähnten Freund, Dr. X. Er riet mir dringend, in meinem Entschluß hart zu bleiben, was immer auch komme. Solche Anfechtungen, meinte er, gehörten zum normalen Christenleben.

Nun versuchte ich eine Lösung zu finden, die beiden gerecht wurde, meiner Berufung und meiner ersten Liebe. Als ich mir ein Herz nahm und die Eltern besuchte, nachdem ich vorher mit der Tochter gesprochen hatte, erklärte mir der Vater:

»Ich kenne und schätze Sie genug, um Ihnen zu vertrauen; aber Ihr Entschluß, Pfarrer zu werden, ist mir unverständlich. Warum suchen Sie nicht eine Erfüllung in dem Beruf, den Sie haben? Warum wollen Sie als Güterdirektor nicht mein Nachfolger werden?«

Noch mehr war ich erschüttert, als ich feststellen mußte, daß ich bei Anita nicht das geringste Verständnis für Christus und den von mir gewählten Glaubensweg fand. Gewiß war uns nur, daß wir meinten, uns ehrlich zu lieben. So gingen wir auseinander.

In der Folgezeit haben wir uns Briefe geschrieben, und Anita wurde mir im besten Sinne ein Antrieb, meinen Weg zum Abitur zu beschleunigen. Damals lautete mein unbewußtes Gebet etwa so: »Herr, ich möchte dir mit allen meinen Kräften dienen, aber die Anita möchte ich behalten.« Anders ausgedrückt: Ich wollte im Grunde meinen Einsatz von dieser Bedingung abhängig machen. Aber bald mußte ich erfahren, daß Gott nicht mit sich rechten läßt. Nur der bedingungslose Gehorsam hat Verheißung. Nur wer Gott ohne Rückversicherung glaubt, wird fruchtbar in seinem Leben.

Auf den Traum dieser jungen Liebe fiel genau in dem Augenblick der Rauhreif, als ich in Österreich das Abitur in der Tasche hatte. Immer wieder hatte sie in Briefen gebeten, wir sollten uns in Turow einmal wiedersehen. Aber immer wieder hatte ich diese Möglichkeit hinausgeschoben, weil ich unter allen Umständen das Abitur vorher haben wollte. Nun, als ich sie besuchen wollte und mich in Wien immatrikuliert hatte, lag sie an einer Hirnhautentzündung darnieder und starb innerhalb weniger Tage. Die Nachricht traf mich wie ein Keulenschlag. War ich dadurch schuldig geworden, daß ich nicht zu ihr gefahren war? Damals habe ich gemerkt, wie öde und leer die Welt sein kann, wenn man einen Traum begraben muß.

Die Osterglocken läuteten in Wien. Obschon ich sie in der Mariahilfstraße in meiner Wohnung hörte, fanden sie kein Echo. Ich konnte ihre frohe Botschaft heute nicht begreifen und noch weniger eine Predigt hören. So flüchtete ich mich in die Berge der Wachau.

Auf meinem Weg durch die Rebhügel fand ich irgendwo eine Bank. Wie lange ich dort gesessen habe, weiß ich nicht. Jedenfalls entdeckte mich ein kleines Mädchen, das am Berghang seine Osterblumen suchte. Mit fröhlich lachenden Augen schaute sie ab und zu zu mir herüber. Als ihre Hände die Blumenfülle kaum mehr fassen konnten, suchte sie langsam und etwas zaghaft meine Nähe.

»Was hast du da für schöne Blumen; soll ich sie dir ordnen helfen?« fragte ich. Die Befangenheit fiel von ihr ab.

In kindlichem Vertrauen schaute sie zu mir auf. Behutsam und liebevoll legte sie mir den Osterstrauß auf den Schoß.

»Onkel, darf ich dir den Strauß schenken?«

Ich war überrascht: »Warum schenken? Der Strauß ist so schön und du hast so lange daran gepflückt!«

»Weil du so traurig bist«, war die Antwort. In meinem Herzen stieg der ganze Schmerz hoch, den der Tod eines geliebten Menschen weckt. Wer konnte mir ein helfendes Wort sagen, wer mich befreien von den Vorwürfen, daß ich den Besuch aufgeschoben hatte? Auch in der Blütenpracht um mich her lag kein Trost. Die rosaroten Farben der blühenden Pfirsich- und Marillenbäume in den umliegenden Gärten konnten mir aus meiner Schwermut nicht heraushelfen. Die Schatten im unruhigen Gewissen weichen nicht vor der Frühlingssonne, vor den leuchtenden Blüten der Bergwiesen.

Mein Kummer war der Kleinen nicht verborgen geblieben. So nahm ich bewegt die Blumen und zog aus der Tasche ein Geldstück. Das Mädchen sah nicht so aus, als lebten die Eltern im Überfluß, aber das Geldangebot mit den Worten: »Hab Dank! Und das nimm fürs Pflücken« hatte auf sie nicht die geringste Wirkung.

»Ich nehme kein Geld, ich wollte dir die Blumen doch schenken, es ist doch Ostern!«

»Ja, es ist Ostern«, wiederholte ich, »und du freust dich sicher auf den Osterkuchen?«

»Die Weinernte hat nichts gebracht, und Vater baut ein Häusel.«

»Dann freust du dich doch auf die Ostereier!«

»Wir haben keine Ostereier, das Geld langt halt nicht.«

Nun wurde ich in meiner Grabesluft erstaunt wach und verwundert fragte ich:

»Und du hast dennoch Osterfreude? Kannst du mir sagen, warum?«

»Nun, hast du das ganz vergessen? Weil der Herr Jesus lebt und auferstanden ist! Warum freust du dich nicht?«

Diese Botschaft aus Kindermund ist mir unvergeßlich geblieben. Sie bleibt die erste Erinnerung aus meinem Wiener Semester. Sie bewirkte in jener Stunde bei mir den Aufgang der Ostersonne. Alle Anfechtung war überwunden im Blickwechsel auf den, der bei uns ist – alle Tage, bis an der Welt Ende. Die Osterfreude packte mich wieder. Wie hatte ich diese Gewißheit nur vergessen können!

Ich konnte zur Beerdigung nicht kommen, hörte aber, daß Anita in der Anfechtung ihrer Krankheit zu Jesus gebetet habe. Warum sollte der Weg, den Gott für sie gewählt hatte, nicht mehr Erhörung sein als der, den ich erträumte. Ach, wenn man angefochten ist, braucht man nicht viel. Mit dem Grubenlicht des Verstandes können wir die selbstverschuldeten Sorgen und Ängste nicht erhellen. Ostersonne brauchen wir, die Botschaft in göttlicher Vollmacht: Jesus lebt.

Als ich fast närrisch meine Osterblumen hegte und pflegte, war meine Wirtin verwundert. Ich erzählte ihr meine Ostergeschichte. Sie kommentierte nur kurz: »Ja, es gibt heute noch Schutzengel.«

An jenem Osterabend floß mir der Jugendtraum der ersten Liebe in der Gewißheit der Auferstehung in folgende Verse:

Du schwebst mir vor in tausend Bildern,
bis nach der Nacht der Morgen graut.
Doch kein Gemälde kann dich schildern,
wie meine Seele dich erschaut.
Sie schaut dich ewig, hocherhaben,
als Stern, der meinen Weg erhellt.
Wenn eine Welt in Nacht begraben,
grüßt du mich aus der andern Welt.

Aber der Elan zum Studieren war verflogen. Vielleicht haderte ich auch mit Gott. Schwermütig gingen meine Tage dahin. Zwar besuchte ich Vorlesungen, aber ohne Interesse. Mein Freund, der Mediziner war, nahm sich meiner an. Wir fuhren ins Salzkammergut, zum Wolfgangsee, machten Wanderungen in Tirol und bestiegen einige Berge. Aber irgendwie konnte ich den Teufelskreis nicht durchbrechen, so daß ich hätte unterschreiben können, daß denen, die Gott lieben, alle Dinge zum besten dienen. Immer wieder geriet ich in eine Rebellion gegen die Führung Gottes.

Nun wäre allerdings die Nachfolge kein Glaubensweg, wenn wir alle Faktoren für die Erfüllung unserer Wunschträume mit einbuchen könnten. Der Sinn des Bibelwortes: »Welche ich lieb habe, die strafe und züchtige ich« ist mir erst später aufgegangen. Heute weiß ich aus vielfacher Seelsorge, daß meine Vorstellung, ich hätte Anita zu meiner Glaubensüberzeugung bekehren können, eine Selbsttäuschung war. Wahrscheinlich wäre es umgekehrt gekommen, und ich hätte über die Bindung in der natürlichen Liebe die Erfahrung der ewigen Liebe verloren. Gottes Barmherzigkeit erscheint uns oft als Unbarmherzigkeit.

Heimweh

Ich wohnte damals bei einer guten alten Wirtin, die mich im wahrsten Sinne des Wortes bemutterte. Aber merkwürdig, immer mehr verlor der Knödel den Geschmack, und auch der Apfelstrudel wollte nicht mehr munden. Meine Wirtin gab sich die größte Mühe mit Kartoffeln und norddeutschen Gerichten, meinen Appetit anzuregen. Als ich schließlich nur noch ein Strich im Gelände war, ging ich zum ersten besten Arzt. Er hörte meinen Bericht, machte allerlei Untersuchungen, klopfte Brust und Rücken, Arme und Beine ab und meinte dann sachverständig, es würden wohl die Nerven sein. Die Mittel habe ich eine Zeitlang genommen, aber an meinem Zustand änderte sich nichts. Würde ich das Semester schaffen? Mein Freund riet mir: »Du solltest den Hofrat R. in der Uniklinik aufsuchen, er stellt die besten Diagnosen.«

Gesagt, getan: Eines Morgens stand ich Schlange vor seinem Sprechzimmer. Als ich endlich Einlaß bekam, stand ich einem gütigen alten Herrn gegenüber mit schlohweißem Haar und Bart. Er strahlte Väterlichkeit und Vertrauen aus, so daß ich sofort wußte: Der Mann ist Arzt aus Berufung.

Nach dem »Grüß Gott« hielt er meine Hand freundlich fest.

»Sie sind kein Österreicher?«

»Nein, Herr Rat, ich bin Ravensberger Bauernsohn, ein Niedersachse, ich studiere hier.«

»Nehmen Sie Platz und erzählen Sie von Ihrer Heimat.« Er erkundigte sich nach dem Elternhof, nach Vater und Mutter und mit dem Takt eines Seelsorgers, der den andern abholt, ohne daß dieser es merkt, lockte er mich im Gespräch immer weiter. Als ich von Widukind sprach und er schließlich meine halbe Verwandtschaft kannte, fiel mir der Grund meines Besuches wieder ein. Draußen saß das Wartezimmer voll, und wir unterhielten uns hier, wie ich meinte, am Thema vorbei.

Etwas abrupt unterbrach ich mich: »Herr Rat, wollen Sie mich nicht untersuchen? Soll ich mich freimachen?«

Gutmütig wehrte er ab: »Eine Untersuchung ist nicht nötig, ich weiß schon, was Ihnen fehlt.«

Ich war erschrocken und fragte mich, ob ich wohl vor einem Hellseher säße.

»Sie wissen, was mir fehlt?«

Er nickte väterlich.

»Ist die Krankheit gefährlich?« wollte ich wissen.

Mit einem verschmitzten Lächeln antwortete er: »Man kann halt dran sterben.«

Schockiert kam die Gegenfrage: »Gibt es da ein Mittel?«

»Gott sei Dank.«

»Darf ich die Diagnose wissen?«

Er nahm mich in den Arm: »Schaun's, Sie haben halt Heimweh.«

Im Augenblick wußte ich nicht, was ich denken sollte. Die Diagnose erschien mir unwirklich, weil ich dachte, Heimweh könne man nur im Kindesalter haben.

»Herr Rat«, sagte ich, »das müßte ich doch wissen!«

Die Antwort werde ich nie vergessen: »Das braucht man nicht zu wissen. Sind wir nicht alle heimwehkrank?«

»Was muß ich tun?«

»Den Koffer packen und nach Hause fahren.«

»Mitten im Semester?«

Er nickte bestimmt. »Mitten im Semester!«

»Gibt es keine andere Möglichkeit?«

»Nein! Wer so von seiner Heimat spricht wie Sie, der hat sich mit seiner Krankheit verraten.«

»Meine Schuld, Herr Rat.«

»Wollen Sie mich beleidigen? Grüßen Sie die Heimat und Ihre Mutter!«

Nach dieser Diagnose machte ich noch einen schwachen Versuch, das Semester durchzuhalten. Aber es ging nicht. So nahm ich kurzentschlossen den D-Zug nach Hause. Als Passau ausgerufen wurde, schlief ich, träumend in der Gewißheit, daß die Heimat näherkam. In Hannover war ich hellwach und wunderte mich, daß der Zug so langsam fuhr. An der Porta Westfalica hatte ich schon den Koffer in der Hand. Der Zug hielt noch nicht in Bünde, da eilte ich als erster dem Ausgang zu. Aber, oh Schreck: Wo hatte ich die Fahrkarte? In Österreich konnte man ohne Kontrolle den Bahnsteig verlassen. Hier saß vor dem Ausgang ein Mann im Kasten und verlangte die Karte. Lange suchte ich sie verzweifelt und fand sie nicht. Schließlich waren alle Fahrgäste durch die Sperre gegangen. Der Mann im Kasten, der meine Aufregung bemerkte, rief mir zu: Da drüben im Raum können Sie nachlösen. Nachlösen? Unmöglich! Ich musterte den Beamten und dachte: Auf alle Fälle bin ich schneller als du.

Nun setzte ich alles auf eine Karte: »Mann, hören Sie, der berühmteste Arzt von Österreich hat bei mir die gefährlichste Krankheit, die es gibt, festgestellt. Ich muß sterben, wenn ich nicht sofort nach Hause komme! Ich habe Heimweh. Die Karte werden Sie morgen bekommen.« Mit einem Satz war ich durch die Sperre und über alle Berge.

Wie auf Flügeln getragen eilte ich dem Hof entgegen. Im Heimatdorf läuteten gerade die Glocken. Ich sah die Eichen vor dem Hof, die ich selber gepflanzt hatte, sah meinen alten Vater die Kühe auf den Hof treiben. Mit schnellen Schritten war ich bei ihm und hatte ihn im Arm. Erstaunt drehte er sich um, sprachlos, dann stieß er erregt hervor:

»Junge, du bist es; ach, wie gut, daß du da bist! Wie wird sich die Mutter freuen. Du siehst schlecht aus, ist das Semester schon zu Ende?«

»Nein, das Semester ist noch nicht zu Ende. Aber die Wiener Küche ist anders als hier auf dem Hof. Mutters Küche ist die beste in der Welt!«

Er lachte. »Da magst du recht haben.« Er war so überrascht, daß er die Kühe nicht mehr sah; er ließ sie laufen.

In diesem Augenblick öffnete sich die Hoftür, und meine gute Mutter kam wie ein Segelflieger mir um den Hals geflogen:

»Junge, bist du's wirklich! Wie gut, daß du da bist! Wie schlecht siehst du nur aus! Ist das Semester schon zu Ende? Bist du beim Arzt gewesen, und was hat er gesagt?«

Ich stammelte: »Mutter, ich mag das gar nicht sagen. Er meinte, ich hätte Heimweh. Das Semester ist noch nicht zu Ende, aber ich mußte nach Hause!«

»So ist es recht, das ist ein guter Arzt«, seufzte die Mutter beglückt.

Kaum war ich in der Stube, da war auch schon der Tisch gedeckt. Meine Schwester holte einen halben Schinken vom Boden, ein Dutzend Spiegeleier wurden in der Pfanne gebraten. Als ich beim sechsten Spiegelei war und immer noch westfälischen Schinken schnitt, schlug die Mutter die Hände zusammen:

»O gomme, gomme gom, wie ist das nur möglich, der Junge ist ganz verhungert, er wird überhaupt nicht mehr satt!« Brot aus der Heimat schmeckt anders als das Brot in der Fremde. Und Heimweh? Keine Spur mehr. Ich war gesund.

Mich erinnert die Heimkehr immer an Jung-Stilling. »Selig sind, die da Heimweh haben, denn sie sollen nach Hause kommen«, hat er irgendwo gesagt. Ob wir wirklich so einladen, daß alle den Weg nach Hause finden? Das Wort jenes Arztes habe ich nie wieder vergessen: Man kann Heimweh haben und es nicht wissen. Es sollte die Unruhe der Kirche sein, diese Todkranken in der Fremde heimzuholen. Ist es nicht eine riesige Kolonne, die schon der Prophet Amos sah:

> »Siehe, es kommt die Zeit, spricht Gott der Herr, daß ich einen Hunger ins Land schicken werde, nicht einen Hunger nach Brot oder Durst nach Wasser, sondern nach dem Wort des Herrn, es zu hören. Sie werden laufen von einem Meer zum anderen, von Mitternacht gegen Morgen und das Wort des Herrn suchen und doch nicht finden« (Amos 8,11.12).

All den Heimwehkranken, die auf dieser Straße wandern, breiten sich vom Kreuz herab Christi Arme aus, immer noch hört man dort die

Worte: »Vater, vergib ihnen; denn sie wissen nicht, was sie tun!«

Hermann Löns, dieser tragische Dichter, war er nicht zutiefst heimwehkrank? Bauern, die ihn kannten, haben mir viel über ihn erzählt. Sie sprachen von der Ausstrahlung seiner Persönlichkeit, von seiner Jagdleidenschaft, von der unwahrscheinlichen Geduld, mit der er Tiere belauschte. Jeder Schrei einer Eule, jeder Pfiff eines Vogels war für Löns Musik. Doch auch die schönste Natur läßt uns in unserer Lebensfrage allein. Löns, der so maßlos in der Liebe war, war im Grunde ein Verzweifelnder.

Studium in Münster und Bonn

Nachdem ich im Elternhaus Erholung gefunden, meine alten Freunde aus der Erweckung und unseren Pfarrer besucht und Erinnerungen ausgetauscht und mich auch wieder geistlich betätigt hatte, studierte ich noch vier Semester in Münster und Bonn. Die übrigen wurden mir vom Oberkirchenrat erlassen.

Das theologische Studium machte mir keine Schwierigkeiten. Mit guter Bibelkenntnis und innerer Berufung kann man auch Anfechtungen, wie sie die liberale Theologie damals brachte, ohne Schaden überstehen. Es scheint mir entscheidend wichtig, wenn man Theologe werden will, daß man die Wirklichkeitsdeutung seines Lebens im Kreuz und in der Auferstehung Jesu Christi schon vor Beginn des Studiums gefunden hat.

Dialektische Wahrheiten sind nie wirkungsträchtig und -mächtig, wenn wir Jesus Christus so begegnet sind, daß wir wissen: Er lebt. Ludwig Harms, der Erweckungsprediger der Heide, bezeugt, daß ihm das »Eselsgeschrei« einer »freien« Theologie während des Studiums nicht im geringsten geschadet habe. Und doch braucht man während des Studiums geistliche Heimat. Wir hatten sie in der Deutschen Christlichen Studenten-Vereinigung (DCSV). Der damalige Generalsekretär war mein späterer Bischof Hanns Lilje. Geprägte Leute wie Franz Spemann, die einen Pietismus vertraten, der auch die Gebildeten ansprach, haben uns einen guten Dienst getan. Geistlichen Kontakt fand ich auch zu Professor Otto Schmitz in Münster.

Zweifelsfragen, die sich aus dem Durchdenken der biblischen Bücher und aus dem beständigen Umgang mit kritischer theologischer Literatur ergaben, werden umso leichter durchstanden, je mehr man die Gewißheit hat, daß der Professor bei aller Dialektik und wissenschaftlichen Strenge doch eindeutig ist in seiner Glaubensüberzeugung. Leute wie Schlatter und Heim haben in diesem Sinne ganze

Studentengenerationen geprägt. Das seelsorgerliche Maß bestimmt auch hier die geistliche Autorität des Professors.

Damals erschien Bultmanns »Jesus«. Ich wüßte nicht, daß mich dieses Buch sonderlich beeindruckt hätte. Viel stärker war für mich die Gefahr, von Psychologie und Psychotherapie in meinem Glaubensdenken mitbestimmt zu werden. Ich verdanke Martin Buber und seinen Schriften die Erkenntnis, daß in jedem Menschen ein Abgrund ist, der sich vom Eros allein nicht aufschlüsseln läßt. Wenn Psychologie Seelsorge wird, haben beide ihren Auftrag verfehlt. Die eigentliche Anfechtung meines Studiums wurde Feuerbach. Gott als Objektivierung menschlicher Wunschträume? Der ganze dialektische Materialismus ist hier beheimatet. Wenn Religion Selbsterfassung ist, worin unterscheidet sich dann der Offenbarungsgehalt des Christentums von der Welt der Religionen? fragte ich. Als mich vor einiger Zeit ein Professor in einer Studentenversammlung fragte: »Kann man nicht auch eine andere Ideologie über Gott haben als die christliche?« stand dieser ganze Problemkreis wieder vor mir. Aber inzwischen habe ich antworten gelernt:

»Natürlich – von Marx bis Camus in jeder Menge – unter der Voraussetzung, das Christentum wäre eine Ideologie. Aber Jesus hat nicht gesagt, er bringe uns eine neue Ideologie über Gott, sondern er hat gesagt: ›Ich bin der Weg, die Wahrheit und das Leben; niemand kommt zum Vater als durch mich.‹ Wenn Sie zu Gott als Vater wollen, gibt es nur den Weg über die Offenbarung Gottes in Jesus Christus.«

In der ersten Zeit meines Studiums habe ich alles belegt, was mir wichtig schien. In allen Seminaren, die aktuelle Themen hatten, war ich dabei. Es war mir aber nicht möglich, gleichzeitig die Vorlesungen zu hören und wesentliche Dinge mitzuschreiben. So entschloß ich mich, überhaupt keine Kolleghefte zu schreiben. Das war in meinem Falle sicher richtig, weil der Lehrstoff, sobald ein lebendiger Kontakt zum Dozenten hergestellt war, von mir so aufgenommen wurde, daß ich ihn mit meinem guten Gedächtnis behielt. Die Methode war sehr nützlich, denn damals diskutierte ich die kritischen Fragen der Vorlesungen mit einigen gescheiten Kommilitonen noch bis in die Nächte. Vor dem Examen entlieh ich mir alle Kollegbücher und schaute sie noch einmal durch. Diese Methode der Repetition erwies sich, wie die Prüfungsergebnisse zeigten, als richtig – zumindest für mich. Ein jeder sei da seines Weges gewiß.

Nachdem ich bei Stählin im Predigerseminar war und nach seinem Urteil vor Studenten eine gute Predigt gehalten hatte, kamen wir in der DCSV auf den Gedanken, unseren Einsatz dort zu praktizieren, wo er am nötigsten schien. Die Lage auf dem Arbeitsmarkt war katastrophal. Die »Herberge zur Heimat« in Münster war mit Arbeitslosen und Nichtseßhaften überfüllt. Wir wollten am nächsten Sonntag dort einen Besuch machen, den wir mit einer Andacht abzuschließen gedachten. Die Andacht sollte ich übernehmen.

In der folgenden Woche habe ich lange nach einem Wort gesucht. Als ich es gefunden hatte, verbrachte ich viele Stunden über Kommentaren grübelnd am Schreibtisch. Endlich war die Andacht fertig. Sie wurde wörtlich auswendig gelernt. Am Sonntag zogen wir selbstbewußt los, und sicherlich mit viel gutem Willen. Doch merkwürdig wurde mir zumute, als ich die Tippelbrüder und Handwerksburschen aus der Nähe sah. Besonders die Hamburger Zimmerleute mit den großen Hüten und den breiten Hosen machten mich einigermaßen beklommen. Ob meine Andacht lebensnah genug war? Ob sie so echt war, daß sie überzeugen konnte?

Mit einem dieser Zimmerleute – er war noch ziemlich jung – kam ich ins Gespräch. »So, du willst Pastor werden«, sagte er nachdenklich. »Kennst du denn das Leben überhaupt? Von einem Muttersöhnchen lassen wir uns nichts sagen, das haut bei uns nicht mehr hin. Wir sprechen nicht die Pastorensprache, wir verstehen nur die Sprache der Hamburger Hafenlöwen.« Er erzählte mir von den Erfahrungen seiner Jugend: Sein Vater war ein Quartalssäufer, seine Mutter ging auf den Strich, er selber hatte schon früh mit der Polizei zu tun bekommen, jetzt arbeitslos – meine gelernte Andacht wurde mir immer fragwürdiger. Konnte ich mit meinen frommen Worten diesen Leuten in ihrer verzweifelten Lage ein Wort lebendiger Hoffnung sagen? Waren die Worte so durchbetet und so durchglaubt, daß sie überzeugen konnten? Mir wurde in dieser Atmosphäre alles zweifelhaft. Den anderen wohl auch, denn wir verdrückten uns schweigend.

Die Pleite ließ uns keine Ruhe. Am nächsten Sonntag gingen wir wieder hin. Dieses Mal hatte ich den Anmarschweg anders und sorgfältiger gewählt. Wir hatten aus unserer schmalen Studentenkasse den Brüdern von der Landstraße einen Tisch gedeckt. Kein Wunder, daß die Herzen auftauten und menschliche Nähe geschenkt wurde. Als ich dann mit großer Freudigkeit über die Herberge zur ewigen Heimat sprach, in die Johannes und Andreas einkehrten (Joh. 1,35–45), kam das Wort der Verkündigung so an, daß es gehört wurde. Nur was man mit Bettlerhänden empfängt, wird Frucht für den Himmel. Als ein solcher Bettler hatte ich eine Woche lang darum gebetet. Nun setzte ich mich ans Harmonium und fragte:

»Was wollen wir singen?«

»Den Zapfenstreich, Herr Pastor!« rief ein alter Tippelbruder mit grauem Bart. »Ich bete an die Macht der Liebe«! Was da aus den rauhen Kehlen kam, war mehr ein Grölen denn anbetender Lobgesang, wie wir ihn gewöhnt waren. Musiksachverständige hätten sich vielleicht die Ohren zugehalten. Aber ich bin überzeugt, daß sich die Engel Gottes im Himmel gefreut haben. Bis spät nach Mitternacht saßen wir noch zusammen. Es wurde eine Nacht der Seelsorge.

Viele Jahre waren vergangen, da kehrte mit frohem Gesicht ein Mann bei mir im Pfarrhaus ein.

»Kennen Sie mich noch?«

»Wie könnte ich!«

»Ich bin Zimmermann. Erinnern Sie sich an die Herberge zur Heimat in Münster? Sie erzählten damals die Geschichte von Johannes und Andreas, wie Jesus sie fragt: Was suchet ihr? und sie antworteten: Meister, wo bist du zur Herberge? Unter Ihrer Botschaft brach alles, was ich bisher sorgfältig unter Verschluß gehalten hatte, auf. Ich nahm die Einladung Jesu an jenem Abend an, und die ›zehnte Stunde‹ wurde, wie einst bei Johannes, die Wende meines Lebens.«

In seinem Beruf war der Gast inzwischen Meister geworden.

Damit ich mich nicht selbst schone, will ich aus meiner Münsterschen Zeit noch eine Begebenheit anführen, die später, ohne daß ich es ahnte, zur Schuld wurde. Sie hat mir gezeigt, wie leicht man die Grenze überschreiten kann, die vielleicht nicht uns selbst, wohl aber andere in Gefahr bringen kann.

Wir hatten eines Abends in der DCSV ein gemütliches Beisammensein, nach dem mich eine Studentin, die in einem Vorort von Münster wohnte, um meine Begleitung bat. Selbstverständlich erfüllte ich diese Bitte.

Wir unterhielten uns zwanglos, und als sie sich vor der eigenen Haustür für meine Begleitung bedankte, sagte ich übermütig:

»Nichts ist umsonst! Auch diese Begleitung kostet Sie etwas.«

Sie meinte, die Kosten würden wohl zu ertragen sein, aber in mir steckte der Lausejunge und vielleicht auch ein leichter Zug zum Abenteuer. Jedenfalls holte ich mir, als wir uns die Hand zum Abschied gaben, unversehens einen Kuß. Wir gingen lachend auseinander, und ich hatte beileibe keinen bösen Gedanken dabei.

Viele Jahre später stand ich als Evangelist im Zelt der deutschen Zeltmission auf dem Hohenzollernplatz in Köln. Das Zelt war übervoll, und die Seelsorge nahm mich voll in Anspruch. Als ich wieder daheim war, fand ich unter der Post einen Brief, der mich erschrecken ließ. Ich las:

»In der letzten Woche saß ich jeden Abend unter Ihrem Wort. Die Botschaft traf mich, weil ich nicht daran zweifle, daß Sie ein ehrlicher

Zeuge sind. In den letzten Tagen dachte ich daran, zu Ihnen in die Seelsorge zu gehen, aber ich hatte nicht den Mut; denn ich bin das Mädchen, das Sie damals vor der Haustür in Münster geküßt haben. Die Sache war natürlich harmlos, und doch hat sie für mich Folgen. Ich lebe in einer Ehe, die unglücklich ist. Vier Kinder machen mir große Sorgen. Gern hätte ich Ihren Rat gehabt, aber ich bin nicht gekommen, weil ich den Kuß damals nicht vergessen kann.«

Was mir – und doch wohl auch ihr – damals als harmloses Abenteuer vorgekommen war, entpuppte sich bei dieser Frau als Gefahr. Wie schwer mußte es ihr gefallen sein, auf die Seelsorge zu verzichten! Ich habe ihr einen bußfertigen Brief geschrieben, und die Sache ist vor dem Herrn in Ordnung gebracht worden. Wie gut, daß dies möglich ist. Deshalb dürfen wir auch als Seelsorger keine unnatürliche Frömmigkeit vortäuschen, sondern in geheiligter Natürlichkeit immer wieder den Mut zu eigenem Bekenntnis finden, aus dem es genauso wie bei denen, die bei uns in der Seelsorge beichten, zu neuer und völligerer Hingabe kommt.

Die letzten beiden Semester studierte ich in Bonn. Ich wollte Karl Barth hören. Das Seminar bei diesem großen Theologen möchte ich nicht missen. Als das Dritte Reich für viele eine Welle von Versuchungen und Täuschungen wurde, war er hellsichtig genug, uns zu raten, uns im Zeugnis der Kirche nicht politisch beeinflussen zu lassen. Er betonte damals immer wieder, ein Christ müsse das Dritte Reich so sehen, als wäre es gar nicht vorhanden.

Mit Karl Barth habe ich mich gut verstanden; ich verehre ihn heute noch, obwohl ich niemals Barthianer geworden bin. Mit einer geradezu prophetischen Wucht konnte er uns für den Gott, der der ganz Andere ist, theologisch die Bahn freimachen. Er gab in seinen Vorlesungen immer ein Stück seiner selbst; so kam man ihm auch persönlich nahe. Wenn er auch ohne Konzept dem Hasen nachlief, so wurde seine Vorlesung niemals langweilig. Er schöpfte immer aus dem Vollen. Seine Vorlesungen über das Johannesevangelium kamen im ersten Semester nicht über das erste Kapitel hinaus. Aber ohne daß ich die Gedanken im Kollegheft mitschrieb, sind sie mir heute noch so gegenwärtig wie ehedem. In seiner Gnadenlehre mußte ich mich theologisch von ihm distanzieren. Als Lutheraner dachte ich hier mehr in den Linien von Emil Brunner, der, wenn ich später in Zürich predigte, oft unter meiner Kanzel saß. Die Gnadenlehre von Karl Barth kam der Allversöhnung verdächtig nahe. Hier stand ich wieder bei Hermann Bezzels Wort: »Alle, die von einer Bekehrung nach dem Tode träumen, nehmen das Kreuz Christi als Krisis für Himmel und Hölle nicht ernst.« Zorn und Liebe sind bei Gott eines Lichtes Flamme. Wer das Heute der Gnade versäumt, hat seine Ewigkeit versäumt. Als Minden-Ravensberger Bauernsohn schien mir Karl Barth auch als religiöser Sozialist nicht ganz annehmbar. So hellsichtig und richtig, wie er das Dritte Reich beurteilte, so kurzschlüssig und blind war sein Urteil über den Kommunismus. Auch die größten Leute haben eben ihre Grenzen.

Im theologischen Seminar hat er mich immer bevorzugt behandelt. Er sagte einige Male: »Sie sind ein guter Theologe, nur haben Sie einen Schuß Ravensberger Pietismus zu viel.« Wie ich aus späteren Begegnungen weiß, hat er sich in dieser Meinung wesentlich korrigiert. Gesprächen mit Karl Barth verdanke ich es auch, daß die Anfechtung der Feuerbachschen Thesen von mir nicht nur durchlitten, sondern auch überwunden wurde. Gerade wegen der Hilfen, die ich darin durch Professoren und durch die enge Bindung an das erweckte Leben der Kirche erhalten habe und weil im theologischen Studium hier ein großer Mangel besteht, begab ich mich später auf die Suche nach einem zureichenden Modell, das nun als Krelinger Studentenwerk solche Hilfe anbietet.

Die Veränderung, die eine Erweckung schenkt, macht überdeutlich, daß man mit dem Intellekt keinesfalls alles erklären, alles beweisen und alles entschuldigen kann. Dort, wo der Intellekt am Ende ist, fängt Gottes Wort an – und natürlich lange vorher schon! Nichts kann verlogener sein als der Intellekt, nichts ist wahrhaftiger als das schöpferische Gotteswort. Einen Intellekt, der in der Doppelexistenz eines »sowohl hier wie da« dämonisiert ist, kann nur jene Seelsorge befreien, die Begegnung mit Jesus Christus ist. Wenn der Bezug des Denkens nicht ehrlich ist, wenn selbst bei »intellektueller Redlichkeit« das Denken nicht von der Existenznot herkommt, tun wir gut, Debatten zu vermeiden; sie haben keine Verheißung.

Vikar im tausendjährigen Reich

Im Konsistorium hatte man mir gesagt: »Wenn Sie beim Oberkirchenrat den Erlaß von zwei Semestern beantragen, können Sie mit einem Semester rechnen.« Überrascht war ich, als mir doch zwei Semester erlassen wurden.

Mein erstes theologisches Examen bestand ich gut. Die geistige Krise in der Kirche, die zur Gründung der Bekennenden Kirche und zu den Barmer Thesen führte, wirkte sich auch auf die theologische Prüfung aus, der Bischof Adler aus den Reihen der Deutschen Christen vorstand.

Wohin sollte der Weg der Kirche gehen? Wer jene Zeit miterlebt hat, der weiß, daß die Inflation, die chaotischen gesellschaftlichen Zustände, ja, im Grunde die gelebte Verzweiflung das Dritte Reich geradezu heraufbeschworen. Der Steuermann, der mit dämonischer Verschlagenheit es am besten verstand, den Menschen das Idol einer Hoffnung zu geben, hatte die größte Aussicht, Kapitän des Schiffes zu werden. Man wußte wohl, daß Hitler das fiktive Kapital, soweit es sich in der Hand des Judentums befand, »umverteilen« wollte, wie man das heute nennt, ahnte aber nicht, daß aus diesem ideologischen Ansatz eine Verfolgung wurde, die uns Deutsche für alle Zeiten belasten würde. Jahrelang habe ich mich nach dem Kriege geschämt, wenn ich eine ausländische Kanzel betrat, geschämt für mein Deutschtum, mit dem ich – gewollt oder nicht gewollt – kollektiv schuldig und damit auch haftbar war. Das Feindbild des Kommunismus und der Hinweis darauf, daß Karl Marx, Lassalle, Lenin und Trotzki Juden waren, wurde so fanatisch überzogen, daß viele unter dem Hakenkreuz mitmarschierten. Ich selber hatte zum Nationalsozialismus in wohlwollender Opposition gestanden.

Nach Wilhelm Raabe ist ein Volk das, was es bei gemeinsamer Not als individuelle Not empfindet. So war auch meine Einstellung zum Nationalsozialismus von der nationalen Not mitbestimmt. Man erhoffte von Hitler eine Erneuerung für Volkstum und Vaterland. Doch er war ein Rattenfänger ohnegleichen. Mit der Behauptung, man stehe in der Partei auf dem Boden des »positiven Christentums«, wurden damals viele gutgläubige Christen getäuscht. Mir wurde das erst klar, als ich Rosenbergs »Mythos des zwanzigsten Jahrhunderts« und Walter Künneths »Antwort auf den Mythos« gelesen hatte. Durch die Flensburger Thesen Pastor Assmussens, durch den Pfarrer-Notbund von Martin Niemöller, durch Erklärungen von Reichsgerichtsrat Flohr und die mutigen Zeugnisse der Besten kam die evangelische Kirche in Bewegung und zur Besinnung. Die Präambel ihres Bekenntnisses zu Jesus Christus mußte nun durchstanden und durchlitten werden. Aber die leidende Kirche hat ja mehr Verheißung als die unverbindlich vegetierende.

Einige Wochen nach der Prüfung wurde ich mit anderen Kandidaten zum Predigerseminar in Soest einberufen. Pfarrer Stein aus Hagen, den man mit unserer Ausbildung beauftragt hatte, versuchte uns mit viel Elan zu Missionaren des »Deutschen Christentums« zu machen. Langsam, aber mit erschreckender Deutlichkeit dämmerte uns allen, und mir besonders, wohin der Weg gehen sollte. Weil ich der Älteste war, suchte man bei mir Orientierung. Es kamen notvolle Besprechungen, schlaflose Nächte und sorgenvolle Stunden. Weil ich mit Luther dachte, daß es nicht geraten ist, etwas gegen das Gewissen zu tun, entschied ich mich für den Widerstand. Besprechungen mit dem Konsistorium blieben ergebnislos. Am Ende wurde ich mit achtzehn anderen Vikaren, die mit mir in Opposition gegen die geistliche Führung standen, als Rebell aus dem Predigerseminar fristlos entlassen. Dieser Aufstand wirkte wie ein Signal und fand ungeahntes Echo. Mit unserem alten, verehrten Superintendenten Niemann in Herford fuhr ich zu Präses Dr. Koch, der kurz darauf Präses der Bekenntnissynode wurde, bei deren Gründung man uns entlassene Vikare in die Bekenntniskirche übernahm. Seitdem gab es in Westfalen zwei Kirchenleitungen.

Unter den Vikaren war auch mein späterer Schwager, Friedhelm Schmitz. Mit einer Andacht, die er über die »Babylonische Gefangenschaft der Kirche« hielt, regte er das Predigerseminar zur klaren Entscheidung in der Bekenntnisfrage an. Bei der Entlassung nahm ich ihn mit zum Elternhof, wo er meine Schwester kennenlernte. Er ist später mit mir in die Hannoversche Landeskirche gegangen. Wir waren uns in allen Fragen und Lagen sehr nahe. An der Lauterkeit seines Wesens habe ich mich oft orientiert.

Auf der Bekenntnissynode in Dortmund wurde ich nun von Dr. Koch in das Vikariat zu Pfarrer Dr. Werdermann in Witten eingewiesen. In ihm fand ich einen sehr guten, theologisch geschulten und verstehenden Vikariatsvater. Er nahm mich zu allen wichtigen Tagungen der Bekenntnissynode mit, auch zu gerichtlichen Terminen am Landgericht in Hamm, wo sich damals Bischof Dibelius verantworten mußte.

Unvergeßlich ist mir ein Lob aus seinem Munde aus folgendem Anlaß: Er fragte mich eines Tages, ob ich ihm einen Dienst abnehmen könne, er sei terminlich überfordert. Es ging um eine ältere alleinstehende Dame, die immer wieder einen seelsorgerlichen Besuch erwarte, die aber die unglückliche Angewohnheit habe, über Moskau zu gehen, wenn sie nach Rom wolle. Er komme mit seinem Terminkalender, sooft er sie besuche, immer ins Schleudern. Ich sollte mich also mit Geduld wappnen.

Nach Anmeldung klingelte ich also morgens gegen zehn Uhr bei dieser Dame. Ich entschuldigte mich, daß ich in Vertretung von Dr. Werdermann käme, aber sie war keineswegs enttäuscht. Sie hatte meine Predigt gehört und war begeistert. Nach einiger Zeit begann sie mit ihrem Lebensbericht. Dabei kam sie immer wieder auf Nebengeleise und vergaß dabei das Mittagessen. Als Seelsorger war ich inzwischen das Objekt ihrer Seelsorge geworden. Als mein Magen knurrte und sie mit ihrem Lebensbericht bis etwa zum dreißigsten

Lebensjahr vorgestoßen war, wurde mein Gebet immer mehr zum Seufzer: »Herr, gib mir Geduld, daß ich höre, wie ein Jünger hört.« Der Abenddämmer kam schon – inzwischen hatte ich doch noch eine Erfrischung erhalten –, als sie sich endlich ausgegeben hatte und eine Pause einlegte, in der ich mich eiligst verabschiedete. Erschlagen von dem Wortschwall meldete ich mich bei Dr. Werdermann. Als ich mit meinem Bericht zu Ende war, drückte er mich herzlich.

»Ob Sie ein großer Theologe werden, weiß ich nicht.« Sein amüsiertes Lächeln verschwand, als er fortfuhr: »Daß Sie ein guter Seelsorger sind, dafür bürge ich.« Und doch war jener Tag wohl nicht verloren. Die Frau saß immer unter meiner Kanzel und hat mich vor ihrem Sterben noch grüßen lassen.

Wenn Frauen reden, ist es gut, für den Fall, daß sie etwas zu sagen haben. Wenn sie zuviel reden, ist es eine Tragödie, auch für die Kirche – aber gilt das nicht auch für uns Männer?

Wenn die Wittener Stadtkirmes gefeiert wurde, war das so ein rechtes Fest für die Kinder und somit kein Wunder, daß die Kinder im Pfarrhaus die Eltern bestürmten, ihnen die Erlaubnis zum Besuch der Kirmes zu geben. Die Eltern waren unschlüssig, umso mehr, als die Kinder gerade vorher einen recht unbesonnenen Streich gespielt hatten. Nun riefen sie mich als Vermittler an, ich legte ein gutes Wort für sie ein und erbot mich, die Kinder über die Kirmes zu führen.

Unter dem Freudengeheul der jungen Meute ging es nun auf den Rummelplatz. Der »billige Jakob« pries seine Ware an. Die Preise, mit denen er den Einsatz machte, unterbot er am laufenden Band. Und jedesmal, wenn er den Zuschlag geben wollte, legte er im letzten Augenblick mit Witz und Humor neue Waren hinzu. Eine Weile hörten wir lachend zu. Dann wurde die dicke Bertha ausgerufen, die über 200 Kilo wog. Wir gingen weiter und kamen zur Schießbude.

»Herr Vikar, schießen darf man doch, das ist doch keine Sünde!«

»Ja, das darf man«, gab ich zur Antwort. Als sie sich alle versucht und in den meisten Fällen daneben geschossen hatten, waren sie belehrt, daß es mit den Gewinnaussichten nicht weit her war.

Nun kamen einige Buden mit zweideutigen Aushängen. So gut ich konnte, führte ich sie daran vorbei; ich erklärte ihnen, daß man sich hier den Geschmack verderben könne, und sie machten mir das Weitergehen nicht schwer.

Endlich kam ein Hippodrom.

»Herr Vikar, reiten darf man doch! Sie haben früher als Gutsinspektor doch selber im Sattel gesessen!«

»Natürlich darf man das!«

Ich kaufte die Karten, und schon waren wir auf der Tribüne.

Das Pferdematerial war in Ordnung. In der Arena konnte man gegen Entgelt reiten, soviel man wollte. Es war auch kein Risiko, denn die Gäule waren alle geschult und liefen wie am Schnürchen. Aber da war ein Außenseiter, ein vollblütiger rassiger Trakehner. Er war die Attraktion des Unternehmens. Wer ihn einmal durch die Arena reiten konnte – ohne Sattel und Decke, versteht sich –, erhielt einen Preis von 100,– RM und sonstige Geschenke. Immer wieder wurde zu diesem Wagnis aufgerufen.

Die ganze Aufmerksamkeit des Publikums war natürlich auf diesen Vollblüter mit seinem Reiter gerichtet. Wer immer es auch versuchte, ihn zu reiten – ob er wollte oder nicht, er flog über kurz oder lang in den Sand. Die Lachsalven wollten kein Ende nehmen. Diese vergeblichen Versuche fingen an, mich zu reizen. Sie weckten in mir, zunächst im geheimen, dann immer bewußter den Wunsch, den Einsatz selber zu wagen.

Sollte es wirklich nicht möglich sein, diesen wilden Gaul zu zähmen? Wie oft hatte ich mich schon bei den widerspenstigsten Tieren versucht, und fast immer waren sie meinem Willen, notfalls mit Hilfe der Kandare, gehorsam geworden. An den einzigen Sturz in Turow dachte ich nicht.

Anscheinend übertrugen sich meine Gedanken auf die Kinder. »Herr Vikar, versuchen Sie es doch mal, bitte, bitte! Beweisen Sie doch den Leuten, was für ein Reiter Sie sind!« Anfänglich lehnte ich ab; doch insgeheim hatte ich ihrem Drängen schon nachgegeben, als wieder ein Reiter in den Sand flog. Wie dumm der das auch angestellt hatte! Etwas besser würde ich es schon machen. Und wenn es wirklich schief ging? Nun, ich hatte erst einmal in der Johanneskirche gepredigt, so war kaum anzunehmen, daß mich außer den Kindern noch jemand kannte. Schon war meine Hand oben. Ein Zurück gab es nun nicht mehr. Der Gaul, der wie elektrisiert am ganzen Körper vibrierte, wurde von zwei Männern gehalten. Ohne langes Besinnen nahm ich einen Satz und landete auf dem Rücken. Die eine Hand griff den Zügel, die andere erfaßte die Mähne. Die Beine umklammerten den Leib.

Wie wild ging das Tier kerzengerade hoch, versuchte, mich mit unheimlich schnellen Bewegungen abzuschütteln. Vergeblich warf es sich auf den Boden. Ich saß wie angegossen. Plötzlich kam ein wilder Satz, und in unzähligen Runden ging es im rasenden Galopp durch den Kreis der Arena. Ich hörte Händeklatschen und Rufe. Irgendwo rief jemand:

»Der Vikar, der Vikar!«

Der Ruf wurde aufgegriffen und fand ein Echo. Die ganze Tribüne brüllte: »Der Vikar, der Vikar!«

Ohne Frage war ich unbestrittener Sieger in allen Klassen! Selten habe ich ein solches Ansehen gehabt wie in jener Stunde. Die Augen der Kinder strahlten nur so.

Ich war kaum zu Hause, als Pfarrer Werdermann – nicht von den Kindern, sondern von auswärts – erfahren hatte, was geschehen war.

»Nun, lieber Vikar«, meinte er, »da habe ich ja wohl den Bock zum Gärtner gemacht.« Ich beruhigte ihn und gab die Hälfte meiner Reiterprämie für die innere Mission.

Als ich am nächsten Sonntag predigte, war die Kirche übervoll. Was wäre aber geschehen, wenn es anders gekommen wäre! Statt Beifall wäre Hohngelächter die Folge gewesen. Andererseits: wer das Tribünenchristentum überwinden will, muß den Mut haben, sich zu blamieren.

So sehr ich mich im Hause Werdermann wohl fühlte – zu Hause war ich bei meinem späteren geistlichen Freund Johannes Busch. Er gehörte, wie auch sein Bruder Wilhelm, zu den Originalen Gottes. Wer solche Originale nachahmen will, macht sich lächerlich. Manchmal hat man auch bei Pfarrern den Eindruck, daß sie gute Prediger kopieren wollen.

Bei den Buschs konnte man sehen, wie natürlich Glaube und Christentum Menschen prägen können. Man sagte damals: Ein Busch ist mehr wert als ein ganzer Wald von Pastoren. Als ich Busch zum erstenmal besuchte, zeigte er mir in seinem Arbeitszimmer »die Wolke der Zeugen«, die ihn geistlich inspirierten. An den Wänden hingen Bilder aller denkbaren Erweckungsprediger meiner Heimat. Er durfte damals in seiner geliebten Johanneskirche schon keinen Dienst mehr tun. Die Deutschen Christen in der Gemeinde, Pastor Richter und andere, waren am Steuer. Johannes Busch predigte nun im Voßschen Saale, der war regelmäßig bis auf den letzten Platz besetzt. Busch hatte die Gnadengabe, das Evangelium in einer die Herzen ansprechenden Unmittelbarkeit zu bezeugen, die mich begeisterte. Auch seelsorgerlich hat er mir manche Korrektur gegeben. Seine Predigten wurden nicht nur am Schreibtisch konzipiert; sie ergaben sich aus den Eindrücken der Seelsorge und der Gemeindebegegnung. Er war der geborene Jugendpfarrer und blieb in seiner Theologie vor allem oberflächlichen Geplätscher bewahrt.

Als er nach dem Kriege, viele Jahre später, am Ahldener Jugendtag sprach, war er beglückt, den Segen zu erleben, den Gott seinem Dienst schenkte.

Als ich meine Einführungspredigt als Vikar in Witten hielt, wollte ich ohne Zweifel dabei etwas glänzen. Meine verborgene Eitelkeit war noch nicht so sündig geworden, daß ich sie wie später unter den Keulenschlägen des Naziregimes erkennen mußte. Nach einigen Überlegungen wählte ich für meine Einführung die Examenspredigt, die gut beurteilt worden war. Ach, wie habe ich sie auswendig gepaukt und, wie Wilhelm Stählin es uns beigebracht hatte, auch bei der Deklamation Mimik und Gesten beobachtet. Schließlich war ich mit mir selbst zufrieden. Aber wer als Pfarrer Schauspieler ist, hat seinen Lohn dahin.

Nach der Predigt kam als erster mein Vikariatsvater und gratulierte mir zu dem Erfolg. Er meinte, die Predigt sei ein theologischer Genuß gewesen. Noch sehe ich, wie während seiner Lobeshymne Johannes Busch in die Sakristei kam und immer unruhiger hin und her ging. Plötzlich sagte er zu Werdermann:

»Hör bitte auf mit deinem Lob; wir sind alle verdorben. Es geht nicht um Erfolg, es geht um Frucht. Mit deiner Lobrede tust du ihm keinen guten Dienst.«

Schließlich lud er mich zum Mittagessen ein. Unterwegs blieb er plötzlich vor mir stehen, schaute mich mit seinen guten Augen an, faßte mich an den Schlips und fragte:

»Glaubst du eigentlich, daß ich dich lieb habe?«

Nun, ihm traute ich am wenigsten eine konventionelle Lüge zu. »Ich bin überzeugt, ja, ich glaube dir wirklich.«

»Dann«, fuhr er mit einem Ernst, der mir unvergeßlich ist, fort, »dann muß ich dir in Liebe etwas sagen: Die heutige Predigt war vorbei; du hast nicht den Herrn Jesus gepredigt, sondern dich selber. Ich habe betend unter deiner Predigt gesessen, und deshalb muß ich dir das sagen. Hast du eigentlich in der Sakristei vorher gebetet?«

Verlegen sagte ich: »Ja, ich wollte beten.«

»Ja, warum denn nicht?«

»Nun, der Küster war auch in der Sakristei.«

Durchdringend schauten mich seine Augen an.

»Glaubst du denn, daß du den Herrn Jesus bezeugen kannst, wenn du dich seiner vor dem Küster schämst?«

Er nahm mich von da ab oft in die Gemeinde mit und meinte: »Wenn du die Sorgen der Gemeinde mitträgst und miterlebst, wirst du mit Jesus den Schlüssel zu den Herzen finden.«

In Berlin und Detmold

Nach einiger Zeit wurde ich von der Leitung der Bekenntniskirche zu einer Besprechung gebeten. Man glaubte, weil ich im Pfarrerblatt und in sonstigen kirchlichen Blättern gute Artikel geschrieben hatte, die zeitnah waren, daß ich schriftstellerische Fähigkeiten besäße, und trug mir die Mitarbeit an der Zeitschrift »Reformation« an, die damals von Vandenhoek & Ruprecht in Göttingen gemeinsam mit der »Jungen Kirche« herausgegeben wurde. Nach einiger Überlegung willigte ich ein und wurde nun für den Pressedienst abgestellt und Missionsdirektor Lokies von der Goßnerschen Mission in Berlin als Vikar unterstellt. Nach dem Gesetz, nach dem ich angetreten war, versuchte ich, soweit ich konnte, auch meine schriftstellerische Aufgabe in erwecklichem Geist zu sehen. Noch heute meine ich, daß sich die Bekenntniskirche durch ein zu starkes politisches Engagement in einen Widerstand hineinmanöverieren ließ, dem oft die geistliche Vollmacht mangelte. Die politische Ideologie darf in der Kirche nicht der treibende Motor sein. Die politische Einstellung ergibt sich als Funktion des geistlichen Lebens.

In den Sitzungen der Bekenntnisfront versuchte ich mit Missionsdirektor Lokies, dem späteren Oberkirchenrat, der mit mir in allen Fragen übereinstimmte, deutlich zu machen, daß die reine Lehre und ein geordneter Sakramentalismus noch kein neues Leben schaffen, wenn Gott die Kirche nicht durch sein vollmächtiges Wort erweckt und in Jesus Christus eine Begegnung schenkt, die verändernde Kraft hat. Mit dem Stecken des Treibers läßt sich niemand bekehren – schon gar nicht, wenn man den anderen ideologisch zum Objekt seiner Seelsorge macht. Es war daher nur konsequent, daß ich die innere Freude zum Einsatz verlor. Am liebsten saß ich unter der Predigt von Martin Niemöller in Dahlem, der jedenfalls den Mut hatte, die Dinge beim rechten Namen zu nennen.

Die Bekenntniskirche hat damals weithin ihre Stunde nicht erkannt; sie hat nicht eindeutig und klar genug den Durchbruch zu einer geistlichen Erweckung gesucht. Es gab auch im Nationalsozialismus Kreise, die auf eine echte Begegnung mit der kirchlichen Botschaft warteten. Ich selbst hatte ja schon einmal von den Deutschen Christen erhofft, sie könnten mit ihren neuen »positiven« Ideen der Kirche Anstoß zu einem geistlichen Erwachen schenken, wurde aber glücklicherweise früh genug mit der Erfahrung im Predigerseminar eines Besseren belehrt. Was gegen das Bestehende in seiner dogmatischen Erstarrung anging, hatte mich immer angesprochen. Doch der Weg von Nietzsche zu Kierkegaard lag hinter mir, ich konnte ihn nicht verleugnen. Seit den Soester Wochen wußte ich, daß die Deutschen Christen das Bekenntnis und die Glaubensgewißheit der Kirche durch eine politische Ideologie im religiösen Gewande ersetzen wollten.

Nachdem mir klar wurde, daß die Bekenntnisfront zu einer geistlichen Auseinandersetzung mit der Ideologie des Nationalsozialismus nicht fähig war, erschien es mir in Übereinkunft mit Lokies ratsamer, meinen Dienst in einem Gemeindevikariat zu tun. Die Presse der Bekenntnisfront ermutigte nicht zu der Annahme, daß der biblische Ruf zu Buße und Nachfolge den Kampf bestimmte. Das vom Zeitgeist bestimmte diplomatische Anliegen wurde oft dem heilsgeschichtlichen Auftrag vorgeordnet. Aber wenn die Zündung fehlt, läuft der Motor nicht.

Bis zum zweiten Examen versah ich noch zwei weitere Vikariatsstellen. An der ersten hätte ich durch bedauerliche Familienverhältnisse bald mehr Schaden genommen als inneren Gewinn. Nach der ersten Predigt lobte mich die Pfarrfrau, ich sei doch ein besserer Schauspieler als ihr Mann. Ich fiel aus allen Wolken, als mir die okkulten Hintergründe des Pfarrhauses deutlich wurden. Hier war vom Geist Jesu Christi nichts zu erleben. Wo diese Mitte fehlt, ist auch die Strahlung des Pfarrhauses negativ.

Als ich dann noch vor dem zweiten Examen als Hilfsgeistlicher an die Stadtkirche in Detmold gerufen wurde, nahm ich dankbar dies Angebot an. Und doch war ich in einer gewissen Weise vom Regen in die Traufe gekommen. Mein Vorgesetzter, ein Konsistorialrat, nahm mich zunächst mit offenen Armen auf. Bald aber zeigte es sich, daß er nicht das geringste Verständnis für evangelistische Verkündigung hatte, so sehr war er auf die lutherische Dogmatik fixiert.

Am ersten Sonntag hatte ich noch vor dem Gottesdienst in der Stadtkirche eine Predigt in einem Filialort zu halten. Wieder einmal hielt ich eine theologisch gut vorbereitete und einstudierte Predigt, ohne dem alten Adam wehe zu tun. Sie war ihm so angepaßt, daß sie die begeisterte Zustimmung meines Vorgesetzten fand.

Die eigentliche Antrittspredigt sollte ich nun in der Stadtkirche halten. Vor der Predigt erfaßte mich eine merkwürdige Unruhe. Das Wort jener Pfarrfrau wurde mir bewußt: War ich ein Schauspieler? Hatte ich Vollmacht, daß ich das Ärgernis vom Kreuz nicht zu billig verkaufte? Warum hatte ich nicht den Mut gefunden, schon in der ersten Predigt zu bekennen, wes Geistes Kind ich war? Um jede Routine zu vermeiden, wählte ich einen Text, über den ich einige Sonntage vorher gepredigt hatte. So verlor ich während der Predigt die Abhängigkeit von Menschen und bezeugte freudig die Gnade Gottes und schöpfte dabei nicht aus dem Eigenen, sondern aus dem Geschenkten.

Als ich nach der Predigt die Sakristei betrat, sah ich in das zorngerötete Gesicht des Rates.

»Warum haben Sie nicht die Predigt von heute morgen wiederholt?« fauchte er. »Wie konnten Sie so leichtsinnig sein, den Text zu wechseln, und das vor diesem Publikum!«

Während er noch sprach, betrat ein Herr sehr aufgeregt die Sakristei. Ohne sich um den Rat zu kümmern, ergriff er bewegt meine Hände und bekannte:

»Es ist ein Wunder geschehen, ich begreife es nicht; Gott hat heute mit mir geredet. Ich bin Professor R. von der Universität K. (Holland). Vor einer Woche hat mich meine Frau verlassen, auch die Kinder waren ihr gleichgültig. Mit einem Musiker ist sie durchgebrannt. Können Sie verstehen – diese Frau war mein Leben, auf ihre Treue hätte ich geschworen. Allein mit meinen Kindern war ich verzweifelt. Mein Hausarzt riet mir, damit ich den Schlag leichter überwinden könne, Erholung zu suchen. Ich fuhr in den Teutoburgerwald. In der letzten Nacht war die Verzweiflung grenzenlos, die Einsamkeit unerträglich. Ich beschloß, heute morgen in die Berge zu fahren und diesem Hundeleben ein Ende zu machen. Als ich mit dem Wagen durch Detmold fuhr, hatte ich vor der Kirche eine Panne. Die Glocken läuteten, und die Menschen strömten in die Kirche. Als Sie über das Wunder des Vergebens sprachen, hat Gott so zu mir geredet, daß mir die Begegnung mit Jesus Christus geschenkt wurde. Ich möchte Ihnen danken. Sie haben die Predigt nur für mich gehalten.«

Verständnislos stand mein »Amtsbruder« neben mir. Mit eisiger, überlegener Miene schüttelte er nur den Kopf.

In der folgenden Zeit merkte ich sehr bald den Widerstand, der von ihm und vor allem von seiner Frau ausging. Sie konnte offenbar nicht ertragen, daß die Kirche bei mir voller war als bei ihrem Mann. Getarnt hinter allen möglichen Verdächtigungen suchte man vor allem die erweckliche Jugendarbeit zu unterbinden. Weil eine gedeihliche Arbeit immer schwieriger wurde und ich in Gefahr stand, den Freimut zum Dienst zu verlieren, riet mir mein väterlicher Freund Niemann, mich für die Zeit vor der Prüfung freistellen zu lassen, weil ich kurz vor dem zweiten theologischen Examen stand.

Leider hatte sich durch die Spannung eine Verbitterung in mir festgesetzt. Wenn ich die fünfte Bitte im »Vater unser« betete, begehrte etwas in mir auf, was mich erkennen ließ, wie schwer es ist, geschehenes Unrecht zu vergeben und zu vergessen.

Nach vielen Jahren predigte ich einige Abende in einer Detmolder Kirche. Nach einem Vortrag kam ein Kirchenvorsteher von damals zu mir, den ich noch gut kannte, weil er das Unrecht betend mitgetragen hatte.

»Ich habe einen Auftrag für Sie«, sagte er, »über den ich glücklich bin. Neulich wurde ich an das Sterbebett Ihres früheren dienstlichen Vorgesetzten gerufen. Er hat mich beauftragt, Sie zu bitten, ihm das Unrecht von damals vergeben zu wollen. Es sei der Neid gewesen, der ihn blind gemacht habe. Er läßt Ihnen sagen, daß er allein durch die Gnade seines Heilandes als armer Sünder selig geworden sei.«

Selten bin ich in meinem Leben so beschämt gewesen wie in diesem Augenblick. Um wieviel Frucht und Vollmacht hatte ich mich selbst durch die geheime Verbitterung gebracht! Hätte ich nicht erkennen müssen (was ich später noch oft erfuhr), daß hinter dem Aufbegehren schon der Sieg Christi verborgen lag? Wäre es nicht besser gewesen, wenn ich für ihn gebetet hätte? Geheime Vorbehalte gegen den anderen können zum Fallstrick der Hölle werden. Wer als Christ nicht beten kann: »Vater, vergib ihnen; denn sie wissen nicht, was sie tun!«, wird nie die Vollmacht finden, ohne Werturteile die Verlorenen zu rufen.

Meine Gedanken gingen weit voraus. Wir würden uns am Tag Jesu Christi in der Gewißheit der Vergebung grüßen dürfen, wenn wir uns leider auch erst nach dem Tode des einen wiedergefunden hatten. Ein tiefer Dank stieg in meinem Herzen zu Gott empor, daß er mir vor der großen Scheidung durch den Tod den Bruder wiedergeschenkt hatte, den ich in meiner (und seiner) gehässigen Eigenwilligkeit verloren hatte. Man verliert sie nur, wenn man selbst aus der dauernden Vergebung lebt.

Hilfsgeistlicher von Pfarrer Bartmann

Das zweite theologische Examen legte ich vor der Bekenntnissynode in Bethel ab. Ich bestand es wieder mit gutem Erfolg und wurde nun als Hilfsgeistlicher zu Pastor Bartmann nach Dielingen überwiesen. Er war ein geprägter Mann, auch in seiner Glaubenshaltung, und offen für das erweckliche Christentum. Wenn es auch unter den Gemeindegliedern manche gab, die seine oftmals etwas gesetzliche Art mehr fürchteten als liebten, so war er doch für alle eine geistliche Autorität. Wenn die Korrektur, die er mir gab, mich auch oft hart ankam, so wurde sie doch wieder ausgeglichen durch eine große Herzlichkeit und Wärme.

Man nannte ihn allgemein den Papst von Dielingen, und daran war zweifellos auch ein Funken Wahrheit. Als Junggeselle lebte er mit seinen drei Schwestern zusammen. Die Fürsorge für die Schwestern hatte ihn auf eine Heirat verzichten lassen. Es war ihm eine Gebetserhörung, daß er sie alle drei überlebte. Da er von den Spannungen in Detmold gehört hatte, nahm er mich zunächst mit einigem Vorbehalt auf. Sehr bald änderte sich das Verhältnis aber so, daß ich in ihm einen Freund und geistlichen Vater fand, der mir jederzeit mit Rat und Tat hilfreich zur Seite stand.

Pastor Bartmann hatte seinen eigenen Katechismus. Das erste, was die Kinder im Konfirmandenunterricht lernen mußten, waren die drei Ewigkeitsfragen:

Wo werde ich meine Ewigkeit zubringen?

Was würde Jesus dazu sagen?

Womit kann ich jemand heute eine Freude bereiten?

Aktiv in der Bekenntniskirche und enger Freund von Pastor Niemöller, der auch gelegentlich in der Dielinger Kirche sprach, scheute er sich nicht, in der Predigt Dinge zu sagen, die ihn oft mit der Gestapo in Berührung brachten. Er hatte eine Neigung zum Märtyrer. Daß er nicht verhaftet wurde, erkläre ich mir heute mit seinem Ansehen. Eine Respektperson dieses Formats mochte man wohl nicht ohne weiteres angreifen.

Ich habe in den Monaten in Dielingen in Seelsorge und Amtsführung viel gelernt. Er war sehr gründlich in den Tauf- und Traubesprechungen, und wenn es sich um seine Konfirmanden handelte, fragte er zu Beginn der Besprechung regelmäßig nach dem Konfirmationsspruch und den drei Ewigkeitsfragen. So wurde das Gespräch seelsorgerlich ausgerichtet. Da ihm auch ein goldener Humor eigen war, konnte er in gut gelaunten Stunden über die Eigenarten seiner Zeitgenossen wie auch über die Predigtart benachbarter Pfarrer so originell sprechen, daß man aus dem Lachen nicht herauskam. Einiges davon möchte ich dem Leser nicht vorenthalten.

In einem benachbarten Bauerndorf war ein Pfarrer, der großen Zulauf hatte. Entgegen der herkömmlichen Predigtlehre scheute er sich nicht, in eigener Erfindung neue Wortprägungen für die Texteinteilung bei der Sonntagspredigt zu suchen. Eines Sonntags begann er sie mit den Worten:

»Liebe Gemeinde, heute morgen möchte ich über die drei Mohren predigen. Wir wollen genau darauf achten und uns fragen, was die Mohren uns zu sagen haben. Erstens möchte ich sprechen über den Hu-mor, zweitens über den Ru-mor und drittens über A-mor«. Ob die Predigt in Erweisung des Geistes und der Kraft geschah – darüber schwieg sich Bartmann aus, aber langweilig soll's bei jenem Pastor nie gewesen sein. Es meiden ja so viele Menschen deshalb den Gottesdienstbesuch, weil sie dort mit Fremdheiten in einer Fremdsprache gelangweilt werden. Es stehen auch kaum noch Originale auf den Kanzeln, die den Mut haben, gewohnte Denkschemata zu durchbrechen. Das Originelle wirkt immer erfrischend, solange es nicht um seiner selbst willen präsentiert wird; wie bei jenem Professor, der seine Vorlesung gedankenlos vorlas und plötzlich deklarierte: »An dieser Stelle pflege ich den bekannten Witz zu machen . . .« Die Langeweile ist der Tod jeder Predigt.

Pastor Bartmann erzählte von jenem Prediger, daß er einmal eine Predigt über den Text im Petrusbrief hielt: »Euer Widersacher, der Teufel, geht umher wie ein brüllender Löwe und sucht, welchen er verschlinge. Dem widerstehet fest im Glauben.« Der Pfarrer teilte seine Predigt so ein: »Wir hören erstens heute den brüllenden Löwen, zum anderen sehen wir auf den gewaltigen Arm Gottes, und zum dritten fragen wir: Was sagst du dazu?« Bei einer solchen humorvollen Predigtbegabung, die die Jugend besonders anspricht, ist zwischen Lächerlichkeit und Vergröberung einerseits und seelsorgerlicher Ausrichtung auf den Hörer andererseits ein schmaler Grat.

Einer von Bartmanns Amtsvorgängern hielt an Krankenbetten gern lange Vorlesungen, bei denen es passieren konnte, daß die armen Kranken einschliefen. Für diesen Fall hatte er aber immer einen Schirm bei sich, und wenn der Kranke dann langsam im »Schlafwagen« fuhr, führte der Seelsorger den Schirm sachte unter die Bettdecke und piekste den Schläfer wieder wach. Schade für jene, die vielleicht eine schlaflose Nacht hinter sich und möglicherweise noch vor sich hatten. Auf alle Fälle ist der Pastor mit dem Schirm bei den Gemeindegliedern aktenkundig geworden.

Unvergeßlich ist mir auch, was mir Bartmann von seiner Einführung in Dielingen erzählte. Er war vom Kirchenvorstand einstimmig auf die Pfarrstelle gewählt worden, und der Tag war ausgemacht, an dem er in der Gemeinde eintreffen sollte. Er fuhr, bis dahin Hilfsgeistlicher an der Wiesenkirche in Soest, feierlich in Gehrock und Zylinder, wie es damals üblich war, nach Dielingen und erwartete an der Bahnstation Lemförde den Kirchenvorstand. Aber nun hatte der Bauer Pöppelmeier, damals Vorsitzender des Kirchenvorstandes, den Gemeindekirchenrat davon überzeugt, daß die größte Gefahr für die Pfarrer der Hochmut sei und daß ein echter Diener Christi im Geiste der Demut empfangen werden müsse. Es sei deshalb nicht ratsam, den neugewählten Pfarrer mit dem Kutschwagen abzuholen. Der Kirchenvorstand nickte zustimmend. Ja, die beste Einführung wäre es wohl, wenn Bauer Pöppelmeier das geistliche Oberhaupt der Gemeinde mit seinem Kuhgespann und dem Flechtenwagen persönlich abholte. Der Geist der Demut würde dann gleich von Anfang an wirksam werden. Obwohl einige Kirchenräte Bedenken anmeldeten, konnte sich Bauer Pöppelmeier mit seinen geistlichen Argumenten durchsetzen.

Als Pastor Bartmann in Lemförde erwartungsvoll den Zug verließ, war er erstaunt, nirgendwo ein Empfangskomitee seiner neuen Gemeinde und nirgends ein Gefährt zum Abholen zu finden. Bauer Pöppelmeier indes war mit seinem von zwei jungen Kühen gezogenen Gefährt rechtzeitig angekommen. Er hielt die Leine fest in Händen und rief den Pfarrer in Gehrock und Zylinder an: »Erwarten Sie jemand?«

»Ja, ich bin der neue Pfarrer von Dielingen und soll hier abgeholt werden.«

»Da sind Sie recht orientiert. Kommen Sie bitte und legen Sie Ihren Koffer hier auf den Wagen!« Er schlug die Planke des Wagens um und lud den Pfarrer ein, sich neben ihm auf dem Quersitz zwischen den beiden Rädern niederzulassen. Darauf trieb der Bauer seine Kühe mit der Peitsche an.

Aber schon passierte Unvorhergesehenes. Im abendlichen Dämmer kam ein Güterzug angefahren. Die zum erstenmal eingespannten Kühe hatten ein solches Ungetüm noch nie gesehen. Sie bockten vorn und hinten, und unter wilden Sprüngen zerriß die Verbindung mit dem Leittier. Das Gespann setzte sich in Trab und schließlich in Kuhgalopp. Verzweifelt hielt sich Bartmann, als die Kühe einen Gragen überquerten, an den Planken des Wagens fest. Der Koffer war längst heruntergefallen. Er selbst wurde gerüttelt und geschüttelt und landete schließlich im Purzelbaum irgendwo auf dem Acker. Der Zylinder war verloren, die Kühe rasten davon. Er ging in eine benachbarte Wirtschaft, wo er sich als der neue Pfarrer von Dielingen zu erkennen gab und man ihm half, seine Kleidung etwas in Ordnung zu bringen. In der Demutsschule war er nun gründlich geübt.

Von Pöppelmeier hat Bartmann noch folgende Anekdote erzählt: Er hatte mehrere Ämter inne und war unter anderem auch Kreistagsabgeordneter. Weil er nicht immer zu wichtigen Sitzungen erschien, bat ihn der Landrat einmal schriftlich, er möchte doch zur nächsten Sitzung kommen. Pöppelmeier schrieb zurück: »Lieber Herr Landrat, kommen sie, dann komme ich nicht, und komme ich, dann kommen sie nicht.« Der Landrat war über diese Nachricht verärgert und stellte ihn zur Rede.

»Wie sollte ich das anders ausdrücken?« meinte der Bauer.

»Sie wissen doch, daß ich Hämorrhoiden habe!« Der Landrat lachte, und alles war gut.

Weil Bartmann oft krank war, hatte ich viele Dienste. Zur westfälischen, also preußischen Gemeinde Dielingen gehörte das hannoversche Außendorf Stemmshorn. Man erzählte sich vom Krieg 1866 zwischen Preußen und Österreich, bei dem Hannover auf österreichischer Seite kämpfte, daß nach der Niederlage der Hannoveraner bei Langensalza durch die Preußen in der Kirche von Dielingen eine Siegesfeier stattfand. Der Tatsache, daß sich die Gemeinde aus Westfalen und Hannoveranern zusammensetzte, trug der Pfarrer damals Rechnung, indem er, als am Schluß »Nun danket alle Gott« gesungen wurde, die siegreichen Westfalen stehend singen ließ. »Die Hannoveraner bleiben sitzen und schweigen«, lautete die weise Anordnung.

Bis an sein Lebensende hat Bartmann sich über alle Frucht meines Dienstes sehr gefreut. Die Ahldener Jugendtage besuchte er je und dann und freute sich, wenn Niemöller einmal predigte. Ich habe viel von ihm für Amt und Dienst übernommen. Nur einmal habe ich ihm widerstanden und seinen Willen nicht erfüllt. In Haldem, einem über zehn Kilometer entfernten Außendorf, gab es einen Bauernhof, auf dem ich mich wie zu Hause fühlte. Als die Oma dort krank war und ich sie besuchte, kam der 18jährige Sohn immer wieder zu mir. Er hatte gehört, daß ich als Spätberufener noch Pfarrer geworden war und wollte nun denselben Weg gehen. Er war der Hoferbe. Die Eltern baten mich um Entscheidungshilfe in dieser Frage, die im Herzen des Jungen aus seinem Glauben geboren war. Die gläubigen Bauersleute hatten noch zwei Söhne, so daß die Erbschaftsfrage sich lösen ließ.

Als ich mit Pastor Bartmann die Angelegenheit besprach, meinte er:

»Der Junge war im Konfirmandenunterricht Durchschnittsschüler. Er kann sich und seine Situation nicht mit Ihnen und Ihrer damaligen Entscheidung vergleichen. Sagen Sie den Eltern, daß ich dagegen bin. Er soll der Hoferbe werden.«

Aber was geschah? August Spreen ließ nicht locker, bis ich die Eltern beruhigte und ihnen erklärte, ich würde den Jungen – wenn auch gegen den Willen Bartmanns – unterrichten und testen. Als Bartmann das hörte, wurde er ärgerlich und legte meinen Dienstbeginn von 10 Uhr auf 8 Uhr. Es blieb für August Spreen nichts anderes übrig, als in aller Herrgottsfrühe zum Unterricht bei mir zu erscheinen, und dies bei Sturm, Regen oder Schnee. Das Lehrpensum war so bemessen, daß es nur bewältigt werden konnte, wenn er Tag und Nacht arbeitete. Und er hat mit meinen alten Lehrbüchern und der Bibel in kürzester Zeit ein Klassenpensum nach dem anderen geschafft.

In der Arbeitergemeinde von Dortmund-Schüren

Als ich mich von Dielingen nach Dortmund-Schüren zur Ordination begab und mich, um eine Arbeitergemeinde mit großen Schwierigkeiten kennenzulernen, auch dahin versetzen ließ, stand August eines Tages mit Sack und Pack vor mir. Der Unterricht ging dort eine Weile weiter, dann bestand er die Aufnahmeprüfung in die Obersekunda am Dortmunder Gymnasium. Bald wurde er in die nächste Klasse versetzt und schaffte sehr bald das Abitur. Er ist für mich in der Energieleistung unerreicht. Nur mit einer urwüchsigen Bauernkraft, Begabung und Energie ist solch ein Weg möglich. Er ist heute ein gesegneter Pastor und geistlicher Mittelpunkt für die erweckten Kreise in Bünde. Gern hätte ich ihn zu meinem Nachfolger gehabt, aber er war zu sehr ein Sohn Minden-Ravensbergs: »Der ist in tiefster Seele treu, wer seine Heimat liebt wie du.«

Mein Dienst als Hilfsgeistlicher des Pfarrers Saftien in der Gemeinde Dortmund-Schüren war durchaus nicht einfach. Besonders notvoll war die Zähmung der wilden Konfirmandenschar.

Als ich die erste Stunde halten wollte, sangen sie im Chor: »Siehste wohl, da kömmt er!« Ratlos ließ ich sie zunächst zu Ende singen. Solch ein verlorener Haufen war mir noch nicht begegnet. Dann sagte ich ganz ruhig: »Antreten.«

Niemand rührte sich. Dann brüllte ich noch einmal wie ein Löwe: »Antreten!«

Einige gehorchten, aber die meisten standen und warteten unschlüssig. Weil ich einigermaßen muskulös und armstark war, brüllte ich noch einmal in höchster Lautstärke, nahm gleichzeitig einen Jungen hoch und stellte ihn in die Linie. Nun ordnete man sich ein.

Vor Beginn des Unterrichts erzählte ich der Klasse im Krimistil von einem Kampf mit Einbrechern, wie ich ihn auf dem Rittergut Turow erlebt hatte. Dann berichtete ich ihnen, wie ich einmal den Gedanken gehabt hätte, Boxer zu werden. Den Beweis von meiner Fähigkeit hätten sie ja gesehen. Ich bat die Kinder, ihren Eltern mitzuteilen, daß ich keine Haftung übernähme, wenn bei ähnlichen Vorkommnissen wie heute körperliche Schäden wie Rippenbrüche und lose Zähne entständen.

Wie gebannt schauten alle mich an. So legte ich ihnen die Entscheidung vor, daß sie heute wählen möchten, ob sie in mir den Löwen wecken oder den Freund wählen wollten. Alle entschieden sich für das letztere. Am anderen Sonntag kamen viele zur Kirche, um den Boxer zu sehen.

Mit dieser Konfirmandenschar habe ich mich dann bestens verstanden. Als ich Abschied nahm, läuteten ein paar Jungen die Sterbeglocke. Die anderen begleiteten mich traurig bis zur Straßenbahn. Wenn Autorität geschenkt wird, ist die Führung leicht.

Kurz vor meinem Abschied begleitete mich eine Konfirmandin nach Hause. Ich wußte, daß sie innerlich angesprochen war, man merkte ihr auch an, daß sie etwas auf dem Herzen hatte. Aber sie fand das befreiende Wort nicht. Kurz vor meiner Haustür sagte sie etwas verlegen:

»Ich möchte Ihnen etwas sagen, aber ich habe es aufgeschrieben.« Dann gab sie mir einen Zettel und war in Windeseile davon. Als ich den Zettel las, war ich einfach glücklich. In ungeübter Schrift stand da zu lesen: »Ich habe in dieser Stunde mein ganzes Leben Jesus gegeben.«

Aber so sehr ich mich freute, daß dieses Kind die Vertrauensfrage Gottes in Jesus mit der Hingabe ihres Lebens beantwortet hatte, war ich doch besorgt, weil ich wußte, daß sie aus einem völlig gottlosen Hause kam. Zwei Tage darauf bekam sie einen Blutsturz. Als ich sie im Krankenhaus besuchte, wurde sie gerade in den Operationssaal gefahren. Der eine Lungenflügel sollte lahmgelegt werden. Als sie schon auf dem Operationstisch lag, erlaubte mir der Arzt, mit ihr zu sprechen. Ich fragte sie:

»Wie geht es dir?«

»Ich habe keine Angst. Sie wissen ja, daß Jesus mein Leben gehört.«

»Hast du noch einen Wunsch?«

Sie nahm meine Hände: »Beten Sie den letzten Vers von ›Näher, mein Gott, zu dir.‹«

Ich wußte, warum. In einer Unterrichtsstunde hatte ich den Kindern erzählt, wie beim Untergang der Titanik von der Bordkapelle dieses Lied gespielt wurde. Daraufhin wollten die Kinder das Lied lernen.

Nun falteten wir die Hände und beteten:

»Ist mir auch ganz verhüllt dein Weg allhier,
wird nur mein Wunsch erfüllt: Näher zu dir.
Schließt dann mein Pilgerlauf,
schwing ich mich freudig auf.
Näher, mein Gott, zu dir, näher zu dir!«

Bei der nun folgenden Operation hat das Herz des Kindes versagt. Es war die letzte Beerdigung, die ich dort hielt. Das Thema der Leichenpredigt war gegeben: Näher, mein Gott, zu dir!

Mit Pastor Saftien und seiner Familie verband mich eine sehr herzliche Gemeinschaft. In besonderer Erinnerung ist mir die Totensonntagspredigt in Dortmund geblieben. Der vierjährige Sohn von Pastor Saftien und ich waren dicke Freunde. Ich spielte oft mit ihm, so daß er sehr an mir hing und ständig meine Nähe suchte. Zwischen dem Pfarrhaus und der Kirche lag der Garten. Am Totensonntag sollte ich nun predigen. Die Kirche war, wie es an diesem Tage üblich ist, bis auf den letzten Platz gefüllt. Nach der Liturgie ging ich von der Sakristei über eine Treppe unmittelbar durch einen Vorhang zur Kanzel. Tiefer Ernst lag über der Versammlung. Ich begann meine Predigt zunächst etwas stockend, gewann dann aber immer mehr geschenkte Unmittelbarkeit, als mich plötzlich jemand am Talar zupfte und ich zu meinem Schrecken den kleinen Martin neben mir stehen sah, der mit einem Klimmzug über die Kanzelbrüstung einen Blick in die Kirche zu gewinnen suchte.

In solchen Augenblicken ist man voll und ganz auf die Gnade Gottes und einen gesunden Einfall angewiesen. Ich versuchte nun doppelspurig zu fahren: Einen Satz sprach ich in voller Lautstärke zur Gemeinde hin, dem dann ein leises Ermahnen für die Ohren des Kleinen folgte. Nun weiß ich nicht, was passiert wäre, wenn Martins Mutter nicht durch das Küchenfenster gesehen hätte, daß die Sakristeitür offen war, wobei ihr der Gedanke kam, daß Martin vielleicht hinter seinem Spielgefährten hergegangen sein könnte. Der mütterliche Instinkt hatte sie auf die richtige Spur gebracht, und während ich noch »doppelspurig fuhr«, kam hinter dem Vorhang die Hand der Mutter hervor, ergriff den Jungen und befreite mich aus meiner Lage. Der Protest des Kindes wurde nur von wenigen Kirchenbesuchern gehört.

Merkwürdig, daß man solche Verlegenheiten nicht vergißt!

IV. Mein Weg nach Ahlden

Wechsel zur Hannoverschen Landeskirche: Gifhorn

Nach meiner Ordination wurde ich von verschiedenen Kirchenvorstehern aufgefordert, mich um ein Pfarramt in Westfalen zu bewerben. Ich war ein Kind meiner Heimat und hätte das gern getan. Die Schwierigkeit für die Anerkennung durch die Kirchenbehörde lag aber darin, daß ich mein zweites theologisches Examen vor der Bekenntnissynode gemacht hatte. Den Weg zu der Kirchenbehörde in Münster, die von den Deutschen Christen bestimmt war, konnte ich nur um den Preis gehen, daß ich die Gemeinschaft der Bekenntnisvikare verließ. Das war nach meiner Überzeugung nicht möglich. Und so lehnte ich Berufungen durch westfälische Gemeinden ab.

Inzwischen hatte sich der Bekenntniskampf verschärft. Die Predigten wurden oft überwacht. Es gab auch ein Gestapoverhör für mich, das mit einer Verwarnung endete. Im Pfarrerkreise kamen wir oft zu geheimen Besprechungen zusammen. Ich spielte dabei den Kurier. Auf einer dieser Tagungen begegnete ich Pfarrer Steil zum letzten Mal. Er wurde kurz darauf verhaftet und ist aus dem Konzentrationslager nicht wieder heimgekehrt. Der nächste Schlag traf uns, als Superintendent Heuner verhaftet wurde. Das Leben war unsicher geworden. Man lebte nur noch in der Gesichertheit des Glaubens.

Eines Tages wurde ich von Präses Koch gefragt, ob es nicht zweckmäßig sei, wenn ich, um beschleunigt ins Pfarramt zu kommen, den Weg über eine sogenannte intakte Landeskirche wählte. Man schlug mir die lutherische Kirche von Hannover vor. Da ich unter den Bekenntnispfarranwärtern durch meinen Lebensweg ein älteres Semester war, sollte ich auf diese Weise schneller ins Amt kommen. Schwager Friedhelm entschied sich für den gleichen Weg. So bewarben wir uns mit guten Empfehlungen für den Dienst in der Kirche, in der sich meine Lebensaufgabe erfüllen sollte. Nach einem Kolloquium wurde ich vom Landeskirchenamt Hannover als Hilfsgeistlicher nach Gifhorn überwiesen.

Superintendent Böker, der Vater meines späteren Nachfolgers im Ahldener Pfarramt, wechselte dort gerade den Platz. Ich bekam seinen Gemeindebezirk zur Verwaltung. Auch hier habe ich mit ganzem und frohem Herzen meinen Dienst getan. Ich gründete einen Kirchenchor, erlebte, wie der von Böker gegründete Missionsverein aufblühte und hatte oft überfüllte Bibelstunden. Ich fand viele offene Türen und Herzen.

Bei seinem Abschied von Gifhorn hatte mir Superintendent Böker die Konfirmadenschar besonders ans Herz gelegt. Seine pädagogischen Fähigkeiten waren hier auf eine harte Probe gestellt worden. Er hatte einen Unruheherd nicht aufklären können und einen der Konfirmanden für die Unruhe als schuldig verdächtigt, was ihm von vielen Seiten nachgetragen worden war.

Unter den Kindern befand sich ein junger Bauchstimmenkünstler. In irgendeinem Augenblick der Konfirmandenstunde, am häufigsten beim Singen, ahmte er so naturgetreu einen Hahnenschrei nach, daß die ganze Klasse auflachte und ein Unterricht nicht mehr möglich war. Ich war auf den kritischen Augenblick vorbereitet, aber siehe da, es geschah nichts. Auch in der nächsten Stunde ging alles gut, so daß ich schon an eine Wendung glaubte. Aber ich hatte mich verrechnet.

Mitten in einem feierlichen Choralgesang ertönte so kraftvoll und fröhlich ein Hahnenschrei, daß ich, ob ich wollte oder nicht, mit den anderen mitlachen mußte. Es schien mir richtig, gute Miene zum bösen Spiel zu machen. Auch in den folgenden Stunden versuchte ich, wenn der Hahn krähte, mit Humor und Gelassenheit Herr der Lage zu bleiben. Schließlich gelang es mir festzustellen, aus welcher Ecke der Ton kam, und eines Tages bemerkte ich dann auch, wie der Nebenmann des Täters während des Krähens ihm ein wenig den Kopf zuwandte und grinste. Das gab mir die volle Gewißheit.

Nach der Stunde behielt ich den Jungen zurück. Als ich ihn fest in die Zange nahm, war es nicht schwer, ihn zum Geständnis zu bewegen. Nun wollte ich mit Rücksicht auf die vorangegangenen Dinge den Jungen nicht der öffentlichen Kritik preisgeben. Der Vater war ein angesehener Kaufmann, und es schien mir richtig, den Jungen wissen zu lassen, daß ich seine Eltern benachrichtigen müsse. Nun hatte ich ihn an der schwachen Stelle getroffen. Er bat mich händeringend, dies nicht zu tun. Hinter dem jugendlichen Übermut entdeckte ich ein weiches, empfindsames und ängstliches Herz. Als Sühne für seine Tat gab ich ihm nun auf, für einige Wochen pünktlich um sieben Uhr dreimal einen Hahnenschrei unter meinem Fenster erschallen zu lassen: Damit sollte es dann sein Bewenden haben. Der Junge ging freudig auf diesen Vorschlag ein. Mir fehlte damals gerade ein Wecker.

Wie überrascht aber war ich am anderen Morgen, als ich nicht durch den Hahnenschrei, sondern durch ein lautes Schluchzen vor meiner Tür aus dem Schlafe geweckt wurde. Als ich den Jungen durch Zuruf ermunterte, den Hahnenschrei in aller Frische erschallen zu lassen, wurde das Schluchzen immer bewegender. Er würgte heraus:

»Herr Pastor, ich will und kann nicht. Ich bin am Ende, schlagen

Sie mich bitte, aber ersparen Sie mir das Krähen, ich kann's nicht mehr.«

Die Demütigung wurde ihm zum Heil. Er wurde einer von den Konfirmanden, die auch nach der Konfirmation den Glaubenskontakt nicht verloren haben. Als er im letzten Krieg im Felde stand, schrieb er mir, daß der Hahnenschrei für ihn der Anstoß zur Bekehrung geworden sei. Nun ruht er irgendwo im Osten dem Tage der Auferstehung entgegen. Ist es ein Wunder, wenn ich in Gedanken an ihn immer an den Hahnenschrei erinnert werde, durch den Petrus sich selber erkannte?

Unvergeßlich ist mir auch eine der letzten Beerdigungen in der Gemeinde Gifhorn geblieben. Leute aus der Gemeinschaft hatten mich gebeten, doch einmal eine krebskranke unverheiratete Frau zu besuchen, die aus der Kirche ausgetreten war. Zunächst schob ich den Besuch etwas hinaus. Aber nach wiederholter Rückfrage fühlte ich mich doch verpflichtet.

Als ich in ihr Zimmer trat, war mir sofort klar, daß der Todesengel schon vor der Tür stand. Nachdem ich eine Weile mit ihr über alltägliche Dinge gesprochen und mich nach ihrer Krankheit erkundigt hatte, fragte sie plötzlich:

»Wie kommen Sie dazu, mich zu besuchen? Wer sind Sie, ich kenne Sie nicht!« Als ich ihr sagte, daß ich der neue Pastor sei, verzerrte sich ihr Gesicht; sie hob sich halb aus ihren Kissen, deutete mit der Hand zur Tür und brüllte: »Hinaus, hinaus!« Wie ein begossener Pudel und auch nicht ohne Empörung über diese Abfuhr, dachte ich: Die sieht mich nie wieder!

Aber merkwürdig, ich mußte immer wieder an die Frau denken. Zeigte ihr Widerstand nicht die wunde Stelle? Mußte ich sie nicht besser verstehen als sie sich selbst? Ich fand den Mut zu einem neuen Versuch. Bei einem Gärtner suchte ich mir einen Blumenstrauß aus. Als ich bei der Frau wieder anklopfte und das »Herein« hörte, machte ich die Tür ein wenig auf, zeigte ihr die Blumen und sagte: »Darf ich Ihnen eine Freude machen? Ich wollte Ihnen nur die Blumen bringen. Sie können ganz ruhig sein, ich werde nichts von Religion sagen.«

Sie gab nach und sagte: »Dann kommen Sie!« Wir unterhielten uns eine Weile über Dinge, die am Rande lagen. Doch langsam kamen wir uns näher, und plötzlich kam die Frage:

»Warum sind Sie eigentlich Pastor geworden?«

»Um Ihnen das zu erzählen, müßte ich mein Wort brechen.«

Sie wünschte es. So berichtete ich ihr, wie Gott mit meinen Vorbehalten fertiggeworden und wie ich nach mancherlei Widerständen Christ geworden bin.

Mitten im Gespräch nahm sie ein Taschentuch und weinte. Behutsam erzählte ich ihr von Gottes Taten in meinem Leben. Ihr ganzer Widerstand schwand wie Tau vor der Sonne. Sie fand den Mut zur Beichte. Als ich ihr Zimmer verließ, gehörte sie zur Gemeinde der Begnadeten. Bei meinem letzten Besuch vor ihrem Tod bat sie mich zu danken, daß Gott ihr diese unheilbare Krankheit geschickt und Christus sie gesucht und gefunden hatte. Sie dankte mir, daß ich den zweiten Besuch gewagt hatte.

Wie recht hat Bezzel: Hinter den Widerständen liegen Jesu Siege verborgen. Den Text für ihre Trauerfeier hat sie selber gewählt. Er hieß: »Unser Glaube ist der Sieg, der die Welt überwunden hat« (1. Joh. 5,4).

Wenn ich der Meinung gewesen war, mit dem Wechsel in die Hannoversche Landeskirche aus dem Geflecht parteipolitischer Spannungen herauszukommen, hatte ich mich geirrt. Ich mußte erkennen, daß ich nur die Schwierigkeiten gewechselt hatte.

Das Dritte Reich versuchte langsam und sicher auch auf jene Kirchenämter Einfluß zu gewinnen, die sich bis dahin verdeckt oder offen dem Zugriff des staatlichen Absolutismus entzogen. Wenn die natürliche Eschatologie sich absolut setzt, ist der Konflikt mit der Glaubenseschatologie unvermeidbar. Auch im Landeskirchenamt Hannover erschien eines Tages ein staatlicher Kommissar, der alles nach den Maßstäben des Dritten Reiches überprüfte. Er bekam bald heraus, daß ich meine Prüfung vor der Bekenntnissynode gemacht hatte. Eines Morgens bekam ich Nachricht von ihm: Meine Anstellung sei unrechtmäßig erfolgt, und da ich nicht staatlich anerkannter Pastor sei, werde sofortiger Gehaltsentzug verfügt.

Was sollte ich nun tun? Als ich bei der geistlichen Behörde rückfragte, sagte man mir, ich solle Ruhe bewahren, es bleibe alles beim alten. In der Gemeinde entstand jedoch Unruhe, die Unruhe schaffte Bewegung, und die Kirche wurde voller. Um meine Lage zu klären, machte ich einen Besuch bei dem Kommissar im Landeskirchenamt. Er sagte mir, meine Sache sei schnell geklärt, wenn ich eine Bescheinigung unterschriebe, daß ich mich dem staatlichen Kirchenregiment unterstellte. Als ich wissen wollte, was er unter »staatlichem Kirchenregiment« verstehe, bekam ich zur Antwort:

»Heute ist es Reichsbischof Müller, morgen vielleicht Mathilde Ludendorf.«

Die Kirche beruht nicht auf der Ideologie eines staatlichen Kirchenregimentes, sondern auf dem Apostolikum und dem reformatorischen Bekenntnis. Als ich die Zumutung ablehnte, fragte er:

»Was wollen Sie denn ohne Gehalt machen?«

Unbekümmert antwortete ich: »Das braucht Ihre Sorge nicht zu sein. Wenn ich nicht mehr predigen darf, kann ich immer noch pflügen und säen. Im Ernstfall könnte ich mich sogar als Schweizer zum Kühemelken verdingen. Und außerdem glaube ich, daß Gott in allem Geschehen handelt. Gott läßt seine Kinder selten verhungern. Er schickt dann, wie dem Elia, seine Raben. Herr Kommissar, ich glaube an die Raben des Elia, sie fliegen immer noch.«

Aufgeregt erwiderte er: »So etwas Verrücktes habe ich in meinem Leben noch niemals gehört!«

In der Woche darauf schrieb ich dem betreffenden Herrn einen Brief und teilte ihm mit, daß die Raben des Elia mit mathematischer Pünktlichkeit bei mir eingetroffen seien. Am letzten Sonntag hätte ich von der Kanzel abkündigen müssen, daß man bei meiner Wirtin keine Butter, Eier, Schinken und sonstige Nahrungsmittel mehr abgeben möchte, weil ernsthafte Gefahr bestände, daß ich an Überfütterung zugrunde ginge.

Weil dieser Schwebezustand anhielt, entschloß ich mich, in Berlin beim Oberkirchenrat vorstellig zu werden. Ich fuhr zu meinem alten Vikariatsvater, Missionsdirektor Lokies; mit Rat und Tat stand er mir zur Seite. Oberkonsistorialrat Hymmen, den ich von Münster kannte, half mir zu den zuständigen Stellen, und so erreichte ich schließlich, daß mir verbindlich erklärt wurde, die Anerkennung meines Zeugnisses würde folgen.

Alle meine Freunde freuten sich. Nachdem ich so ein ganzes Jahr in Gifhorn war, weil die Kirche keinen geeigneten Superintendenten finden konnte, ergab sich schließlich eine Regelung, in die ich einwilligte: Der bisherige Pfarrer von Ahlden sollte Superintendent von Gifhorn werden und ich in Ahlden sein Nachfolger. Nach einer Besprechung mit Bischof Marahrens, der immer eine offene Tür für mich hatte, mir aber lieber eine städtische Gemeinde übergeben hätte, willigte der Personalchef in meine Versetzung als Hilfsgeistlicher nach Ahlden ein. Und wie gern wollte ich Pfarrer auf dem Lande sein!

Die Frau meines Lebens

Nach der Anerkennung meines Zeugnisses durfte ich nun hoffen, endlich ein Pfarramt übernehmen zu können. Als ich mit der frohen Gewißheit nach langer Eisenbahnfahrt von Berlin gegen Abend in Gifhorn ankam, besuchte ich auf dem Heimweg den Kirchenvorsteher Bäckermeister Voss. Er hatte besonderen Anteil an meinem Ergehen genommen und wußte auch, daß ich seit drei Jahren verlobt war. In seiner Freude hörte er schon Hochzeitsglocken für mich läuten und riet mir, doch sogleich meiner Braut die frohe Kunde persönlich zu überbringen. Weil ich wußte, wie meine Braut mit mir sorgte und betete, erschien mir sein Vorschlag richtig. Wir schauten in den Fahrplan und entdeckten, daß ich noch einen Nachtzug von Lehrte nach Bremen erreichen konnte, wenn man keine Minute verlor. Nie vergesse ich, wie der gute Mann den Wagen aus der Garage holte, mit der Bäckerschürze sich ans Steuer setzte und mich mit überhöhter Geschwindigkeit zum Lehrter Bahnhof brachte. Völlig abgespannt erreichte ich den Zug, war erfreut und gleichzeitig hundemüde. Ich fand ein leeres Abteil und bat den Schaffner, mich in Bremen zu wekken, wenn ich schlafen sollte. Mit einem guten Trinkgeld verlieh ich meiner Bitte Nachdruck.

Das Gesetz unseres Lebens erfüllt sich nach der Schöpfungsordnung Gottes in der Ehe. Ich hatte einmal geglaubt, Anita sei die mir zugeführte Frau. Nach ihrem Tode war ich lange Zeit für eine neue Begegnung mit der Frauenwelt nicht ansprechbar. Im Studium und auch sonst waren mir manche Mädchen begegnet, aber der Gedanke an eine nähere Bekanntschaft lag mir fern. Ehen werden im Himmel geschlossen und haben nicht etwa auf Erden ein manipulierbares Regulativ. In diesem Sinne sind für mich auch die Freudschen Analysen nie überzeugend gewesen. Der menschlichen Existenz wohnt ein Geheimnis inne, das nur durch eine geschenkte Begegnung erschlossen wird. »Ein Mensch wird Vater und Mutter verlassen und soll an seiner Frau hangen, und es sollen die zwei ein Fleisch werden«, sagt Jesus. Wie alles Heilige, so kann auch diese edelste und tiefste Gemeinschaft des Menschen profanisiert, erniedrigt und verraten werden. Wo das geschieht, löst sie sich von innen her auf.

Dankbar bin ich deshalb, daß ich durch das Land der Jugend und der Träume weithin bewahrt gegangen bin. Ich danke das nebst Gott der Tradition, den ethischen Bindungen, in denen ich erzogen wurde. »Rein bleiben und reif werden ist schönste, aber auch schwerste Lebenskunst«, sagt Walter Flex.

Immerhin kommt wohl jedes Leben einmal an den Punkt, wo man die Begegnung in einer geschenkten Liebe nur noch als Geheimnis deuten kann. Soll man ein solches Geheimnis in seiner Lebensbeschreibung übergehen? Ist die Preisgabe, die mit der Darstellung eigener Erlebnisse immer verbunden ist, Schau oder Hilfe? Es gehört zumindest zum Werden der Person und zur Wahrhaftigkeit einer Lebensbeschreibung, daß dieser Bereich, dem in der Lebenspraxis so viel Bedeutung zukommt, mit der gleichen Sorgfalt erinnert wird wie jeder andere.

Nun, wie hat diese fürs Leben entscheidende Begegnung angefangen? Am liebsten möchte ich es mit Goethe umschreiben: Ich ging im Walde so für mich hin, und nichts zu suchen, das war mein Sinn.

In Münster war ich im theologischen Seminar bei Professor Schmitz. Er hatte uns angeregt, mit ihm eine Besichtigungsfahrt der Betheler Anstalten zu machen. Nachdem wir die wichtigsten Häuser dieser größten Krankenanstalt besucht, mancherlei Vorträge gehört und Erkenntnisse gesammelt hatten, sollte am Schluß noch die Volkshochschule Lindenhof besichtigt werden. Dort hielt Pastor Wörmann gerade die Abschlußfeier für den Lehrgang. Wir wurden kurz begrüßt und erlebten dann noch die Entlassung der Lehrgangsteilnehmer mit. Die ganze Feier war sehr beeindruckend. Im Verlauf des Programms sprach auch ein Mädchen mit langen Zöpfen in einer unmittelbar natürlichen Art über seine Erlebnisse im Lindenhof. Ihr Charme wirkte taufrisch, aber ich kann nicht behaupten, daß ich diesem Eindruck eine besondere Bedeutung beigemessen hätte. Allerdings hat ihre Kusine mir später verraten, daß sie meine Frau auf mich aufmerksam gemacht habe, weil ich sie offenbar gedankenverloren betrachtet hatte. Sie habe darauf mit einem Blick zu mir hin geantwortet: »Der ist uninteressant; jeden anderen, aber nicht den.«

Wenn auch ich zunächst diesem Eindruck keine besondere Bedeutung beigemessen hatte, so wurde doch nach einiger Zeit die Erinnerung an ihr Bild immer lebendiger. In einer guten Stunde erzählte ich meinem späteren Schwager, was in mir vorging. Wir kamen überein, einen Besuch bei Pfarrer Wörmann zu machen und uns bei ihm mit List und Tücke nach dem Wohnort des Mädchens zu erkundigen. Gesagt, getan. Doch so sehr ich auch versucht hatte, mein Ziel diplomatisch zu erreichen, so hatte Pastor Wörmann doch, wie er später erzählte, den eigentlichen Grund unseres Besuches schnell erkannt. Er fand lobende Worte für das Mädchen, und wir erfuhren den Wohnort.

Nun begann das eigentliche Abenteuer. Wir planten mit gemeiner Absicht eine Radtour in die Bremer Gegend. In Wirklichkeit ging mein Schwager mit mir auf Brautschau aus, wie einst Elieser für Isaak. Am Nachmittag erreichten wir das Dorf am Ende der Wesermarsch. Wir fragten nach einem Hof, der den Namen Siemer trug.

»Ach«, sagte der alte Dorfschmied, »Träger dieses Namens gibt es hier so viele, daß ich Ihnen wohl kaum helfen kann.«

»Es geht um einen Siemerhof, wo die Tochter vor einigen Jahren auf der Volkshochschule war.«

Er lachte: »Das ist die Gretel vom Hünensteinerhof – eine prächtige Deern!« Er zeigte uns den Weg. Kurz vor dem Hof waren wir in

Verlegenheit. Die Frage war ungeklärt, mit welchem Vorwand wir den großen Heidehof betreten sollten. Schwager Schmitz kam auf den guten Gedanken, die Luft vom Fahrrad abzulassen und um eine Luftpumpe zu bitten. Gesagt, getan. Wir versteckten die eigene Luftpumpe und sprachen den jungen Mann, der auf dem Hof hantierte, um die Gefälligkeit an. Er – der Bruder – führte uns auf die große Diele. Hier zogen wir die Unterhaltung in die Länge, kontrollierten immer wieder die Luft auf dem Rade, und da geschah es, unser heimlicher Wunsch wurde erfüllt, das gesuchte Mädchen erschien auf der Diele. Schwager Schmitz sprach sie sogleich an und ich heuchelte Erstaunen über das Wiedersehen und das Wiedererkennen nach der Betheler Tagung.

Nun kam auch die Mutter dazu. Besuch auf dem einsam gelegenen Hof war immer ein Ereignis. Wie von ungefähr fragte die Mutter nach dem Zweck unserer Radtour. Wir erzählten viel von der Heide und der Weserlandschaft. Weil gerade die Pfarrfrau auf dem Hof zu Gast war, ergab es sich, daß auch wir zum Kaffee eingeladen wurden. Über religiösen Fragen und Problemen und dem Bericht über unseren geistlichen Notstand – waren wir beide doch in Soest als Vikare entlassen – schwand die Zeit dahin. Schließlich gaben wir einen Aufbruch mehr vor, als daß wir ihn ernst meinten.

Ahnungslos lud uns die Mutter herzlich zum Bleiben ein. Ja, so hatte es begonnen.

Es war bei meiner Frau wirklich keine Liebe auf den ersten Blick. Ihre selbstbewußte nordische Art hat es mir nicht immer leicht gemacht, sie so zu entdecken, wie ich es gerne wollte. Vielleicht hat auch mein schwarz-weiß-roter Schlips, den ich bei diesem ersten Besuch trug, der jedoch der welfischen Tradition des Hofes nicht entsprach, zu der Zurückhaltung mit beigetragen. Dennoch ist sie mir eine Gefährtin geworden, ohne die ich mir mein Leben, meinen Dienst und mein Amt nicht vorstellen kann.

Als ich sie nach einigen Wochen wieder besuchte und mir schon gewisser wurde, daß kein Korb in Aussicht stand, begleitete sie mich mit ihrer Kusine und Schwager Schmitz auf dem Dampfer nach Bremen. Wie sich das so gehörte, führte ich in Bremen ihr Fahrrad. Aber ich hatte wohl nur Augen für sie. So bewegte ich mich unbemerkt auf der falschen Straßenseite und stoppte den Verkehr.

»Haben Sie keine Augen im Kopf, Sie langer Laban! Kommen Sie mal her!« Überrascht stellte ich fest, daß der Polizist mich meinte. Er gab mir eine gebührenpflichtige Verwarnung und verlangte zwei Mark.

Ich reichte ihm einen Zehnmarkschein mit der Bemerkung: »Mit solchem Kleingeld gebe ich mich nicht ab. Ich möchte Ihre verdrehte Laune wieder in Ordnung bringen.«

Er mißverstand mich gründlich, zog sein Notizbuch und notierte meinen Namen und Beruf. Als ich sagte, daß ich Pastor sei, sah er mich groß an.

Nun mußte ich wirklich lachen. »Sie verlangen zwei Mark von mir, ich geben Ihnen einen Zehnmarkschein – warum? Weil ich das große Los gewonnen habe! Da drüben können Sie es sehen!« Er lachte laut auf, und nun stockte bei ihm der Verkehr. »Einen solchen Pastor habe ich noch nicht gesehen«, rief er aus. »Wo predigen Sie eigentlich am Sonntag?« Wir haben uns später noch einmal wiedergesehen und haben beide herzlich gelacht. Ja, so begann es.

In Erinnerung ist mir auch, daß es während der dreijährigen Verlobungszeit nicht ohne nothafte Stunden abging. Aber mit ihrer Mütterlichkeit, ihrem Verständnis hat sie es mir leicht gemacht, Grundsätzen treu zu bleiben, die man nicht ungestraft verläßt. Die Hilfe der Liebe braucht ja nicht aus großen Aktionen zu bestehen, nur ganz muß sie sein. Wenn der eine für den anderen da ist, findet man in der Liebe den nötigen Schutz und ein gesundes Selbstverständnis. Oft haben wir uns in jenen Monaten unser Zusammenleben ausgemalt und in Gedanken schon unsere Wohnung eingerichtet.

Aber die wichtigste Verbindungskette war und blieb immer das gemeinsame Gebet.

Nachdem ich auch beruflich guten Gewissens an die Hochzeit denken konnte, begannen die Vorbereitungen. Mein Schwiegervater war an den Folgen des ersten Weltkrieges gestorben. Meine Schwiegermutter, die den großen Hof leitete, besuchte nun mit meiner Frau zum erstenmal das Ahldener Pfarrhaus. Als sie das alte, riesengroße Haus von 1715 mit den vier Seitenflügeln in Augenschein nahmen, waren sie nicht gerade begeistert. Um die Jahrhundertwende war der Pfarrhof noch bewirtschaftet worden. Wie sollte dieses Haus mit den vielen Räumen, dem über sechzig Quadratmeter großen Flur wohnlich gemacht werden! Nachdem mit viel Liebe das Haus renoviert und eingerichtet, der große Flur mit Kokosläufern ausgelegt war, an den Wänden Bilder und Sprüche hingen, wurde es unter den uralten Balken immer wohnlicher. Was den modernsten Wohnungen mit allem Komfort heute fehlt, fand man in diesem alten Pfarrhaus: Seele und Geborgenheit. Was mochte in all den Jahrhunderten in dieses Haus hineingelebt worden sein. Der Segen blieb als geheimnisvolle Wirklichkeit gegenwärtig. All die Jugend- und Frauenkreisstunden, all die Bruderschaftstagungen waren ohne den großen Pfarrflur nicht denkbar und sind so vielen in Erinnerung geblieben.

Das Ahldener Pfarrhaus ist auch für mich in der Erinnerung nicht zu ersetzen. Was hat dies Pfarrhaus in den über dreißig Jahren mit uns alles erlebt! Wie oft haben wir unter der großen Blutbuche im Garten gefeiert. Dazu der schöne Pfarrgarten. Ich kann es verstehen, daß sich Bismarck aufregte, als man vor seinem Studierzimmer einige Eichen gefällt hatte. Er wurde krank darüber. Ahlden hat von seinem Glanz für mich viel verloren, seitdem das alte efeuumrankte Pfarrhaus nicht mehr steht. Ein Stück Vergangenheit ist begraben, unwiderbringliche Vergangenheit.

Wenige Wochen nach meinem Einzug in das Ahldener Pfarrhaus hielten wir Hochzeit. Wir haben uns wie zwei Kinder gefreut und in der neuen Gemeinde eine Zeit erlebt, wo uns der Himmel voller Geigen hing. Wer Landpfarrer sein darf, danke Gott! Gemeinsam haben wir den Garten bestellt, Schneeglöckchen und Krokusse geschaut, war uns doch alles neu in unserem Reich! Bei den Diensten in den sieben Außendörfern ließ keiner den anderen allein fahren oder gehen, bis wir eines Tages beide durch die Allermarsch nach Bierde gingen. Der Schnee hatte sich hoch aufgetürmt, und ich war schwer erkältet.

Die Frau meines Lebens

Meine Frau bahnte gegen meinen Willen den Weg für mich, und ich folgte ihrer Spur. Wenige Tage später bekam sie eine eiterige Mandelentzündung, die sie an den Rand des Todes brachte. Wenn auch der Schaden in langen Krankheitswochen behoben wurde, so folgte doch eine Kette von Krankheiten und körperlichen Schwächen, die uns viele Jahre Not bereitet haben.

Besonders danke ich Gretel, daß sie mir in all den Stürmen und Anfechtungen meines Glaubensweges zur Seite gestanden hat. Wir konnten ohne Gottes Wort und gemeinsames Gebet nicht leben. Jede Einsamkeit wurde zur Gemeinsamkeit. Der Glaube wurde der Blickwechsel auf einen großen Herrn. Wie wichtig ist es doch, so ermahne ich unsere Studenten oft, daß sie die richtige Gefährtin finden. Ein Pfarrer heiratet nicht nur für sich, er heiratet gleichzeitig für die Gemeinde. Eine Pfarrfrau, die den Willen zur Gemeindemutter nicht mitbringt, bringt sich um die schönste Frucht, die nur im Dienst opfernder Liebe treibt.

Meine Frau hat eine Begabung, die mir fehlt: Sie wußte mit fraulichem Instinkt andere Menschen wohl immer besser einzuschätzen als ich. Zu schnell war ich oft in meinem Vertrauen, und leicht sah ich den anderen so, wie ich wohl selber gern gewesen wäre. Enttäuschungen an Menschen, wer hat sie nicht schon erfahren! Aber ich könnte mit Niemöller sagen, was er mir gelegentlich anvertraute: daß die schwersten Enttäuschungen doch die falschen Brüder sind. In der Zeit, als mich die Gestapo je und dann verhörte, ja, nach jenem Überfall, wo ich zwischen Leben und Tod stand, in der Zeit der Verkennung und der Kriegsnot bestätigte es sich immer wieder, daß Gott mir in meiner Frau eine Gefährtin zugeführt hatte, die mich in allen wesentlichen Punkten ergänzte und mir zu einem Dienst verhalf, der ohne sie nicht zum Krelinger Werk geführt hätte.

Wie sie mir später sagte, war sie am glücklichsten, als ich zum Kriegsdienst einberufen wurde, weil sie die sichere Ahnung hatte, daß mein Weg sonst im Konzentrationslager geendet hätte. In den Jahren, als die Gemeinde ohne Führung war, hat sie die sieben Frauenkreise geleitet, Lesegottesdienste gehalten und regelmäßig unterrichtet. Wir haben uns in dieser Zeit fast jeden Tag geschrieben. Kann sich eine Gemeinschaft tiefer bewähren als in den notvollen Stunden, in denen wir die liebende Nähe eines Menschen mehr denn je suchen müssen?

Wenn ich manchmal infolge der Kriegsumstände erst aus irgendeinem Grunde nach vielen Wochen einen Brief von ihr erhielt und ihn nicht sofort lesen konnte, suchte ich zunächst einmal die Unterschrift. Der Liebesgruß war mehr als der ganze Brief.

Ach, daß wir die Bibel, diesen Liebesbrief unseres Gottes, auch so lesen könnten und würden! »Sucht in der Schrift, denn ihr meint, ihr habt das ewige Leben darin. Und sie ist es, die von mir zeugt.« Wer jeden Tag aus der Bibel den Gruß Jesu herausliest, erkennt in der Schrift seine eigene, jedoch erfüllte Wirklichkeit.

Daß in einer echten ehelichen Gemeinschaft zwei Menschen eins werden, ist letztlich nicht deutbar. Als meine Frau zur Silberhochzeit mir morgens den Strauß ans Bett brachte, habe ich lange sinniert: Warum habe ich eigentlich diese Frau geheiratet – wie habe ich sie gefunden? Wie konnte sie in ihrer Liebe in mir die Erfüllung suchen, und wie ich hoffe, auch finden? Mir wurde klar: Ich weiß es bis heute nicht. Das Geheimnis der Ehe erschließt sich, indem sie gelebt wird. Hier liegt wohl auch der Grund dafür, daß die Bibel die Ehe als gleichnishaftes Bild übernommen hat, um das Verhältnis zwischen dem Herrn und seiner Kirche zu umschreiben und zu deuten.

Meine Frau war mir immer am nächsten, wenn ich am einsamsten war. Das konnte nach Evangelisationen geschehen, wenn ich viele, besonders kriminelle oder okkulte Beichten hatte hören müssen, die auch für mich eine anfechtende Belastung wurden. Sie blieb mir auch am nächsten, wenn ich Enttäuschungen hinnehmen mußte an Menschen, die ich eines Judaskusses nicht für fähig gehalten hätte. In nüchtern-sachlicher Art beurteilte sie auch meine Predigten und wußte genau, ob ich sie mir selbst gehalten hatte, oder ob sie aus der Demut geschenkt waren, die die Wirklichkeit des Herrn bezeugt und erweist. Ich weiß, daß man die Echtheit eines Erweckungspredigers nur an der gelebten Demut erkennen kann. Wenn er Zeuge Jesu ist, muß er wissen, was Bezzel sagt: daß Gott sich seine Kinder selbst gebiert. Diese gelebte Demut, die keine Tugend ist, sondern eine Gnadengabe, bezeugt mehr als fromme Worte, Weihrauch und Glorienschein den auferstandenen Herrn der Kirche.

Wenn ich Gretel nach einer Predigt fragte, wie das Wort wohl angekommen sei, hörte ich die stereotype Antwort: »Du hättest es noch lieber sagen müssen!«

Es ist heilsam und gut, wenn die Frau unsere Schwächen erkennt und zu korrigieren sucht. Daß mir bei meiner Eigenwilligkeit gewisse Schwächen – sprich Sünden – nicht fremd waren, sei hier nicht geleugnet. Die Korrektur, die Gretel mir gibt, fällt ihr sicherlich nicht leicht; aber das hat die Liebe nur vertieft und die Ehe gestärkt. Zu diesen Schwächen gehörte auch die starke Bindung an das Rauchen. Ich möchte sie in dem Kapitel über die Anfechtung besonders behandeln. Aber eine andere Unart sei nicht übergangen. Als Gutsinspektor hatte ich eine üble Angewohnheit angenommen. Wenn ich im Sattel saß, hatte ich stets die linke Hand mit der Reitpeitsche in der Tasche und in der rechten Hand den Zaum oder die Kandare. Diese Angewohnheit war so stark, daß ich sie trotz aller Mahnungen meiner Frau nicht überwand. Wenn ich mit der linken Hand in der Hosentasche predigte, empfanden das manche Hörer als unhöflich, und ich bekam sogar Mahnungen von Amtsbrüdern deswegen. Aber auch keine Mahnung meiner Frau brachte eine Wandlung.

Eines Tages hatte ich einen Vortrag im Züricher Münster auf einer Pfarrertagung zu halten. Meine Frau saß unter den Zuhörern ausgerechnet neben einem Dekan. Nach Schluß hörte sie ungewollt, wie er zu einem anderen Pfarrer sagte:

»Der Vortrag war gut, aber die Kinderstube ist gleich null. Es war eine Zumutung, daß er uns mit der Hand in der Hosentasche ansprach.«

Seit diesem Tage sind die Hosentaschen von bestimmten Anzügen zugenäht. Ich bin meiner Frau dankbar, daß sie sich in diesem Sinne für mich heiligt. Aber auch sie hat ihre Korrektur bekommen. Als wir kürzlich in Los Angeles waren, trug ich zufällig einen Anzug, dessen Hosentaschen offen waren. Und wieder kam die alte Angewohnheit. Als ich mich dafür entschuldigte, erklärten die amerikanischen Freunde, das gerade sei die rechte Art, wenn eine Ansprache ankommen solle.

Unermüdlich war meine Frau im Jugend- und Freizeitheim im Einsatz. Als wir dann nach Krelingen zogen, hat sie auch hier mit sicherer Hand die Küche geführt, die Einrichtung der Häuser bestimmt und das ganze Werk mit gutem Auge überwacht.

Obschon Gott uns keine Kinder geschenkt hat, wurde die Liebe vieler junger Menschen in der Rehabilitation ihr Lohn. Weil sie sich einem großen Herrn verpflichtet wußte, kam ihr der Lohngedanke aber nie in den Sinn.

Ein besonderes Kapitel sind die Fahrten auf den vielen Evangelisationsreisen. Wie viele Länder haben wir auf unseren Reisen zwischen dem Kap Sunion in Griechenland und dem nördlichen Polarkreis in Finnland mit dem Auto durchquert! Die Vielschichtigkeit der Dienste, oft in großen Versammlungen, hätte ich ohne Gretels Fürsorge, gerade weil ich so unpraktisch bin, nicht durchhalten können. Allerdings muß ich einschränkend bemerken, daß ich im Auto grundsätzlich entmündigt bin, weil sie mir die Fahrsicherheit nicht zutraut, während sie mir in geistlichen Fragen die Führung überläßt. Wie oft wurden Evangelisationen bis in den Raum Köln hinein im Pendelverkehr neben dem Gemeindedienst bewältigt! Es konnte geschehen, daß wir am Morgen in Ahlden abfuhren und ich am Abend in Wien auf der Kanzel stand. Nun habe ich die gute Eigenschaft, in allen möglichen Lagen schlafen zu können. Weil ich nachts von einem Vortrag kam, bin ich sogar auf einem Konvent eingeschlafen. Die Amtsbrüder meinten allerdings nachher, ich hätte nichts versäumt, sie hätten mich nur beneidet. So kann es auch passieren, daß im geistlichen Rahmen leeres Stroh gedroschen wird. Wie oft bin ich nach einer Predigt auf der Rückfahrt im Wagen eingeschlafen und wachte erst auf dem Hermann-Löns-Gedächtnispflaster kurz vor Ahlden wieder auf. Gretel war die ganze Nacht ohne Unterbrechung durchgefahren. Auch heute noch bewältigt sie die Strecke Lugano-Krelingen in einer Tour.

Unser Leben ist nie langweilig gewesen. Die Aufgaben lagen immer vor der Tür. Weil Gott in allem Geschehen handelt, ist es wichtig, daß man die Gelegenheiten Gottes erkennt. Wenn ich auch die Beichtfragen ausklammere, so habe ich doch eigentlich alle anderen Fragen im persönlichen Bereich und im Blick auf das Werk mit meiner Frau zusammen durchlitten, durchdacht und durchbetet. Obwohl unser Haus immer eine offene Tür hatte, waren es köstliche Stunden, wenn wir abends allein am Kaminfeuer saßen, sie mit einer Handarbeit oder am Spinnrad. Wir sprachen dann über Erlebnisse des Tages und weitere Pläne, ich las ihr vor, und immer gehörte auch Beethoven dazu. Seine faustische Musik entsprach meinem Lebensgefühl. Bach ist mir irgendwie zu vollendet, zu überirdisch, da kommen mir die Tränen. Auf diese Musik hoffe ich im Morgen.

Einige Male in meinem Leben stand ich vor der Wahlentscheidung zwischen Erfolg und Frucht. Oft war ich nahe daran, den Platz meiner angefochtenen Lage in Ahlden zu wechseln um einer Stellung willen, die weniger Schwierigkeiten und mehr Erfolg versprach. Wenn ich manche Berufungen in Ämter, die berufliche Beförderung bedeuteten, in andere Landeskirchen oder in die Leitung freier Werke abgelehnt habe, dann war es regelmäßig meine Frau, die mich verstand und mir erkennen half, daß die Schleifsteine meines Lebens Gottes Korrekturwerkzeuge sind. Wer die Eindeutigkeit der Persönlichkeit wahren will, wechselt bei Beförderungen oft nur die Schwierigkeiten. Ohne einen gewissen Freiraum im Bereich eigener Entscheidungen konnte ich nie leben. Die Nachfolge Jesu wandelt nicht Jüngerschaft in Dienerschaft, verwechselt nicht geheiligte Natürlichkeit mit unnatürlicher Heiligkeit. Heute, am Ende meines Lebens, bin ich meiner Frau dankbar, daß sie hellsichtig genug war, ihrem Mann in den Krisenentscheidungen Gehilfin Gottes zu sein. Ohne diese Hilfe wären weder der Ahldener Jugendtag noch die Ahldener Bruderschaft, weder die Weite der Evangelisation noch das Studentenwerk, die

Rehabilitation, die Altenheime und das gesamte Rüstzentrum in Krelingen geworden. Auf eine Entscheidung, die zur Gründung des Rüstzentrums führte und die wohl die folgenschwerste meines Lebens war, darf ich später noch eingehen.

Die Ausrichtung von Mann und Frau ist aufgrund der polaren Spannung verschieden. Wer dies als Vorgegebenheit nicht beachtet, schafft sich in Kirche und Staat und auch in der Ehe Konfliktstoffe, die sehr notvoll sein können.

Wenn wir trotzdem von der Einheit in der Ehe sprechen, können wir diese Einheit jedoch nicht etwa im Sinne Freuds ausschließlich vom erotischen Bezug her verstehen. Angesichts unserer vielfältigen Versuchlichkeit und unauslotbaren Tiefe unseres Personseins begreifen wir Ehe nur als Einheit, wenn wir sie in ihrer eschatologischen Verwirklichung sehen. So ist im letzten diese Einheit Geschenk und Gnade.

Seelsorger, die sich der bindenden und lösenden Kraft ihres Amtes bewußt sind, begegnen, besonders wenn sie wie ich als Evangelisten häufig unterwegs sind, vielen Frauen; auch solchen, die über all die schönen Gaben einer Frau verfügen, die einem Mann zur Anfechtung werden könnten. Dennoch habe ich nie verstanden, wie man die »Erstgeburt« seiner Ehe für den Augenblick eines erotischen Linsengerichts verkaufen kann.

Es ist bezeichnend, daß die Bibel für die allerintimste Gemeinschaft, in der Menschen sich suchen und finden können, das Wort »erkennen« wählt. Abraham »erkannte« Sarah, das heißt, es wurde eine Gemeinschaft, die Leib, Seele und Geist einschloß. Wie unbeschwert wird dieser Begriff »Erkennen« in der Bibel gebraucht, sowohl im hebräischen als auch im griechischen Text, und wie fremd ist er einer Deutung gegenüber, die nur Leidenschaft sucht! Wer Ehe auf Sexualität reduziert, gefährdet sie nicht nur – er weiß überhaupt nicht, wovon er redet. Erkennen im biblischen Sinne ist: Ehe in der Einheit entdecken, in der Existenz vor Gott.

In meiner Ehe habe ich diese Gemeinsamkeit erfahren. Sie sprengt jeden Deutungsversuch. Salomos Hohelied der Liebe ist hier freilich nur ein Präludium. Vollendet, ohne jeden Mißklang, ist die Deutung der Liebe im schönsten Stück der Weltliteratur: im 13. Kapitel des ersten Korintherbriefes. Vielleicht drücken den Dank für die geschenkte Liebe und Gemeinschaft in der Ehe einige schlichte Verse aus, die einmal in Erinnerung an jene Begegnung auf dem Elternhof meiner Frau entstanden:

Mag auch des Lebens wirrer Lauf sich wechselvoll gestalten,
am Hünenstein da will ich stets ganz still die Hände falten.

Will beten wie am ersten Tag, da ich die Mutter schaute,
als ich an ihrem Herzen lag und ihr, o Herr, vertraute.

Hier fand ich ja, o Herr der Welt, nach wechselvollem Lose,
die Perle, die ich lang gesucht in Heidekraut und Moose.

Hier schlug bei Nacht und Dämmerschein
einst mir die große Stunde;
o Vater, laß uns glücklich sein, gib Segen unserm Bunde.

Pfarrer in Ahlden

Nachdem ich ein Jahr lang in Gifhorn die Superintendentur-Pfarre verwaltet hatte und eine Ablösung für den Dienst als Gemeindepfarrer erst erfolgen konnte, wenn ein neuer Superintendent in Gifhorn einzog, war ich glücklich, als dieser sich endlich in Pastor Chappuzeau aus Ahlden/Aller fand. Nach der Ordnung der lutherischen Landeskirche wird ein Superintendent vom Landeskirchenamt berufen. Es ist verständlich, daß bei solchen Berufungen nicht nur die geistliche und seelsorgerliche Qualifikation, sondern auch ein gerütteltes Maß an bürokratischen Fähigkeiten ins Gewicht fällt. Das Durchstehen dieses angefochtenen Spannungsfeldes ist nicht für jeden tragbar. Wenn von meinen Freunden und Bekannten der eine oder andere in den höheren Klerus berufen wurde, wußte ich manchmal nicht recht, ob ich gratulieren oder zweckmäßiger mein Beileid ausdrücken sollte.

Nach der Berufung von Pastor Chappuzeau nach Gifhorn lag es nahe, daß ich mich um die freigewordene Pfarrstelle in Ahlden bewarb. Vorher war ich zu einer Probepredigt nach Remels in Ostfriesland gebeten worden. Bei der Interessentenwahl ergaben sich aber nachträglich Schwierigkeiten, die ich nie ganz durchschaut habe. Später sagte mir einmal der Personalreferent im Landeskirchenamt, es seien von einigen Seiten Bedenken geäußert worden, bei meiner Wahl käme zu viel Feuer in den ostfriesischen Raum. Die Liebe zu dieser Landschaft ist mir immer geblieben, und die seelsorgerlichen Kontakte haben zugenommen, je älter ich wurde.

So ging ich zunächst als Hilfsgeistlicher nach Ahlden. Als ich zum erstenmal das um 1715 von Pfarrer Seelhorst erbaute Pfarrhaus betrat, als ich den efeuumrankten Giebel mit den Pferdeköpfen sah und den großen Flur mit dem wuchtigen Gebälk durchschritt, wurde ich

Das alte Ahldener Pfarrhaus

so unmittelbar an den Elternhof erinnert, daß ich mich als Bauernsohn gleich zu Hause fühlte. Das einige Jahrhunderte alte bäuerliche Pfarrertum hier ließ mich mit Freude der Berufung folgen.

Das Dorf selber machte keinen überwältigenden Eindruck auf mich. Was kann von hier schon an Gutem kommen, dachte ich. Dennoch hat dieser Ort in mancher Hinsicht Geschichte erlebt. Die vom Bischof von Minden errichtete Kirche war Zentrum für die Missionierung des Allertals. Zweimal, das eine Mal im Dreißigjährigen Krieg, brannte die Kirche bis auf den alten Wehrturm ab. Zu meiner Zeit wurde sie gründlich renoviert und erhielt auch eine neue Orgel.

Geschichtlich wurde der Flecken durch seine Ahldener Prinzessin, Sophia Dorothea, die Großmutter Friedrichs des Großen, eine geborene Prinzessin von Celle. Sie wurde die Gattin Georg Ludwigs, des Kurfürsten von Hannover und nachmaligen Königs von England, des ersten englischen Königs aus dem Welfenhause. Angeblich wegen eines Verhältnisses mit dem Grafen Königsmark lebte die Prinzessin zweiunddreißig Jahre in der Verbannung im Ahldener Schloß. Von ihrem Tode im Jahre 1726 berichtet folgende Eintragung im Kirchenbuch:

Am 13. November 1726 sind die durchlauchtigste Frau Sophia Dorothea, Herzogin zu Braunschweig und Lüneburg, des gottsel. hl. Georgi Wilhelmi Tochter, und Königs von England, auch Churfürsten zu Hannover Georgi Ludovici gewesene Gemahlin (von dem sie anno 1694 geschieden und von der Zeit allhir zu Ahlden qs (wo sie selbst) im Exilo in die 32 Jahre zugebracht, zu großen Leidwesen dero Hofbedienstete, der Liebe Armuts und meiner Person, da ich in die 20 Jahre dieser großen Fürstin Hofprediger und Beichtvater gewesen und eine ungemein gnädige Fürstin an ihr gehabt in dem 61. Jahre ihres Alters sanft und selig entschlafen. Ihr gottgeheiligter Cörper ist zu Celle ins fürstl. Begräbnis bygesetzt worden. Memoria ejus Benediktine in aeternus (Ihr Andenken lebt durch ihr Wohltun ewig).

Die Tragik ihres Lebens ist ihr zum Segen geworden. In der Einsamkeit der Verbannung fand sie die Gemeinsamkeit mit ihrem Herrn. Der Ahldener Kirche schenkte sie goldene Abendmahlsgeräte, mit eingravierter Königskrone. Außerdem eine bronzene Glocke, die nur an Festtagen geläutet wird. Eine Altarbekleidung, die an das Celler Museum verliehen wurde, stammt ebenfalls von ihr.

Das alte Schloß von Ahlden war zu meiner Zeit ein Amtsgericht; heute beherbergt es leider eine Antiquitäten-Ausstellung. Auf seinem First hat der Storch sein Nest gebaut. Einmal beobachtete ich einen Konflikt beim Storchenpaar. Man schlug sich mit den Flügeln; der Storchenvater weigerte sich scheinbar, für die Jungen, die flügge waren, Futter zu holen. Kurzerhand nahm er einen nach dem anderen und warf sie aus dem Nest. Während alle drei Jungen nun merkten, daß sie fliegen konnten, schnäbelten sich die beiden Alten, offenbar war das der Storchenkuß.

Viele Anekdoten über Amtsrichter ranken sich um das Schloß, und am Biertisch erzählte man sich die Schwänke von Pfarrern.

Ich ging nach Ahlden mit dem geheimen Wunsch und dem Gebet, daß der Herr meinen Dienst segnen und wie in vergangenen Tagen der Kirche ein geistliches Erwachen und einen neuen Anstoß zur Mission schenken möge.

Die Gemeinde war keineswegs kirchlich. Die Erweckung, die in den Tagen von Ludwig Harms die ganze Landschaft in Bewegung gebracht hatte, hörte an der Grenze von Ahlden auf. Eine merkwürdige Gesetzlichkeit, wie auch Erweckungen regional bedingt sind. In dem Außendorf Bierde, das »Kapellengemeinde« war, konnte man noch Spuren der Erweckung erkennen. Eine feste kirchliche Tradition war geblieben, die immerhin bewahrende Kraft hatte. An diesem Ort habe ich keine Schwierigkeiten, sondern nur Freude erlebt. In den anderen Dörfern dagegen herrschte wohl noch kirchliche Sitte, aber weithin war der Pfarrer nicht mehr Seelsorger, sondern nur noch Amtsperson und Dekorationsstück bei gewissen Anlässen. Auch hatte sich durch die antikirchliche Propaganda des Nationalsozialismus der Kirchenbesuch beträchtlich verringert. Die Ludendorff-Bewegung war in die Gemeinden eingedrungen, und der Glaube an Blut und Boden nahm Formen an, die das Gepräge einer neuen Religion trugen.

Da aber das Amtsbewußtsein in der lutherischen Kirche stärker gepflegt wird als etwa in einer unierten oder reformierten Tradition, war aufs ganze gesehen der Pfarrer im Ahldener Kirchspiel immerhin noch eine ansehnliche Persönlichkeit. Es gehörte sich, daß der Pfarrer fast zu allen Festen – vom Schützenfest angefangen – eingeladen wurde. Seine Tüchigkeit wurde deshalb nicht nur nach seinem liturgischen Gesang und seiner Predigt, sondern auch nach seiner Seßhaftigkeit und Trinkfestigkeit bewertet. Kein Wunder, daß man bei meiner Wahl annahm, da ich doch aus alter bäuerlicher Tradition kam, würde ich nicht nur in der Landwirtschaft gut Bescheid wissen, sondern mich auch als guter Gesellschafter auf den Festen und besonders auch beim Doppelkopf und Skat bewähren. Unter diesem Vorzeichen standen manche Erwartungen der Gemeindeglieder bei meinem Einzug in Ahlden.

Ahldener Originale

Aber wie wohl jeder junge Pastor traute ich mir einiges zu und hatte den geheimen Ehrgeiz, daß mir gelänge, was meinen Amtsvorgängern weithin nicht gelungen war: Diese Gemeinde durch die Vollmacht der Verkündigung vom Tode zum geistlichen Leben zu erwekken.

Mein erster Besuch galt dem Kirchenvorsteher Büchtmann in Hodenhagen. Er stand gewissermaßen wie ein Engel am Eingang meines Einzuges in Ahlden. Betreut wurde er von einer Verwandten, die man allgemein Tante Anna nannte. Dieser Gemeinde, die mich zunächst mehr als alle anderen meines Pfarrbezirks ablehnte, schenkte der Herr einen erweckten Geist, der sie mir später zum liebsten meiner Außendörfer werden ließ.

Man sagt, der erste Eindruck sei entscheidend. Den Vater Büchtmann, einen Patriarchen in der Gemeinde, und mich verband von der ersten Begegnung an eine herzliche Freundschaft, in der man sich ohne viele Worte immer verstand. Auch die Tante Anna war mir eine mütterliche Freundin. Dort hatten wir auch die ersten Bibelstunden, die nachher zu dem großen Frauenkreis führten. Wenn ich bei Büchtmanns eingeladen war, konnte ich über dem Gespräch mit ihm alles andere vergessen, so daß ich einmal sogar das Salzfaß für die Zuckerdose hielt und die Spannung seiner Erzählung sich in ein schallendes Gelächter auflöste.

Im Kirchenvorstand hatte Vater Büchtmann das entscheidende Wort. Weil Ahlden seinen Pfarrer wählen mußte – nach der landeskirchlichen Ordnung wechselten sich Wahl und Bestallung ab – war ich praktisch schon gewählt, als Vater Büchtmann nach meiner ersten Predigt den Kirchenvorstehern sagte: »Das ist der Richtige, den müssen wir behalten.« Aufgrund der Ausschreibung kamen noch andere Bewerbungen, die aber nun für den Kirchenvorstand gegenstandslos waren. Nach der Ordnung entfiel eine Gemeindewahl, wenn der Kirchenvorstand sich einhellig für den zu wählenden Pfarrer entschied, was hier der Fall war.

Zur Ahldener Pfarre gehörten einige hundert Morgen Acker, Wiese und Wald. Sie machten den Pfarrhof zu einem der bedeutendsten Anwesen in der Gemeinde. Manche meiner Vorgänger hatten ihn zum Teil noch bewirtschaftet. Auf ihren Pfarrpfründen hatten sie »In aller Gottseligkeit und Ehrbarkeit ein geruhig und stilles Leben« geführt. Im ausgeprägten lutherischen Amtsbewußtsein, das glaubensmäßig milde temperiert war, hatte man sie geachtet und geehrt, und einer unter ihnen, Pastor Jakobshagen, hatte auch seelsorgerliche Spuren hinterlassen, auf die ich oft gestoßen bin. Die anderen waren wohl mehr oder weniger in der liberalen Tradition verwurzelt.

Als Ahlden zeitweilig Superintendentur war, oblag den Pfarrern auch die Schulaufsicht. Man erzählte sich hierüber viele Anekdoten; unter anderem von dem Lehrer eines Außendorfes, der dem Trunk ergeben war und während des Unterrichts gelegentlich in die naheliegende Wirtschaft ging. Als dieser einmal sah, wie der Superintendent mit dem Kutschwagen zur Visitation angefahren kam, sprang er aus der Wirtschaft, lief hinter den Kutschwagen, schwang sich auf die Querachse und ließ sich mitfahren. Ehe der Wagen vor dem Haupteingang hielt, war er abgesprungen und gelangte rechtzeitig vor dem Superintendenten durch einen Hintereingang in seine Klasse.

In der Kette der Pfarrer hatte offenbar ein einziger eine Ausnahme gemacht. Sein Grab und Gedenkstein stehen vor der Ahldener Kirche. Es ist der Pastor Spindler, der in der ersten Hälfte des vorigen Jahrhunderts in ähnlicher Anfechtung wie ich in Ahlden stand. Mir schien es symbolisch zu sein, daß man ihn nicht auf dem Friedhof in der Kette der anderen Pfarrer begraben hatte. Wenn ich aus der Kirche ging, war mir dieses vierkantige Monument immer eine Mahnung. Auf ihm steht eingraviert:

»Er lebte, wie er lehrte; er wirkte, weil es Tag war. Seine dankbaren Freunde.«

Mein Kirchenvorstand hat in den über dreißig Jahren meines Dienstes in Ahlden treu zu mir gestanden. Ich möchte nicht behaupten, daß alle meine Glaubensüberzeugungen teilten, aber in den Krisen meiner seelsorgerlichen Amtsführung haben sie sich bewährt. Alle erklärten stets einmütig: »Unser Pastor ist angefochten, weil er zur Wahrheit steht.«

Da sehe ich vor mir den Vater Winkelmann aus Bierde mit seinem schlohweißen Haar und seinem geprägten Gesicht. Man nannte ihn die »ausgleichende Gerechtigkeit«, weil er bei Verfeindungen im Dorf immer den Brückenschlag suchte. In schwierigen seelsorgerlichen Fällen war ich bei ihm immer gut beraten. Als ich noch vor meiner Hochzeit in der Kapellengemeinde Bierde meine erste Predigt über das Jesajawort »Kann auch ein Weib ihres Kindleins vergessen?« (Jes. 49,15) hielt und von der dreifachen Liebe sprach, der Mutterliebe, der ehelichen Liebe und der Liebe zu Christus, nahm er mich nach dem Gottesdienst mit auf seinen Hof. Etwas verschmitzt lächelnd schob er mir ein Paket unter den Arm und sagte:

»Sie haben bald Hochzeit. Die bräutliche Liebe haben Sie so gut geschildert, daß mir der Gedanke kam, Ihnen die beste Wurst vom Boden für den Hochzeitsschmaus mitzugeben.«

Als ich nach meiner Amtseinführung vor dem Ahldener Pfarrhaus meine Frau etwas stürmisch in den Arm nahm, legte mir der Greis mit lächelnder Miene den Arm auf die Schulter und meinte:

»Herr Pastor, man nicht so stürmisch. Sie werden auch noch mal ganz ruhig. In der Ehe ist das wie mit zwei Mühlsteinen, sie müssen sich erst einlaufen, aber nachher mahlen sie gutes Mehl. So wird das auch bei Ihnen sein.«

Ähnlich geprägt war auch der Vater Helberg aus Bierde, den ich in das bäuerliche Adelsbuch einreihen möchte. Ich konnte auf ihn immer zählen.

Nach dem Tode von Vater Helberg war der »König« von Bierde, Franz Hambrock, im Kirchenvorstand der Mann mit dem bestimmenden Gewicht. Ihm danke ich manchen guten Rat. Einmal sagte er mir, als ich mich über eine Bagatelle aufregte:

»Herr Pastor, Sie müssen noch lernen, gewisse Dinge mit Noblesse zu übergehen.« Als ihn nach dem Kriege ein englischer Oberst fragte, warum in Bierde keine Nazis zu finden seien, antwortete er: »Weil bei uns die Kirche mitten im Dorf steht.«

Kurz vor seinem Tode erklärte er sehr taktvoll, aber doch so, daß es mir unvergeßlich wurde:

»Herr Pastor, Sie haben immer das Richtige gewollt, nur in jungen Jahren haben Sie einen Fehler gemacht: Sie haben es oft zu sehr gewollt! Die Erweckung, um die es Ihnen ging, wird kommen; aber anders, als Sie dachten. Sie haben vergessen, daß zu den geistlichen Wachstumsbedingungen auch Dünger gehört.«

Das Wort des sterbenden Hambrock traf mich, denn er hatte recht: Wer will schon Dünger werden? Und doch gehört auch der zur Frucht. Für die Predigt an seinem Sarge hatte er sich das Wort ausgesucht: »Nun sucht man nicht mehr an den Haushaltern, denn daß sie treu erfunden werden« (1. Kor. 4,2).

Als ich das Jugendheim in Ahlden ausbaute und einmal in Geldverlegenheit war, schrieb mir der alte Vater Bösche aus Hodenhagen, ohne ein Wort zu sagen, einen Scheck über einen ansehnlichen Betrag aus. Die Quittung wehrte er ab mit dem Wort:

»Sie werden mich doch nicht beleidigen!«

Auch Kirchenvorsteher Gaatz gehörte zur Elite. Er war es, der nach dem Kriege den sagenhaften Wolf von Lichtenmoor erschoß. Es ist bis heute ungeklärt, wie dieser Wolf, der der Schrecken der ganzen Gegend wurde, in unsere Heidewälder gekommen ist.

Bei dem alten Bürgermeister Rodewald in Bosse saß ich gern. Hier wurden die Stunden zeitlos, denn wir waren verwandte Seelen.

Als ich nach dem Kriege aus der Gefangenschaft heimkehrte, war mir weh ums Herz, wenn ich am Sonntagmorgen nur die kleine Prinzessinnenglocke läuten hörte. Die drei anderen Glocken waren dem Kriege zum Opfer gefallen. Der Kirchenvorstand hatte für die neuen Glocken eine Sammlung beschlossen. Ein Ehrenbuch wurde angelegt; als Richtsatz wurde für die Vollmeier 150,– RM, für die Halbmeier 100,–RM vorgesehen. Alle anderen konnten nach eigenem Gutdünken entscheiden.

Mir fiel die Aufgabe zu, die Vollmeier persönlich zu besuchen! Als ich mit dem alten Rodewald sprach, meinte er:

»Sie haben sich da allerhand vorgenommen, aber wenn sie bei X und Y (ich will die Namen nicht nennen) den Betrag erhalten, dann gebe ich das Doppelte. Die haben nicht einmal Geld zur Feuerspritze gegeben.«

Ich sparte mir die beiden schwierigsten Fälle bis zum Schluß der Sammlung auf. Als ich den Besuch mit dem Ehrenbuch machte, lag der Bauer auf dem Sofa, weil, wie er sagte, die Beine nicht mehr wollten. Kein Wunder, er war über siebzig.

Ich knüpfte daran die Mahnung, sich in den geschenkten Jahren auf das Wichtigste zu besinnen. Er wurde noch unruhiger und schaute wie gebannt auf das Ehrenbuch. Plötzlich brach es wie ein Gebirgsbach aus ihm hervor:

»Es sind nicht nur meine Beine, die mir Sorgen machen, schlimmer ist es noch mit meinem Gehör. Ich kann keine Musik hören, weder Klavier noch Posaunen. Herr Pastor, am schlimmsten ist es, wenn ich die Glocken höre. Dann bin ich mit Leib und Seele krank!«

Ich verstand seine Bauernschläue und wandte mich an seine Frau:

»Mir ist eben klar geworden, Ihr Mann hat eine tödliche Krankheit. Ob es da noch Rat und Hilfe gibt, weiß ich nicht. Als ich noch Landwirtschaft studierte, haben wir einmal Testversuche mit Musik bei Kühen gemacht. Wir konnten feststellen, daß sich bei einer bestimmten Musik die Milchleistung der Kühe steigerte. Wenn Ihr Mann jeden Bezug zur Musik und zu den Glocken verloren hat, dann muß er in psychotherapeutische Behandlung, er ist ein hoffnungsloser Fall, denn er ist zweifellos noch schlechter dran als die Kühe.«

In diesem Augenblick sprang der Bauer auf: »Ich weiß, was Sie wollen, Sie wollen Geld für die Glocken, aber Sie haben sich geirrt: Mir gibt keiner was, von mir bekommt auch niemand was.«

Nun war es auch bei mir am Ende. »Endlich aufrichtig, Sie Geizkragen!« donnerte ich. »Sie haben Ihren Hof im Kriege vergrößert. Sie haben Ihre Söhne wiederbekommen. Ihre furchtbare Selbsttäuschung stinkt zum Himmel! In Zukunft werde ich beten, daß der Blitz in Ihren Hof schlägt, vielleicht bringt Sie das zur Besinnung!« Ich schlug die Tür zu und ging zu meinem Wagen. Er kam hinter mir her und rief:

»Herr Pastor, warum so hart!«

»Aus Liebe. Luther sagt: ›Woran du dein Herz hängst, das ist dein Gott.‹ Lösen Sie sich von Ihrem Mammon, erwachen Sie aus Ihrer Selbsttäuschung!«

Er steckte mir etwas in die Tasche, es war der doppelte Betrag des Rahmensatzes.

Einige Tage darauf besuchte ich den anderen Hof. Der Großvater empfing mich und führte mich in die gute Stube. Als ich nach seinem Sohn fragte, den ich einmal getraut hatte, sagte er, er sei auf Besuch und komme erst spät abends wieder. Plötzlich machte der kleine Enkel die Tür auf. Der Opa sagte in bäuerlicher Höflichkeit:

»Das ist der Onkel Pastor, sag ihm doch guten Tag.«

Langsam kam der Kleine auf mich zu, schaute mich groß an, gab mir die Hand und sagte:

»Du bist der Onkel Pastor. Papa hat eben in der Küche zu Mama gesagt, du wolltest Geld für die Glocken holen, aber du kriegst nichts.«

Der Großvater sprang auf, gab dem Jungen eine Ohrfeige. »Ist das möglich, daß der Junge so schwindeln kann!« ereiferte er sich. »Ich will doch mal sehen, ob die jungen Leute nach Hause gekommen sind.«

Nach wenigen Minuten kam der junge Bauer mit ausgesuchter Freundlichkeit.

»Herr Pastor, ich habe es mir schon gedacht. Sie kommen wegen der Glockensammlung. Es ist doch selbstverständlich, daß ich Ihnen helfe. Wann ist eigentlich die Einweihung?«

Nun besuchte ich den guten alten Rodewald. »Das ist ein Wunder vor meinen Augen«, murmelte er. »Gern gebe ich wie versprochen den doppelten Betrag.«

Die Kette der Originale in den Außendörfern Bierde, Hodenhagen, Büchten, Grethem, Eilte, Bosse und Frankenfeld und auch in Ahlden ließe sich noch fortsetzen. Es gehört zu den traurigen Kapiteln unserer Zeit, daß nach dem Verlust der dörflichen Bindung und mit der Vermassung der Gesellschaft und den versklavenden Ideologien wohl noch Talente und Managertum die Zeitstunde bestimmen, aber Charaktere und Persönlichkeiten immer seltener werden. Ich habe deshalb die Begegnung mit diesen profilierten Gemeindegliedern als bestimmend für meinen ersten Eindruck in der neuen Pfarre vorausgestellt.

Ein besonderes Original war auch der alte Amtsgerichtsrat Rehbock. Er hat mich oft besucht, als er im Kriege als Pensionär das Ahldener Amtsgericht betreute. Man konnte ihn mit einem guten Beaujolais erfreuen. Wenn ich im Schach verlor, war er immer nachsichtig. Bekannt war er durch seine humorvolle Art und die Diktion seiner Urteilsbegründungen, über die viel gelacht wurde. Im Verkehr mit seiner Behörde war er auch nicht gerade schüchtern. Als in der Zeit seines Amtes Kaisers Geburtstag noch gebührend gefeiert wurde, schickte er an die Rechnungskammer in Celle folgenden Bericht: »Der Rechnungskammer zur Kenntnis, daß der Geburtstag seiner Majestät, Wilhelm des Zweiten, vom Amtsgericht Ahlden mit gebührender Ehre gefeiert wurde. Ein dreifaches Hoch wurde auf das Wohl seiner Majestät ausgebracht. Bei dem anschließenden Festessen wurden verzehrt (es folgte nun die Aufzählung der Getränke mit Preisen, zum Schluß kam ein Hammel mit der Bewertung). Wir bitten um Begleichung beiliegender Rechnung.« Nach einigen Tagen kam der Brief zurück. Die Rechnungskammer hatte vermerkt: »Urschriftlich zurück mit dem Ersuchen um Aufklärung, was mit dem Fell des Hammels geschehen ist.« Rehbock ließ den Brief noch an demselben Tag mit folgendem Vermerk zurückgehen: »Urschriftlich zurück mit dem Bemerken: Der Hammel wurde mit Haut und Haaren verzehrt.«

Auch zu den Lehrern in den Dörfern fand ich sofort ein sehr gutes Verhältnis. Im Herbst und Frühjahr war es Sitte, daß in den Schulen Abendmahlsgottesdienste für die älteren Gemeindeglieder stattfanden. Ich richtete auch laufende Bibel- und Jugendstunden ein. Die Lehrer nahmen selbstverständlich daran teil. Durch die anschließende Kaffeetafel im Lehrerhaus ergaben sich Kontakte, die für das ganze Gemeindeleben fruchtbar wurden. Wie viele angenehme Stunden haben meine Frau und ich beim Lehrer Ehlermann in Büchten, bei Lehrer Laukert in Bosse, Lehrer Halberstadt in Bierde und anderen zugebracht. Wenn Kirche und Schule in einem Geist verbunden sind, ist Hoffnung für die junge Generation gegeben.

Nicht vergessen darf ich den Lehrer Blöthe, meinen alten Organisten und getreuen Eckhard. Er spielte seit 1912 die Orgel und hat in Anfechtungen immer zu mir gestanden. Neben der Orgel saß immer der taube Bälgentreter, obwohl die Orgel längst elektrifiziert war und er kein Wort der Predigt verstehen konnte. Allerdings gab es auch Junglehrer, die fanatische Parteigänger Hitlers waren und mir hinter meinem Rücken mancherlei Not machten.

Gemeindearbeit

Der Volksmund sagt: Neue Besen kehren gut. Im übertragenen Sinne gilt das sicher auch, wenn ein Pastor neu in die Gemeinde kommt. So war es denn nicht verwunderlich, daß der Kirchenbesuch zunächst zunahm. Die Einführung mit anschließender Feier, die besonders meine Eltern bewegte, war erhebend. Die Gemeinde freute sich, daß ich nicht der Versuchung unterlag, die Zuhörer mit Schreibtischpredigten zu langweilen, sondern daß ich versuchte – um das Wort Spurgeons zu gebrauchen –, Fenster einzubauen. Wenn man die Predigt als Vorlesung hält, wird man bald merken, daß der bäuerliche Mensch und überhaupt die arbeitende Bevölkerung vielleicht einige Zeit mitgeht; aber wenn die Gedankenakrobatik ihre Denkmöglichkeit übersteigt, schaltet man ab und kommt nicht mehr. Je volksnaher und bildhafter der Geistliche spricht und je mehr er sich im Alltag der Gemeinde bewegt, desto besser kommt er meistens an.

Man soll nicht vergessen: Durch die Predigt sucht die Gemeinde die Unmittelbarkeit einer Begegnung mit Gott. Diese wird um so gewisser geschenkt, je mehr man dem Pfarrer abspürt, daß er selber in der Seelsorge Gottes steht. Besonders die Jugend sollte er humorvoll, aber nicht salopp und burschikos abholen. Wir wirken ja immer nur durch das Geschenkte, niemals durch das Gewollte.

Mir kam auch bald der Gedanke, bei der Weiträumigkeit der Gemeinde, die im Umkreis von über zehn Kilometern wohnte, in den verschiedenen Dörfern geistliche Schwerpunkte ins Leben zu rufen. Am leichtesten bietet sich da die Frauenarbeit an. Die menschlichen Kontakte ergaben sich da bei den Besuchen auf den Höfen, wo ich oft Schränke und Truhen besichtigen und die dort aufgestapelten Leinen- und Damastbestände bewundern mußte. Auch die großen Bauernhochzeiten mit einigen hundert Gästen, zu denen ich mit meiner Frau eingeladen wurde, schenkten Möglichkeiten, mit Leuten bekannt zu werden, die man in der Kirche selten oder gar nicht sah. Ich hatte dann immer die Tischrede zu halten. Allerdings machte ich später unsere Teilnahme an der Hochzeit von dem Versprechen der Brautleute abhängig, das Fest so zu gestalten, daß es bei aller Fröhlichkeit doch ordentlich zuging.

Frauenkreise und Bibelstunden hielten wir in den Schulen und lieber noch abwechslungsweise auf den Höfen. Ich bemühte mich, das lutherisch-pietistische Erbe meiner Heimat soweit zu aktivieren, wie ich nur konnte, um die tote Kirchlichkeit in erweckliche Bewegung zu bringen.

Deshalb kündigte ich eines Sonntags auf der Kanzel ab, daß in allen Frauenkreisen und Bibelstunden in Zukunft nicht mehr aus dem Gesangbuch, sondern aus dem Reichsliederbuch gesungen würde. Bei der Volkstümlichkeit, der ich mich in der ersten Zeit besonders erfreute, ging das wie ein Lauffeuer durch alle Dörfer. Man sagte in den Wirtschaften und anderswo:

»Endlich haben wir einen vernünftigen Pastor; die verschiedenen Gesangbücher will er abschaffen, er will die Reichslieder einführen.« Kein Wunder, daß in der Zeit, als die Parole galt: »Ein Volk, ein Reich, ein Führer«, der Gedanke Nährboden fand und zündende Kraft hatte. Die Reichsliederbücher gingen weg wie warme Semmeln, bis man langsam merkte, daß der Inhalt persönlicher Aufruf zur Erweckung war. Wir haben dann viele dieser Lieder auswendig gelernt, und wenn ich heute nach Ahlden komme, werden sie noch immer neben den Kirchenliedern gesungen.

Bei den Taufen in der Kirche bestand die üble Sitte, daß die Paten zwar nach der Eingangsliturgie gelobten, das getaufte Kind im christlichen Geist zu erziehen, aber dann, wenn der eigentliche Gottesdienst begann, die Kirche verließen. Diesen Widerspruch versuchte ich mit dem Kirchenvorstand durch wiederholte Abkündigung zu beheben. Als das nicht gelang, wies ich den Küster an, die Türen der Kirche bei Beginn des Gottesdienstes abzuschließen. Nur so wurden wir mit dieser Unsitte fertig. Man kann manches erreichen, wenn man Durchstehvermögen und einen langen Atem hat.

Die Frauenkreise wurden in der Gemeinde wesentlicher Anstoß zum erwecklichen Leben. Die gemeinsamen Bibelarbeiten, das gemeinsame Singen der Reichslieder, Berichte und Erzählungen aus dem Erweckungsleben wurden für viele Anstoß zum Erwachen aus einer traditionellen Kirchlichkeit. Einmal im Jahr war Frauentag in Ahlden. Jeder Kreis wartete dann mit einem eingeübten Lied und einem eigenen Teilprogramm auf. Für mich ergab sich als Seelsorger noch der Vorteil, daß die Leiterinnen der Frauenkreise mich laufend informierten über Krankheiten und materielle und seelsorgerliche Nöte in ihrem Bezirk. Wer die Gemeinde erreichen will, muß die Frauen gewinnen. Weil meine Frau und ich regelmäßig nach den Stunden in den Filialdörfern zu Kaffee und Kuchen eingeladen wurden, konnte man auch hier die Gelegenheit wahrnehmen, über das Eine zu sprechen, was not ist. Bald kannte ich die Häuser, in denen offene Fenster nach Jerusalem waren. Eine Frau hat mich mit ihrem Frauenkreis buchstäblich umbetet.

Damals packte mich noch manchmal ein unbändiges Heimweh. Eines Tages wurde ich von gläubigen Kreisen gebeten, mich für die Pfarre in Bad Essen zu melden. Ich sagte eine unverbindliche Probepredigt zu. Als das Mutter Wedekind in Eilte hörte, sagte sie: »Sie können ruhig die Predigt halten, aber Sie werden nicht ankommen. Wir beten mit einem Kreis, daß Sie, wie Gott es immer führt, hierbleiben müssen.« Ich lächelte über diese Glaubenseinfalt, aber ich wurde eines anderen belehrt: Als ich die Predigt in Bad Essen hielt, verlor ich gleich bei Beginn den Faden. Vergeblich versuchte ich ihn wiederzufinden. Ja, ich versagte so, daß meine Frau sagte: »So miserabel hast du noch nie gesprochen.« Als ich meine Bewerbung zurückzog, meinten die Frauen: »Na ja, wir haben es ja gewußt!«

Sehr viel schwieriger war es, an die Herzen der selbstbewußten Bauern heranzukommen. Nun soll man ja die Gründe für Kontaktarmut zunächst bei sich selber suchen. Sicherlich war ich auf allen Höfen und in allen Häusern gern gesehener Gast. Nun hatte ich dafür gesorgt, daß es sich herumsprach: Wenn der Pastor Krankenbesuche macht, nimmt er keine Bibel mit; so lag sie dann vorsorglich schon bereit, entweder die eigene oder eine in der Nachbarschaft geliehene.

So blieb auch in den meisten Fällen bei herzlicher Geselligkeit ein seelsorgerlicher Abstand.

Meine eigene Unvollkommenheit möchte ich gern zugeben und auch den Mangel an Hingabe. Auch der Hang zum Rauchen war noch nicht so sündig geworden, daß ich mit letztem Willensernst die Freiheit suchte. Aber sicherlich hat der Widerstand gegen Erweckung und Bekehrung auch Gründe, die nicht nur beim Pastor liegen. Der natürliche Mensch fühlt sich in der traditionsmäßigen Bindung einer unverbindlichen Jüngerschaft »aus zweiter Hand« einigermaßen beruhigt, da er auf diese Weise sein altes Leben weiterführen kann.

Nachdem ich ein paar Jahre in Ahlden war, hatte ein Bauer im Außendorf erklärt, er gäbe ein Vermögen, wenn dieser Bekehrungspastor endlich verschwände. Als ich ihn eines Tages auf der Straße traf, sprach ich ihn an:

»Sie schätzen scheinbar meinen Kadaver sehr hoch ein. Sie wollen dafür ein Vermögen geben?«

»Wenn ich Ihre Predigt höre, dann ist das für mich immer Spießrutenlaufen.«

»Wissen Sie auch, warum? Nun, ich will es Ihnen sagen: Wie ist das mit Ihrer Flüchtlingsfrau, was haben Sie ihr für gewisse Gefälligkeiten geboten?«

Er stand verdattert da.

Sören Kierkegaard hat recht, wenn er sagt: Wer die Nachfolge billiger verkauft, als sie ist, verrät Jesus mit dem Judaskuß. Christentum ist Brandstiftung. Wer aber geht das Wagnis ein? Man schießt mit Granaten, aber leider sind sie ohne Zündung.

Im Laufe meiner Amtszeit habe ich erfahren, daß das Vereinswesen – Kegelclubs, Schützenvereine und dergleichen – nicht unbedingt abgewertet werden muß; aber wenn in ihnen alles »nach väterlicher Weise« abläuft, ist für den Glauben Gefahr im Verzuge. Viele leben nur im Urteil ihrer Mitmenschen und haben niemals den Mut, dem Gestellungsbefehl Gottes in Jesus Christus zu folgen, weil er die Veränderung des Lebensbezuges bedeutet. In den Dörfern prägten sich Brauchtum und Sitte in nachbarschaftlichen und verwandschaftlichen Bindungen so aus, daß ich oft vor Gummiwänden stand. Als ich einmal einen Konfirmanden bei der persönlichen Besprechung vor der Konfirmation fragte, ob er nicht mit Jesus leben wolle, meinte er: »Ich will schon, aber die anderen im Dorf!« Eine Woche später war er beim Baden in der Aller ertrunken. Bischof Lohse hat schon recht, wenn er auf einem der letzten Jugendtage sagte: »Wer zur Quelle will, muß gegen den Strom schwimmen!«

Diese sogenannten Gummiwände entdeckte ich am wenigsten in

Konfirmation in der Ahldener Kirche

der Gemeinde Bierde. Gleich nach dem Kriege, als ich gerade aus der Gefangenschaft zurückgekehrt war, passierte folgende Geschichte.

Ich hatte in der Kapelle zwei Hochzeiten zu halten, zu denen ich mit meiner Frau auch eingeladen war. Mir waren die Familien nicht näher bekannt, da viele Flüchtlinge zugezogen waren. Der Lektor hatte mir für jede Trauung nähere Einzelheiten notiert. Aber er hatte unglücklicherweise die Berichte verwechselt. So nahm ich bei der ersten Traurede als gegeben an, daß der Vater des Bräutigams schon vor Jahren gestorben sei, und kam in meiner Rede auf den Schatten zu sprechen, der über diesem Tag nun liege, meinte aber, der Vater werde aus ewigen Räumen seinen Segen zum Ehrentage seines Sohnes geben. Die Traugesellschaft wurde unruhig. Meine Frau, die in der letzten Reihe saß, machte mir ein Zeichen, das ich aber falsch verstand. Ich meinte, ich hätte den Tod des Vaters nicht genug betont und ging nochmals auf den Todesfall ein. Da war es natürlich mit der Feierlichkeit vorbei. Nach der Trauung begrüßte mich der Vater als erster. Ich nahm ihn in den Arm und klärte das Mißverständnis auf. Bei der Tischrede korrigierte ich mich. Immer habe ich gefunden, daß man nachsichtig ist mit unseren Fehlern, wenn man – wie hier in Bierde – uns als Menschen höher einschätzt als unsere Festreden.

Das Hauptfest des Jahres war das Schützenfest. Tagelang wurde gefeiert, und man hatte von mir wohl auch erwartet, daß ich mich wie meine Vorgänger mit Musik abholen ließe und dann in der Schützenkompagnie mitmarschierte. Als ich ablehnte, kam der Tierarzt zu mir und beschwor mich, meine Volkstümlichkeit nicht aufs Spiel zu setzen. Die Gemeinde würde noch erfreuter sein, wenn ich auf den Festen einen Umtrunk machte und auch einen Tanz riskierte. Ich hielt ihm vor, es könne dann passieren, daß jemand sterbend von mir das Abendmahl brauche, während ich animiert in der Gesellschaft feierte. Wie könnte ich noch ein gutes Gewissen haben, wenn ich dann als Weckuhr Gottes abgestellt sei.

Der Erfolg war, daß am Morgen nach dem Schützenfest ein Jauchewagen vor meiner Tür stand.

Jugendarbeit

Am schwierigsten war es mir, jedenfalls zu Beginn meines Pfarramtes, die Herzen der Jugend zu finden. Als sich einige erweckliche Aufbrüche bemerkbar machten, wurden sie durch eine Flüsterpropaganda im Keim erstickt: Ich hypnotisierte und verdürbe die Jugend. Es war der Einfluß jener Leute, die unter keinen Umständen ins Wagnis des Glaubens wollten. Einige Lehrer führten die Kinder zu den Maskeraden und Schützenfesten, und wenn dann schlimme Dinge geschahen, durfte die Sünde vor dem Pfarrer nicht bei Namen genannt werden. Wenn ich die Mütter gelegentlich fragte, warum sie die Töchter nicht in die Jugendkreise schickten, meinten diese Frauen, die Mädchen würden dann keinen Mann mehr bekommen. Der Widerstand richtete sich eindeutig gegen eine verbindliche Frömmigkeit.

Die ländliche Idylle, die bäuerliche Natur- und Traditionsverbundenheit, was mich selbst mein Leben lang Bauer bleiben ließ, waren hier unterschwellig durch einen Bereich gespeist, der dämonisch überschattet war, wenn man darunter mit Kierkegaard die Verdoppelung der Existenz versteht. Wie wenig kennt ein Pfarrer seine eigene Gemeinde, und wie sehr wird er durch die konventionelle Lüge des Umgangs getäuscht! Der Feind sät immer im Dunkeln. Erst nach über dreißig Jahren Pfarramt entdeckte ich, daß laufend Besprecher in meiner Gemeinde am Werke waren. Eine gewisse traditionelle Kirchlichkeit verträgt sich durchaus mit der weißen Magie. Wenn man nur gesund wird, zahlen manche jeden Preis – auch ihre Seele. Erst in Kanada und Toronto habe ich von früheren Gemeindegliedern erfahren, was auf den Höfen, auf denen ich so besonders freundlich bewirtet wurde, im geheimen geschah.

Wenn sich die Jugendarbeit auch erst nach meiner Heimkehr aus der Kriegsgefangenschaft voll entfaltete, so waren es doch einige Mitarbeiter, die sich von Anfang an mit Freude voll einsetzten und die dafür sorgten, daß das heilige Feuer in der Jugend nicht erlosch. An Betti will ich da besonders denken, denn sie verdient in der Jugendarbeit ein Denkmal.

Wenn Betti nicht da war, dann fehlte etwas in unserem Mädchenkreis. Sie hatte so etwas Strahlendes in ihrem Wesen; es war in allem, was sie sagte, und in allem, was sie tat. Sie wurde mehr und mehr unentbehrlich. Wer konnte sich den Kreis noch ohne Betti denken?

Wir alle, und ich besonders, waren wie gelähmt, als wir hörten, daß Betti im Krankenhaus lag. Sie hatte sich, wofür keiner eine Erklärung fand, eine Fleischvergiftung zugezogen. Ein nicht geringer Schrecken befiel mich, als ich sie mit hohem Fieber im Krankenhaus vorfand.

»Wie geht es dir, Betti?«

»Einigermaßen, es sind große Schmerzen, die mich quälen.« Sie sagte es mit einem Anflug von Lächeln und fuhr dann fort: »Ich bin so dankbar, daß ich damals nach der Jugendstunde den Glauben an den Herrn Jesus fand und ihm mein Leben übergab. Es war die höchste Zeit. Ich stand in Versuchung, und am anderen Abend wäre ich wahrscheinlich schon im Strudel gewesen. Es war Gottes Gnade! – Aber ich darf Ihnen noch etwas sagen, die anderen Mädchen im Kreis wissen es schon.« Sie zögerte einige Augenblicke und holte tief Atem: »Ich kann die Vergebung meiner Sünden glauben und ich vertraue ganz dem Herrn; aber wenn ER mich jetzt ruft, ist es mir doch nicht so leicht. Vor einigen Wochen habe ich Norbert kennengelernt. Sie wissen, er ist Christ. Wir beide haben uns lieb, und nun möchte ich gern noch etwas leben, wenn es Gottes Wille ist. Können Sie das verstehen?«

Ihre fiebernden Augen schauten mich groß an. Verstehen? Nun, was war natürlicher, als das zu verstehen! Und wen hätte ich der Betti lieber als Weggefährten gewünscht als gerade diesen jungen Freund!

»Werden Sie für mich beten, daß der Herr, wenn es sein Wille ist, mich noch leben läßt?«

Ich habe es gegen alle ärztlichen Prognosen getan.

Einige Tage vergingen, dann kam ein ärztlicher Anruf aus dem Krankenhaus:

»Kommen Sie sogleich, wir können der Betti nicht mehr helfen. Sie wünscht das Abendmahl!«

Ich fuhr sofort zum Krankenhaus. Wie sage ich's nun diesem Kinde! Mit einem gewaltsamen Ruck öffnete ich die Tür zum Sterbezimmer. Aber was war mit der Betti geschehen? Wie verklärt und verwandelt lag sie da. Das Gesicht und die Augen völlig verändert. Die Nähe des Todes hatte sie für die Ewigkeit gezeichnet. Ich dachte an das Lied: Morgenglanz der Ewigkeit. Ein schwaches Lächeln war der Gruß, und schon fragte ich:

»Kind, wie geht es dir?«

»Vor einigen Stunden hatte ich wahnsinnige Schmerzen. Ich wußte in meiner Angst nicht, wohin. Da habe ich mich verzweifelt an den Heiland geklammert, wie ein kleines unmündiges Kind. Ich konnte mit dem Munde nichts mehr sagen. Aller Schmerz wurde Gebet: Herr, hilf! Dann kam eine Minute, die kann ich nicht beschreiben, da stand der Herr am Bett, schaute mich unendlich lieb an und sagte: Heute noch kommst du nach Hause, sei getrost!«

Unwillkürlich schaute ich auf die Fieberkurve auf ihrer Tafel am Bett. Sie hatte es bemerkt:

»Herr Pastor, bin ich je schwärmerisch gewesen?«

»Niemals!« Das konnte ich ohne nachzudenken aus voller Überzeugung sagen.

»Beten Sie, daß ich bald nach Hause komme!«

Sollte ich noch eine Beichtrede halten? Sollte ich ihr die Absolution erteilen? Die Gewißheit der Nähe Jesu sprengt in dieser Stunde jede liturgische Form. Nach der Einsetzung nahm sie unter Lob und Dank Brot und Wein.

Zum letzten Mal reichte sie mir ihre sterbende Hand. »Wenn ich daheim bin, werde ich für Sie beten. Rufen Sie es noch viel lauter, viel beweglicher, Ihr ›Jesus ist kommen, die Quelle der Gnaden – Jesus ist kommen, die Ursach zum Leben – Hochgelobt sei der erbarmende Gott‹!«

Einige Tage nach der Beerdigung erreichte mich ein Telefonanruf aus dem Krankenhaus. Ein junger Arzt fragte:

»Herr Pastor, ich möchte Sie bitten, mir zu raten, wie man wohl die Bibel zu lesen beginnt.«

Als ich nicht sogleich das rechte Wort fand, fuhr er fort: »Sie werden sich vielleicht wundern über meine Frage, aber das Sterben der Betti hat mich nachdenklich gemacht.«

Ruhig sterben kann man mit einer Morphiumspritze, selig sterben kann man nur mit Jesus.

Den kirchlichen Unterricht habe ich immer gern gegeben. Bei allem, was man dagegen sagen kann, halte ich Luthers Katechismus für das Herzstück des Unterrichts. Das Lernen der fünf Hauptstücke und ein eiserner Bestand an Kirchenliedern und vor allem die Einführung in die Bibel, besonders in die Evangelien, gehörten selbstverständlich dazu. Weil nach reformatorischer Theologie ein Zugang zur Person Jesu nur von der ewigkeitlichen Mitte her möglich ist, die in Kreuz und Auferstehung darstellbar wird, lag hier das eigentliche Schwergewicht des Unterrichts. Es lag mir daran, den Lehrstoff so lebendig zu übersetzen, daß er erlebnisträchtig und -mächtig wurde. Bei den Prüfungen konnte es geschehen, daß mancher Konfirmand bibelfester war als ich selber. Nicht unwichtig im Unterricht ist aber auch die persönliche Ausstrahlung des Lehrers. Junge Menschen suchen prägende Vorbilder. Erfreut war ich immer, daß, wenn die Stunde zu Ende war, die Jugendlichen noch nicht aufhören wollten, miteinander und mit mir über die angeschnittenen Fragen zu sprechen.

Auf den Hauptverbandplätzen im letzten Krieg habe ich gelernt, daß manches Lehrgut erst in der Sterbestunde zum Leben erweckt wird. Kameraden sehe ich vor mir, die sterbend beteten: »Wenn ich einmal soll scheiden, so scheide nicht von mir; wenn ich den Tod soll leiden, so tritt du dann herfür; wenn mir am allerbängsten wird um das Herze sein, so reiß mich aus den Ängsten kraft deiner Angst und Pein.« Oder: »Christi Blut und Gerechtigkeit, das ist mein Schmuck und Ehrenkleid; damit werd ich vor Gott besteh'n, wenn ich zum Himmel werd eingehn.« In vielen Fällen war es auch der 23. Psalm. Einmal betete ein sterbender Kamerad in seiner Todesangst, weil sonst nichts gegenwärtig war: »Komm, Herr Jesu, sei unser Gast und segne, was du uns bescheret hast, Amen.«

Der Mensch sieht, was vor Augen ist, Gott aber sieht das Herz an.

Unterricht ist Saat der Hoffnung. Ich halte es daher für abwegig, wenn man heute einen Unterricht ohne Lernstoff gibt, den sogenannten problemorientierten Unterricht. Ein Modernismus, der die Jugend um die Hilfe in Lebens- und Sterbenskrisen betrügt, erscheint mir für einen Pfarrer unverantwortlich. Allerdings ist die Autorität des Lehrers nur dann echt und überzeugend, wenn er geistliche Vollmacht hat. Das Verhältnis zum Schüler sollte natürlich und kameradschaftlich sein. An vielen guten Kontakten zu meinen früheren Konfirmanden erkenne ich, daß einiges von dieser Saat auf Hoffnung aufgegangen ist.

Als ich vor einigen Jahren eine Evangelisation in Toronto, Kanada, hatte, war ich mit etwa dreißig meiner ehemaligen Konfirmanden und deren Familienglieder zusammen. Es wurde ein unvergeßlicher Abend. Sie berichteten mir mit großer Freiheit, was sie im Unterricht empfangen und wie sie den Anstoß zur Lebensgemeinschaft mit Jesus gefunden haben. Ein Konfirmand erzählte mir, wie ihm durch das seelsorgerliche Gespräch, das ich mit allen Konfirmanden vor der

Konfirmation pflegte, der Anstoß zur Nachfolge geschenkt worden sei.

Am ersten Abend kam ein Mann mit grauen Haaren nach dem Vortrag zu mir und sagte: »Ich bin Ihr Konfirmand, kennen Sie mich noch? Ich bin der Konfirmand, dem Sie einmal einen etwas betonten Verweis gegeben haben, weil ich nicht gelernt hatte. Mein Nachbar stand damals auf, faßte Sie an der Jacke und sagte: ›Herr Pastor, regen Sie sich nicht auf, das schadet Ihrem Herzen!‹«

In dem Augenblick erkannte ich ihn. Er weinte vor Freude, und ich mußte ihm noch mal einen Konfirmationsschein schicken.

Auch in meinem eigenen Leben ist mir mein Konfirmationsspruch oft Trost und Hilfe gewesen. Er lautet nach der alten Lutherübersetzung: »Leide mit als ein guter Streiter Jesu Christi, und ob jemand auch kämpfet, wird er doch nicht gekrönet, er kämpfe denn recht.«

Bei Beginn eines neuen Jahrgangs machte ich bei der Vorstellung den Kindern klar, daß es bei mir keine körperliche Züchtigung im Unterricht gebe. Für den Fall aber, daß man mich vorsätzlich belügen würde, würde ich dem Betreffenden drei runterknallen. Zweimal ist das geschehen. In beiden Fällen war der Ausgang positiv.

Zum ersten Fall, der noch nicht einmal während des Unterrichts passierte und nichts mit Betrug, jedoch mit empfindlicher Störung bei der Arbeit zu tun hatte: Einer der Konfirmanden, der Sohn eines angesehenen Bauern, machte sich einen Spaß daraus, immer wieder an meiner Haustür zu schellen. Nun habe ich für Ulk und harmlose Scherze viel Verständnis. Wenn man hinter unser Schlafzimmerfenster abends Anisöl gegossen hatte und sich daraufhin alle Katzen der Umgebung bei uns versammelten, habe ich darüber nur herzlich gelacht, denn ich hätte als Junge das auch tun können. Aber als die Schellerei an meiner Haustür kein Ende nahm, Traugespräche, Predigtvorbereitung und Seelsorge störten, rannte ich schließlich raus, ertappte den Konfirmanden und hielt ihm eine Standpauke mit dem Vermerk, daß ich ihm im Wiederholungsfalle einige Ohrfeigen verabreichen würde. Als es wieder geschah, ergriff ich ihn, indem ich durch eine andere Haustür ging und ihn so überraschte. Er erhielt die versprochene Strafe. Als der Vater mich am Abend aufsuchte, stellte ich mich auf eine Beschwerde ein. Aber wie war ich erstaunt, als der Mann meine beiden Hände nahm und sagte: »Ich bin gekommen, um Ihnen von Herzen für die Erziehung zu danken, die Sie meinem Sohn geben!«

Evangelium ohne Gesetz fruchtet nicht.

Im zweiten Falle handelte es sich um den Sohn eines angesehenen Beamten. Er gehörte zu den Besten im Unterricht und leitete die

Jungschar. Er las mit Leidenschaft Fliegerromane und erzählte in den Jungscharstunden fleißig Fliegeranekdoten. Wenn wir im Unterricht eine Bibelstelle besprachen, merkte ich, daß er gelegentlich die Bibel umschlug, und so vermutete ich, daß ein Fliegerroman unter der Bibel lag. Als ich ihn fragte, ob er ein Buch unter der Bibel habe, verneinte er das. Ich ließ ihn erst in Ruhe, aber dann hatte ich mit einem Griff den Schmöker. Ich hob ihn hoch und sagte:

»Junge, nachher in meinem Arbeitszimmer!« Kein Wunder, daß die ganze Klasse nach dem Unterricht auf die Dinge wartete, die da kommen würden.

Als er im Arbeitszimmer vor mir stand, fragte ich ihn:

»Kurt, was war das eben?«

»Eine Lüge.«

»Was steht darauf?«

»Strafe!«

»Du weißt, der Vollzug wird mir schwer, nicht weil man darüber reden wird, sondern weil du mir nahestehst und ich dich lieb habe. Was kann man da tun?«

»Beten, Herr Pastor.«

Daran hatte ich nicht gedacht. So erwiderte ich:

»Nun gut, bete du.« Er faltete die Hände und betete: »Herr, gib Pastor Kemner die Kraft, daß er mir drei runter haut, Amen.«

Nun war ich erst recht matt gesetzt. Als er das merkte, murmelte er:

»Tun Sie Ihren Gefühlen keinen Zwang an.«

So kam mein Befehl: »Hacken zusammen, grade stehen, Augen zu!« und dann kam der Strafvollzug. Er verzog keine Miene. Dann nahm ich ihn in den Arm und gab ihm einen Kuß auf die Stirn, ging mit ihm zum Bücherschrank und sagte: »Nimm dir das beste Buch, ich schenke es dir.«

Als er mit knallroter Backe und dem Buch unter dem Arm zu den Kameraden draußen kam, fragten sie ihn:

»Was hat der Pastor gemacht?«

»Er hat die Strafe vollzogen, wie das Gesetz es befahl, aber die Schläge haben dem Pastor weher getan als mir.«

Die Eltern erzählten mir, daß er an mir mehr hinge als an ihnen.

Ich ging nach einem schweren Verkehrsunfall an Krücken, als ich ihn später traute; er wollte von keinem anderen getraut werden. Er möchte mich gern noch einmal in seiner Flugkanzel nach Afrika fliegen.

Ermahnungen ohne Barmherzigkeit sind fehl am Platze. Härte ohne Liebe fruchtet nicht. Diese Grundwahrheit speist sich aus dem

Wissen, das der Spruch auf dem Grabe Bodelschwinghs ausdrückt: »Weil uns denn Barmherzigkeit widerfahren ist, werden wir nicht müde.«

In unserem Männerkreis haben wir viele Probleme durchdacht und besprochen. Wenn man aber nur mit Rednern und laufenden Themen solche Kreise am Leben erhalten will, ohne daß die erweckliche Tiefe geschenkt wird, fristen sie meistens ihr Dasein im organisierten Leerlauf. In der gleichen Gefahr stehen unsere Akademien, wenn sie sich nur im ideologischen Raum bewegen. Sinnvolle, lebendige Männerarbeit entsteht nur durch Erweckung. Wie recht hat doch Bezzel: Die Kirche braucht Persönlichkeiten, die dem Herrn Jesus ihr zeitliches und ewiges Leben danken; sie braucht mannhaftes Bekennertum.

Am dankbarsten denke ich an die Gebetskreise zurück, ob sie in den Häusern stattfanden oder an den Sonntagnachmittagen mit der Jugend oder an den Sonnabenden im Pfarrhaus. Ohne diese Beter wäre ich in Amt und Dienst niemals durchgekommen. Ihnen verdanke ich Freude und Durchstehvermögen. Wie oft schenkten die Gedanken der Brüder und Schwestern, wenn wir am Sonnabend gemeinsam den Predigttext besprachen, der Predigt das thematische Gewicht. Durch wieviel Nöte und Schwierigkeiten bin ich im Laufe der Jahre hindurchgebetet worden! Ohne die Gebetskreise – und hier denke ich besonders an viele alte Omas, die längst in der Ewigkeit sind – wären die Anfechtungen, von denen ich später berichte, nie durchstanden und durchlitten worden. Schwankte ich in meinem Urteil, so verhalfen mir die Beter zum klaren Blick, der mich die rechte Entscheidung treffen ließ. Wenn ich an die Gebetskreise denke, damals wie heute, an die Häuser in Ahlden, an die Herzen, die den Schaden Israels nicht nur kannten, sondern ihn auch mit mir durchlitten und zu beheben suchten, bin ich mir bewußt: Was ich geworden bin, bleibe ich den Betern schuldig. »Oh, der unerkannten Macht von der Heilgen Beten!«

Als ich neulich in einem Erweckungsort war, drückte ich einer über neunzigjährigen Frau die Hand. Als ich scherzhaft sagte, in ihrem Alter komme man wohl endlich zur Ruhe, antwortete sie:

»Irrtum, da fängt die Arbeit erst an.«

»Wie meinen Sie das?«

»Wenn ich morgens aufstehe, setze ich mich nach dem Frühstück in den Lehnstuhl, dann fängt die Arbeit an. Als erstes bete ich für Sie.«

»Für mich?«

»Ja, ich lese die Erweckliche Stimme und weiß, in welchem Kampf Sie stehen. Dann bete ich für unseren Pastor und dann für den Gemeinschaftsleiter. Im Verlauf des Tages bete ich alle Straßen des Dorfes Haus für Haus durch. Bei den Häusern, die noch weit weg sind vom Reiche Gottes, bete ich doppelt so lange. Ich muß meine Zeit gut einteilen, damit ich am Abend fertig bin.«

Ich sah im Geist die betenden Hände einer Mutter, wie sie Dürer gemalt hat, und wußte: Wir sind die Frucht betender Hände in Funktion.

Die Pfarrkonferenzen sind ein besonderes Kapitel. Ich habe mich dort wohlgefühlt, wenn sie von einer geistlichen Autorität geleitet wurden. Das war der Fall bei Superintendent Lange in Walsrode, dem ich mich besonders verbunden wußte. Leider ist er aus dem Kriege nicht heimgekehrt. Wenn solche Konferenzen jedoch reservierte Kühle ausstrahlten und die Zeit verlorene Zeit wurde, bereute ich oft, daß ich in der Zeit nicht lieber Kranke und Sterbende besucht hatte. Zum Dienst eines Pfarrers gehört es sehr wohl, daß er sich in die kirchliche Ordnung einfügt. Aber auch die Ordnungen und Verfügungen der Landeskirche müssen von einer geistlichen Mitte getragen sein, für die man nur beten kann, daß der Herr der Kirche begnadete kirchliche Autorität schenke, die man mit Freuden sucht und nicht mit Seufzen. In der Kirchenbehörde wußte ich immer in der Leitung Brüder, die eine offene Tür für alle meine Sorgen und Fragen hatten und denen ich zu Dank verpflichtet bleibe.

Anfechtungen

Die erste Liebe ist die schönste und tiefste. So ist es ja wohl auch, wenn ein Pfarrer in seine erste Gemeinde einzieht. Wie sind die Herzen dann bei vielen offen, und wie ist er selber voller Erwartung, wie die Saat nun ankommt und sich entwickeln wird! Diese Zeit hat sich meiner Frau und mir in einer Erlebnistiefe eingegraben, die nicht retuschierbar ist. Auch in Ahlden blühte vieles auf, und es kam mir manchmal vor, als wanderten wir im Frühling über die Almen geistlicher Höhen. Wie gut, wenn man dann eine Gefährtin hat, mit der man in einer Liebe verbunden ist, die ihre letzte Einheit in Christus findet.

In den ersten Monaten des Ahldener Pfarramtes haben wir fast zeitlos gelebt. Manchmal spielten wir wie kleine Kinder im großen Pfarrhaus Verstecken, und uns war, als sei der Ahnengeist vieler Pfarrer unter dem uralten Gebälk der Pfarrpfründe mit in Schwingung gekommen. Mehr oder weniger lebte ich mit der geheimen Vision, daß, wie in vergangenen Tagen unter der vollmächtigen Botschaft von Ludwig Harms, Gott eine Erweckungsbewegung schenken würde. Wo Gottes Wort trifft, weckt es auf; wo es wachgerüttelt hat, will es einwurzeln und verändern; wo es Wurzeln schlägt, geschieht Wachstum. In geradezu leidenschaftlicher Bereitschaft traute ich es Gott zu, daß er mich in Erfüllung meiner Wegführung zum Werkzeug der Erweckung in Ahlden bevollmächtigen könnte.

Ich sprach die Leute auf meinen Wegen durchs Dorf oder auch in die Außendörfer gern an. Eines Tages ging ich im Außendorf mit einem alten Mann ein Stück Wegs und erkundigte mich nach seinem Ergehen. Plötzlich blieb er stehen und fragte mich:

»Warum interessieren Sie sich so für meine Angelegenheiten?«

»Ein guter Hirt muß sich um seine Schafe kümmern«, sagte ich.

»Wie meinen Sie das?«

»Nun, ich bin der neue Pastor von Ahlden, und Pastor heißt Hirt.«

Erstaunt schaute er mich an: »Das kann doch nicht wahr sein! Ich habe noch nie einen Pastor gesehen, der wie Sie plattdeutsch mit den Leuten spricht.«

Ein anderer meinte, er sei bei mir in der Kirche gewesen, und drückte sein Erstaunen darüber aus, daß ich wirklich glaubte, was ich predigte. Was für Pfarrer mag der Mann bis dahin gehört haben? Oder hatte ihn sein eigener Zweifel so weit gebracht, daß er keinem Verkündiger mehr zutraute, daß er selbst aus dem, was er verkündigte, lebte?

Die erste Liebe macht erfinderisch, auch die erste Gemeinde-Liebe. Die alten Leute der Gemeinde wurden von mir zu gemütlichen Nachmittagen eingeladen. Bei Kaffee und Kuchen öffneten sich die Herzen. Wir erlebten eine feine Gemeinschaft, die in der natürlichen Begegnung des Heute verheißungsvoll für das Morgen dieser Alten sein sollte.

Doch auf diese Freuden kindlicher Unmittelbarkeit legte sich bald ein Rauhreif. Wenn die Henne gackert, ist der Fuchs nicht weit. Der Weg, der nun begann, erinnerte mich später immer wieder an einen bestimmten Augenblick: Als ich aus der Volksschule entlassen war, legte mir mein Vater an einem Morgen zum erstenmal den Säesack auf den Nacken. Er zeigte mir den Abstand und den Wurf der Saat, und dann ging es hinein in den jungen Tag. Ein paar Tage später ergriff mich eine Unruhe. Was mochte aus der Saat geworden sein? Als die Saat immer noch nicht aufging, schien mir das Saatgut verloren, und ich fing an, den Boden zu durchsuchen. Wie betroffen war ich, daß der Weizen zu Matsch geworden war; wie beglückt aber, als an einem späteren Morgen über dem ganzen Feld der grüne Schmelz und Schimmer aufgehender Saat lag! Das erwachende Leben ist das schönste.

Die Erkenntnis wurde mir nun, daß in der Schöpfungsordnung Gottes alles neue Leben durch das Sterben des alten geschenkt wird, wenn es Frucht werden soll. Nicht anders ist es auch im geistlichen Leben. »Es sei denn, daß das Weizenkorn in die Erde falle und ersterbe, so bleibt es allein; wo es aber erstirbt, bringt es viele Früchte« (Joh. 12,24). Sterbenswege sind Segenswege. Aber wieviel muß auch in unserem Leben zerbrochen werden, ehe wir uns völlig in den Willen Gottes legen und unterschreiben, daß denen, die Gott lieben, alle Dinge zum Besten dienen. Nur diese Wahrheit macht zur Wirklichkeit frei.

Es ist die Grunderfahrung meines Lebens geworden, daß Gott mir immer die Anfechtungen genommen hat, wenn ich sie völlig aus seiner Hand nehmen konnte. Wir möchten immer so gern die Schwierigkeiten beseitigen und versuchen es nur zu oft mit diplomatischen Mitteln. Erst wenn wir erkennen, daß die Schwierigkeiten Schleifsteine Gottes sind, die uns für den Dienst brauchbarer machen sollen, haben wir den verborgenen Sinn der Anfechtung erkannt. Und damit ist sie überwunden – zumindest ist ihr der Stachel genommen. Gott handelt in allem Geschehen. Diese Grundwahrheit der Schrift ist die Voraussetzung dafür, daß wir frei und ohne Angst leben. Eben dadurch geben wir Gott die Ehre und lassen Gott Gott sein.

Es mag die volkstümliche Art meiner Predigt, meine bäuerliche Herkunft und der Sinn für eine gesunde Geselligkeit gewesen sein, daß mir in der ersten Zeit meines Amtes die Herzen schnell zuflogen. Auch zur letzten Reihe der kirchlich Entfremdeten fand ich überraschend schnell Kontakte. Wenn eine Gemeinde noch kirchliche Tradition hat, dann liegt das Pfarrhaus ohnehin schon im Brennpunkt aller Gemeindeglieder. Die Strahlung, die von hier ausgeht, reflektiert vielseitig.

Wurden – besonders in den Außendörfern – Zeichen erwecklichen Lebens sichtbar, so war andererseits das Zeugnis von Buße und Bekehrung für manche ein Ärgernis. Bald ging mir auf, daß die Blumen, die mir zum Einzug in so reichem Maße gebracht wurden, das Wohlwollen, die vielen Einladungen voraussetzten, daß ich niemandem wehtun würde. Wenn ich in der ersten Zeit gewisse Mißstände rügte, nahm man mir das weiter nicht übel. Man sagte: »Nun ja, er hat geschimpft; aber er wird's nicht so meinen.« Zur eigentlichen Krisis kam es aus folgendem Anlaß:

Es war alte Sitte, daß die Konfirmierten ein halbes Jahr nach der

Konfirmation zum zweiten Abendmahl kamen. Nun waren am Samstag vor dem Abendmahlssonntag viele Kinder zu einem Manöverball gewesen. Übernächtigt saßen sie am Sonntagmorgen in der Beichte. War das nicht eine Zumutung, die Kinder so zum Heiligen Abendmahl zu schicken? Bei der Predigt packte mich – wie ich meinte – ein heiliger Zorn. Ich fragte die Gemeinde, warum sie mich als Pfarrer gewählt habe, und nannte die Dinge, die vorlagen, beim Namen. Wer die Sünde namenlos macht, vermißt sich an der Heiligkeit Gottes. Schließlich erklärte ich der Gemeinde, daß ich die Abendmahlsfeier heute nicht halten könne, ohne mein Gewissen und das der Kinder zu belasten.

Kaum war der Gottesdienst beendet, stand im Pfarrhaus ein Mann, der sich aufregte, weil seine Frau durch meine Predigt einen Herzanfall bekommen habe. Ein anderes Gemeindeglied erklärte mir erregt, ich hätte durch diese Predigt alle Sympathien verloren. Das stimmte – jedenfalls bei denen, die ihren Pfarrer zum Übertünchen ihrer Sünden zu mißbrauchen gewohnt waren. Ich stellte damals fest, daß der Bezug, in dem erstaunlich viele Gemeindeglieder lebten, der Absolutheitsanspruch eines Reiches war, das die Bekenntnishaltung nur soweit duldete, wie sie nicht mit den eigenen Wünschen in Konflikt geriet. So kam von dieser Grenze zwangsläufig Gefahr auf mich zu.

Mir ist damals aufgegangen, wie schwer die alttestamentlichen Propheten daran getragen haben müssen, ihrer göttlichen Berufung mehr zu gehorchen als der natürlichen Bindung an Volk und Vaterland. Es gibt für die Kirche eine Grenzsituation, in der man den Glauben nicht mehr ohne Verrat am Heiligsten mit der natürlichen Sehnsuchtshoffnung verbinden kann.

Wenn man auch den Leu nicht unnötig wecken soll, so ist es doch für einen Christen mit lebendigem Glauben unmöglich, daß er aus seinem Herzen eine Mördergrube macht. Es fehlte deshalb auch nicht an Passagen in meinen Predigten, die politisch verdächtig waren.

Eines Tages kam die Geheime Staatspolizei. Der Krieg hatte inzwischen begonnen. Konnte man ohne Anfechtung für einen Sieg beten? Einen Sieg, der unser Volk und die eroberten Länder um das Heil in Jesus Christus betrogen hätte? Ich war der Staatspolizei verdächtig geworden, und sie kam nicht unerwartet. Als der Beamte zum erstenmal meinen Lebenslauf zu Protokoll nahm und ich ihm meine Lebensentwicklung eingehend geschildert hatte, fragte er unvermittelt:

»Warum sind Sie eigentlich Pastor geworden?« Nun wurde aus dem Verhör ungewollt ein seelsorgerliches Gespräch. Der Mann, für den ich mich nach dem Kriege einsetzen konnte, gewann ein unwahrscheinliches Vertrauen, als er merkte, welchem Herrn ich gehorchte. Er deckte alle Karten auf, nannte mir die Spitzel – sie kamen aus meiner Gemeinde! – und bat mich, auf die geheime Überwachung achtzugeben.

Es ergaben sich neue Verwicklungen, als ein Lehrer, der Lektor im Außendorf und gleichzeitig Sturmführer in der SA war, von der Partei aufgefordert wurde, sein kirchliches Amt niederzulegen. Der Lehrer suchte bei mir seelsorgerlichen Rat und Beistand. Ich rief den mir bekannten Landrat an, der Brigadeführer war, und ersuchte ihn um Auskunft, ob eine derartige Verfügung bestände. Die Antwort war ausweichend und gleichzeitig mit einer Warnung verbunden. Daraufhin berief ich den Kirchenvorstand ein, erklärte den Sachverhalt und daß wir feige Memmen wären, wenn wir hier nicht unseren Glauben durch die Tat bezeugten. Wir setzten ein Schreiben an den Kreisleiter auf, in dem wir erklärten, daß wir für alle Folgen, die dem Lektor aus seiner glaubensgebundenen Haltung entständen, mit unserem Hab und Gut einständen.

Postwendend kam die Vorladung von der Kreisleitung. Als ich beim Eintritt mit »Heil Hitler« grüßte, war die höhnische Antwort: »Sie sagen ›Heil Hitler‹?«

»Aus Überzeugung, Herr Kreisleiter. Aber hören Sie die Erklärung: Der Gruß ›Heil Hitler‹ ist nicht eine Reverenz wie bei Schiller vor dem Tellshut; der Gruß ist bei mir Gebet: Es ist in keinem anderen Heil, ist auch kein anderer Name den Menschen gegeben, darinnen sie können selig werden, als allein der Name Jesus Christus. Wenn ich ›Heil Hitler‹ sage, dann bete ich: Herr, schenke Hitler die Erleuchtung, daß er das Heil in dir als einzige Hilfe im Leben und Sterben annimmt.«

Der Kreisleiter schwieg höhnisch lächelnd, bevor er fragte: »Warum haben Sie Ihren aufsässigen Kirchenvorstand nicht mitgebracht?«

»In die Höhle des Löwen geht man am besten allein.«

»Wissen Sie nicht, daß ich Sie dahin bringen kann, wo Ihre Freiheit am Ende ist?«

»Als ein Größerer als Sie vor einem noch Größeren mit seiner Macht protzte, erwiderte der noch Größere: Du hättest nicht die Macht, sie wäre dir denn von oben gegeben. Noch haben Sie als Kreisleiter Macht; aber wie lange, wissen Sie nicht. Ich wünsche Ihnen, daß Sie mit gutem Gewissen von Ihrer Macht einmal Rechenschaft geben können.«

Nach diesem Verhör war mir klar, daß ich mit allem rechnen mußte. Als ich an einem Sonntagabend eine Frauenstunde in der Kirchengemeinde Düshorn, die etwa 10 Kilometer von Ahlden entfernt lag, gehalten hatte, wurde ich in der Nacht auf dem Heimweg von der SS-Gendarmerie überfallen und zum Erschießen in den angrenzenden Wald geführt.

An jenem Nachmittag hatte ich die Frau unseres Gendarmeriewachtmeisters beerdigt, die selig gestorben war. Ich hatte über das Wort gepredigt »Ich weiß, an wen ich glaube« und dabei auch die anwesende SS-Gendarmerie ermahnt, die Entscheidung für Jesus Christus nicht zu umgehen. In seinem Kreuz habe Gott die Vertrauensfrage an die ganze Welt gestellt; in seiner Auferstehung sei dem Tode die Macht genommen und das Leben und ein unvergängliches Wesen ans Licht gebracht. Nach der Beerdigung wählte ich in der Frauenkreisfeier das Wort aus dem Propheten Daniel über die offenen Fenster nach Jerusalem. Ich ahnte nicht, daß ich am selben Abend noch in die Krisis dieses Textes gestellt wurde.

Ich befand mich mit meinem Fahrrad auf dem Heimweg, als sie mich überfielen, mit Schlägen traktierten und in den Wald führten. Man verhöhnte mich, man wolle sehen, ob ich jetzt meines Glaubens gewiß sei. Im Scheine der Taschenlampe und vor der entsicherten Pistole mußte ich niederknien. Als ich die Pistole schon an der linken Schläfe fühlte, schlug ich sie in letzter Sekunde zur Seite und warf gleichzeitig den Kopf vor. Die Kugel ging an meinem Kopf vorbei, und es kam zu einem erbitterten Kampf, bei dem mir zuletzt noch die Schädeldecke mit dem Revolverschaft eingeschlagen wurde. Wie durch ein Wunder war es mir gelungen, den SS-Mann, der als schwerer Schläger bekannt war, durch Bauchschläge schachmatt zu setzen. Blutüberströmt erreichte ich das Düshorner Pfarrhaus wieder, gab den Pfarrersleuten kurzen Bericht von dem Geschehen und verlor dann die Besinnung.

Als das Überfallkommando kam, um mich abzuholen, hatte der SS-Gendarm schon angegeben, ich hätte den Überfall verursacht. Diese Behauptung war aber so fadenscheinig, daß sie nach der Untersuchung meiner Wunden durch den Amtsarzt nicht mehr haltbar war. Zum anderen kam es in der Gemeinde und auch in der Umgegend zu Unruhen; es sprach sich wie ein Lauffeuer herum, was geschehen war.

Nachdem ich einige Wochen schwer daniedergelegen hatte, kam zu gegebener Zeit die Geheime Staatspolizei und legte mir ein Protokoll vor, auf dem ich unterschreiben sollc, daß ich über die Sache Stillschweigen bewahren würde, andernfalls hätte ich mit den Folgen zu rechnen. Ich lehnte die Unterschrift mit der Begründung ab, man habe mir die Pistole an die Schläfe gesetzt, man könne sie mir auch aufs Herz setzen, aber ich würde lieber sterben, als eine Lüge zu unterschreiben. Meinem Kirchenvorstand machte ich vertrauliche Mitteilung von alledem, weil ich mit den Folgen meiner Weigerung rechnete. Bei einem Besuch im Landeskirchenamt sagte mir Landesbischof Marahrens, daß er gebetet habe, Gott möge die Angabe der SS-Gendarmerie, daß ich den Überfall bewerkstelligt hätte, als Lüge entlarven.

Meine Vermutung bestätigte sich, als ich eine Vorladung zur Gestapo-Hauptstelle in Lüneburg erhielt. Nun tat ich sicher gut daran, mit einer Einweisung in ein Konzentrationslager zu rechnen. Meine Frau begleitete mich nach Lüneburg, wurde aber aus der Geschäftsstelle hinausgewiesen mit der Bemerkung, daß nicht jeder Weg, der hineinführt, auch wieder herausführt.

Mir wurde nochmals ein Protokoll gleichen Inhalts zur Unterschrift vorgelegt. Ich verweigerte wiederum die Unterschrift und nahm an, daß nun meine Verhaftung erfolgen würde. Nach einer kurzen Beratung wurde mir mitgeteilt, ich könne nach Hause gehen. Meine Frau, die mich überglücklich wieder in Empfang nahm, mußte ich aber vorwarnen: Die Gestapo, die offenbar meine Verhaftung nicht wagte, würde sicher noch auf krummen Wegen zum Ziel kommen. Eine Woche darauf wurde meine Stellung als unabkömmlich für den Wehrdienst aufgehoben. Von der Nachschubstelle Berlin-Charlottenburg kam gleichzeitig eine Anfrage, ob ich mit einer Einberufung als landwirtschaftlicher Sonderführer einverstanden sei. Ein Bekannter aber, der im Landwirtschaftsministerium war und meine Glaubensgesinnung teilte, gab mir den dringenden Rat, obschon ich in dieser Stellung Offiziersrang hätte, doch abzulehnen. Er befürchtete nämlich, daß ich in irgendein Partisanengebiet gesteckt würde, wo ein Staatsbegräbnis erster Klasse schon vorgesehen sei.

Im Einverständnis mit dem Kirchenvorstand lehnte ich also die angegebene Einberufung ab und bat, meinen Dienst für Volk und Vaterland als gewöhnlicher Soldat im Einsatz tun zu dürfen. Es erfolgte meine Einberufung zur Sanitätskompagnie in Bückeburg. Nach einer Ausbildung von etwa acht Wochen wurde ich eines Tages vom Abstellungsoffizier in sein Zimmer gerufen. Er ließ durchblicken, daß eine Weisung höheren Orts vorläge, mich wegen meines Konfliktes mit der SS zum Frontdienst abzustellen. Als wir uns unterhielten, erklärte er mir, daß er diesen Uriasbrief durchschaue, er selber sei auch Christ, und weil eine Sanitätskompagnie in Holland einige Leute anfordere, würde er mich mit einigen anderen, die ich mir selber auswählen solle, abstellen.

Nach einigen ruhigen Wochen wurde ich dann nach Belgien verlegt. Hier war ich den Schikanen eines Hauptfeldwebels ausgesetzt, der mich wahrscheinlich zerbrochen hätte, wenn der Glaube an den auferstandenen Herrn mir nicht Kraft gewesen wäre. Hier habe ich am eigenen Leibe erfahren, wozu Menschen in ihrem Haß fähig sind. Dieser Mann machte mir das Leben buchstäblich zur Hölle. Ich mußte Schweine füttern und hüten, Klosetts saubermachen und die niedrigsten Dienste tun. An einem Sonntag mußte ich 24 mal den Schweinestall schrubben. Hohnlachend sagte dieser Feldwebel immer wieder: »Noch nicht sauber, Herr Pfarrer!«

Zwei Kameraden in ähnlicher Lage verübten Selbstmord. In dieser Situation begann ich, die Lage des Mose zu verstehen und gleichzeitig seine Versuchung, als er den Ägypter erschlug. Die Kraft zum Überwinden verdanke ich der Wirklichkeit des Herrn.

Eine doppelte Erfahrung schenkte mir diese Zeit. Einmal, daß das erlebte Leid erweckende Kraft hat und gemeinschaftsbildend wirkt; denn auch die ungläubigsten Kameraden haben in jener Zeit zu mir gestanden, und diese verstehende Nähe machte sie bereit, die Botschaft des Heils zu hören. Zum anderen kannte auch die flämische Bevölkerung bald den Schweinepastor, wie man mich nannte. So fand ich häufig morgens in meinem Schweinestall Kuchen und Getränke mit ermunternden Worten. Man ahnte, daß ich um meines Glaubens willen litt. Das Leid verbindet zu einer Gemeinschaft über die Bluts- und Volksgrenzen hinweg.

Als die Not am größten war, mußte ich an einem Kompagnieabend Schnaps einschenken. Die Kameraden trugen unter anderem ein Gedicht vor, das auf meine Lage anspielte und durchblicken ließ, daß sie zu mir standen. In diesem Augenblick betrat ein hoher Vorgesetzter den Raum. Als er das Gedicht hörte – ich erinnere mich nur noch an diese Zeilen: »Der Heinerich, ihr kennt ihn alle, im Schweine- und Kaninchenstalle – – und seine Schafe, die folgen ihm als wie im Schlafe« –, ließ er mich durch den Kompagniechef wissen, daß er mich sprechen wolle. Als er mich fragte, warum ich im Schweinestall sei, wurden die Offiziere, die neben mir saßen, unruhig. Ich antwortete, daß dies verschiedene Gründe haben könne und daß ich Bauernsohn sei.

Er schien nicht überzeugt und meinte, ich sei als Pastor doch sicher in der Bekenntniskirche. Als ich das bejahte, fragte er weiter:

»Glauben Sie, daß Jesus Christus Gottes eingeborener Sohn ist? Glauben Sie, daß er gekreuzigt und auferstanden ist, daß er alle Gewalt hat im Himmel und auf Erden? Wissen Sie um Vergebung Ihrer Sünden?« Als ich das alles mit Freuden bejahte, schüttelte er mir die Hand und sagte:

»Dann sind wir beide Brüder.« Dieser Händedruck wirkte Wunder. Wieder hatte Gott im rechten Augenblick eingegriffen. Die Folge war, daß ich nun auf dem Hauptverbandsplatz Dienst tat, planmäßig als Instrumenteur, außerplanmäßig als Seelsorger.

Genau in dieser Zeit rückten wir an die Front, genauer gesagt: Die Front rückte an uns heran, die Invasion begann. Der größte Teil unserer Division flog mit den Minen der Amerikaner in die Luft. Gerade jetzt öffnete mir Gott das Tor zu einem Dienst, der vielleicht der segensvollste meines Lebens geworden ist. Wie vielen sterbenden Kameraden konnte ich in der letzten Minute, ohne lange Predigten, das Heute der Gnade bezeugen! Wie viele luden ihre Sünden ab, beichteten wie der Schächer und starben unter einem offenen Himmel. Noch sehe ich jenen Kameraden vor mir, der kein »Vater unser« beten konnte, weil seine Mutter ihn nicht zum Unterricht geschickt hatte, und der sich dann auf das Kindergebet seiner Oma besann und über diesem Gebet sein Leben aushauchte, nachdem er Frieden gefunden hatte.

Oder ich denke an jenen Unteroffizier aus Thüringen, der, als er mit Bauchschuß vor mir lag und ich ihn fragte, ob wir beten sollten, zu meinem Erstaunen sagte: »Nein« und auf die anderen schwerverwundeten Kameraden zeigte und flüsterte: »Ich kenne den Herrn, geh zu den anderen! Meine beiden Brüder liegen im Osten, ich bin der letzte. Grüß meine Mutter, sie sieht mich wieder bei Jesus!« Selten habe ich eine Todesnachricht so getrost geschrieben wie diese.

Der Soldatendienst ist mir nicht wegen der Disziplin schwer geworden; erschrocken war ich – zumindest in der Etappe – über die Gespräche: Es schien außer Thema 1 und Essen nichts zu geben. Der Mensch, der seinen Gott verliert, vertiert und verliert sich in seinen Herzensgelüsten. Es war mir eine Genugtuung, daß sich wenigstens meine Gegenwart so auswirkte, daß sie es nicht wagten, gemeine Witze zu erzählen, und wenn sie es schon versuchten, erst fragten: »Schläft der Heinrich schon?« Unser Auftrag ist es, Salz und Licht zu sein. Das gelebte Christsein wirkt mehr als das gesprochene.

Wenn man glaubt, die Nähe des Todes mache den Menschen für das Evangelium offener, so ist das nur bedingt richtig. Man kann gleichzeitig beobachten, wie der Mensch der unerfüllten Sehnsuchtshoffnung der Selbsttäuschung verfällt, er müsse alles, was das Leben ihm schuldig geblieben ist, einfordern, indem er seinen Trieben freien Lauf läßt. Die Not lehrt beten; sie lehrt aber auch fluchen und weckt das Tier im Menschen in seinen Trieben. So stehen wir in unseren Anfechtungen immer vor zwei Toren. Über dem einen steht wie bei Hiob: »Ich weiß, daß mein Erlöser lebt«; über dem anderen Dantes: »Ihr, die ihr hier eingeht, laßt alle Hoffnung draußen.« Wenn wir das erstere finden, ist das reine Gnade. Jeder Anspruch und jedes Rühmen ist uns deshalb verwehrt.

Besonders eingeprägt hat sich mir auch eine Erfahrung, die mir für meinen Lebensbericht wichtig erscheint. Sie hatte folgenden Hintergrund: Nach den Gefechten und Schlachten war es oft unmöglich für den Chirurgen, alle Verletzten in der Reihenfolge ihres Eingeliefertwerdens zu behandeln. Mir erschien diese Regelung aber nicht immer gerechtfertigt, weil oft junge Kameraden eher auf den Operationstisch kamen als Familienväter. Weil wir damals noch kein Penizillin hatten, hing nach menschlichem Ermessen alles davon ab, ob ein Schwerverwundeter, etwa bei Bauchschuß, beschleunigt behandelt wurde. Wenn das nicht geschah, kam die Bauchfellentzündung mit mathematischer Sicherheit. Als ich einmal den Chirurgen auf die wartenden Familienväter hinwies, nahm er sich ihrer sofort an. Der Erfolg war, daß ich beim nächsten Gefecht die Entscheidung für die Behandlung treffen sollte. Als die Sankas mit den Verwundeten kamen, ließ ich alle gefährdeten Familienväter, und erst wenn diese versorgt waren, auch unverheiratete Kameraden auf die rechte Seite legen; alle übrigen wurden zur Linken gelegt. Es dauerte nicht lange, da hatten die links Liegenden begriffen, daß sie nicht gleich behandelt werden konnten, daß ihre Lage also hoffnungslos war, und in dem Maße – das war eine erschreckende Entdeckung – wie die Hoffnung auf Behandlung schwand, beschleunigte sich der Tod. Ich hatte nun keine freie Minute mehr, um die zu stärken, die auf Behandlung warten mußten. In der Todeswirklichkeit dieser Welt kommt alles darauf an, daß die Gemeinde Jesu alle Anfechtungen dadurch überwindet, daß sie die Gewißheit hat: Unser Glaube ist der Sieg, der die Welt überwunden hat.

Eine schwere Anfechtung war mir in jener Zeit die Diskrepanz zwischen nationaler Pflicht und meiner Glaubensbindung. Unter dieser Anfechtung habe ich sehr selten gelitten. Ich hatte bald unter Belgiern und Franzosen gute Freunde. Bei dem bekannten Maler van Bellehem ging ich aus und ein. Er hat mir wertvolle Gemälde geschenkt. Einige dieser Leute gehörten zur Widerstandsbewegung und selbstverständlich hörten sie heimlich die feindlichen Sender. Gleicherweise wußten sie von mir, daß ich wohl mein Volk liebte, aber den Hitlergeist verachtete und haßte. Niemals hätte ich diese Leute verraten oder das Vertrauen, daß sie zu mir hatten, enttäuscht. Wer sein eigenes Volk von Herzen liebt, achtet auch die anderen Nationen, ihre Geschichte und ihre Lebensart. Ich betete aus meiner geistlichen Verantwortung heraus: Herr, gib, daß wir diesen Krieg verlieren, denn wir werden mit Hitler zur Sturmflut der Hölle. Gleichwohl wäre es mir unmöglich gewesen, etwa wie die Leute vom 20. Juli, die Lösung in der Beseitigung Hitlers zu suchen. Wenn Gott in allem Geschehen handelt, dann bestimmt er auch die Lebensuhr Hitlers so, daß sie nach seinem Willen ausgeht. Das Ausreifenlassen der Bosheit – ich kannte das von den alttestamentlichen Propheten – gehörte ja zu Gottes Gerichtsstrategie.

Ein großes Geschenk war es mir, als ich Ostern 1944 Urlaub bekam. Welch eine Freude, im Soldatenrock daheim sein zu dürfen! Der Gemeinde am Ostermorgen die Botschaft zu bezeugen: Der Herr ist auferstanden! Daß er wahrhaftig auferstanden war – ach, ich sollte es noch an diesem Ostertag erfahren.

Die Liturgie hatte begonnen. Mein Auge überschaute die Gemeinde mit stummem Gruß. Plötzlich stockte mir das Herz: Die Kirchtür öffnet sich, und ein junger Offizier mit Auszeichnungen auf der Brust betritt den Raum. Er nimmt in der letzten Bank Platz und neigte das Haupt zum Gebet. Habe ich mich getäuscht? Der? Wie ist das möglich!

Die Gemeinde singt das Predigtlied. Wie benommen gehe ich in der Sakristei auf und ab. Meine Gedanken gehen Jahre zurück – zurück bis in die Zeit, wo dieser junge Offizier bei mir im Konfirmandenunterricht war. Wie mancher Stoßseufzer stieg damals für ihn zum Himmel. Jedesmal, wenn ich versuchte, den Kindern den Herrn Jesus vor Herz und Augen zu malen, wurde dieser Junge wie vom Teufel besessen. Entweder piekte er seinen Nebenmann mit einer Nadel, oder er stellte eine scheinbar geistreiche Frage, die die gespannt lauschenden Kinder ablenkte und die Atmosphäre verdarb. Oder, was mich besonders erregte, er machte Bemerkungen mit halblauter Stimme zu den Mitkonfirmanden. Manche Stunde wurde so ein wahres Martyrium.

Als er konfirmiert wurde, ertappte ich mich bei der erleichterten Feststellung, daß diese Not endlich ein Ende hätte. Niemals grüßte er mich mehr, wenn er mir begegnete. In seinen Augen bemerkte ich heimlichen Haß.

Es kam jenes Gestapo-Verhör – er hatte mich angezeigt. Es kam der Überfall, bei dem ich mit knapper Not mit dem Leben davon kam – ich hörte, dieser Junge habe auf der Straße den anderen zugerufen: »Schade, daß sie den Pastor nicht erledigt haben!« Ja, und dann war ich Soldat geworden. Und nun kam dieser verlorene Sohn, um die Osterbotschaft zu hören?

Als ich mit der Verkündigung dieser frohmachenden Botschaft begann, suchten und grüßten mich verlegen seine Augen. Ich fixierte ihn scharf und entdeckte in seinen Augen eine neue Strahlung. Noch nie hatte er so auf die Botschaft gelauscht, so ohne Vorbehalt und Widerstand, so offen! Er war in Person die unmögliche Möglichkeit. Eine namenlose Freude packte mich: Der Herr ist wahrhaftig auferstanden!

Als der Gottesdienst zu Ende war, begrüßte mich als letzter der verlorene Sohn.

»Darf ich Ihnen ein gesegnetes Osterfest wünschen?« Er würgte es von seinen Lippen, ohne mich anzusehen. Ach Herr, vergib! – gerade in diesem Augenblick mußte ich an das Wort denken, das mich einst so bitter machte: Schade, daß sie den Pastor nicht erledigt haben.

»Das wünschst du mir?«

Er schaute mich an, wollte reden und konnte nicht. Wie konnte ich nur so grausam sein!

»Die Losung, mein Junge«, brachte ich heraus.

»Jesus Christus mein Herr«, war die strahlende Antwort. Schon hatten wir uns im Arm. Lange saßen wir im Pfarrhaus noch zusammen. Die Zeit verrann. Er wollte mir über seine Begegnung mit Jesus berichten.

Ich wehrte ab. »Behalte es für dich!«

Schließlich meinte er, ich müsse doch wissen, wie es zu dieser Wende in seinem Leben gekommen sei. Und so begann er:

»Mit meiner Kompagnie bin ich von Sieg zu Sieg bis zum Kaukasus marschiert, dann kam die Niederlage, und alle Kameraden fanden entweder den Tod, oder sie wurden von den Russen gefangen genommen. Mit den letzten beiden Leuten meiner Kompagnie erreichte ich den Terek. Hinter uns russische Maschinenpistolen. Wir sprangen in den Fluß. Nach wenigen Metern versank ein Kamerad in den Fluten. Wieder hörte ich Schüsse, und mit Entsetzen mußte ich erkennen, daß auch der letzte Kamerad in den Fluten versank. In diesem Augenblick geschah das Wunder. Blitzartig erkannte ich mein verlorenes Leben. Warum der Widerstand? Warum der blinde Haß? Ich war auf der Flucht vor meinem eigenen Schatten. Mitten im Terek habe ich laut geschrien: ›Herr, erbarme dich meiner, Herr, hilf mir!‹ In Sekundenschnelle erkannte ich mein ganzes Elend, und da sah ich Jesus, wie Sie ihn uns beschrieben hatten. Am anderen Ufer fiel ich auf meine Knie und übergab dem Herrn Jesus mein Leben. Können Sie das verstehen, daß ich glauben konnte, mir sind meine Sünden vergeben?«

Ich sagte: »Verstehen nicht, aber anbeten.«

In der Tür wandte er sich noch einmal um. »Herr Pastor, ich habe Ihnen schon einmal den Tod gewünscht.«

Ich sagte: »Vergeben und vergessen.« Er kam noch einmal herein. Wir beteten gemeinsam und dankten dem Herrn, daß er uns angenommen hat als begnadete Sünder. Es war das letztemal, daß wir uns sahen. Er ruht irgendwo dem Tag der Auferstehung entgegen.

Wie wichtig ist es doch, daß wir hinter den Widerständen Jesu Siege sehen!

Nachdem unsere Division nach der Invasion zum größten Teil aufgerieben war, wurden wir im Elsaß und dann im Wiesental bei Lörrach neu aufgestellt. In der Freizeit hielt ich in den dortigen Kirchen evangelistische Gottesdienste. Die erwecklichen Aufbrüche danach veranlaßten kurz nach Beendigung des Krieges die badische Kirchenbehörde auf Anregung von Pfarrern im Wiesental, mich um evangelistische Dienste zu bitten. Die bewahrende Gnade Gottes erfuhr ich bei diesem Besuch, der durch eine Sondergenehmigung von der Besatzungsbehörde möglich war. Nach einer Predigt bat eine Besucherin meine Frau und mich mit solcher Dringlichkeit, ihre Gäste zu sein, daß wir die Einladung nicht ausschlagen mochten. Nach dem Essen berichtete sie mir, sie habe mich wegen Verrats bei meiner vorgesetzten Dienststelle verklagt, nachdem ich Weihnachten 1944 in einem kleinen Kreise von Offizieren und Mannschaften, die Christen waren, über die Frage gesprochen hatte: »Was ist unsere Aufgabe als Christen nach dem verlorenen Krieg?« Der Vortrag von mir hatte unter einem Weihnachtsbaum bei einer Pfarrfrau stattgefunden. Die Pfarrfrau, deren Mann Divisonspfarrer war, dachte wie wir. Als wir uns am Abend versammelten, bat sie doch zu gestatten, daß eine Bekannte von ihr, für die sie sich verbürge, den Vortrag von mir mithören dürfe. Wir gaben diesem Wunsch nach; aber was erfuhr ich nun bei dem Gastmahl in der Beichte dieser Frau:

Sie hatte mich am anderen Tage sofort bei dem Divisonsarzt verklagt, der bei ihr wohnte. Als dieser das hörte, habe der versucht, sie zu beruhigen und sich für mich verbürgt. Weil sie sich aber nicht überreden ließ, habe der Divisionsarzt gesagt: Glauben Sie denn etwa noch, daß dieser Krieg gewonnen werden kann? Woraufhin sie den Arzt und mich beim Kommandeur der Division angezeigt habe. Als dieser das hörte, hatte er, scheinbar aufgeregt, den Vorfall protokollieren lassen mit dem Bemerken, die Sache werde erledigt. Dieser Vorfall hatte sich aber, wie ich nun erst erfuhr, dadurch erledigt, daß das Protokoll, eine andere Erklärung gibt es nicht, vom General unter den Tisch gefegt wurde, so daß ich nicht einmal von dieser Sache erfuhr. Es gibt eben Engel Gottes, die, wie einst bei Jakob, mit uns wandern.

V. Die evangelistische Berufung

Neuanfang nach dem Krieg

Nach der Aufstellung der Division wurden wir an die Ostfront verlegt. In der Tschechoslowakei, im Raume Trenchin, erlebten wir dann das Ende des Krieges. Karfreitag 1945 hatte ich noch in der evangelischen Kirche in Trenchin für die Truppen einen Abendmahlsgottesdienst gehalten. Mein Amtsbruder, der auch die evangelische Kirche dort leitete, sah mit mir voraus, daß der Zusammenbruch nur noch eine Frage von Tagen war. Weil er ein in der Tschechei bekannter Mann war, gab er mir einen gestempelten Ausweis für den Krisenfall, daß ich im Widerstand gegen das Hitlerregime gestanden hätte und er sich dafür verbürge. Im Augenblick der Kapitulation, als zur Übergabe abgerückt wurde, hielt ich es für meine Pflicht, noch bei den schwerverwundeten Kameraden zu bleiben. Einer gab mir sterbend seinen Marschkompaß.

Im Augenblick, als die Russen einrückten, konnte ich mich auf abenteuerliche Weise mit Hilfe einer deutschstämmigen Bauernfamilie, die mir Zivilkleider und Lebensmittel gab, auf den Fußmarsch zur Heimat machen.

Den Russen entlaufen, bin ich dann durch die Wälder wie ein Vagabund gewandert. Einmal fiel ich Partisanen in die Hände. Als ich das Schreiben vorzeigte, wurde ich freundlich behandelt und konnte weitergehen. Eine Nacht ist mir unvergeßlich. Mit wunden Füßen, verlaust und verdreckt lag ich in einem Wald bei strömendem Regen. Verzweifelte Gedanken im Herzen, fühlte ich in meiner Brusttasche noch die Bibel. Ich schlug sie auf, ein Streichholz zündete ich an und las: »Fürchte dich nicht, ich habe dich erlöst. Ich habe dich bei deinem Namen gerufen, du bist mein« (Jesaja 43,1). Das Gotteswort erfuhr ich in dieser Nacht mit einer Kraft, die mich alle Sorgen und mich selbst vergessen ließ. Es war ein direkter Gruß aus der Ewigkeit. Wer bei solch einer Begegnung mit dem schöperischen Gotteswort immer nur analytisch und historisch-kritisch eine Erklärung sucht, wird nie erfahren, was für ein Schatz in dem irdenen Gefäß des Wortes verborgen liegt. Ich habe in jener Nacht gesungen: »Welch Glück ist's, erlöst zu sein . . . !« In der einfältigen Gewißheit, daß der Glaubende für alle Lagen rückversichert ist, liegt die Freiheit einer heiligen Sorglosigkeit.

Auf dem Heimweg wurde ich eines Tages von den Amerikanern

aufgegriffen und wegen etwaiger Nazizugehörigkeit von einem Offizier überprüft. In dem Lager am Südharz war die Verpflegung so mies, daß wir halb verhungerten. An einem Morgen ließ der Kommandant mich aufrufen, führte mich in die Offizierskantine, bot mir alle Gerichte an und sagte, daß es ihm eine Ehre sei, mich in seinem Jeep nach Hause zu bringen – in der Tat: er hat mich mit seinem Wagen bis an die zersprengte Allerbrücke gefahren. Als ich den Kirchturm von Ahlden sah, kamen mir die Tränen der Freude. Endlich kam die Fähre. Aber wie erschrak ich – die ganze Fähre war voller Gemeindeglieder, alle erkannte ich, aber sollte mich niemand von denen erkennen? Als wir mitten auf dem Wasser waren, rief plötzlich die Mutter meines Friseurs:

»Unser Pastor, unser Pastor!« Bei dieser Begrüßung lag die Fähre eine Weile still. Am Ufer angekommen, rannte die Frau voraus und rief meiner Frau, die beim Erbsenpflücken war, die frohe Nachricht zu. Meine Frau ließ vor Freude alles stehen und liegen und lief mir entgegen. Einige Meter vor mir blieb sie stehen, entdeckte mein verändertes Aussehen, meine abgemagerte Gestalt im ungewöhnlichen Tiroler Anzug und rief: »Bist du es oder bist du's nicht!«

Ich rief sie nur bei Namen.

Auch in der Gemeinde herrschte große Freude, daß der Pastor wieder daheim war. Die Begrüßung am ersten Sonntag war eine herzliche Begegnung, und ich versprach dem Herrn, mein Gelübde von einst noch völliger zu erfüllen.

In den Wäldern der Tschechei hatte ich in meiner Unbehaustheit eines Nachts gebetet, ich wolle dem Herrn ewig danken, wenn ich in dieser Welt noch wenige Quadratmeter mein Eigen nennen könnte. Nun war mir alles neu geschenkt. Der heilige Wille beseelte mich, besonders der Jugend Weckuhr Gottes zu werden. Ich stand mit ganzer Freude in der Arbeit.

Zunächst war es nicht so leicht, die Gemeinde wieder zu sammeln. Der Flüchtlingsstrom hatte sie um einige Tausend vermehrt. Auch im Pfarrhaus wurde die Wohnung mit ihnen geteilt. Aber gerade die Flüchtlinge aus dem Osten brachten zum Teil tiefes erweckliches Leben mit in den kirchlichen Leerlauf. Wenn es Spannungen gab zwischen den Bauern und den Flüchtlingen, dann in erster Linie wegen mangelnder Opferbereitschaft.

Gretel, meine Frau, hatte während der Kriegszeit allerlei pastörliche Funktionen übernommen. Sie leitete die Frauenkreise, unterrichtete, las im Gottesdienst Predigten und machte Besuche. Sie erreichte dabei manche Herzen, die sich mir verschlossen hatten. So war auch hier wieder eine Einübung nötig.

Wer den ideologischen Zerbruch jener Stunde recht durchlitten hat, wird zugeben müssen, daß darin verborgen ein Anruf Gottes lag, der zu einer geistlichen Erneuerung hätte führen können. Die Kirche hat diesen Anruf Gottes wohl gehört, aber nicht den Mut gehabt, Auftrag und Sendung in geschenkter Buße neu zu finden. Die Kirchenleitungen wurden mit Leuten aus der Bekenntnisbewegung besetzt, aber das Bekenntnis zur schöpferischen Mitte des Evangeliums wurde nicht Anstoß zur geistlichen Erneuerung. Wenn Bischof Lilje später in seinen Erinnerungen von den verlorenen Siegen des Pietismus sprach, so möchte ich diesem wohl begabtesten Kirchenführer jener Zeit den Vorwurf nicht ersparen, daß er mit seinem »Sonntagsblatt« selber nicht auf geistlich klarem Kurs geblieben ist. Als ich ihm später einmal den Vorwurf mangelnder Eindeutigkeit und damit verpaßter geistlicher Gelegenheiten machte, antwortete er, das hätte eine Krisis herbeigeführt, die sein Bischofsamt in Frage gestellt hätte. Daraufhin konnte ich nur antworten, daß in der Kirche diplomatische Anpassung nichts, geistliche Eindeutigkeit der Kirche vom Gesichtspunkt der Ewigkeit her jedoch alles ist.

Die bis dahin von den Deutschen Christen besetzten Bischofsstühle wurden damals zwar gewechselt, aber es gab wenig Persönlichkeiten, die in Vollmacht des Geistes und der Kraft Neuland Gottes gepflügt hätten. Die Kirche wurde neu institutionalisiert, evangelische Akademien, die sicherlich das Gebot der Stunde waren, wurden statt mit Heiligem Geist mit dem Geist des Zweifels und der kritischen Analyse erfüllt. Geistliche Erneuerung jedoch wird niemals durch theologische Dialektik bewirkt; die endet in Selbsterfassung, wenn man das dem Intellekt überhaupt zutrauen will. Mit dem Intellekt kann man ja gewissermaßen alles beweisen, erklären, entschuldigen, und dies aus dem einzigen Grund, daß der menschliche Verstand, dieser Alleskönner, zu jeder Lüge fähig ist, solange er nicht vom Evangelium erhellt wird. Später haben mir Kirchenführer des Nordens immer wieder erklärt, daß sie in jener Stunde des Zusammenbruchs von der reformatorischen Kirche eine Theologie des Kreuzes erhofft hätten, die dann auch den liberalen Modernismus überwunden hätte. Aber wir haben nicht das Wunder kirchlicher Erneuerung herbeigebetet, sondern das deutsche Wirtschaftswunder herbeigeschuftet. Welche Gelegenheiten Gottes wir dabei verpaßt haben, wird die Ewigkeit zeigen.

Die Berufung zum Evangelisten

In erste Konflikte im Blick auf Dienst und Amt geriet ich in der Zeit nach dem Kriege dadurch, daß ich in die evangelistische Berufung kam. Ich habe sie nicht gesucht. Und doch erfüllte mich nach den erschütternden Erlebnissen des Krieges eine leidenschaftliche Sorge, ich könnte die enteilende Zeit nicht für die Ewigkeit gewinnen. Wenn auch John Wesley sagt, daß für einen Evangelisten die ganze Welt die Parochie sei, so gilt das doch nur beschränkt für den Gemeindepfarrer. Vom Gemeindepfarrer erwartete man im allgemeinen nicht mehr, als daß er seinen Dienst in aller »Gottseligkeit und Ehrbarkeit« schlicht und treu tut. Man erwartet, daß er die Kasualien mit Takt und Hingabe durchführt und auch im gesellschaftlichen Leben das rechte Maß an Kontaktfähigkeit hat. Im »Wandel nach väterlicher Weise« will man möglichst ungestört bleiben, gleichzeitig aber auch mit möglichst geringen Opfern rückversichert sein beim lieben Gott. Wer als Pfarrer diese Sperrmauer durchbrechen will, muß mit Widerstand rechnen. Er wird diesen Widerstand um so schneller wekken, je mehr er öffentlich den Zustand der ganzen Gemeinde aufs Korn nimmt und nicht nur den einzelnen zum Objekt seiner diskreten Seelsorge macht. Dabei darf die Konfrontation nicht Konsequenz einer perfekten Predigt sein – geschenkte Vollmacht muß es sein, die dann umso weniger konfrontiert, je mehr sie missioniert. Die sich mehrenden Rufe zu Evangelisationen und Vorträgen brachten mich nach dem Kriege immer stärker in die Kollision zwischen Verantwortung und Pflicht. An dieser Not habe ich schwer getragen. Die geistliche Verantwortung ist dann am größten, wenn das Feld vor der Haustür reif zur Ernte ist, wenn Gott handelt. Muß man dann Gott nicht mehr gehorchen als den Menschen?

Soweit durch die Kirchenbehörden meine Reisen zu evangelistischen Diensten geregelt waren, konnte man freilich nichts dagegen sagen; aber sicherlich wurde an manchen Tagen das Problem auch für die eigenen Presbyter undurchsichtig, wenn ich andernorts zu seelsorgerlichen Diensten gerufen wurde, die unaufschiebbar waren. Wer sich als landeskirchlicher Pfarrer zu diesem Dienst verpflichtet sieht, bekommt ein besonderes Kreuz zu tragen. Von dieser Not, die sich jedoch als geistlich fruchtbar erwies, wurde ich erst durch die Pensionierung befreit.

Es wäre ein Leichtes gewesen, diese Spannung dadurch abzubauen, daß ich mich wie Samuel Keller, der mir in seiner Verkündigung immer Vorbild war, als freier Evangelist etabliert hätte. Zu diesem Schritt gehört freilich feste Glaubens- und Führungsgewißheit. Ohne diese sollte man als landeskirchlicher Pfarrer beachten, daß sich auch in der Beschränkung der Meister zeigen kann. Als Samuel Keller seinem Superintendenten mitteilte, daß er aus dem pfarramtlichen Dienst ausscheiden wolle, schrieb dieser ihm zurück, ob er denn alles an einen Nagel hängen wolle. Keller stellte ihm die Frage: »Hängen Sie denn etwa nicht an diesem Nagel?«

Wegen meiner Versorgung hätte ich keine Bedenken gehabt, zumal Evangelisation und Schriftstellerei immer breiter wurden. Dennoch konnte ich mich zu diesem Schritt, freier Evangelist zu werden, nicht entschließen, und dies aus einem einfachen Grund: Meine lutherisch-pietistische Bindung und meine Liebe zur Kirche waren trotz aller Konflikte, die mir diese Kirche bescherte, stärker. Man hat es mir wahrlich nicht immer leicht gemacht, in diesen Konflikten klaren Kurs zu halten. Aber die Mitglieder meines Kirchenvorstands, die in allen Situationen zu mir standen, erklärten mir immer wieder, daß sie lieber sähen, wenn ich trotz aller auswärtigen Dienste doch in Ahlden bliebe und die Spannung durchhielte. So lehnte ich den Ruf in den übergemeindlichen evangelistischen Dienst ab.

Ob es nun dienstlich berechtigt war oder nicht, lasse ich dahingestellt sein, jedenfalls wurde ich von bestimmten Stellen laufend überwacht. Wenn ich außer der Reihe an einem Sonntag weg war, konnte ich damit rechnen, daß man höheren Ortes davon Wind bekam. Das Sakristeibuch wurde plötzlich überprüft, und der Superintendent war ausgerechnet an diesem Sonntag in Ahlden.

Wäre die Betreuung der Gemeinde nicht gewährleistet gewesen, hätte man solch einen Eifer verstehen können. Aber gerade Ahlden war überdurchschnittlich geistlich versorgt: Sieben Frauenkreise, fünf Jugendkreise, ein Männerkreis und laufende Bibelstunden in allen Gemeinden lassen keinen Zweifel darüber aufkommen, daß der Pfarrer bei über 4000 Seelen mit sieben Außerndörfern dauernd gefordert ist. Der außerordentlich fähige Diakon Wilhelm Wobker und andere treue Mitarbeiter sorgten dafür, daß von geistlicher Vernachlässigung keine Rede sein konnte. Der eigentliche Grund für die Überwachung dürfte darin zu suchen sein, daß ein Pfarrer nicht in das Schema paßt, wenn er die Gemeinde geistlich aktivieren will, was unbequem und deshalb vielen unliebsam ist.

Merkwürdig, es gibt kirchliche Stellen, die nichts dagegen einzuwenden haben, wenn ein Pfarrer nur seinen Kohl pflanzt, seine Bienen züchtet und seine Kaffeekränzchen pflegt und sich dabei um das Seelenheil seiner Gemeinde wenig Kopfzerbrechen macht. Wenn nur die Kirchenbücher und die Kasualien in Ordnung sind, kann ein Pfarrer auch ohne innere Berufung ein von der Welt, vom Konsistorium und von der eigenen Gemeinde geschätzter Mann sein. Wer immer aber in reformatorischer Weise das Evangelium vom Gesetz her verkündigt und die Sünde bei Namen nennt, kommt ohne Schwierigkeiten und Anstoß kaum durch.

Nun muß ich ehrlicherweise zugeben, daß ich meinen über dreißigjährigen Gemeindedienst wohl nicht durchgestanden hätte, wenn Gott nicht die Anfechtungen in der Gemeinde in evangelistische Siege verwandelt hätte. Aber der Widersacher schlief auch nicht. Wenn ich mit meiner Frau nach erwecklichen Aufbrüchen heimkehrte, wußten wir schon oft unterwegs, daß der Satan uns voraus war – »auf daß ich mich nicht überhebe«. Freilich hat die Kirchenbehörde für meine Lage immer ein besonderes Verständnis gezeigt. Im Landeskirchenamt habe ich immer offene Ohren gehabt, wo sich andere Stellen oft reserviert zeigten. Dem Landeskirchenamt möchte ich daher von Herzen danken. Daß ich aber im Spannungsfeld vom Pfarramt und gleichzeitiger Evangelisation nicht aufgerieben wurde, verdanke ich dem Herrn, der in seinem unendlichen Erbarmen mich beglaubigt hat. Im eigenen Ende liegt immer SEIN Anfang.

Durfte ich also je und dann, im Blick auf den Herrn gehalten, anderswo und auch in der Gemeinde reife Ernte einbringen, so hinderte das nicht, daß ich Mißverständnissen ausgesetzt war und verdächtigt wurde, meine Gemeindearbeit zu vernachlässigen. Diese Anschuldigung war im Blick auf die vorgenannten Tatsachen einerseits lächerlich, andererseits aber auch seitens derer verständlich, die nicht unmittelbar in der Gemeinde mitarbeiteten und von daher sahen, wie verzahnt diese Zusammenarbeit war und welche geistliche Kapazität etwa im Gemeindediakon zur Stelle war, wenn ich »Außendienst« hatte.

Die Zeit der Entnazifizierung

Meine früheren Feinde tarnten sich bald als Freunde, um meine Fürsprache bei der Entnazifizierung zu erreichen. Obschon ich nach Möglichkeit dazu bereit war, wandelte das keineswegs die Gesinnung. Wenn man glaubt, man könne ein Menschenherz durch Güte und Liebe wandeln, so ist das ein großer Irrtum. Geistliche Vorbehalte, besonders wenn sie dämonisiert sind – das meint, wenn sie in der Verdoppelung der Existenz gelebt werden – schwelen weiter.

Hatte ich gelernt, auf üble Nachrede nicht allzu viel Gewicht zu legen und nicht jeden Köder des Feindes ernst zu nehmen, so merkte ich doch einen verborgenen Widerstand, der mir die Arbeit schwer machte. Das Wesen vollmächtiger Seelsorge ist es, hinter diesen Widerständen Jesu Siege zu erglauben. Das wurde mir in meiner Gemeinde durch die Schleifsteine der Hölle oft schwer gemacht. Die Ruhe und Gelassenheit, die den Christen adeln und ihm Überlegenheit geben, haben mir oft gefehlt. Wenn wir Jesus dienen, sind wir bei weitem noch nicht seine Nachfolger. Anfechtungen werden erst überwunden, wenn wir ein aufrichtiges Ja dazu finden. Wir sind nur frei von uns selber, wenn wir mit Martin Luther glauben, daß Gott in allem Geschehen handelt.

In meiner Gemeinde war ein Mann, der mich oft bis zur Weißglut ärgerte. Was immer ich predigte oder tat, er verdächtigte alles. Ich versuchte, ihn liebevoll zu korrigieren, aber es war unmöglich, weil er von meinem Amtsvorgänger inspiriert war. Der Kirchenvorstand legte mir nahe, die Reden dieses Mannes nicht ernst zu nehmen, und protokollierte das auch im Kirchenbuch. Doch der erklärte, er würde mich, was immer auch kommen möge, im Verein mit früheren Parteileuten von Ahlden wegbringen. Ich tat das beste, was jeder Christ in solchen Fällen tun kann: Ich legte die Sache betend in Gottes Hand. Und was geschah? Gerade, als ich das Problem Gott übergeben hatte, ging er an einem Morgen über die Straße, sah ein Auto nicht und wurde tödlich verletzt. Durch die Gemeinde ging ein Schock. Ein anderer Pfarrer aus der Bekanntschaft beerdigte ihn.

Die Konflikte führten zu einer ernsten Krisis, als ich für einen Ahldener Jugendtag Martin Niemöller als Redner wählte. Aus seinen Dahlemer Predigten war er mir bekannt als eine Persönlichkeit, die sich unerschrocken und zielsicher bewährt hatte. So wenig ich später Niemöllers politischen Überzeugungen folgen konnte, so sehr habe ich ihn doch in seiner christlichen Haltung bewundert. Der Mut zum Martyrium hat ihm nie gefehlt. Als er mir nach seiner Moskaureise eine Zusage für den Ahldener Jugendtag gab, erregte das den Unwillen der Heimkehrerverbände. Man verlangte von mir, ihn von der Rednerliste abzusetzen. Eine Hetzkampagne in den Zeitungen begann. Um der Freiheit der Verkündigung willen lehnte ich geistliche Bevormundung ab. So waren die Vorbereitungen des Jugendtages von viel Unruhe begleitet. Als es endlich so weit war, fuhren Lautsprecherwagen durch den Ort; ein größeres Polizeiaufgebot mußte alles überwachen, aber der erwartete Tumult blieb aus. In seltener Gelassenheit sprach Niemöller über den Text: »Ich habe ein großes Volk in dieser Stadt« (Apg. 18,10).

Nach dem Jugendtag versuchte man, mir durch ein Ermittlungsverfahren Schwierigkeiten zu machen. Als das nicht gelang, formulierten sonderlich meine Gegner aus der Nazizeit und im Amtsgericht eine Anklage beim Landeskirchenamt mit 28 Anklagepunkten. Theologische Gegner halfen aus dem Hintergrund. Die Absicht war, den unbequemen Erweckungsprediger unter allen Umständen von Ahlden wegzubringen.

Eines Tages nun hielt der Jurist vom Landeskirchenamt ein mündliches Verhör. Als er vom Morgen bis zum Abend die Zeugenkette überprüfte, blieb von der Anklageschrift nicht das geringste mehr übrig. Nach dem Verhör stöhnte er: »Wie ist so etwas nur möglich!«

»Dadurch, daß der Feind im Dunkeln Unkraut sät«, antwortete ich.

Und der Personalchef im Landeskirchenamt riet: »Sie dürfen vor dieser traurigen Gesellschaft keine Fliege machen. Sie müssen in Ahlden bleiben. Würden Sie die Stellung wechseln, dann würden ihre Gegner triumphieren. Bleiben Sie mit Gottes Hilfe in Ahlden wie bisher treu an Ihrem Platz!«

Und so geschah es.

Mit Bewegung denke ich daran, daß mir Diakon Wilhelm Wobker und die Gemeindehelferin Fräulein Sczepan in restlosem Einsatz für die Wahrheit treu zur Seite standen und in Hingabe und Einsatz all die treuen Beter im Gebetskreis; daß während der Verhöre meine Gebetskreise eine ununterbrochene Gebetskette bildeten. Eine Frau ließ ihre Wäsche stehen und sagte, daß sie unruhig geworden sei und auf höheren Befehl kommen mußte. Diesen Betern verdanke ich es, daß die mit diplomatischer List gebaute Grube nicht mir, sondern meinen Gegnern zum Verhängnis wurde. Die Losung des Tages war: »Ich will dich halten wie einen Siegelring!« Ich erlebte an diesem Tage ihre Erfüllung.

In jenen Tagen wies mein alter geistlicher Freund, Pastor Bartmann aus Dielingen, in meiner Sache das LKA auf einen Minden-Ravensberger Erweckungsprediger hin, der sagte: Alle Beschwerden, die mir erst soviel Sorgen machten, sind jetzt lauter Verdienste.

Aber so weit war es bei mir noch lange nicht. Ich wurde nun wegen angeblicher Vernachlässigung der Gemeinde vor einen außerordentlichen Konvent geladen. Der Kirchenvorstand stand wieder geschlossen hinter mir. Als der Konvent begann, erklärte der Superintendent, der wohl menschlich verbindlich, aber ohne geistliche Autorität war, der eigentliche Grund dieser Vorladung sei ein anderer: Ich hätte, so sagte er, einem Amtsbruder gegenüber erklärt, eine hohe kirchliche Stelle habe mir empfohlen, mich vor ihm – dem Superintendenten – in acht zu nehmen. Ich solle diese Stelle nennen.

Tatsächlich hatte ich das einem Amtsbruder vertraulich gesagt, und der hatte es also weitergetragen. In diesem Augenblick habe ich die Klugheit des damaligen Personalchefs Ködderitz bewundert. Er nahm mit großer Gelassenheit zu dieser Anschuldigung Stellung, indem er erklärte, er könne sich zwar nicht mehr genau erinnern, er halte es aber durchaus für möglich, daß er bei den bisherigen ungerechten Vorwürfen wohl eine solche Äußerung gemacht haben könne. Gleichzeitig bestätigte er mir von dem LKA die Bewilligung eines größeren Zeitraums für Evangelisation.

Wieder ging die Sache aus wie das Hornberger Schießen.

Im Rückblick auf all diese Schwierigkeiten habe ich lernen müssen, nicht jede Verdächtigung oder Verleumdung so ernst zu nehmen, daß man sich darüber aufregt. Wer sich als Christ aufregt, hat in den meisten Fällen Unrecht, weil der Versuch der Selbstrechtfertigung unterschwellig mitläuft. Natürlich sollte ein Pfarrer, wenn die Amtsehre durch eine Verleumdung belastet wird, nicht zögern, sie möglichst außergerichtlich, aber doch eindeutig zu klären, daß der Dienst nicht belastet wird. Ich habe allerdings in zwei Fällen auch einen Rechtsanwalt bemühen müssen. Aber am besten gibt man in solchen Situationen alles in die Hand des Herrn. Seitdem ich das ganz konsequent tue, habe ich mir selber viel Not erspart und gleichzeitig erfahren, daß auf diesem Wege die Anfechtung am schnellsten überwunden war. Der Herr selbst deckt seine Kinder vor den giftigen Pfeilen, wenn sie ihm ganz vertrauen.

Gogarten oder Kampf der Eitelkeit

In den schwersten aller Konflikte geriet ich aufgrund einer charakterlichen Schwäche, mit der der Herr nun offensichtlich einmal fertig werden wollte, so kräftig stieß er mich darauf: es war eine kleine, aber nicht unwirksame Eitelkeit. Sie führte mich an den Rand einer Selbsttäuschung, die meinem Leben eine völlig andere Wendung zu geben im Begriff war.

Während meines Studiums hatte mich neben Karl Barth besonders auch Gogarten beeindruckt. So versuchte ich nach dem Kriege mit letzterem neue theologische Kontakte aufzunehmen. Aus der Lektüre seiner Schriften glaubte ich schließen zu dürfen, daß er den modernen Menschen in seiner Denknot verstehe und ihn nun so abzuholen und anzusprechen suche, daß es zu einer Begegnung mit der zentralen Mitte des Evangeliums komme. Weil mein eigener Weg in der Klärung der Wahrheitsfrage selber von Nietzsche über Kierkegaard geführt hatte, war ich auch der Meinung, daß es dem Begründer des Existenzialismus, Sören Kierkegaard, weitgehend gelungen sei, die

Wirklichkeit des Evangeliums so modern zu bezeugen, daß damit keine Veränderung in der Substanz verbunden war. Ich kam mit Gogarten überein, bei ihm über das Thema »Rechtfertigung und Heiligung bei Luther und Bezzel« zu promovieren.

Schon vor dem Kriege hatte ich von Gogarten ein Thema bekommen: Ich sollte über den Unterschied von natürlicher Eschatologie und Glaubenseschatologie schreiben. Weil ich dabei naturgemäß zu Ergebnissen kam, die nicht im Sinne des Dritten Reiches lagen, hatte er ernsthafte Bedenken, die Arbeit der Fakultät vorzulegen. Mit dem Professor glaubte ich nun, durch eine Arbeit, die die Grundstruktur der Theologie Bezzels mit der Luthers vergleicht, viel Gewinn für die theologische Praxis zu erhalten. Doch ich wurde eines anderen belehrt. Das Ärgernis des Kreuzes in seiner rettenden Struktur wurde in der Dialektik von Bultmann und Gogarten so entschärft, daß es keinen Anstoß mehr zu einer Bewegung gab, die in Buße und Bekehrung Veränderung schafft. Die sogenannte Beseitigung der Denknot ging in Wahrheit auf Kosten der Existenznot.

Als ich das erkannte, fiel mir tatsächlich ein großer Gewinn für meine theologische Praxis in den Schoß. Je mehr ich den größten Sohn der bayrischen Kirche verstehen lernte und zu seinem Schüler wurde, erkannte ich die Gefahr einer Theologie, die in ideologischer Selbsterfassung endet. Hermann Bezzel wurde in meiner theologischen Ausrichtung nächst Luther zu meinem geistlichen Vater, dem ich bis in die Ewigkeit Dank schulde. Das Ergebnis dieser Arbeit liegt in meinem Buch »Christus oder Chaos« vor, zu dem Professor Radschow das Vorwort schrieb.

Die Frage der Promotion war damit vom Tisch. Der Griff nach den Sternen des akademischen Himmels wurde zum demütigen Dankgebet für die Frucht dieser Arbeit und noch mehr für die weise Führung Gottes aus eitler Selbsttäuschung heraus.

Dennoch – wenn auch bei nächtelangen Besprechungen und Überlegungen die Unterschiede zwischen meiner lutherisch-pietistischen Ausrichtung und der von Fichte mitbestimmten idealistischen des Professors deutlich wurden – die gemeinsame Arbeit war doch recht befruchtend. Gogarten glaubte in mir einen Theologen zu sehen, der, wie er meinte, als Pietist theologisch zu einer kritischen Denkarbeit fähig war. Ich verdanke ihm viele Anregungen und Denkanstöße, und ich habe von ihm viel gelernt.

Nachdem die Dissertation fertig war und wir über das Rigorosum gesprochen hatten, kam es zu einer Entfremdung. Gogarten suchte mich für den akademischen Lehrauftrag zu erwärmen; in vertraulichen Gesprächen stellte er mir sogar vor, ich könne einmal seinen

Lehrstuhl einnehmen. Das blieb nicht ohne Eindruck auf mich. Doch schon kurz darauf sah ich wieder klar.

Mehr oder weniger verhüllt ließ mich Gogarten wissen, daß ich als Systematischer Theologe für die Universität nur tragbar sei, wenn es für mich grundsätzlich keinen Heiligen Geist mehr gäbe. Den gäbe es nur für das Volk. Diese Aussage ergänzte er noch am nächsten Tag, als ich mich anschickte, einen Mann meiner Gemeinde zu beerdigen und er mich nach dem Predigttext fragte. Ich antwortete etwas ausführlicher und sagte:

»Wir liegen alle im Krankenhaus mit der Krankheit zum Tode, bewußt oder unbewußt, mit gelebter Verzweiflung. Nur mit einem Unterschied: die einen liegen auf der rechten Seite als solche, die eine lebendige Hoffnung haben, die sind auf dem Weg zur Genesung; die anderen liegen auf der linken, sie haben keine Hoffnung. Der Mann, den ich zu beerdigen habe, lag im Leben auf der rechten Seite. So meine ich, den Text auslegen zu können: ›Jesus lebt, nun ist der Tod mir der Eingang in das Leben.‹«

Aufgeregt erwiderte Gogarten: »Eben das können Sie nicht!«

»Aber was darf denn mit intellektueller Redlichkeit gepredigt werden?«

Bei der Beerdigung von Max Planck habe er im Grunde nur über die Worte gesprochen: Er ruht in Gott.

Weil ich plötzlich die Prämisse seines Denkens erkannt zu haben glaubte, fragte ich:

»Sie meinen, Herr Professor, er ruht in der Idee Gottes?«

»Genau das meine ich!«

Damit kam es zum Bruch, und der Graben war auch nicht mehr mit Hilfe der Dialektik zu überbrücken. Ich erwiderte:

»Ich verzichte auf die Promotion. Welten liegen zwischen uns. Schon im theologischen Ansatz sind wir verschieden. Nach meiner Meinung bewegen Sie sich in einem großen Irrtum, wenn Sie geglaubt haben, von Fichte zu Luther gekommen zu sein. Verzeihen Sie mir, wenn ich Sie in dieser Selbsttäuschung sehen muß. Sie sind niemals zu Luther gekommen, wenn Luthertum Glaube in getroster Verzweiflung ist, wenn man mit Luther weiß, Gott handelt in allem Geschehen. Wie kann man Gott Gott sein lassen, wenn die Erfüllung unseres Glaubens darin besteht, daß man in der Idee Gottes ruht! Sie stehen immer noch bei Fichte. Wenn das alles ist, daß ich in der Idee Gottes ruhe, dann sehe ich nicht, worin der wesentliche Unterschied zwischen Atheismus und Christentum besteht.«

Dieses Gespräch ist mir im Gedächtnis geblieben, weil ich es so oft wiederholen mußte: meiner Frau gegenüber, meinen kirchlichen

Vorgesetzten, Freunden und Gemeindegliedern, die ja alle damit rechneten, daß sie es bald mit einem Dr. theol. zu tun hätten.

Ich verdanke es in erster Linie meiner Frau, daß ich standhaft blieb. Sie sagte zu mir, nachdem ich ihr alles berichtet hatte:

»Wenn du in diesen Zug gestiegen wärst, würdest du in eine falsche Richtung gefahren sein; dann endest du nicht am Ziel, das dir Erfüllung bringt.«

Sie hat recht behalten, denn hätte ich in jener Stunde einen Kompromiß gesucht, wäre vieles nicht geworden, was unser Leben so überaus reicht gemacht hat. Wenn wir die Einfalt des Glaubens verlieren, bedeutet Gewinn immer Verlust. Und doch muß ich bekennen: Es war mir nicht leicht, meinen Ehrgeiz zu begraben und dem Herrn mehr zu vertrauen als meinen Gedanken, die Erfolg und Frucht verwechseln wollten.

Vor einiger Zeit hat es mich bewegt, als mir ein befreundeter Pfarrer in einer stillen Stunde erklärte, worin das eigene Verschulden in seiner Lebensführung läge. Er meinte, daß in seinem Leben vieles anders geworden wäre, wenn er der Führung Gottes unmittelbarer vertraut hätte. Er habe fünfmal in seinem Leben die Pfarre gewechselt, immer mit dem geheimen Gedanken, sich dabei von Schwierigkeiten zu befreien, aber doch auch, Gottes Willen zu tun. Er habe nicht gemerkt, daß der Wunsch der Vater der Gedanken gewesen sei und habe deshalb erleben müssen, daß er immer nur die Schwierigkeiten gewechselt habe.

Auf Grund meiner eigenen Lebensführung glaube auch ich, daß die Gelegenheiten Gottes vor der Haustür liegen.

Wenn mich in jener Zeit manche Rufe erreichten, die mir manches Angenehme brachten und die einer Beförderung gleich kamen, so bin ich doch dankbar, daß ich geblieben bin. Es gehört zu den Erfahrungen meines Lebens, daß uns der Heilige Geist, wenn er uns fruchtbar machen will, mehr in Schwierigkeiten und Tiefen als in ein angenehmes und geruhsames Leben führt.

Wenn Brüder vor dämonischen Wänden zerbrechen wollten und wenn die Arbeit ohne jede Freude geschah, dann habe ich ihnen wohl geraten, den Platz zu wechseln. Es kann aber auch sein, daß in den Schwierigkeiten der Herr bei uns zum Zuge kommen will. Nichts fördert die verborgene Eitelkeit mehr, als wenn man uns in unserem Amt und Dienst nur bewundert. Der Heilige Geist verklärt keinen menschlichen Namen, sondern den Namen Jesu. Er offenbart sich mehr in erfüllter Wirklichkeit als in vielen Worten. Nichts steht aber dem Namen Jesu so im Wege wie unser ungebrochenes, selbstsüchtiges und eitles ICH. Nichts bringt uns deshalb der Vollmacht näher als der völlige Zerbruch im Eigenen. Wie ein heiliger Schrecken durchfuhr es mich im Düshorner Wald, als ich die Pistole an der Schläfe hatte. War mein Leben wirklich in das Bild Christi verwandelt? War mein Personsein wirklich geschenkte Persönlichkeit? War mein Dienst frei von Eitelkeit und Selbstgefälligkeit? In den Schrecken jener Minute und in den anderen Hiobsstunden meines Lebens habe ich Luther begriffen: »Die Angst mich zum Verzweifeln trieb, daß nichts denn Sterben bei mir blieb, zur Hölle muß ich sinken.« Es ist das Paradox des Glaubens, daß sich mitten in der Unheilsgewißheit das Geheimnis der Heilsgewißheit im Kreuz Christi offenbart. Hier wird erfahrbar: »In der Welt habt ihr Angst, aber seid getrost, ich habe die Welt überwunden.«

Wir sollten, wenn wir Jesu Jünger sind, uns vor nichts mehr fürchten als vor unserem ungebrochenen ICH. Nur mit Bruchsteinen baut Gott sein Reich. Es sind die Bettlerhände, die das Himmelreich empfangen. Wer nie das Eigene verlor, wird nie fähig zum Opfer.

Bezzel sagt: »Wer an jenem Tage zu Jesus sagen wird, ich habe meine Pflicht getan«, dem wird er antworten: »Wenn du nur deine Pflicht getan hast, dann hast du gar nichts getan. In meinem Kreuz suchte ich nicht deine Pflicht, sondern dein Opfer.« Nur aus dem Opfer wird die Frucht. Nur im Verlust der eigenen Mitte entdecken wir, daß der Glaube das Geschenk eines großen Herrn ist.

»Aus der Enge in die Weite, aus der Tiefe in die Höh'
führt der Heiland seine Leute, daß man seine Wunder seh.«

Der Ahldener Jugendtag

Wenn ich an die Anfänge des Ahldener Jugendtages zurückdenke, werden Spuren Gottes deutlich, die zu Dank verpflichten. Der Anstoß war bei mir selber sicher die Not der Hagar: »Ich kann nicht ansehen des Knaben Sterben.« Auf den Schlachtfeldern zu verbluten ist schlimm, das hatte ich zur Genüge erfahren. Die Stoßgebete sterbender Kameraden, ihre Schreie nach Hilfe hatte ich nachts auf den Hauptverbandplätzen gehört. Aber war das Sterben der geistlich Toten nicht viel schlimmer? Kam für die Kirche jetzt nicht alles darauf an, die Jugend zu einer Begegnung mit Jesus Christus zu führen? Im Trümmerfeld zerbrochener Hoffnungen erging es mir wie Jeremia: Ich konnte nur beten und seufzen wie im letzten Kapitel seiner Klagelieder: »Herr, bringe uns wieder heim, daß wir wieder zu dir kommen!«

Unmittelbar nach meiner Heimkehr richtete ich im Pfarrhaus regelmäßige Jugendstunden ein. In den Wirtschaften und Schulen der Außendörfer geschah das gleiche. Mit allen möglichen Themen und Fragen holte ich die Jugend ab, um sie zum Verständnis der eigentlichen Not zu führen. Wenn das geschenkt wurde und die Lebensfrage angesprochen war, kam es zur Beichte und Seelsorge. Die Begegnung mit Jesus brachte spürbare Veränderung in das Leben der Jugendlichen und weckte ihre Freude zum Einsatz an der geistlichen Front. Aber der Anstoß, der Jugendarbeit größere Weite zu geben, kam von zwei jungen Männern, von denen der eine gegenwärtig in Kanada ist – seine Geschichte habe ich erzählt. Der andere junge Freund kam nach Beendigung des Krieges an einem Abend zu einer Aussprache zu mir. Er hatte verstanden, was ich wollte, und meinte, es gehe in unserer Jugendarbeit zu wie auf einem Schiff, auf dem der eine Dampf macht und die anderen fahren. Es bleibe alles zu sehr im erbaulichen und beschaulichen Raum.

»Unsere Jugendarbeit muß verbindlich werden, wir müssen im Blickwechsel auf Jesus zum Schrittwechsel kommen. Die geistliche Lähmung muß überwunden werden. Herr Pastor, ich bin unruhig geworden und möchte Ihnen gern helfen.«

Da saß dieser junge Mann vor mir, eine heilige Unruhe trieb ihn, daß er wie ich nach Wegen suchte, die Jugend zu gewinnen und sie nicht ihrem Schicksal zu überlassen. Er arbeitete gegenwärtig bei einer Behörde, sei aber bereit, dort zu kündigen und für ein Taschengeld bei mir zu arbeiten.

Dieser Einsatzwille bewegte mich tief. Für mich war diese Begegnung ein Geschenk Gottes. Der junge Mann kündigte, und ich erklärte mich bereit, ihm sein Gehalt zu zahlen. Mit großer Freude stellte er sich in den Dienst. Er scheute keinen Weg und keine Mühe und lud als Mithelfer Gottes ein, wen er fand.

Doch die Arbeit war oft schwierig und voller Widerstände. Ich hatte in der Gemeinde pastorale Autorität, aber ihm nahm man den Einsatz nur mit Vorbehalt ab. Die Arbeit wurde für ihn noch dadurch erschwert, daß er Mennonit war. Um jeden Anstoß zu vermeiden, war er aber in die lutherische Kirche eingetreten.

Obwohl ich die Jugendkreise wachsen und lebendiger werden sah, wurde mir diese Anstellung zu einer Anfechtung. Wie leicht vergessen wir, daß wir nicht um Lohn, sondern um Frucht arbeiten. Die Anfechtung bestand darin, daß ich, um die Kirchenkasse nicht zu belasten, sein Gehalt aus meiner Tasche zahlte. Mit Beschämung muß ich eingestehen, daß ich mich mit der Frage herumschlug: Lohnt sich auch das Geld, das ich in diese Sache stecke? Habe ich mich nicht zu eilig verpflichtet? Während ich diesem Gedanken nachhing, kam eines Morgens der Postbote mit einem eingeschriebenen Brief, in dem sich ein Scheck über tausend Mark befand. Ein Mann aus meiner Gemeinde, an den ich wahrlich nicht gedacht hatte, schrieb, daß er unruhige Nächte habe, weil er merke, daß mir die Jugendarbeit so am Herzen liege, und er fühle sich verpflichtet, mir mit diesem Scheck zu helfen.

Selten habe ich mich wegen meines Unglaubens so geschämt wie an diesem Morgen. Nach erfolgreichem Dienst ging der junge Mithelfer über den Einsatz bei Johannes Busch zur CVJM-Sekretärschule nach Kassel.

Geistliche Bewegungen haben eine geheimnisvolle Tiefe. Es ist der größte Irrtum, wenn man glaubt, man könne sie organisieren. So war es auch mit der Jugendarbeit in Ahlden. Die Jugend sammelte sich aus eigenem Antrieb immer wieder auf der großen Diele des Pfarrhauses zu Gebetsstunden. Gemeinsam wurde überlegt, wie wir in den Außendörfern Jugendnachmittage durchführen könnten. Die Liebe macht erfinderisch, und der Heilige Geist kommt mit einem geringen Maß von Organisation aus. Wurden die Jugendnachmittage irgendwo im Freien gehalten, kamen auch die Erwachsenen dazu. Die Zeugnisse der Jugend fanden ein weites Echo.

Da war es am Ende kein Wunder, daß wir schon im Jahre 1946 den ersten Ahldener Jugendtag durchführten. Mit wenigen hundert Leuten begannen wir; von Jahr zu Jahr wuchs er zu Tausenden von Besuchern. Die Jugendtage wurden Anstoß zu einer Bewegung für die ganze Gegend. Immer wieder haben mir Amtsbrüder prophezeit, das sei eine Selbsttäuschung, das Gegenteil würde eintreten. Aber Gott war größer als unser Herz. Wären die Jugendtage nur menschliche Begeisterung gewesen, wir hätten bei all den Widerständen kein Durchstehvermögen gehabt. Gewiß ist eine gesunde Kritik richtig und wichtig, aber wer sich im geistlichen Aufbruch nur nach den Kritikern ausrichtet, für den wird nie das Wort Goethes in Erfüllung gehen: » . . . daß sich ein großes Werk vollende, genügt ein Geist für tausend Hände.« Das beziehe ich nun gewiß nicht auf meinen Geist, sondern ich meine – auch ohne Pfingstler zu sein – daß der Heilige Geist selber das Geheimnis des Jugendtages wurde.

Manche meinten auch: Wie kann man von der Jugend nur verlangen, daß sie von morgens 9 Uhr bis nachmittags 17 Uhr unter der Verkündigung des Gotteswortes das Hörvermögen aufbringt! Wenn in Vollmacht gepredigt wird, ist die Botschaft zeitlos. Es ist ein Irrtum der modernen Propheten, wenn sie meinen, man müsse der Jugend das Evangelium nur verfremdet und gestückelt und eingewickelt anbieten. In der Kritik waren wir den einen zu kirchlich, den anderen zu erwecklich; aber in, mit und unter diesen Vorurteilen schenkte der Herr neues Leben. Freilich mußte einer da sein, der sich in geistlichem Gehorsam zum Motor des Jugendtages machen läßt, und das tat ich mit großer Freude. Wo diese Voraussetzungen vorhanden sind, wird die Botschaft zu einer ansteckenden Bewegung.

Vor einiger Zeit habe ich das in Kassel erlebt. Mit Beat-Fans und Gammlern saß ich die ganze Nacht zusammen und erlauschte hinter all der Kritik und hinter all den Vorwürfen gegen die Kirche ein verborgenes Fragen und Suchen nach Begegnung mit Jesus Christus. Die ganze Gruppe ging am anderen Morgen um zehn Uhr zum Gottesdienst. Die Kirchenbesucher hatten wohl solche bärtigen und mähnigen Gestalten kaum je in der Kirche gesehen. Aber selten habe ich so freudig gesprochen, und die Botschaft kam an.

Der erste Ahldener Jugendtag ist in meiner Erinnerung besonders lebendig geblieben und, wie ich hoffe, auch in der Gemeinde. Es war ein sehr heißer Tag, und die Gemeinde war in der Gefahr, in der Sonnenglut müde zu werden. Da betrat der Schulrat Fischer das Rednerpodium. Er begann seine Ansprache mit dem Anruf:

»Hoffmann, hast du Jesus schon gesehen?«

Er wiederholte den Anruf einige Male und wußte nicht, daß in der Jugendgemeinde der Bauer Hoffman aus Ahlden saß. Infolge der Direktheit des Anrufes horchte nicht nur Hoffman, sondern die ganze Gemeinde auf. Alle richteten ihren Blick auf Hoffman. Da fuhr der Schulrat Fischer fort: »So fragte ein Häuptling den Missionsinspektor Hoffmann auf der heidnischen Südseeinsel Nias während einer Predigt. Hoffmann übersetzte damals gerade das Neue Testament in die Sprache der Südseeinsulaner. Er antwortete dem Häuptling: ›Nein, ich habe Jesus nicht gesehen‹ und predigte weiter. Nach einiger Zeit rief der Häuptling: ›Wenn du Jesus nicht gesehen hast, dann muß ihn deine Frau gesehen haben.‹ Hoffmann: ›Meine Frau hat ihn auch nicht gesehen‹ und predigte weiter. Da rief der Häuptling wieder: ›Wenn deine Frau ihn nicht gesehen hat, dann gewiß deine Kinder oder ein anderer Verwandter!‹ In diesem Augenblick bekam Hoffmann eine Erleuchtung. Er suchte für die Übersetzung des Wortes ›Glauben‹ einen Ausdruck in der Inselsprache. Plötzlich hatte er ihn gefunden: An Jesus glauben heißt – und so übersetzte er nun auch – ihn mit dem Herzen sehen.«

Es ist verständlich, daß bei diesem Bericht der erste Ahldener Jugendtag allen deshalb in Erinnerung geblieben ist, weil die Frage: »Hoffmann, hast du Jesus schon gesehen?« nicht nur auf Hoffman, sondern auf alle Zuhörer wie ein Fanal wirkte.

Die Kette der Jugendtage wurde dann im Laufe der Jahre nur einmal auf Bitten des Landesjugendpfarramtes unterbrochen. Man bat uns, zu Gunsten des Landesjugendtages auf der Marienburg auf den eigenen zu verzichten. Aber weil ausgerechnet dieser Tag völlig verregnete, erhob sich ein Sturm von Bitten, künftig den Ahldener Jugendtag jährlich durchzuführen.

Wenn ich an den Stapel der Briefe zurückdenke, die nach den ersten Jugendtagen bei uns eingingen, stehen mir die Zeugnisse am deutlichsten im Gedächtnis, in denen bekannt wurde, daß nicht etwa die Reden und die Vorträge den Anstoß geschenkt hätten, zu Christus zu kommen, sondern die Unmittelbarkeit der Gebete am Abend vor dem Jugendtag und auch bei den Gebetsversammlungen am Jugendtag selber. Es gab da Briefe, die uns tief ergriffen und immer wieder ermutigt haben.

Bezzel sagt, daß wir, wenn wir ein Geheimnis mit der Sünde haben, unser Leben als gelebte Lüge leben; daß wir es aber wirklichkeitsecht leben, wenn wir ein Geheimnis mit Jesus haben. Das geschieht dort, wo sich das Jesuswort verwirklicht: »Wer aus der Wahrheit ist, der höret meine Stimme« (Joh. 18,37). Offenbar haben viele diese Stimme Jesu in, mit und unter den Stoßseufzern und Gebeten der anderen Jugendlichen so mit dem Herzen gehört, daß sie den Schritt über die Linie wagten.

Die Vorurteile, die man gegen den Ahldener Jugendtag hatte, fielen automatisch, sobald der Heilige Geist im schöpferischen Wort mit der Lebensfrage die Existenzmitte ansprach. Von der Barmherzigkeit Christi her habe ich auf vielen Jugend- und Studententagungen lernen müssen, eine Jugend im Widerstand ernster zu nehmen als eine Jugend, der kirchlich alles egal ist. Wenn die Volkskirche allen alles sein möchte, ist ihre Vollmacht in Frage gestellt. Hat sie nur Dialektik, gerät sie in einen furchtbaren Schwund.

Die Brücke zwischen Heiligkeit und Lächerlichkeit ist am kürzesten, wo man mit Institutionalismus und Weihrauch das ersetzen möchte, was nur der Heilige Geist schafft. Sicherlich will auch die Welt eine möglichst unverbindliche Kirchlichkeit. Jesus aber sagt nicht: An ihren Erfolgen und diplomatischen Künsten sollt ihr sie erkennen, sondern » . . . an ihren Früchten«! Die Fruchtfrage allein ist die Testfrage der Ewigkeit, und da werden die Ersten die Letzten sein. Eine Kirche, die nicht hinter den Widerständen die Siege Jesu erglaubt, hat ihren Lohn dahin.

Was die Jugend von der Kirche erwarten kann, ist Begegnung. Sie sucht als Voraussetzung dazu Offenheit und Unmittelbarkeit, und beides ist nicht machbar. Wo sie geschenkt werden, macht die Begegnung frei zum gegenseitigen Verstehen. Echte Begegnung hat keine Vorbehalte. Sie ist mehr als nur Kontakt zum anderen. Man kann nämlich tagaus tagein in Beruf und Geschäftsleben, in Ehe und Familie mit dem anderen umgehen und verbunden sein und ist ihm doch nie begegnet. Auch Dialoge schenken noch keine Begegnung, da sie einstudiert und deshalb getarnt und verlogen, ja, sogar dämonisch überlagert sein können. Hier lag die Gefährdung unserer Akademien mit ihrer gesuchten und organisierten Betriebsamkeit. Der Intellekt ist ohne Herz begegnungsunfähig, das hat Martin Buber schon erkannt. Man kann Begegnung durch Organisation vorbereiten – ob sie sich dann wirklich begibt, ist allemal ein Wunder, ein Geschenk; eines der tiefsten und schönsten Erlebnisse, die der Mensch haben kann, weil er dann nicht mehr einsam ist.

Begegnung gehört zu einer Kategorie, die nicht eigentlich in Begriffen aussagbar ist. Sie ist, wenn sie geschieht, geradezu schöpferisch und gemeinschaftsbildend. Das Geheimnis der Begegnung ist also im letzten nicht berechenbar, wenn man unter ihr mehr versteht als die Beeindruckung des anderen durch Worte und Gebärden, durch geistreiche und wissenschaftliche Thesen und Floskeln. Das Wort »persona« bedeutet Maske und zeigt an, daß es weder in der Psychologie noch in der vollmächtigen Seelsorge Begegnung gibt, ohne daß die geheime und offenbare Maskiertheit fällt und so Raum geschaffen wird zur echten Gemeinschaft.

Die Seelsorge an der Jugend hat mir gezeigt, daß ihr dort, wo sie etwa in der Sexualität und in Süchten, in Aggression und Terror Begegnung sucht, diese ihr wie Tau vor der Sonne entschwindet. Die Sucht schafft eine Selbsttäuschung, aber nicht Begegnung. Sie steht im umgekehrten Verhältnis zur Wirklichkeitserfassung. Nur wo das Sinnliche Ausdruck einer Empfindung ist, die den ganzen Menschen erfaßt, ist Begegnung möglich.

Als ich nach dem ersten Jugendtag unter der Blutbuche im Pfarrgarten meditierte und träumte und darüber nachdachte, was ich tun könnte, damit die Jugend eine Stätte der Begegnung fände, kam mir plötzlich eine Erleuchtung. Könnte man nicht die leerstehende Pächterscheune, die den Pfarrgarten begrenzte, erwerben? Sie gehörte dem Fiskus und wurde nicht genutzt. In früheren Jahren war sie Zehntscheune gewesen (Verpflichtung von Naturalabgaben). Warum sollten wir sie nicht vom Staat erwerben können? Die Jugend nahm diesen Gedanken begeistert auf. Die Regierung gab die Scheune zum Kauf frei, und unter viel Einsatz der Jugend wurde sie zu einem idealen Jugendheim ausgebaut.

Der Ahldener Jugendtag hatte inzwischen Tausende von Besuchern. Von nah und fern kamen sie damals noch mit Fahrrädern. Die Schar, die durch die bekränzten Straßen des Dorfes anrollte, strahlte eine ansteckende Freude aus. Die ganze Kirchengemeinde mit den Außendörfern kam in Bewegung. Unter dem Einsatz der Frauenkreise wurden Quartiere besorgt, Verpflegung gespendet und für Tausende Essen gekocht. Das gemeinsame Anliegen wirkte gemeindebildend.

Nachdem die Scheune als mustergültiges Jugendheim hergerichtet war – ich konnte die Finanzierung größtenteils durch Evangelisationen decken –, suchte die erweckte Jugend Vertiefung und missionarische Ausrichtung in den laufenden Frei- und Rüstzeiten. Oft war die Nachfrage größer als die vorhandenen Unterbringungsmöglichkeiten. So stellten wir im Pfarrhaus Betten auf und ließen die Jugend auf Strohlagern auf dem Dachboden übernachten. Was war das für eine herrliche Zeit! »Wie auf Adlersflügeln getragen« kamen wir uns oft vor. Gott beglaubigte die Freizeiten mit Erweckungen. Bis in die Morgenstunden wurden manchmal Lieder gesungen. Ganze Nächte mußte ich Beichten hören – und niemals ist der Mensch so schön, wie wenn er seinem Gott begegnet. Wenn der Mensch sich unter das Kreuz begibt, erfährt er in Wahrheit eine Begegnung, die frei macht. Immer wenn das Geheimnis von Sünde und Schuld gebeichtet war, setzte der Osterjubel ein. Die geistliche Geburtshilfe ist doch wahrhaftig die schönste!

Im Rückblick auf diese Zeiten denke ich dankbar an all die Mitarbeiter, die keine Mühe scheuten und zu jedem Dienst bereit waren. Am meisten möchte ich auch hier meiner Frau danken, die auch bei überfüllten Räumen das Essen immer pünktlich schaffte – sie war im tiefsten Sinne Magd Gottes – und unserem unermüdlichen Diakon Wilhelm Wobker. Bei diesen Erweckungen der Jugend ist es mir zur tiefsten Überzeugung geworden, daß besonders in schweren Schuldverstrickungen nur vollmächtige Seelsorge zur Begegnung mit dem helfen kann, der für uns mit unserer Schuld und Sünde am Kreuz in der Gottverlassenheit hing. Methode hilft hier nicht. Man kann nicht wie aus einer Tiefkühltruhe die verdrängten Komplexe aus dem Menschen herausholen. Die in vielen Fällen seit Jahren unter Verschluß gehaltenen Bereiche öffneten sich jedoch wie von selbst, wenn es zu einer echten Begegnung mit der Wirklichkeit Jesu Christi kommt. Begegnung ist dann neue Schöpfung.

Wenn man die Evangelien liest, wird deutlich, daß auch die Verlorensten in Sekundenschnelle die Gottessohnschaft Jesu begriffen, wenn sie den Mut zur Begegnung fanden. Die Seelsorge Jesu war immer richtend und rettend zugleich. Die Begegnung mit IHM befreite zu einer Jüngerschaft, die das Evangelium so ausdrückt: Sie verließen alles und folgten ihm nach. In Jesus Christus findet der Augenblick eine zureichende ewigkeitliche Sinnerfüllung – das will heißen: Mein jetzt gelebtes Leben hat Zukunft.

Das Geheimnis aller folgenden Jugendtage lag in seiner ansteckenden Freude, die sich wie ein Funkenflug übertrug, auch auf jene Jugend, die keinen Sinn kennt und dennoch ihren Weg sucht. Durch meine Evangelisationen angeregt, kamen immer mehr Busse aus allen Gegenden Deutschlands und sogar aus dem Ausland. Bald konnte auch die seelsorgerliche Post kaum noch bewältigt werden, so daß Wilhelm Wobker und Fräulein Sczepan ebenfalls in Seelsorge und Briefwechsel tätig wurden. Es fiel mir schwer aufs Herz, wenn ich in den Briefen von den Nöten der Jugend las. Wie konnte man helfen? Wie konnte Begegnung mit Jesus Christus herbeigeführt werden? Wie konnte man mit den anderen erweckten Kreisen so Kontakt halten, daß die jungen Leute Vertrauen in deren geistliche Führung bekamen und damit die Seelsorge auf eine breitere Basis gestellt werden konnte?

Es lag mir so am Herzen, daß auf den Jugendtagen und Rüstzeiten keine idealistische Begeisterung für Christus gezüchtet, sondern daß Begegnung mit ihm geschenkt wurde, die sich im Durchbruch durch den Teufelskreis von Sünde und Schuld in der Nachfolge Jesu bewährte. Manche Erweckungen versanden ja dadurch, daß die Verantwortlichen nicht für geistliche Ernährung sorgen, die zu einem gesunden Wachstum führt. Diese Überlegungen führten zur Begründung der »Erwecklichen Stimme«.

Es war zunächst ein Kontaktblatt für alle, die schon mal in Ahlden bzw. Krelingen waren und nach geistlicher Nahrung verlangten. Jährlich wurde die Leserzahl größer, und heute hat es einen großen Radius weit über die Bundesrepublik hinaus. Das Blatt will nicht in erster Linie Denkanstöße geben, sondern Hilfe bieten für das Glaubensleben und für die Nachfolge Jesu im Alltag.

Nach den ersten Jugendtagen war das erweckte Leben ohne laufende Seelsorge und die Rüstzeiten im Jugendheim nicht mehr denkbar. Wie konnte aus solch einer alten Pächterscheune eine Brunnenstube Gottes werden! Wie war es möglich, daß der Herr allen Widerständen zum Trotz sein Reich baute, wie, wann und wo es ihm gefiel! Nach einem Jugendtag schrieb mir der Redakteur einer großen Zeitung, er sei nach Ahlden gekommen, um sich selber von einem Jugendtag zu überzeugen, der viel Wind mache. Er habe seit über fünfzehn Jahren keine Kirche mehr von innen gesehen. Als er vom Ahldener Jugendtag nach Hause gekommen sei, hätte er seit langem zum erstenmal gebetet. Der Grund sei das Zeugnis der Zigeuner aus Hamburg gewesen.

So gefällt es Gott, durch die törichte Predigt die selig zu machen, die glauben.

In diesem Sinne ist mir ein Wort von Werner Heukelbach eindrücklich geworden, das er einem mir bekannten Großindustriellen gesagt hat. Als dieser ihn fragte, was der Anstoß zu seinem Lebenswerk gewesen sei, antwortete Heukelbach: Als ihn die Not der gottlosen Welt umtrieb, sei er zu seinem Pfarrer gegangen und habe ihm von der Unruhe berichtet, auf Gedeih oder Verderb etwas zum Heil der anderen zu tun. Nachdem er dem Pfarrer auf dessen Aufforderung hin schriftlich einen Predigtversuch vorgelegt habe, sagte dieser: »Mit einer so primitiven Botschaft können Sie nie rufen, die Begabung reicht bei Ihnen nie aus.« Darauf Heukelbach: Auf diese Antwort hätte er gewartet, denn was nichts sei vor der Welt, das habe Gott erwählt.

Luther sagt, daß wir nicht aus eigener Vernunft noch Kraft an Jesus Christus glauben oder zu ihm kommen können. Weil der Glaube ein Wunder ist, gefällt es Gott, sich in die Hände der Einfältigen zu legen, sich aber den Testversuchen der Klugen und Weisen zu entziehen.

»Ich danke dir, Vater, daß du solches den Klugen und Weisen verborgen hast, aber den Unmündigen hast du es offenbart« (Matth. 11,25). Dieses Wort Jesu wurde auch die Erfahrung unserer Jugendtage.

Und nun möchte ich von den erstaunlichen Dingen zur Ehre Gottes berichten, von den Dingen, die keine Logik in den Griff bekommt.

Es ist ein Wunder, daß an allen 35 Jugendtagen bisher gutes Wetter war. Wir sind ganz auf die Gebetserhörung angewiesen. Natürlich werte ich die Gebete nicht wie ein delphisches Orakel. Gott ist uns nicht verfügbar. Aber daß Gott Gebet erhört, haben wir zur Genüge erfahren.

Es gab in der Kette der Jugendtage einen, für den niemand im Ahldener Raum geglaubt hat, daß die Sonne scheinen würde. Ich habe auch nach dem Jugendtag niemanden gefunden, der die dennoch strahlende Sonne noch als Zufall verstanden hätte. Für diesen Jugendtag erbrachte die Wettervorhersage Gewitter, Sturm und Niederschläge. Zwar hatte ich in meinem Leben viele Gebetserhörungen gegen alle Logik erfahren, aber dieser Jugendtag wurde mir zu einer der schwersten Anfechtungen. Der ganze Samstag war ein einziger Regenguß. Ein mir befreundeter Oberkirchenrat und der Landrat riefen an und sprachen mir wegen des verregneten Wetters Mut zu. Mit einem meiner späteren Kirchenvorsteher, der nach seiner Konfirmation zu Christus gefunden hatte, baute ich mit der Schar der Unentwegten den Festplatz auf. Das Wasser lief uns aus den Kleidern. Unglücklicherweise hatte ich noch einen blauen Anzug an, der nicht farbecht war, so daß ich am Abend wie ein Zebra aussah. Meine Frau mußte schrubben, um die Farbspuren an meinem Körper zu beseitigen.

Als ich eine Gutspächterfrau nach dem Stand des Barometers fragte, stellte mir ein junger Freund die Gegenfrage:

»Herr Pastor, glauben Sie ans Barometer oder an Christus?«

Dieser Glaube hat mich beschämt.

Als wir uns am Abend mit dem Häuflein der Zehn Aufrechten in der Ahldener Kirche versammelten und die Knie beugten, waren die Gebete der Jugend so direkt, daß ich der Erhörung gewiß wurde und sagte: »Morgen wird die Sonne scheinen und kein Regen fallen.« Die Jugend war überglücklich, und wir sangen im strömenden Regen »In dir ist Freude in allem Leide«.

Eine Stunde später sagte mir mein Küster, er habe mich vor übler Nachrede in Schutz nehmen müssen; man behaupte im Ort, ich hätte in der Kirche gesagt, am Jugendtag wäre gutes Wetter. Konnte ich anders, als mich zur Wahrheit zu bekennen? Am Abend kamen weitere wohlmeinende Anrufe, die mir das Bedauern über die hoffnungslose Wetterlage ausdrückten. Es folgte eine unruhige Nacht. Ich bin einige Male aufgestanden und ans Fenster gegangen. Meine Frau mahnte mich zum Vertrauen. Seufzend habe ich gebetet: »Herr, erbarme dich! Wenn es morgen regnet, ist es nicht nur mit meiner Ehre vorbei, dann wird auch dein Name belastet.«

Und was geschah am Morgen? Wie durch ein Wunder durchbrach die Sonne die Wolkenbank. Wir saßen am Jugendtag nur im Lichtkegel der Sonne. Wenige Kilometer von Ahlden gingen Wolkenbrüche nieder. Das hat viele im Glauben bestärkt. Aber es muß auch gesagt werden, daß Vorstände der Schützenvereine ihr Fest auch auf den Ahldener Jugendtag legten – wegen der Schönwetterlage. Das trug dem Jugendtag den Namen »Pastorenschützenfest« ein.

Wenn man auf dem Ahldener Jugendtag attraktive Dinge erwartet, kann man leer wieder nach Hause gehen. Wenn man aber aus dem Umgetriebensein in der Lebensfrage Ausrichtung und Antwort sucht, kann man erfahren, was Kierkegaard sagt: »Die einzige Neuigkeit des Erdentages ist der Ewigkeit Anfang in Jesus Christus.«

Nach der Rüststunde am Samstag und den Morgenwachen am Sonntag früh fand der große Festgottesdienst in Ahlden unter den Eichen statt. Auch in Krelingen hat sich diese Tradition fortgesetzt: Der Glaubenshof mit seinem großen Eichenbestand war hier der neue ideale Festplatz. Obwohl die Tradition des Jugendtages von Ahlden bestimmt war, kam mit unserem Wohnungswechsel nach Krelingen auch die Jugend nach Krelingen mit. Das Leben wird vom Pulsschlag des Herzens bestimmt. So wurde, nachdem nach meiner Pensionierung noch einige Jugendtage in Ahlden gewesen waren, mit Zustimmung aller Verantwortlichen als Festplatz Krelingen gewählt.

Nach der Liturgie, die meistens mein Freund Achilles, Superintendent aus Göttingen, hält, kommen regelmäßig einige zeitnahe und zeugnismäßig ausgerichtete Predigten. Es ist unsere jahrzehntelange Erfahrung, daß sich geschenktes Leben nur in der missionarischen Bewegung als echt bewährt; daß dieses neue Leben aber auch Frucht missionarischer Verkündigung ist. So bedingt eines das andere; und weil die Kirche aus beidem lebt, muß ein sich der Erweckung verpflichtendes Werk beides pflegen – Mission als Wecker und Mission als Lebensäußerung der Erweckten.

Neuerdings haben wir aus einem doppelten Grund mit der Verkündigung am Vormittag eine Abendmahlsfeier verbunden, an der sich die ganze Festversammlung mit Freude beteiligt. Der Grund zu dieser Einrichtung war einmal die Gefahr, die wir auf den Kirchentagen beobachten: daß diese Stiftung Jesu ihren eigentlichen sakralen Charakter verliert. Zum anderen wurde ich von Probst Moruma aus Helsinki, der hier einen Jugendtag miterlebte, davon überzeugt, daß die Begegnung mit dem sakramentalen Geschehen die Gefahr einer Verflachung und Versandung des geistlichen Lebens in der Gemeinde wenn nicht aufhebe, so doch verringere. Ich habe mich hier von meinen finnischen Freunden belehren lassen. Inzwischen ist das Abendmahl zum festen Bestandteil des Jugendtages geworden.

Als der Jugendtag noch in Ahlden war, schloß sich in der Mittagspause eine Mitarbeiterstunde in der Ahldener Kirche an, bevor die eigentliche große Festversammlung unter den Eichen begann. In ihr wurden die Fragen aller geistlich Verantwortlichen behandelt. Sie schloß ab mit einem heiligen Appell.

In Krelingen hat sich der Jugendtag in der Mittagspause in verschiedene Sektionen aufgefächert. Jeder Teilnehmer kann sich dann entscheiden, wo er Klärung und Förderung in seinen Fragen sucht. Zum 35. Jugendtag wurde zum erstenmal eine Aufführung in das Programm eingebaut. Sie sollte anschaulich darstellen, wie der Glaubenshof entstanden ist. Hat der Vormittag mehr eine kirchliche Note, so ist der Nachmittag in jeder Weise gelockerter. Das gilt für das Liedgut, für die Chöre und Sänger. Das zeugnismäßige Anliegen der Jugend, neuerdings in Verbindung mit dem Glaubenshof, hat hier Vorrang. So vielseitig sich auch der Nachmittag gestaltet, liegt sein

Geheimnis doch in einer bestimmten Einseitigkeit: Jesus Christus ist die alles erfüllende Mitte.

Unter den Rednern auf dem Ahldener Jugendtag war einige Male Landesbischof Lilje. Er freute sich immer besonders über den mit Girlanden geschmückten Ort. Es war Ehrensache, daß jeder Frauenkreis in den verschiedenen Dörfern eine Girlande stiftete. Für alle Redner und sonstigen Bekannten wurde im Pfarrhaus ein Eintopfessen gereicht. Einmal verwickelte mich Lilje am Tisch in ein so fesselndes Gespräch, daß ich ihn anschaute und nicht beachtete, daß er, während er sprach, mit der linken Hand meinen Teller immer wieder mit Erbsensuppe füllte. Als meine Frau schließlich fragte: »Willst du immer noch mehr essen?« und ich erstaunt antwortete: »Ich bin immer noch beim ersten Teller!« endete alles mit einem herzlichen Lachen.

Andere Redner waren der Kirchenpräsident Niemöller, die Bischöfe Kunst und Lohse, der CVJM-Führer Gustav Adolf Gedat, Landessuperintendent Peters, Pastor Johannes Busch, Bischof Josia Kibira aus Tansania, der originelle Enrico Dapozzo, die weltbekannte Evangelistin Corrie ten Boom und der frühere Gangster und jetzige Evangelist Chadrak Maloka aus Afrika. Zum eisernen Bestand des Jugendtages gehörte viele Jahre auch mein Freund Paul Deitenbeck. Die Kette der Redner ließe sich noch erweitern, etwa durch Bischof Bo Giertz aus Göteborg, der, wenn er mich hier besucht, als erstes immer zum Glaubenshof geht, weil er sich dort bei den Rehabilitanden am wohlsten fühlt; durch Probst Moruma aus Finnland und Nixons Mitarbeiter Charles Colson. Er hat zweimal auf dem Jugendtag gesprochen und mich dadurch überrascht, daß er mich in seinem neusten Buch mit einem Beitrag über Krelingen so schildert, daß mich die Freunde, die mich neulich auf dem Flughafen in Los Angeles abholen wollten, nicht finden konnten, weil sie einen drei Zentner schweren Mann suchten. Es kommen die Jugendmissionare Johannes Hansen und Klaus Eickhoff – ich kann sie nicht alle nennen, die uns in Krelingen Mut machten und der Jugend bei der Wegfindung halfen, deren Bedeutung ja nicht davon abhängt, daß sie hier genannt werden, und deren Dienste den bischöflichen in nichts nachstanden.

Neuerdings gehört zu unserem eisernen Jugendtagsbestand auch der von uns allen verehrte Ministerpräsident Albrecht. Die Jugend freut sich, wenn er als Landesvater mit seiner Gattin erscheint und ein wegweisendes Wort sagt.

Wenn der Jugendtag für die Gemeinde Ahlden zur Tradition wurde und alle, denen das Wohl der Jugend am Herzen liegt, mit Freuden helfen und Opfer bringen, so war das doch nicht immer so. Wie hat es mich bewegt, wenn unter den Kartoffelschälern oft 80jährige Frauen saßen. Wie beschämt wird man, wenn man hört, daß eine beengt wohnende Familie nicht nur sechs junge Menschen aufgenommen hatte, sondern sogar die eigenen Betten zur Verfügung stellte. Und welch ein Strom der Liebe und des Vertrauens zeigte die Fülle der Spenden, deren Zahl von Jahr zu Jahr wuchs, so daß Tausende satt wurden.

Aber dennoch lehrt die Ahldener Jugendtagsgeschichte, daß das Reich Gottes nur im ganzen Einsatz gebaut werden kann und immer auch durch Anfechtung und Versuchung geht. Der Glaubensweg der lebendigen Kirche ist eben kein Spaziergang – er ist es auch noch nie gewesen. Er führt gewiß auch durch eigenes Versagen, und wo wir schuldig werden, ist der beste und kürzeste Weg zur Überwindung die Buße. Wer sie unter dem Kreuz Christi findet, der erfährt, daß der Feind die Kirche nie weiter zurückwerfen kann als in den Sieg Jesu. Der Glaubensweg führt aber auch durch das Trommelfeuer der Hölle. Wie wunderbar ist es dann zu erleben, daß der Herr die Seinen, wenn sie ihn aufrichtig und in Einfalt suchen und meinen, nicht nur bewahrt, sondern ihnen auch hilft, wo scheinbar keine Möglichkeit mehr ist. Reformatorischer Glaube geht in getroster Verzweiflung den Weg, den Luther gegangen ist, nicht nur dort, wo es nichts kostet – im erbaulichen und beschaulichen Raum –, sondern auch gerade dort, wo das Risiko »verwegene Zuversicht« werden muß. Reformatorischer Glaube ist kein Allerweltsglaube. Für ihn gibt es keinen Zufall, weil Gott in allem Geschehen handelt. Er läßt Gott Gott sein, wie Luther sagt.

Man findet auf dem Jugendtag Jesus Christus, wenn man sich mit seiner eigenen Lebensfrage konfrontieren läßt. Dazu gehört der Mut zur ganzen Wahrheit. Wir wollen nicht irgendwelche Jugendliche in ihrer intellektuellen Not intellektuell ansprechen, wir möchten die Jugend davon überzeugen, daß ihre Denknot in Wirklichkeit Existenznot, Suche nach Geborgenheit, Heimat und Vaterhaus ist und daß es Heimat, Vaterhaus und Geborgenheit gibt.

Bei jeder Seelsorge geht das humanistische Menschenbild in Trümmer. Die Frage ist, ob wir als Christen ein anderes Menschenbild als Antwort darauf anzubieten haben. Unruhe, die Zerbruch im Eigenen ist, kann Frage nach Gott sein. Das Vegetieren im Niemandsland, ohne erfüllenden Bezug, schafft die Langeweile, die kein Mensch erträgt, weil er sich selber nicht ertragen kann. Diese Langeweile wird zur eigentlichen Gefahr, in die man sich konsequenterweise begibt, wenn man nur noch in die eigenen tiefen Abgründe blickt und die Rätselfrage des Lebens nicht mehr erträgt. »Die Welt ist tief, doch tiefer als der Tag gedacht, tief ist ihr Weh . . .!«

Seelsorge ganz anders

Wenn ich an die Jugendtage zurückdenke, sehe ich sie alle vor mir, die Scharen junger Menschen, die Rat und Hilfe in der Seelsorge suchten. Die Namen habe ich längst vergessen, die Beichten sind mir entschwunden, aber bewegt bin ich immer, wenn mir Jahre später von älteren Leuten bezeugt wird, daß sie auf einem Jugendtag den Mut zum Schritt über die Linie gefunden haben. Und wo kamen sie her? Viele hatten eine bunte, viele eine schlimme Vergangenheit, Hurer, Ehebrecher, Sünder –; ich sehe sie vor mir, Mädchen der Nacht, die ihren Körper verkauften; Zuhälter, Beats, Gammler und Rocker, ja, und auch Mörder. Wurden sie Christen, dann war die Veränderung ihres Lebens das eigentlich wesentliche Ereignis. Unbewältigte Vergangenheit, die man bis dahin verdrängt hatte, wurde unter dem Kreuz Christi bewältigt. Was sie empfingen, war Existenz, war Gegenwart und Zukunft und eine geheilte Vergangenheit. Das Evangelium beschreibt diese geschenkte Wirklichkeit als weißes Kleid.

In den Grenzsituationen der Seelsorge sind mir oft gewisse Ratschläge der Psychologie wie billige Lügen erschienen. Die Vergangenheit ist nicht damit überwunden, daß man die Sünde namenlos macht. Nicht dadurch kommt Hilfe, daß man das Gewissen retuschiert, wenn die Sünde durch den Heiligen Geist sündig wird. Ich sehe sie vor mir, all die jungen Leute, den jungen Mann mit dem verbundenen Arm, der sich wenige Tage vor dem Jugendtag die Pulsader durchschnitten hatte und der nun von einem Freund unter die Botschaft des Lebens gebracht wurde. Ich sehe ihn vor mir, den früheren Hamburger Zuhälter, der die Mädchen, die ihm hörig gewesen waren, nun zu Jesus rief. Erinnerungen werden wach, die abenteuerlich anmuten und doch wahr sind. Da stehe ich in der sinnbetörenden Lichtreklame auf der Reeperbahn mit einem befreundeten Pfarrer und verkündige die Botschaft. Eine Schar junger Menschen umgibt mich. Kleidung, Bewegung und Gesichter lassen auf ländliche Herkunft schließen. Vor dem Eingang der Bar lädt ein Mann in Livree sie zum Eintritt ein. Der Leithammel der Schar winkt, und alles strömt in die Bar. Wie ich sie alle verschwinden sehe, stehe ich wie gelähmt. Ich frage meinen Begleiter:

»Wie kommen die da wieder heraus?«

»Ja, was kann man denn da tun?«

»Gilt nicht hier auch unser Auftrag: Gehet hin in alle Welt?«

»Man kann hier doch nicht reingehen!«

»Warum nicht? Wenn wir einen Auftrag haben?« Ich faßte ihn am Ärmel.

Wir setzen uns in die Runde der jungen Leute, die auf die tanzenden Barmädchen stieren.

»Wo kommt ihr her?« frage ich sie.

»Aus Schleswig Holstein.«

»Was seid ihr für ein Haufen?«

»Landjugend!«

»Ist hier eine Ausstellung?«

»I – wo, wir wollen was erleben!«

»Erlebt ihr zu Hause nichts?«

»In dem langweiligen Kaff kann man nur vegetieren!«

»Was ihr hier erlebt, ist eine vergiftete Phantasie, ein schuldbeladenes Gewissen. Die Lustsekunde wird teuer bezahlt.«

Alle starren mich an, von hinten schlägt mir ein Hamburger auf die Schulter:

»Was bist du denn für eine Marke?«

»Ich bin Pfarrer.« Das schlägt wie eine Bombe ein. Ich rede sie an wie alte Bekannte, und sie hören immer aufmerksamer zu. Da steht der Leithammel auf und sagt:

»Alles hätte ich erwartet, aber daß uns die Kirche hier sucht – mir ist der Geschmack vergangen.«

Bis nachts drei Uhr stand ich mit ihnen auf der Straße, und die Botschaft hatte ein Echo. Der Anführer schrieb mir eine Woche später: »Ich war im Begriff, meine Braut zu verraten. Durch Ihr Zeugnis bin ich Christ geworden.«

Er nimmt alljährlich mit anderen teil am Jugendtag. Auf seinem Hof sind jetzt Missionsfeste.

Mit Bewegung denke ich auch an die beiden jungen Freunde, die sich später an vielen Jugendtagen beteiligten. Wie kam der Anstoß? Friedrich Heitmüller vom Holstenwall, der Prediger der dort blühenden Freien evangelischen Gemeinde, hatte mich zu einer Konferenz eingeladen. Als ich am Abend dort den Vortrag gehalten hatte, brachte eine Mitternachtsschwester zwei junge Leute zu mir. Der eine hatte sich an einen Homosexuellen verkauft, der andere hatte einen Selbstmordversuch gemacht. Die Seelsorge nahm einige Zeit in Anspruch. Es wurde mir an jenem Abend klar, daß sie unmöglich wieder in die Nachtlokale zurück durften, zumal sie auch einen kriminellen Hintergrund hatten. Es war so spät geworden, daß ich die Sache mit einer Schwester des Hauses besprach. Ich bat, die beiden in einem abgeschlossenen Zimmer da zu behalten. Weil sie mir keine Zusagen geben konnte, bot ich an, den beiden mein Hotelzimmer zu geben; ich führe dann nach Ahlden zurück. In dem Augenblick wurde es möglich.

Als ich mich am anderen Nachmittag zum zweiten Vortrag anschickte, standen vor dem Versammlungssaal viele junge Leute, denen man die Unterwelt ansah. Die beiden jungen Leute vom Abend vorher riefen:

»Das ist er!« Zunächst begriff ich den Zusammenhang nicht. Hans Brandenburg wollte mich in die Gebetsversammlung mitnehmen, doch da ging mir plötzlich auf, daß meine beiden Freunde vom Vorabend ihren Genossen Bericht gegeben und sie zu einer Begegnung mit mir mitgebracht hatten. Ich ließ Brandenburg gehen und blieb bei den jungen Leuten. Einer steckte mir einen Brief in die Tasche. Ich erfuhr, daß der Gangsterkönig mich in einem Unterweltlokal zu einer bestimmten Zeit sprechen wollte. Sollte ich das Wagnis eingehen? Meine Frau meinte: »Du mußt es tun; zu dem kommt niemals ein Pastor!« Für die Unterwelt eingekleidet, ging ich hin.

Nachdem ich dreimal überprüft war, stand ich plötzlich vor dem Gangster. Ach, schon in den Vorstadien scheint es weder Juden noch Griechen zu geben. Sofort half ein breites Kontaktfeld zum verstehenden Gespräch. Man hatte ihm von mir erzählt.

»Sie werden mich nicht verraten«, sagte er. »Ich danke Ihnen, daß Sie gekommen sind. Die Christen, denen ich bisher begegnet bin, waren nicht echt. Sie sind gekommen, deshalb nehme ich Sie ernst.«

Ich fragte ihn, was er tun würde, wenn die Handschellen kämen. Er zeigte mir eine Tablette.

»Die ist vorher verschluckt, und dann bin ich ausgestiegen.«

Die Unterredung werde ich nie wieder vergessen. Dieser hochintelligente Mann, der in seiner Verzweiflung echt fragte und suchte, hatte mich so beeindruckt, daß ich das Gefühl für die Zeit verlor. Vor dem Vortrag konnte ich mich nicht mehr umkleiden. In letzter Minute kam ich in den Versammlungsraum, und Heitmüller musterte mich unwillig. Auch die Predigt, die von der Begegnung bestimmt war, mißfiel ihm offenbar.

Zwei Tage darauf erhielt ich von Heitmüller einen Brief. Er teilte mir mit, daß ich nach Zeugenaussagen in einem der schlimmsten Lokale der Unterwelt gesehen worden sei. Er sei tief erschüttert über die Wege, die ich ginge. Er habe mich sogleich Bruder Dr. Wirrwar, dem Leiter der Braunschweigischen Volksmission, der auch zur Ahldener Bruderschaft gehörte, übergeben.

Als ich an meinem Schreibtisch diesen Brief las, kamen mir die Tränen. Nun war ich wirklich einmal eine Tagereise weit nach Ninive hineingegangen, und ausgerechnet mein Freund Heitmüller kam auf so schlimme Gedanken. In dem Augenblick besuchte mich Rolf Brockhaus. Ich zeigte ihm den Brief. Den Trost, den er mir schenkte, möchte ich ihm danken. Ausgerechnet am Grabe von Dr. Wirrwar, der mit gut fünfzig Jahren plötzlich starb, habe ich Heitmüller auf seinen frommen Irrtum hingewiesen. Die freundschaftliche Bindung wurde noch enger.

Wenn ich auch die Kette der Jugendtagserinnerungen nicht zu weit ausdehnen will, möchte ich doch eine Beatgruppe nicht übergehen, die auch Gast auf unserem Jugendtag wurde und von denen heute zwei Missionare in der Südsee sind. Der Kontakt kam bei einer Evangelisation in Württemberg zustande. Ich hatte am Abend über das Thema »Leben oder vegetieren« gesprochen. Nach der Predigt kamen sie zu mir und meinten, die Predigt sei knorke gewesen. Als ich meine Freude über ihre Teilnahme an der Evangelisation äußerte, meinten sie humorvoll, ich möchte bei ihnen im Beatkeller doch einen Gegenbesuch machen. Mein Amtsbruder hielt wohl nichts von dieser Einladung, doch ich nahm an.

»Wir möchten wissen, was Sie von unserer Musik halten«, sagten sie erwartungsvoll.

»Wir werden sehen.«

Wir stiegen eine Kellertreppe runter, gingen an einigen leeren Bierfässern und Schnapsflaschen vorbei, und eine Biertonne wurde mir auch als Sitzgelegenheit angeboten. Als sie ihre Instrumente nahmen, betrachtete ich die mit »moderner Kunst« bemalten Wände. Ich fand keinen rechten Zugang und mußte an die Lorelei denken. Dann begann die Musik. Bärte und Mähnen kamen in Bewegung. Auch ich spürte irgendwie das Fluidum einer Ekstase. Man fragte mich nach meiner Meinung.

»Die Götterdämmerung kommt langsam. Habt ihr nicht noch etwas auf Lager?«

»Ja, den schwarzen Panther.« Wieder fragten sie nach meinem Urteil. Ich sagte etwas hilflos:

»Einige Male bin ich im Urwald in Afrika gewesen, da war die Musik so ähnlich. Aber das ist keineswegs ein Werturteil. Nur ist da ein Unterschied. Dort ist die Musik geschichtsträchtiger und mächtiger. Hier bleibt sie Versuch, erreicht nicht ihre Vollendung. In eurer Musik ist eine Fieberkurve. Als ich in eurem Alter war, kannten wir diese Musik nicht. Als ich noch kein Christ war, habe ich auch keine Choräle gesungen, sondern die Schlager von damals und das aus purer Langeweile in einem inhaltlosen Leben. Es gibt, Gott sei Dank, einen, der hat die Fieberkurve in unserem Leben besser begriffen, als wir selbst uns begreifen können. Er hat seine Hände auch bis zu diesem Beatkeller ausgestreckt. Er hat unsere Lebensfrage durchlitten, durchstanden und gelöst. Jesus Christus hat auch für euch gebetet:

›Vater, vergib ihnen, denn sie wissen nicht, was sie tun.‹ ER hat uns eine Musik gemacht, die unser Leben erfüllt, in die wir uns verlieren können und die unsere Freude vollkommen macht.«

Ungewollt wurde aus der Beatstunde eine Bibelstunde, und das Feld war reif zur Ernte. Nicht in der Kirche, aber im Beatkeller wurde Frucht für den Himmel. Man wird verstehen, wie sehr ich mich freute, als ich diese Beatkapelle auf dem Ahldener Jugendtag wiederfand. Die Letzten werden die Ersten sein.

Deshalb: noch einmal Jugendtag

In jedem Jahr mußten wir bisher die seelsorgerlichen Möglichkeiten erweitern. Verrät die Kirche ihren Auftrag in der Seelsorge, dann verfällt sie dem Tode, und auf dem Weg dahin versucht sie diesen ihren Auftrag mit kirchenpolitischen und diplomatischen Mitteln aufzuwiegen. Anders gesprochen: Der Ahldener Jugendtag ist für viele junge Menschen der große Schuttabladeplatz unterm Kreuz Jesü Christi geworden. Er ist der Knotenpunkt, an dem gefragt wird: Willst du allein sein, oder willst du mit dem Gemeinschaft haben, der in seinem Kreuz dieser Welt die Vertrauensfrage gestellt hat? Sie allein steht zur Debatte: »Siehe, das ist Gottes Lamm, welches der Welt Sünde trägt« (Joh. 1,29). Wer den Blickwechsel gefunden hat, weiß sich als Schuldner Gottes und wuchert mit anvertrauten Pfunden. Im Geheimnis dieser Bewegung wächst der Ahldener Jugendtag.

Einige Zeugnisse über den Ahldener Jugendtag möchte ich hier noch bringen. Zunächst ein Zeugnis von Pastor Paul Deitenbeck:

»Das gibt es nun schon über zwanzig Jahre! Von Stadt und Land, aus dem Norden und aus dem Süden, ja, sogar aus dem Ausland kommen sie. Meist Jugendliche. Aber auch viele erwachsene Christen (für sie wurde dann später ein Erweckungstag eingerichtet) und dazu Fragende, innerlich angeschlagene, andere, die sich mit Lasten herumschleppen. Alle kommen sie zum Ahldener Jugendtag. Das ist ein Fest, auf das man sich lange freut. Gewiß, auch das persönliche Grüßen, das Durchfahren der Landschaft im herrlichen Frühsommer, die gemeinsamen Mahlzeiten, das Übernachten in gastlichen Häusern – all das ist für junge Menschen auch anziehend. Und das darf es auch sein, denn wir Christen schätzen den ersten Glaubensartikel hoch, in den hinein die Erfahrung von Gottes herrlicher Schöpfung, vom Wandern, von Reisen, vom Singen, von Gemeinschaft und Freundschaft gehört. Aber das macht das Geheimnis des Jugendtages noch nicht aus. Wenn die vielen Tausende sich sammeln Jahr für Jahr, bei strahlendem Wetter, dann zieht sie die Ursprünglichkeit erwecklicher Verkündigung und tief frohmachender Gemeinschaft an. Schon im Omnibus singen wir uns unterwegs ein in die Lobgesänge. Dann das Begrüßen beim Empfang, in dem mit Transparenten geschmückten Ahlden. Darauf Quartierverteilung und Abendbrot und die Rüststunde im vertrauten Gotteshaus. Pastor Kemner, der Initiator des Ahldener Jugendtages, sagt das biblische Wort in der ihm eigenen plastischen Sprache. Man merkt, hier spricht ein Mann, der aus der Erfahrung vielfältiger Seelsorge unmittelbar das Herz mit dem Evangelium anvisiert. Dann kräftiges Singen und eine längere Gebetsgemeinschaft. Die Gebete der vielen jungen Menschen, meist sehr kurz und praktisch gehalten, machten die Atmosphäre reif für den kommenden Festtag. Sonntags in der Frühe rollen weitere Kolonnen an, per Fahrrad und Motorrad, mit PKW und unzählige Omnibusse, oder sie kommen als Wandergruppen mit ihren Fahrtenwimpeln. Posaunenchöre blasen an den verschiedenen Stellen, einzelne Chöre singen. Die Luft riecht nach der Freude des Evangeliums.

Die Morgenwache in der Kirche ist überfüllt. Eine zweite Morgenwache wird im Pfarrgarten unter der Blutbuche gehalten. Wieder Gottes Wort, wieder Glaubenslieder, wieder gemeinsames Gebet, und dann strömt alles zu dem Festplatz unter den Eichen. Die vielen Tausende sammeln sich zum Festgottesdienst. Unter dem offenen Himmel erschallt der große Lobgesang vom Kirchenchor, die Posaunen blasen, die gewaltige Gemeinde singt, beugt sich vor Gott, empfängt den Gnadenzuspruch. Wir sagen gemeinsam das Glaubensbekenntnis, das uns mit der ganzen Christenheit auf Erden verbindet. Dann folgen zwei Kurzpredigten. Eine davon hält meistens unser Pastor Kemner. Da wird das Wort Gottes per du gesagt, da wird man senkrecht unter das Kreuz gestellt. Dann ist Stunde der Ewigkeit. Man muß es miterlebt haben. Nicht umsonst fahren wir auch von Lüdenscheid und dem Sauerland jedes Jahr mit den Omnibussen dorthin. Es ist ein großes Heimweh im Lande nach Unmittelbarkeit und Ursprünglichkeit in der Begegnung mit dem Worte Gottes im Erlebnis der Gemeinschaft. Wie viele Impulse gehen von diesen Stunden aus, wie viele Gelöbnisse steigen da zum Himmel! Wie viele Lasten werden abgelegt in seelsorgerlichen Gesprächen, zu denen über Tag reichlich Gelegenheit gegeben wird. Über Mittag werden Erfrischungen im Waldgelände bereitgehalten. Aus der Gulaschkanone kann man sich verpflegen lassen. Ein Büchertisch bietet den Reichtum weiterführender Literatur.

Und dann mittags in der übervollen Kirche die Mitarbeiterstunde, die meist von Superintendent Achilles und Klaus Vollmer in handfester Zurüstung gestaltet wird. Da lohnt es sich, ein Notizheft mitzubringen, damit man eine Ernte in die heimatlichen Kreise bringen kann. Die große Schlußversammlung am Nachmittag bringt Zeugnisse zum Glauben gekommener Menschen, Verkündigungsspiel, viel gemeinsames Singen und noch einmal wieder Darbietung des ewigen Wortes in kurzen Ansprachen. Die Luft wird nie verbraucht, denn man ist ja unter freiem Himmel. Wie mancher hat mir schon bezeugt, daß er in Ahlden den letzten Anstoß zur Jüngerschaft bekommen hat oder eine Weichenstellung in seinem Leben oder Berufung in einen bestimmten Dienst im Reiche Gottes. Herr Diakon Wobker, die rechte Hand von Pastor Kemner, hält im Hintergrund die Fäden der ablaufenden Stunden und Veranstaltungen fest in der Hand. Die fröhliche Gastfreundschaft der Ahldener, wie der Familien der umliegenden Dörfer, die beispielhafte Fürsorge von Frau Pastor Kemner und ihren Mitarbeiterinnen, der Einsatz der vielen im Hintergrund bleibenden Helfer, tragen alle zur Segensfülle dieses Gnadentages bei.
Ein Glaubensfest in dieser verworrenen Welt mit wasserklarer Botschaft – das ist der Ahldener Jugendtag.
Oh, welch ein immerwährend Fest, wenn Gott uns Kinder nennt, uns seinen Frieden schmecken läßt und sich zu uns bekennt!«

In geradezu klassischer Weise hat Pastor Deitenbeck in diesem Bericht den Jugendtag anschaulich gemacht.

Die Hannoversche Presse (der SPD nahestehend) schrieb nach einem Jugendtag:

»Man sollte zeitweilig meinen, in der Landeshauptstadt zu weilen, so rollte Bus an Bus und Wagen an Wagen vorüber, wenn auch notgedrungen im langsamen Tempo. Dieser Kirchentag der Erweckung wollte Begegnung und Unruhe in die Herzen der vielen Tausende bringen, die jenseits von aller Beschaulichkeit sich zusammen fanden in der Aktivität eines neugewonnenen Lebens. Was war das für eine Jugend, die sich hier einfand? Was den Außenstehenden beeindruckt, der mit offenen Augen und Ohren beobachtete, war die echte und unmittelbare Fröhlichkeit, die von den Jungen und Mädchen ausstrahlte, von der man spürte, daß sie von Herzen kam und nicht gestellt war. Desgleichen wurde bis in die Kleinigkeiten eine Hilfsbereitschaft zuteil, die heute gar nicht mehr selbstverständlich ist. Das zeigte sich auch nach Abschluß der riesigen Veranstaltung bei der Abfahrt der unzähligen Fahrzeuge. Überall taktvolle Rücksichtnahme und keine unfreundlichen Worte, wie man es sonst bei den Massenveranstaltungen gewohnt ist. Über diesem Ahldener Kirchentag stand, was Pastor Kemner am Schluß sagte: In dem Ende des Menschen liegt Gottes Anfang. Allen Reden gemeinsam war die Art, wie gesprochen wurde. Nicht nur mitreißend, sondern überzeugend. Es herrschte unter den vielen Tausenden trotz stundenlangen Zuhörens angespannte Stille, die nur gelegentlich von Darbietungen der Posaunen, der Chöre sowie vom gemeinsamen Gesang unterbrochen wurde. Hier war bei der Verkündigung ›dem Volk aufs Maul geschaut worden‹. Es wurde in zeitnaher und bildreicher, eindringlicher wie vereinfachter Sprache, die nichts mit salbungsvoller Frömmigkeit zu tun hat, geredet. Es geschah aber gleichzeitig in einer radikalen Weise. Wurde es ein Bekenntnis zum vollen Evangelium, so war das erweckliche Anliegen doch zentral. Mit welchen Gedanken und Erwartungen Gäste und Zuhörer auch hierher gekommen sein mochten, unbefriedigt ging niemand von dannen. Der Ahldener Jugendtag ist junge Kirche im Aufbruch.«

Die Heimatzeitung schrieb nach einem Jugendtag:

»Der Ahldener Jugendtag entwickelt sich immer mehr zum Symbol der geistlichen Mitte.«

Wir könnten weiter erstaunliche Berichte aus den Tageszeitungen bringen. Es ist dabei überraschend, daß das Anliegen des Jugendtages weithin von der weltlichen Presse besser verstanden wird, als von der kirchlich geprägten.

Wenn der Ahldener Jugendtag Ruf zur Erweckung sein will, setzt das vollmächtige Verkündigung voraus. Nur wenn der Heilige Geist in Wort und Sakrament Christus so zum Ereignis macht, daß man ihn als gegenwärtig erleben kann, ist Begegnung möglich.

Als Funktion der Erweckung fordert der Jugendtag dann auch zum Bekenntnis auf. Dieses Bekenntnis versteht sich als Glaubensbewegung und nicht so sehr als frommes Wort. Wir rufen besonders die Jugend, die unorganisiert im Niemandsland zwischen den Fronten lebt. Sie hat keine Fahne mehr, weil sie die Ideale verloren hat, für die es zu leben und zu opfern sich lohnt. Und dennoch, diese Jugend fragt echter und härter als je zuvor. In ihren Zweifeln und Anfechtungen liegt ein Schrei nach sinnerfülltem Leben verborgen, der für die Kirche verheißungsvoll ist.

Die Überlebensfrage, auch für unser Volk, hängt davon ab, ob sich die Jugend von heute wieder einer lebendigen Hoffnung und Gewißheit zuwendet, die die natürliche Sehnsuchtshoffnung durchbricht und in Jesus Christus ihre Erfüllung sucht. Man baute einst der Hoffnung Altäre. Mit dem Zerfall dieser Altäre zerfielen auch die Völker.

Aber die natürliche Sehnsuchtshoffnung des Menschen ist in ihrem Bezug nach allen Seiten hin offen. Ob der Mensch nun auch versteht, wohin er aufbricht – das ist die eigentliche Testfrage, die nach Hölderlin entschieden werden muß, von deren Beantwortung alles abhängt.

Es ist nun meine Bitte für den Ahldener Jugendtag, daß er sich nicht traditionsmäßig institutionalisiert, sondern daß er Ereignis in der Kirche bleibt und Posaune Gottes in einer untergehenden Welt.

Vor einigen Jahren beobachtete ich in den Bergen der Schweiz, wie am Abend ein Hirtenbub jodelte. Es waren immer die gleichen Jodler. Unwillkürlich blieb ich stehen und horchte auf das vielfache Echo in den Bergen. Anders verhielten sich die Tiere. Sie horchten auf und setzten sich in Bewegung. Ihr Ziel waren die Hürden. Welch ein malerisches Bild: Die Ochsen und Kühe mit ihren Glocken hörten auf zu grasen und suchten ihre bestimmten Plätze in der Hürde. Selbst die Kälber und die kleinen Lämmer kannten schon den Ruf zum Aufbruch, griffen hier und da noch schnell ein Büschel Gras, und dann liefen auch sie zur Hürde. Nicht der Stecken des Treibers, nur das fröhliche Jodeln wurde Anstoß zur Bewegung in die Geborgenheit der Ställe.

Gedankenversunken folgte ich dem Geschehen. Wie erstaunlich: Ein bestimmter Jodler setzte eine ganze Herde in Bewegung! Wie kam das? Nun, es war der Jodler des Hirten. Das Geheimnis seiner Stimme schaffte in den Tieren Bewegung. Lag darin nicht auch das Geheimnis des Gotteswortes, ja, aller vollmächtigen Verkündigung? »Höret, ihr Himmel! Und Erde nimm zu Ohren, denn der Herr redet! Ich habe Kinder großgezogen und hochgebracht, und sie sind von mir abgefallen. Ein Ochse kennt seinen Herrn und ein Esel die Krippe seines Herrn; aber Israel kennt's nicht, und mein Volk versteht's nicht« (Jes. 1,2.3) »Der Storch unter dem Himmel weiß seine Zeit, Turteltaube, Kranich und Schwalbe halten die Zeit ein, in der sie wiederkommen sollen; aber mein Volk will das Recht des Herrn nicht wissen« (Jer. 8,7).

Gottes Wort ruft zum Aufbruch aus dem Eigenen. Die selbstgewählten Futterplätze müssen verlassen werden. Wenn schon das prophetische Wort ein Echo suchte, wieviel mehr der, der der »Jodler Gottes« in Person war. Darin erwies sich ja immer wieder Jesu Vollmacht, daß er den Anstoß zur ewigen Bewegung gab. Die Zeitenuhr wurde in ihm Ewigkeitsuhr. Er war die Gelegenheit Gottes, das Heute der Gnade, die erfüllte Zeit. Die Beerdigung des Vaters wurde unwichtig, wenn er rief, der Abschied von den Freunden bedeutungslos, die Wechselbank wurde fragwürdig, als er Matthäus zurief: »Folge mir!« (Matth. 9,9). Jesus verursachte die Umwertung aller Werte.

Wenn Jesus ruft, gibt es keine Entschuldigung. »Unsere Seele ist auf Jesus hin angelegt«, sagt Tertullian. Und so orientiert sich die Kirche Jesu Christi in dieser Welt an einem wunderbaren Geheimnis: »Meine Schafe hören meine Stimme, und ich kenne sie, und sie folgen mir, und ich gebe ihnen das ewige Leben, und niemand wird sie mir aus meiner Hand reißen« (Joh. 10,27.28).

Neulich sagte mir eine Frau, die zur Freizeit hier war: »Ich bin wieder in der Hürde; ER spricht wieder mit mir.« Als ich damals gedankenversunken über die Alm ging, betete ich: »Herr, gib mir doch, daß ich zu allen Zeiten und auf allen Wegen dein Jodler bin und bleibe, daß die Menschen aufhorchen und sich in Bewegung setzen zu den ewigen Hürden! Schenke doch ein Erwachen in unserem Land, Umkehr und Heimkehr zu dir!«

Als junger Mann war ich im Posaunenchor. Als wir wieder einmal in der Kirche bliesen, beherrschte ich das Musikstück noch nicht; so legte ich die Posaune an die Lippen und tat so, als ob ich mitblies. Plötzlich legte mir ein Bauer die Hand auf die Schulter und sagte:

»Mundspitzen gilt nicht, hier muß geblasen werden!«

Ich habe mich über meine fromme Unehrlichkeit geschämt. Ja, die Posaune hat einen Ton, und auf den Ton kommt es an. Wenn wir in der Kirche nicht vollmächtig verkündigen können, dann laßt uns Buße tun, bis wir mit Bettlerhänden empfangen, was zur Erweckung notwendig ist.

Im evangelistischen Dienst

Das Neue Testament hat zwei Wörter für den Begriff Zeit: Chronos und Kairos. Im »Chronos« wird die Zeit als die Summe der Augenblicke einer linearen Bewegung im Raum begriffen. In der Abfolge von Zukunft, Gegenwart und Vergangenheit verrinnt diese Zeit unaufhörlich. Das geschichtliche Datum findet hier seine vom menschlichen Erfolgsdenken bestimmte Bewertung von Sinnerfüllung oder Sinnentleerung einer an sich wertneutralen Zeit.

Eine ganz andere geschichtliche Bewertung meint der Ausdruck »Kairos«. Er ist Zeit in der Erfüllung. Schon im klassischen Griechentum wurde der Charakter der erfüllten Zeit mit dem Wort Kairos gedeutet. Hier gewinnt der Augenblick eine schlechthin schicksalhafte Bewertung. Hier wird die eigene Zeit von der göttlichen Sinngebung so bestimmt, daß Gott in ihr schöpferisch handelt und zum Zuge kommt.

Der Kairos wurde deshalb im Griechentum göttlich verehrt. Im Stadion von Olympia stand sein Altar. In jugendlicher Schönheit war er dargestellt, mit Fußflügeln und ganz kurzem Haar am Hinterkopf, doch mit einer Stirnlocke. Diese Haarlocke deutete symbolisch an, daß man dem Kairos als der Gotteszeit eine Augenblicksbewertung gab, die man sofort beim Schopfe ergreifen mußte. Durch den Kairos wird der Mensch in seiner Existenzmitte unmittelbar zum Handeln aufgefordert. Wer den Kairos versäumt, hat die göttliche Gelegenheit verpaßt. Also auch die erfüllte Zeit verrinnt – verrinnt als Chance, als mögliche Lebenserfüllung, als Gnade.

Im Neuen Testament gewinnt auf diesem Hintergrund die Zeit als Kairos in der Person Jesu Christi eine göttliche Bewertung, der der enteilenden Minute einen Entscheidungscharakter von ewigkeitlichem Ausmaß gibt. Das war nach Markus die Botschaft Jesu: »Die Zeit ist erfüllt, und das Reich Gottes ist herbeigekommen. Tut Buße und glaubt an das Evangelium!« (Mark. 1,15). »Als aber die Zeit erfüllt war, sandte Gott seinen Sohn, geboren von einem Weibe und unter das Gesetz getan« (Gal. 4,4).

An der Bewertung dieses heilsgeschichtlichen Augenblicks hängt alles. Jesus Christus ist der Kairos Gottes. Das Angebot der Gnade in seiner Person wird deshalb in seinem unheimlichen Ernst deutlich: »Wer an den Sohn glaubt, hat das ewige Leben. Wer an den Sohn nicht glaubt, wird das Leben nicht sehen, und der Zorn Gottes bleibt über ihm« (Joh. 3,36).

Weil in Jesus die Uhr von Gottes erfüllter Zeit schlug, duldet die Entscheidung bei einer Begegnung mit ihm keinen Aufschub.

Das Evangelium kennt ein Heute. In ihm sucht Jesus Christus Begegnung mit uns. Wieder muß ich an Bezzel und sein Wort denken, daß die Gnade zwar unerschöpflich in ihrer Vergebungskraft ist, aber ihre Stunde hat. Und daß alle, die von einer Bekehrung nach dem Tode träumen, verkennen, daß das Kreuz einmaliger und dauernder Ruf zur Bekehrung ist. Und an jene Kirchenführer in den Nordländern, die bedauerten, daß die befruchtende und erweckende Kraft unserer Theologie dadurch verloren gegangen sei, daß sie die Wirklichkeitsdeutung von Kreuz und Auferstehung Jesu Christi nicht mehr ernst nehme.

Reformatorische Theologie entfaltet sich dort, wo die Anfechtung beim Blickwechsel auf Jesus Christus in Getrostheit und Geborgenheit verwandelt wird. Schwärmerische Bewegtheiten, die wir so gern an den Amerikanern bewundern, um dann sogleich auch deren Erweckungsstil zu übernehmen, sind deshalb im Sinne des Wortes fragwürdig. Schwarmgeister führen zur Versandung, aber nicht zur Befruchtung. Gott baut sich seine Kirche letztlich selber. Das mitzuerleben ist eines der großen Ereignisse im Leben des Christen. Der

Maßstab für die Beurteilung, ob Gott oder der autonome Mensch dabei am Werk ist, finden wir allein im Kreuz Jesu Christi. Wer hier im eigenen Ende den göttlichen Anfang entdeckt, im Verlust der eigenen Mitte die Gnade weiß, die in Christus geworden ist, findet im Ende des Chronos den Anfang des Kairos.

Evangelist im eigentlichen Sinne bin ich nicht geworden; es war die Leidenschaft, die mir aus der Vergebungsgewißheit geschenkt wurde, ein Zwang, der sich mir aus der Unruhe erklärt, die auch Paulus beseelte, als er den Römern schrieb: »Ich bin ein Schuldner, auch euch in Rom das Evangelium zu verkünden.« Wer diese heilige Unruhe kennt, dieses Feuer, das Triebkraft Gottes ist, versteht, daß man als Christ unbedingt Evangelist ist. Jede Verkündigung, die in Vollmacht geschieht, ist ja gewissermaßen Evangelisation. Wer den Menschen recht sieht und das Elend recht deutet, wird in der Liebe Jesu Christi erfinderisch. Auch vor dem Kriege habe ich je und dann Evangelisationen gehalten, und Gott hat sie gesegnet. Aber die Tür zum Evangelisieren in seiner ganzen Weite und auch seinem notvollen Fragen, in die mich der Konflikt mit meinem Gemeindedienst führte, ergab sich erst nach dem Kriege.

Unvergeßlich ist mir, wie meine Frau und ich kurz nach dem Kriege zu einer Evangelisation ins Badener Land fuhren. Wir waren gerade stolze Besitzer unseres ersten Opels geworden, den wir von Rüsselsheim abgeholt hatten, um nach Spöck bei Karlsruhe weiterzufahren. Dort evangelisierte mit mir Dekan Friedrich Hauss. Wir verstanden uns, er wurde einer meiner besten Freunde. Ihm verdanke ich die Sicht für evangelistische Nüchternheit und den Ernst eines Einsatzes, den ich bei ihm bewunderte. Er sah es als einen großen Mangel im theologischen Dienst an, wenn die zukünftigen Pfarrer nicht schon vor und während des Studiums in den seelsorgerlichen Dienst der Kirche mit hineingenommen wurden. Wie beglückt war er später, als er einen Dienst während eines Erweckungstages in Krelingen tat. Das war kurz vor seinem Tode. Der über Achtzigjährige machte die weite Fahrt nach Krelingen und gab mir aus seiner Erfahrung unbezahlbare Ratschläge für den Aufbau des Werkes. Er hat sich gefreut über das, was der Herr in Krelingen schon getan hatte, und als er seine Gedanken über den seelsorgerlichen Dienst der Studenten hier verwirklicht sah.

Nach einigen Evangelisationsabenden in Spöck wurde ein Aufbruch geschenkt, wie ich ihn noch nicht erlebt hatte. Oft hatte ich meiner Frau von der Erweckung in meiner Minden-Ravensberger Heimat erzählt, und sie hatte mir den Bericht auch abgenommen. Aber mit dem Herzen einsichtig wurde ihr das Geheimnis der Erwekkung erst in diesen Tagen. Die Menschen im Ort brachen auf, weil die Sünde mit Namen genannt und auf diese Weise sündig wurde und die heilige Unruhe ihnen die Einsicht schenkte, daß sie ohne die Begegnung mit Jesus verlorene Leute waren. Das Pfarrhaus war überlaufen, und die Sakristei wurde zum Beichtstuhl Gottes. Die Nacht wurde zum Tage, weil Sünder die Tür suchten, durch die man gehen muß, wenn man erfahren will, daß nur die Wahrheit in Christus frei macht, die man allein oft nicht findet.

Der Boden war dort schon früher durch den Erweckungsprediger Henhöfer kräftig bearbeitet worden. Dieser frühere katholische Priester wurde einer der größten Zeugen des Badener Landes. Von der liberalen Theologie nicht verstanden und auch von der Kirche angefochten, wurde er von Gott beglaubigt und mit Vollmacht des Geistes und der Kraft ausgerüstet. Der Henhöfertag ist in der Badener Kirche Mittelpunkt des erwecklichen Lebens geworden.

Friedrich Hauss hatte über seine Kirchenbehörde bewirkt, daß ich für sechs Wochen von meiner Hannoverschen Landeskirche für Baden beurlaubt wurde. Für mich wurde diese erste Erweckungsevangelisation zu einer prägenden Erfahrung, die mich nach dem Stil der Evangelisationen fragen ließ. Mir wurde gewiß, daß nur eine die ganze Person umgreifende Beichte vom Geheimnis der Sünde und Schuld befreite und zur Erkenntnis Jesu Christi führte. Ich entdeckte, daß die Voraussetzung jeder Bekehrung im völligen Bruch mit dem Sündengeheimnis, mit der gelebten Lüge liegt. Nur so macht die Wahrheit in Christus frei.

Gott fängt seine Ewigkeitsgeschichte meistens an der schwächsten Stelle in einem Menschenleben an; genau hier liegt dann auch die existentielle Entscheidung zwischen Wahrheit und Lüge. Ich bin überzeugt, daß in, mit und unter einer vollmächtigen Verkündigung der gekreuzigte und auferstandene Herr dem Sünder so unmittelbar begegnet, daß im Heiligen Geist gleichzeitig die Begegnung mit Gott geschenkt wird.

Die Unausweichlichkeit des damit verbundenen Gestellungsbefehls habe ich oft mit tiefer Bewegung erkennen dürfen. Bei einer Erweckung in der Schweiz war die Begegnung mit dem Herrn so unmittelbar, daß die Menschen nach der Verkündigung die Kirche nicht verließen. Nach dem Gebet blieben sie wie gelähmt stehen. Ich sprach den Segen und wünschte eine gute Nacht. Aber niemand rührte sich in der vollen Kirche. Als ich die Kanzel verließ, sagte mir der Pfarrer:

»Es ist der Herr!«

Wir knieten alle nieder, und so begann die Erweckung. Erst am anderen Morgen kam ich in mein nahe gelegenes Quartier. Überall standen Menschen und sprachen mich an. Es war die gleiche Situation, die David beschreibt: »Da ich's wollte verschweigen, verschmachteten meine Gebeine.« Der Weg von der Kirche zu meinem Quartier war ein Beicht- und Bußweg. Wenn der Herr redet, kann der Mensch in einer Minute mehr von der Wirklichkeit Gottes erfahren, als wenn er um einer »intellektuellen Redlichkeit« willen der Begegnung mit Gott ausweicht.

Die Problematik unserer Lebensfrage wird gelöst, wenn der Herr spricht. Er erweckt allein, der Mensch ist Werkzeug. Das weiß niemand so sehr wie der Evangelist selber. Dieses Wissen macht notwendig demütig; folglich erkennt man das Werkzeug Gottes an dieser gelebten Demut. Nur wenn der Evangelist unter dem Kreuz behaust ist, bleibt er bewahrt, Frucht als Erfolg mißzuverstehen. Die Erfahrung, daß solch ein flüchtiger Augenblick von Ewigkeit erfüllt ist, ist die beglückendste und demütigendste zugleich. Christus ist die erfüllte Wirklichkeit – er schenkt Kairos, erfüllte Zeit, zielorientierte Zeit.

Da schaut mich die Haustochter eines Pfarrers während der Verkündigung groß an. An ihren Augen hatte ich abgelesen, daß sie Antwort auf ihre Lebensfrage suchte. Als ich den Talar auszog und sie in der Küche hantieren sah, schaute ich sie an und fragte:

»Ja?«

Antwort: »Ja!«

»Ganz?«

»Völlig.«

»Gleich?«

Sie nickte. Sie ist eine Seelsorgerin für viele geworden.

Ein mir eng befreundeter Tierarzt, der unseren Glaubenshof aufbauen half und ihn jetzt mitbetreut, erlebte die Begegnung mit Gott so: Er kam von einer Dienstfahrt zurück und sah, wie die Menschen in das Zelt strömten. Neugierig hielt er einen Augenblick an. In der Unverbindlichkeit und Distanz eines normalen Kirchenchristen setzte er sich einen Augenblick in die letzte Bank und horchte auf die Botschaft. Ich sprach über den verlorenen Sohn, der zu Hause geblieben war. Der fromme Anspruch, den dieser Sohn machte, konfrontierte ihn so mit sich selbst, daß er zu Hause seiner Frau erklärte, jetzt wisse er, wer der verlorene Sohn sei – er selber. Dieser Mann ist heute ein Gesegneter des Herrn.

Da sitzt ein Mädchen meiner Gemeinde in einer Jugendstunde vor mir. Sie erwacht aus der Selbstgefälligkeit ihrer bäuerlich-beschaulichen Tradition. Der Schritt, den sie über die Linie tut, beweist sich als echt. Als sie im Elternhaus und der Verwandtschaft in Acht und Bann getan wird, muß sie einen schweren Weg gehen. Aber die niedrigsten Arbeiten verrichtet sie mit Freude. Ihr wird eine Weltreise geboten, wenn sie Christus absagt. Die Begegnung mit mir, ihrem Pastor, wird ihr schwer gemacht. Aber die Einsamkeit wird Gemeinsamkeit mit Christus. In der Anfechtung lernt sie aufs Wort merken. Sie hat die Anfechtung durchstanden und leitet heute mit Pfarrer Dr. Riecker und Peter Lohmann die Bibelschule Adelshofen.

Der Dienst in dieser Gemeinde war ein besonderer Markstein in meiner evangelistischen Tätigkeit. Es hat Gott gefallen, aus diesem Dienst eine reife Frucht zu schenken. Welch ein Segen ist heute diese Erweckungsstätte für das ganze Badener Land und weit darüber hinaus. Nicht ohne ein leichtes Schmunzeln denke ich daran, wie Dr. Riecker, der doch selber viel über Erweckung geschrieben hatte, fast kopflos war, als seine Gemeinde aufbrach. Eine ganze Nacht lang vom Samstag auf Sonntag habe ich nur Beichten gehört. Familien kamen mit ihrem Gesinde und bekannten ihre Sünden und erfuhren, daß die Wahrheit freimacht. Ich mußte am anderen Morgen ungeschlafen auf die Kanzel gehen. Wenn Gott redet, wird das Wort schöpferisch und der Augenblick zeitlos.

Es mag richtig sein, daß der Normalverbraucher eine Predigt, die länger als 20 Minuten dauert, nur schwer ertragen kann. Aber es ist ein sicheres Zeichen für Erweckung, wenn der Wert der Verkündigung nicht mehr bestimmt wird vom Blick auf die Uhr. In Erwekkungsgemeinden habe ich oft stundenlang gepredigt, ohne daß die Zuhörer ermüdeten. Das lag nicht an meiner Predigtkunst. Wo der Heilige Geist wirkt, schenkt Gott ein Erwachen, das den Augenblick zeitlos macht. Beim Besuch in einem Erweckungsdorf im Schwabener Land schlug mir der dortige Pfarrer vor, um Mitternacht zu predigen, weil die Leute gerade in der Heuernte standen. Wie erstaunt war ich, als ich entdecken mußte, daß kein Platz in der Kirche frei war.

Dekan Hauss veranlaßte zusammen mit Erich Schnepel, daß ich viele Jahre während der Tagung der Badischen Pfarrerbruderschaft auf dem Thomashof bei Karlsruhe Dienst tat. Wie viele Bekanntschaften wurden da angeknüpft und in wie vielen Gemeinden jener Pfarrer habe ich evangelisiert! Durch geschenkte Erweckungen mehrten sich die Rufe. Ich besprach meine Lage mit dem Personalchef im Landeskirchenamt. Der zeigte volles Verständnis für meine Lage und war nicht abgeneigt, mir einen zweiten Pfarrer zur Seite zu stellen. Als ich dann aber einen Amtsbruder aus der Pfarrerbruderschaft vorschlug, waren offenbar auch Bedenken vorhanden, den evangelistischen Trend von Ahlden noch zu verstärken.

Ob ich ohne Bindung an die Gemeinde die Gefahren des Evangelistenlebens durchgestanden hätte, ist mir zweifelhaft. Ab und zu muß ich daran denken, daß das Segelschiff »Pamir« nach dem Urteil des Seegerichts nicht hätte kentern müssen, wenn es genug belastet gewesen wäre. Das Maß an Belastung bestimmt den Tiefgang. Wenn bei der evangelistischen Verkündigung Tausende von Zuhörern in Bewegung kommen, steht der Evangelist selber in der Gefahr, einer frommen Selbsttäuschung zu erliegen. Der Evangelist muß nüchtern bleiben. Nicht alle Knospen werden Früchte. Im Gleichnis vom Sämann hat nur ein Viertel des Saatgutes Aussicht auf Frucht. Religiöse Bewegtheit und Begeisterung ist noch lange kein Beweis für Bekehrung. Wer sich als Evangelist einbildet, die Menschen mit glänzenden Vorträgen verändern zu können, ohne sie in die notwendige Stille zu führen und zur Bußwilligkeit, der gefährdet seinen Dienst.

Bei all den Evangelisationen, in denen ich mit dieser Gefahr zu ringen hatte, ist mir das Gemeindepfarramt zur Korrektur geworden. Hier bleibt man als Evangelist auf dem Teppich, hier merkt man die heilsame Begrenzung, wird man laufend konfrontiert mit den Vorbehalten des geistlichen Alltags. In der Schule Gottes kann man keine Klasse überspringen. Mose mußte vierzig Jahre Schafe hüten, ehe er der Bevollmächtigte Gottes wurde.

Es ist auch eine Gefahr, wenn Evangelisten die Neubekehrten zu stark an sich selber binden und damit gemeindebildend wirken. Gerade wenn wir Mithelfer bei den geistlichen Geburten sein dürfen, muß der heilige Abstand gewahrt bleiben, müssen wir wissen, daß alle emotionale und personale Bewegtheit ohne Heiligen Geist nur zur Versandung der Kirche führt. Lieber keine Erweckung als eine scheinbare Erweckung, die im Endeffekt nur zur Verstockung führt. Je älter ich wurde, um so mehr habe ich lernen müssen, nichts auf der Menschen Anerkennung zu geben, aber auch das eigene Amtsbewußtsein, das sich so gern beweihräuchern läßt, unter Kontrolle zu halten. Nur wenn die seelsorgerliche Angst vor unserm ungebrochenen Ich, die Angst, daß wir Erfolg mit Frucht verwechseln könnten, uns nie losläßt, kann sich in unserem Leben der Wille Gottes erfüllen.

Diese Gedanken kamen mir bei der Erinnerung an Zeiten, als ich in den großen Stadt- und Kongreßhallen, in den Sporthallen des Auslandes oder etwa im Festbau des Zirkus Krone in München vor vollen Häusern evangelisierte. Die Erfahrungen lehrten mich: Die großen Zahlen bedeuten nichts. Das Reich Gottes wächst senfkornartig. Gott bewertet nicht nach der Zahl, sondern nach dem Gewicht. Wer sich nur von Zahlen leiten läßt, geht an stinkiger Eitelkeit zugrunde. Bis heute habe ich deshalb versucht, mit meinen Mitarbeitern die Zusagen zu Diensten und Evangelisationen in der Prüfung des Willens Gottes zu entscheiden.

Einst kamen in regelmäßigen Abständen einige Bauern aus einem Dorf bei Lüneburg. Sie baten mich, in ihrem selbsterbauten Gemeinschaftssaal zu sprechen. Ein Pferdeknecht war dort einmal der Anstoß zu einer Erweckung für das ganze Dorf geworden. Immer wieder sah Wilhelm Wobker in den Terminkalender und sagte ab. Immer wieder verabschiedeten sie sich mit der sachlichen Bemerkung: »Dann müssen wir eben weiter beten.«

Die Unwiderstehlichkeit, die in diesem Wort lag, machte mich schließlich willig, hinzugehen. Die Begegnung wurde zu einem Strom, der rückwärts fließt. Gerade diese Erweckungsgemeinde wurde mit ihrem großen Posaunen- und Jugendchor die tragende Kraft in der musikalischen Umrahmung unserer Jugendtage. Es bewegt mich, wenn ich daran denke, mit welcher Liebe und Hingabe im Blick auf den großen Herrn sich hier der Dienst in unvergleichlicher Treue erfüllt.

Es war mir noch nie begegnet, daß Bauern nach einem Vortrag zu mir sagten: »Herr Pastor, Sie haben wenig Zeit; es genügt, wenn Sie die Verkündigung übernehmen.« Hier war das möglich. Denn hier lebte der alte Vogt, bei dem wir alle lernen konnten, wie man Menschen zu Jesus führt. Dieser Mann war nicht nur der Anstoß zur Bekehrung, sondern auch der bevollmächtigte Seelsorger für das ganze Dorf geworden. Sooft ich in Gödenstorf Dienst getan habe, bin ich aus diesem Dorf immer als ein Beschenkter heimgekommen.

Eine der ersten Evangelisationen nach dem Krieg war in Bad Lauterberg/Harz. Pastor Lehmann hatte den größten Saal in der Börse gemietet. Mit viel Propaganda hatte er geworben und alle Vereine eingeladen. Auf der Bekanntmachung stand: Freie Aussprache für jedermann. Als wir im strengen Winter mit hochgeschlagenen Kragen zum Lokal gingen, merkte ich bei Pastor Lehmann Besorgnis und Unruhe. Auf meine Frage sagte er:

»Bei uns ist nicht der Weinberg, sondern der Steinbruch Gottes; mir schwant nichts Gutes für diesen Abend.«

Als wir den überfüllten Saal betraten, entstand ein Lärm und eine Unruhe, daß man sein eigenes Wort nicht mehr verstehen konnte. Einige der Anwesenden rieben mit ihren Bierkrügen »Salamander«. Pastor Lehmann wollte schon aufgeben, aber ich sagte: »Warte ab, wir gewinnen am Ende doch!«

Am Rednertisch zog ich unter den Blicken aller Anwesenden meinen Mantel aus, danach die Jacke. Als ich den Schlips lockerte, wurde es schon merklich stiller. Dann kam das Oberhemd. Als ich nun bei totaler Stille in Hemd und Hose auf den Tisch stieg, hätte man eine Maus hören können.

»Ich danke euch«, begann ich, »daß ihr Kinderstube beweist und ruhig seid, sonst müßte ich noch mehr ausziehen. Ich werde nicht von diesem Tisch runtergehen, bis jeder von euch seine Fragen beantwortet hat.« Dann kam die Verkündigung, und – Gott sei's gedankt – sie kam an. Nachts gegen drei Uhr verließen wir den Raum.

Als ich später im Zirkus Krone evangelisierte, kam ein Mitarbeiter des Trägerkreises. Er erinnerte mich an den Abend in Bad Lauterberg und berichtete, daß er an dem Abend Christus begegnet sei. So können unsere Verlegenheiten Gottes Gelegenheiten werden.

Die Leute der letzten Reihe

Vor einigen Jahren war ich zu einem evangelistischen Dienst in Augsburg und mit meiner Frau zu Gast bei dem Kirchenrat Schlier. Es gefiel dem Herrn, dieser Petri-Gemeinde einen erwecklichen Aufbruch zu schenken; viele Menschen kamen in die Seelsorge, und es kam vor, daß ich an einem Sonntag dreimal in der vollen Kirche predigte. Später wurde ich zu einer Wiederholung des evangelistischen Dienstes gebeten. Weil ich immer versuche, mit dem Ohr der Seelsorge zu hören, sagte ich auf die dringlichen Bitten hin zu, wollte diesmal aber lieber in irgendeinem Hotel wohnen, statt mich bei Kirchenrat Schlier einzuquartieren. Ich wollte wirklich die letzte Reihe erreichen.

Meiner Bitte wurde entsprochen: Schlier brachte mich nicht ohne Humor in das Heim für Fernlastfahrer. Als ich dort ankam, war der Empfang sehr kühl, reserviert. Irgendein dienstbarer Geist brachte mich in ein Dachzimmer, das so bescheiden war, daß ich in jener Nacht auf meiner schlechten Matratze dachte, man müsse den Herrn Jesus schon sehr lieb haben, um das auszuhalten. Am nächsten Morgen mußte ich mein Frühstück isoliert von den übrigen Gästen einnehmen.

Meine Absicht war völlig blockiert. Ich bekam bei solchen Vorbehalten keinen Kontakt. Jeder hier wußte, daß ich der Pfarrer war, und damit stand ich im Abseits. Aber was geschah? Am zweiten, dritten Tag kamen Menschen in meine Dachkammer zur Seelsorge. Ihre Zahl wurde immer größer und wurde so zu einer lebendigen Frage an den Wirt und die Gäste.

Eines Morgens fragte mich die Kellnerin, warum so viele Leute zu mir kämen.

»Wahrscheinlich nicht wegen meiner schönen Augen«, antwortete ich. Sie lachte, und nach einer einladenden Handbewegung nahm sie am Tisch Platz. »Warum kommen diese Menschen wohl zu mir – darf ich Ihre Vermutung wissen?«

»Vielleicht kommen sie zur Beichte?« fragte sie etwas stockend.

»Genauso ist es. Aber nun möchte ich etwas klären. Das Wort ›Beichte‹ hört ein Katholik vielleicht anders als ein evangelischer Mensch. Darf ich Sie fragen, sind Sie katholisch?« Als sie das bejahte, fragte ich sie weiter, ob sie auch zur Beichte gehe.

»Ja, gelegentlich, es gehört sich so.« Auf meine Frage, ob sie zu jedem Geistlichen in die Beichte gehe, erhielt ich die Antwort: »Lieber zu einem fremden als zu einem bekannten.« Nun kreuzten sich unsere Blicke.

»Beichten Sie echt oder unecht?« fragte ich.

»Wie meinen Sie das?« war die spontane Reaktion.

»Darf ich einmal annehmen, daß Sie eine Kuh gestohlen haben, obwohl Sie das selbstverständlich nicht getan haben. Aber für den Fall, daß es so wäre, hätten Sie die Kuh nur in Ihren Stall führen können, wenn Sie den Strick mitgenommen hätten, an dem sie angebunden war. Nun ist meine Frage: Beichten Sie bei Ihren Beichtgängen die Kuh oder nur den Strick? Ich hoffe, daß Sie dies gleichnishafte Bild verstehen.«

Die Kellnerin wurde sehr nachdenklich und meinte schließlich, wenn sie ehrlich sei, müsse sie zugeben, daß sie nur die Stricke gebeichtet habe, ohne die ganze Wahrheit zu nennen. Sie erkannte die fomme Lüge, als ich ihr klar machte, was evangelische Beichte sei. Ohne Bruch mit dem Geheimnis von Sünde und Schuld könne man die Stimme Jesu nicht hören.

Am folgenden Abend hatten sich einige von dem Bedienungspersonal frei genommen. Nach dem Vortrag schenkte ich allen im Gasthaus Anwesenden eines meiner Bücher. Und die Folge? Am anderen Morgen war Klimawechsel festzustellen. Der Wirt erklärte sehr freundlich, daß ich nur aus einer Notlage heraus ins Dachzimmer eingewiesen worden sei. Er habe veranlaßt, daß mein Gepäck in ein neues Zimmer gebracht wurde. Ich kam aus dem Staunen nicht heraus, das Zimmer war traumhaft, sogar mit Bad, und auf dem Tisch stand ein Blumenstrauß.

Nach dem Vortrag an diesem Abend wurde ich von allen Lastwagenfahrern freudig begrüßt. Sie baten mich an ihren Tisch und fragten, worüber ich gesprochen hätte.

»Über den Sinn des Lebens.«

»Das Leben ist doch gelebter Unsinn!«

»Genau das hat mir ein Gangsterkönig in Hamburg auch mal gesagt. Dieser Hamburger Junge sagte mir auch, wie dieser gelebte Unsinn ausgehen solle. Er faßte in die Jackentasche und zeigte mir eine kleine Tablette und meinte dazu, wenn die Handschellen kommen, sei sie schnell verschluckt, und dann sei er in einer halben Minute ausgestiegen.«

Im Raum wurde es ganz still. Jemand rief, ich solle von diesem Gangsterkönig weiter erzählen. Merkwürdig, es herrschte gespannte, fast betroffene Aufmerksamkeit. Wenn wir den Menschen in seiner Lebensfrage ansprechen, vergißt er die Zeit. Niemand trank mehr, mit großen Augen schaute man mich an und nun kamen auch die echten Fragen. Als ich auf meine Uhr schaute, war die Polizeistunde schon gekommen. Die Kellnerin meinte:

»Jetzt ist es an der Zeit, daß Sie mit uns beten.« Ich bat sie, den Küster zu vertreten und es den Gästen zu sagen. Mit unnachahmlichem Takt forderte sie alle auf, die Hände zu falten. Nach dem Gebet faßte mich ein LKW-Fahrer am Arm:

»Viele Jahre habe ich keinen Gottesdienst mehr besucht, aber dieser Abend war mehr.«

»Sie haben recht«, antwortete ich, »wenn nicht ein Mensch, sondern der Herr mit Ihnen geredet hat.« Als ich auf dem Flur war, um mein Zimmer aufzusuchen, fragte mich jemand, ob ich einen Augenblick Zeit hätte. Ich nickte, dann kam es stockend heraus:

»Wissen Sie, ich liege seit vielen Jahren auf der Landstraße. Ich habe eine Frau und zwei Kinder; wie man so sagt, eine glückliche Ehe.« Ich unterbrach und fragte ihn:

»Wie meinen Sie das?«

»Nun ja, wenn man auf der Landstraße ist, dann passiert so mancherlei.«

»Und die Folgen?«

»Zwischen meiner Frau und mir ist immer ein gespanntes Verhältnis.«

»Nun, soll das so weitergehen?«

»Nein, deshalb komme ich zu Ihnen. Ich bin nämlich schuldig.« So wurde diese Nachtstunde auch für ihn Stunde der Seelsorge im Heim für Fernlastfahrer, an der Landstraße des Lebens – weil nicht nur der Strick, sondern auch die Kuh gebeichtet wurde. Wenn die Sünde sündig geworden ist und beim Namen genannt wird, dann ist Kairos die Stunde der Heimkehr ins Vaterhaus.

Die Augsburger Jugend ist bis heute eine aktive Mannschaft, die immer bereit ist, auch am Aufbau unseres Jugendtages mitzuhelfen. Zu meinem 70. Geburtstag haben sie mir einen Hut mit Gamsbart geschenkt. Ich habe ihn aber nur wenig getragen, weil es in Krelingen Leute gibt, die dann sagen: »Schau mal da, Franz Joseph Strauß geht vorbei!«

Der Radius weitet sich

Wenn ich meinen Urlaub nicht für Evangelisationsreisen verwandte, was die Regel war, so verbrachte ich ihn mit meiner Frau in Braunwald in der Schweiz. Dieses Fleckchen Erde haben wir lieben gelernt. In dem Haus unserer »Mutti«, wie wir sie nannten, konnten wir uns an Leib und Seele erholen. Frau Ida Breitenstein war eine ungewöhnliche Frau. Sie lebte ein Christentum, wie ich es nur noch bei Eva von Tiele-Winckler und Corrie ten Boom erlebt habe. In der Stille der Berge habe ich dort im Urlaub manches meiner Bücher geschrieben. Unvergeßlich sind mir die Stunden, wenn ich in Braunwald über die noch schneebedeckten Almen ging und der blaue Enzian und die Krokusse die Schneedecke durchbrachen und das Licht der Frühlingssonne tranken. Nach harten Wochen der Seelsorge durfte ich dort unter der Liebe und Fürsorge unserer »Mutti« ausruhen und die Höhenluft einer Glaubensgemeinschaft einatmen, die Freudigkeit zu neuen Diensten schenkt. Wenn am Morgen der schneebedeckte Tödi im Glanz der aufgehenden Sonne funkelte, wer dächte da nicht an das Psalmwort: »Ich hebe meine Augen auf zu den Bergen . . .«?

Bei meiner ersten Evangelisation in Zürich hatten wir die Mutti Breitenstein kennengelernt. Es war im November, und dicker Nebel lag über der Stadt. Ich predigte zum erstenmal in der Bethel-Kapelle, da lud uns deren Leiter zu einer Fahrt auf den Rigi ein. Wir waren den ganzen Tag in der Sonne. Bei Beginn des Gottesdienstes am Abend stand ich mit rot verbranntem Gesicht auf der Kanzel. Eingangs sagte ich scherzhaft, daß man bei dem Anblick meines Gesichtes mancherlei Vermutungen anstellen könne, aber ich sei in der Sonne gestanden. Der Grundgedanke der Predigt wurde mehr und mehr: Komm in die Sonne.

Am anderen Tag erhielt ich einen Brief von Frau Breitenstein. Sie schrieb mir, um unseren Sonnenhunger zu stillen, stelle sie uns ihr Haus in Braunwald zur Verfügung. Sie legte gleichzeitig ein Goldstück als Gruß bei. Von dem Einsatz und dem Glauben dieser Frau habe ich viel gelernt. Sie war im gewissen Sinne auch meine Beichtmutter. Wie viele Nöte habe ich bei ihr abgeladen. Das Wort Augustins habe ich bei ihr verstanden: Gebt mir Mütter – und ich will die Welt retten!

Zweimal habe ich meinen Urlaub zu Evangelisationsreisen nach Afrika benutzt. Das erste Mal war ich von der Transvaalkirche und der Rheinischen Mission eingeladen. Mit großem Dank denke ich an all die Gemeinden, an die erwecklichen Aufbrüche und Dienste zurück.

Das zweite Mal lud mich die Dorothea-Mission ein. In Südafrika, Malawi, Rhodesien, Zambia und anderswo in Südwest durfte ich in großen Versammlungen den Farbigen die frohe Botschaft bezeugen. Nirgendwo habe ich mich so wohl gefühlt wie dort bei den Geschwistern. Mir ist gewiß geworden, daß das Rassenproblem nur durch jene Liebe überwunden wird, die der Herr auf seinem Wege zum Kreuz als Erweis der Jüngerschaft gefordert hat.

Sicher gibt es kein Kriterium, aufgrund dessen man schließen könnte, daß Gott gerade jetzt oder dann eine Erweckung schenken wolle; aber man soll es sich wohl überlegen, ob es geraten sei, in die Höhle des Löwen zu gehen, ohne in der glaubenden Gemeinde rückversichert zu sein.

Bei all meinen Evangelisationen achtete ich darauf, daß das erweckliche Leben fruchtbar für die Kirche wurde. Natürlich ist es etwas anderes, wenn im Siegerland evangelisiert wird, wo sich das erweckliche Leben in Laienkreisen entfaltet hat, oder im Süddeutschen Raum mit seinen verschiedenen Gemeinschaftsbewegungen, die ganz anders orientiert sind als etwa die erweckten Kreise in Minden-Ravensberg und Niedersachsen, die aus der Erweckungspredigt lutherischer Theologen hervorgegangen sind. Wer freilich unter Kirche Gemeinde Jesu versteht, wird hier wie dort auch mit der Spannung zwischen »gläubig« und »ungläubig« rechnen. Aber es ist nicht geraten, das Ärgernis des Kreuzes billiger zu verkaufen, als es ist. Die Nachfolge fordert Entscheidung. Einsamkeit und Widerstand seitens der Welt gehören dann zum normalen Christenleben. Es ist aber wichtig, daß alle, die mit Ernst Christen sein wollen, ihre und ihrer Freunde Gläubigkeit nicht als Anspruch verstehen, und ihnen Pharisäismus nachgesagt wird, weil sie vergessen haben, daß die Demut das Zeichen begnadigter Sünder ist.

In den letzten Jahrzehnten wurde der Radius meiner Evangelisationen auf viele Länder erweitert. Hatte ich früher schon in vielen Werken der Inneren Mission reiche Erfahrungen gesammelt, so wurden diese wesentlich erweitert, als ich die Glaubenswerke in Schweden und Finnland, in Kanada und Amerika kennenlernte und ich nach dem Gesetz der Frucht zu fragen begann. Die Bedeutung des Sakramentalen im erwecklichen Leben ist mir in der lutherischen Kirche Finnlands, in Schweden und Norwegen deutlich geworden. Die Gefahr einer Anpassung, die mit modernistischen Mitteln Eindruck machen will und die Verbindung mit Gruppendynamik und Freimaurertum eingeht, habe ich in Amerika und Kanada kennengelernt. Es hat mich beeindruckt, als in Toronto ein jüdischer Rabbiner zu mir sagte:

»Niemals wäre ich zu Ihnen in den Vortrag gekommen, wenn ich nicht im Rundfunk gehört hätte, daß Sie naziverfolgt waren. Zu Ihnen bin ich in die Seelsorge gegangen, weil bei allem Humor die Ehrfurcht vor der Heiligkeit Gottes die ganze Verkündigung prägte . . . Ihr behandelt – aus unserer Sicht – den ›lieben Gott‹ zu kumpelhaft. Ihr klopft ihm zu jovial, so per du, auf die Schulter. Dieser Graben ist für einen Israeli schwer zu überbrücken.« Der Mann bekehrte sich – was für ein Erlebnis auch für den Evangelisten!

Beim Besuch der lutherischen Kirchen der Nordländer und besonders in Gesprächen mit dortigen Kirchenführern wurde mir nahe gelegt, über ein erweckliches Luthertum gründlicher nachzudenken. Bischof Manfred Björnquist, ein hervorragender Kierkegaardkenner, der mir freundschaftlich nahesteht, hat mich durch sein theologisches Urteil sehr beeindruckt. Er war der Meinung, daß die deutsche Theologie lutherischer Prägung vor dem ersten Weltkrieg mehr erwekkende und wegweisende Kraft gehabt habe als heute. Er war nicht der einzige skandinavische Kirchenführer, der darüber klagte, daß die Erwartungen, die man nach dem zweiten Weltkrieg in die reformatorische Theologie in Deutschland gesetzt hatte, bitter enttäuscht worden seien. Niemand hat mir diese Not so geklagt wie gerade dieser frühere Stockholmer Bischof Björnquist. Als ich den vierundneunzigjährigen vor Jahren in Sigtuna traf, beschwor er mich, darauf zu achten, daß die Verkündigung von Gesetz und Evangelium bei uns so ernst genommen wird, daß man die Sünde auch beim Namen nenne. Er sah die Not in einer zu starken Intellektualisierung und Abhängigkeit von amerikanischer erwecklicher Prägung. Kann eine Theologie, die nicht mehr über sich selbst hinausweist, sondern sich nur in philosophischen und psychologischen Denkkategorien ergeht, noch erweckend wirken? Kann schwärmerische Bewegtheit, ungeprüft vom amerikanischen Erweckungsstil übernommen, die Krankheit der Kirche heilen? Wir erreichen den anderen zunächst nicht so sehr dadurch, daß wir ihm anpreisen, was wir zu besitzen glauben und vielleicht auch besitzen, sondern indem wir ihn miterleben lassen, wie Gott uns in der Anfechtung Getrostheit im Heute der Gnade schenkt. Aber die Verkündigung muß wissen, daß dies auch das Unheimliche an der Gnade ist und daß man nicht mit ihr spielen kann. Jede evangelische Verkündigung muß von dieser Mitte bestimmt sein, daß Gottes Gnade das Angebot im Heute, in Jesus Christus selber ist und daß dies unsere zeitliche und ewigkeitliche Entscheidung bedeutet.

In dieser Verkündigung war mir Bischof Bo Giertz vorbildlich. Die Gewißheit, daß Jesus Christus Gottes Sohn ist, gewinnt man nicht auf dem Wege lehrmäßiger Tradition, sondern im Akt der Offenbarung Gottes, in Buße und Bekehrung. Nur die Kirche, die ihr Eigenleben unter dem Kreuze verloren hat, hat erweckende Kraft. Bezzel schrieb 1905 seinen Diakonissen:

> »Unserer Kirche fehlt in weitesten Kreisen das, was man geschenkte Begeisterung, erweckliche Verkündigung nennt. Wenn doch noch einmal eintreten würde, was allen Christen wert und heilig ist, daß wir uns aufraffen als Leute, die nicht nur von einem Morlain im sittlichen Wollen sprechen, sondern daß wir noch einmal zu der heiligen Begeisterung unserer Väter zurück suchen und finden. Ach, wenn der himmlische Vater uns noch einmal seinen Heiligen Geist so geben würde, daß wir seinem heiligen Wort durch seine Gnade glauben und göttlich leben, dann würde noch einmal eine Erweckung, eine Wiedergeburt in unserem Volke eintreten. Aber ich fürchte, daß es zu spät ist.«

Ob nicht Deutschland vielleicht zu den sterbenden Nationen gehört? Dieses reich gesegnete, von Gott mit allen Gaben wundersam ausgestattete Volk scheint mit einer unheimlichen Beschleunigung den fremden, verneinenden Gewalten ausgeliefert worden zu sein, um an ihnen zeitlich und ewig zu sterben. Was können wir tun, was wird das Ende sein?

Ich glaube, es wäre unsere größte Aufgabe, daß wir ein jeder an seinem Teil bei dem bleiben, was wir gelernt haben und was uns anvertraut ist. Aber das Gelernte muß durch Gottes Gnade und Erbarmen zum Leben erweckt werden, dann sind wir erst tauglich im Reiche Gottes. Erst dann können wir in staunenswerter Kühnheit bezeugen, was der Herr seinen Apostel Johannes sagen läßt: »Unser Glaube ist durch sein Vorhandensein schon der Sieg, der die Welt überwunden hat.«

Sooft ich in Bobengrün, dem größten Jugendtag des Frankenlandes, vor den vielen Tausenden gesprochen habe, die weithin durch den Einsatz des Bäckermeisters Hans Hägel mobilisiert worden sind, wird mir bewußt, daß die Probleme unseres Volkes nur Lösung finden und die Gewißheit einer erfüllten Zukunft uns nur geschenkt wird, wenn unser Glaube aus dem Kairos – der erfüllten Zeit in Jesus Christus – lebt.

Zweifellos hat das Evangelistenleben Gefahren. Da ist einmal die Gefahr des Geldes. Bei allen Vorträgen hat meine Frau mich ermahnt: »Sprich möglichst wenig vom Geld!« Es ist richtig, daß, wenn sich die Herzen geöffnet haben, das Opfer selbstverständlich ist. Für den großen Herrn gibt man gern Opfer. Ich bin deshalb dankbar zu wissen, daß auch im Krelinger Glaubenswerk eisern darauf geachtet wird, daß man mit anvertrauten Geldern als Haushalter Gottes treu umgehen muß. Es ist mir immer unverständlich gewesen, wenn Glaubenswerke sich nicht überprüfen lassen wollten. Vertrauen ist Kapital. Und nur wer im Geringsten treu ist, kann es auch im Großen sein.

Eine andere Gefahr ist die vermeintliche Wohltat der Freunde: Ein Verkündiger sollte auch darauf achten, daß er nicht durch anregende Getränke oder andere Narkotika den Heiligen Geist ersetzen will. Bei meinem geringen Blutdruck ist mir gelegentlich ein Kaffee zur Anfechtung geworden. Lieber arm auf die Kanzel gehen und erwarten, daß Gott in die Bettlerhände das Himmelreich legt, als mit falscher Münze Eindruck machen wollen.

In den letzten Jahren meines Pfarramtes stand ich immer mehr in der Gefahr, in Streß zu kommen. Das wurde in etwa abgeblockt durch den Einsatz meines treuen Diakons Wilhelm Wobker. Über zwanzig Jahre haben wir gemeinsam in unverbrüchlicher Bruderschaft in all den Anfechtungen zusammen gestanden. Er war in Wahrheit der zweite Pastor von Ahlden und füllte die Lücke immer vollgültig aus, wenn ich unterwegs war. Mit der gleichen Treue stand mir die Gemeindehelferin Margarete Sczepan zur Seite. Einen besonderen Dank möchte ich in meinen Erinnerungen Fräulein Ruth Koch aussprechen. In Hingabe und geistlicher Lauterkeit tat sie ihren Dienst als Gemeindehelferin und Organistin und wurde mir auch geistliche Korrektur als treue Sekretärin. Durch die seelsorgerlichen Kontakte bedingt ergab sich eine Korrespondenz, die ich ohne den Einsatz dieser Mitarbeiter nie hätte bewältigen können. Freilich habe ich alle persönlichen und Beichtbriefe nie aus den Händen gelassen.

Die Ahldener Bruderschaft

Parallel mit den evangelistischen Diensten ergab sich für mich seelsorgerlich mehr und mehr eine andere Not. Weil es nicht ausblieb, daß ich durch die mancherlei Rufe in viele Pfarrhäuser und auch Predigerwohnungen kam, führten die menschlichen Kontakte auch oft an jene Grenze, an der das Vertrauen zur Seelsorge geschenkt wird.

Es hat mich erschüttert, wenn ich sah, wie oft hinter dem Dekorum des Amtes und dem Lauf der vorgeschriebenen Konferenzen bei aller Betriebsamkeit dem Seelsorger die Seelsorge fehlte. Ja, die dienstliche Unruhe und die Betriebsamkeit stehen oft im umgekehrten Verhältnis zur geistlichen Vollmacht. Besonders wenn es in der Ehe und Familie des Pfarrers nicht harmoniert, kommen Nöte, die disziplinarisch werden können. Wie viele Gemeinden müssen einen Prediger ertragen, der wohl die Kasualien rechtgläubig abwickelt, aber zu dem das eigentliche Vertrauen fehlt. Als Evangelist habe ich erfahren, daß ich oft nach drei Tagen Umgang mit der Gemeinde die Nöte des Pfarrhauses schärfer sah und mehr wußte, als der Pfarrer es ahnte und vermutete. Wie gefährlich kann die Lüge in der Selbsttäuschung eines Pfarrers sein, wenn er den Weg zum Beichtstuhl Gottes selber nicht findet! Nur in seltenen Fällen geht der Pfarrer oder Prediger, wenn ihn irgendwo der Schuh drückt, zu seiner vorgesetzten Dienststelle. Sie hört ja immer, wie kann es auch anders sein, mit einem doppelten Ohr. Wenn man nun auch nach außen verschwiegene Nöte abdeckt, so hat diese dauernde Verdrängung doch eine Begrenzung. Wenn das Pfarramt hier keine Routine werden soll, braucht man eine Bruderschaft und Gemeinschaft, die das Maß des Konventionellen durchbricht, die Verbindlichkeit einer Seelsorge schenkt, in der man sich selber mit seiner Vergangenheit, seinen Sorgen und Nöten los wird.

Es waren durchaus keine kriminellen Nöte und disziplinarischen Dinge, die zur Gründung der Ahldener Bruderschaft führten. Sie ist überhaupt nie gegründet worden. Es war die seelsorgerliche Not, die einsichtig machte, daß man dem anderen nur helfen kann, wenn man seine Not mit ihm durchleidet. Unerträglich die Einsamkeit, die nur in der Bruderschaft und der gelebten Verbindlichkeit mit Christus gemeistert werden konnte. Als sie sich vor nunmehr dreißig Jahren zum ersten Mal zusammenfand, ist sie als Beichtbruderschaft unter dem Kreuz geboren und hat von daher ihre Verbindlichkeit behalten.

Sind in der katholischen Kirche im wesentlichen die Orden die Stätten der Erneuerungsbewegung gewesen, so sind es im evangelischen Raum sehr oft die Bruderschaften und Kommunitäten. Die Entwicklung der Bibelschule Adelshofen und ihre missionarische Tätigkeit sucht ihre Mitte in einer Kommunität. Ihr geistlicher Start ist im wesentlichen von jungen Leuten aus Ahlden mitbestimmt worden, die eine Lebenswende bei Christus erfahren hatten. Durch Pfarrer Walter Hümmer war ich eng mit der Selbitzer Bruderschaft verbunden. Durch meine theologischen Studien über Bezzel veranlaßt, hatte er mich zu vielen Pfarrertagungen in Bayern geholt, wo ich

Vorträge halten sollte. Wir haben manche kirchliche Fragen und Nöte gemeinsam durchstanden und durchlitten. Mit der Schweizer Bruderschaft bin ich durch viele Vorträge und Dienste eng verbunden gewesen. In keinem Ausland habe ich soviel Dienste getan wie in der Schweiz. Der damalige Leiter der Bruderschaft und jetzige Rektor der Bibelschule Aarau ist nicht nur Mitglied der Ahldener Bruderschaft, sondern tut in ihr auch gesegneten Dienst. In die Pfarrergebets-Bruderschaft wurde ich durch Dr. Brandt, Bad Salzuflen, eingeführt. Bei vielen Tagungen durfte ich Erich Schnepel, mit dem mich eine besondere Freundschaft verband, vertreten. Durch ihn kam ich auch in die Berliner Stadtmission. Bei einem gesegneten Dienst dort nahm mich einmal Paul le Seur besonders vor und sagte mir:

»Der Herr hat einen besonderen Auftrag für Sie. Sie sind noch am Ball, bauen Sie in der Volkskirche eine Ordensburg Gottes für die Stunde der Versuchung.«

Ich denke manchmal, ob dieses Wort seine Erfüllung wohl heute im Krelinger Glaubenswerk gefunden haben könnte?

Der Anfang der Ahldener Bruderschaft

In der geistlichen Verwandtschaft stand uns, außer der PGB und dem Missionsdienst in Hermannsburg die Dasseler Bruderschaft nahe. In enge Tuchfühlung mit dieser Bruderschaft kamen wir besonders durch den Begründer dieses Kreises, den früheren Missionsdirektor und damaligen Leiter der Hannoverschen Volksmission, Hans Dannenbaum. Bei der engen Freundschaft mit ihm hätte er es gern gesehen, wenn sich die Ahldener Bruderschaft mit der Dasseler vereinigte. Der Versuch wurde auch nach seinem Tode gemacht, als Superintendent Achilles die Bruderschaft übernahm. Die Ablehnung erfolgte von den Brüdern des Ahldener Bruderkreises bei aller Anerkennung der charismatischen Begnadung Dannenbaums wahrscheinlich deshalb, weil er zu stark als Persönlichkeit prägte. Nach einigen Beratungen mit der Dasseler Bruderschaft ergab sich zwar eine gemeinsame Marschrichtung, die aber doch der Krisis der Anfechtung nicht standhielt. Man kann auch in verschiedenen Bruderschaften verschiedene Wege gehen und doch im geistlichen Raum »vereint schlagen«. Das Band der Bruderschaft ist auch zu jenen Brüdern, die in manchen Fragen anderer Meinung waren, nie gerissen. Es gibt keinen Ahldener Jugendtag, auf dem nicht Ernst Achilles, ebenfalls ein »Dasseler«, seinen treuen Dienst tut.

Wir waren verschiedener Meinung in der Beantwortung der Frage, ob der Modernismus in seiner pluralistischen Auswirkung auf dem Wege intellektueller Debatten überwindbar sei. Man wollte den anderen gern in seinen Vorbehalten auf dem Denkwege suchen, erreichen und überführen. Vielleicht sahen wir in der Ahldener Bruderschaft die Grenze, die Luther im dritten Artikel meint, schärfer als die anderen Brüder: »Nicht aus eigener Vernunft noch Kraft!« Die Frage, die uns bewegte, war: Kann man angesichts einer Doppelexistenz im Kierkegaardschen Sinne, also bei Vorbehalten gegenüber einem Leben in beiden Bereichen, dem dämonischen und dem göttlichen, wirklich noch mit Debatten den Graben überbrücken?

Im Unterschied zur Pfarrergebets-Bruderschaft ist die Ahldener Bruderschaft verbindlich. Sie will ein Zusammenschluß von Brüdern – vorwiegend im Amt – sein, die sich zu Jesus Christus als ihrem Herrn bekennen und die bereit sind, im gehorsamen Hören auf Gottes Wort und die Führung des Heiligen Geistes ihr Leben in Haus und Amt so auszurichten, daß Jesus Christus als ihr persönlicher Herr und Befreier bezeugt wird. Die Bruderschaft lebt aus der Gewißheit der Vergebung der Sünden und verwirklicht sich im Sinne von Apg. 2,42: »Sie blieben aber beständig in der Apostel Lehre und in der Gemeinschaft und im Brotbrechen und im Gebet.« Ferner übt die Bruderschaft den brüderlichen und seelsorgerlichen Austausch und Zuspruch. Insbesondere gibt sie Gelegenheit zur Seelsorge, Aussprache und Privatbeichte mit dem Ziel des Freiwerdens und der immer neuen Ausrichung für den bevollmächtigten Dienst.

Um diese Kette zu stärken, findet sich die Bruderschaft viermal im Jahre, je zwei Tage, zusammen. Mitte jeder Tagung ist die gemeinsame Abendmahlsfeier. Ein Bruderschaftsbrief, der halbjährlich erscheint, in dem jeder Bruder seine Anliegen, Erlebnisse und Nöte berichten kann, ist ebenso wie ein Bruderschaftsbuch, in dem jeder Bruder mit Bild und Personalien steht, eine verbindliche Mahnung zu engerem Kontakt.

In über dreißig Jahren hat sich diese Bruderschaft so bewährt, daß sie auch für mich selber in meiner Verantwortung und in meinem Dienst eine Quelle der Kraft und Orientierung in mancherlei Fragen und Sorgen wurde. Mitglieder der Bruderschaft sind Angehörige verschiedener weltlicher Berufe wie Ärzte, Lehrer, Kaufleute, Industrielle und Landwirte, aber in erster Linie Theologen: Amtsträger und Prediger, die in erwecklich evangelistischer Weise im Alltag und Sonntag in Kirche und Gemeinschaft ihren Dienst tun. Ferner Mitglieder der kirchlichen Verwaltung und Volksmissionare, aber auch Führer im geistlichen Dienst, wie etwa der Leiter des Lutherischen Weltbundes.

Wenn auch die Bruderschaft in erster Linie seelsorgerlich ausgerichtet ist, so ist sie doch eine verschworene Gemeinschaft unter dem Kreuz Christi. Theologisch lebt sie aus der Grundsatzbestimmung, die Luther auf dem Augustiner Konvent in Heidelberg in seinen Thesen über Theologie des Kreuzes und Theologie der Ehren gegeben hat.

Exkurs: Theologie des Kreuzes und der Ehren

Theologie als Lehre von Gott und den göttlichen Dingen ist Gabe und Aufgabe der Kirche zugleich. Als Gabe von Gott hat sie ihre zeitliche und ewigkeitliche Mitte in Jesus Christus, seinem Kreuz, seiner Auferstehung und seiner Wiederkunft. Diese Wirklichkeitsdeutung Gottes ist für den Glauben der Kirche verbindlich. Jede theologische Dialektik sucht ihren Bezug in dieser Mitte. Luther sagt, die einfachste Theologie ist das Kreuz Christi. Diese einfache Theologie muß als Dialektik in der Anfechtung des Zeitgeistes immer neu gegenwartsnah übersetzt und verstanden werden. Wenn die Kirche diese Mitte verliert, ist sie in Anfechtung und Versuchung. Eine gute Theologie hat deshalb bewahrende und ausrichtende Kraft für Leben und Lehre der Kirche. Aber in der Verbindlichkeit theologischer Lehrmeinung hat sie noch nicht das Geheimnis ihres Lebens. Nur in vollmächtiger Verkündigung wird die Kirche durch das schöpferische Wort Gottes, durch den Heiligen Geist zum Leben erweckt. Luther hat im dritten Artikel die Gemeinde Jesu im Anstoß einer ewigen Bewegung einmalig klar gedeutet und umschrieben. Lehre und Leben verhalten sich danach richtig, wenn sie als zwei kommunizierende Röhren verstanden werden können. Um das Verhältnis von Theologie und Bruderschaft deutlich zu machen, möchte ich zunächst versuchen, die Prämisse aller Theologie als Krisis eigener Wahlentscheidung deutlich zu machen.

Luther hat in den Heidelberger Thesen diese Krisis als rechte Ausrichtung einer guten Theologie, als Wahlentscheidung zwischen einer Theologie der Ehren und einer Theologie des Kreuzes verstanden. Hermann Bezzel hat in einem Vortrag, der 1961 in der luth. Kirchenzeitung veröffentlicht wurde, die Prämisse dieser Entscheidung als grundlegend für einen Theologen gefordert.

Was ist eine Theologie der Ehren? Eine Theologie der Ehren ist eine Theologie, die die Wirklichkeitsdeutung nur mit den Mitteln der Dialektik sucht. Sie lebt aus dem Eigenen und nicht aus dem Geschenkten. Weil sie die Erneuerung nicht aus der Kraft des Kreuzes bei Verlust der eigenen Mitte dauernd sucht und findet, erliegt sie der Versuchung, mit falschen Maßstäben sich selbst und Gott zu messen. Sie traut den Menschen und ihren Ismen die Kraft der Veränderung zu, die nur geschieht, wenn, wie Luther sagt, man Gott Gott sein läßt.

Theologie der Ehren läßt sich deshalb von zeitgeschichtlichen Strömungen bestimmen. Sie verwischt die Maßstäbe für Gut und Böse. Die Sünde wird namenlos, wenn sie, im Sinne des Zeitgeistes, als Lebenserwartung für den Menschen notwendig erscheint. Das Böse wird als gut, das Gute als böse deklariert. Theologische Aussagen werden nach den Maßstäben natürlicher Eschatologie behandelt und ausgerichtet. Das Perverse wird zur Moral erhoben. Die psychologischen Dialektiken werden Ersatz für das Urteil Gottes im Kreuz Christi. Das Gewissen wird so entschärft und die Frage nach dem gnädigen Gott relativiert. Theologie der Ehren macht den Menschen, in einer falschen Sicherheit, zu einer frommen oder unfrommen Lüge. Sie kennt das Kreuz als Geruch des Lebens zum Leben und Todes zum Tode nicht mehr. Eine solche Kirche ist mündig im Zeitgeist, aber nicht mündig in Gott.

Was ist nun Theologie des Kreuzes? Sie sucht nicht die eigene Ehre, sondern allein die Ehre Gottes, den sie dadurch ehrt, daß sie die Rechtfertigung allein durch den Glauben in Buße und Bekehrung, in verbindlicher Nachfolge bezeugt und verkündet. Theologie des Kreuzes erglaubt aus eigener Erfahrung im eigenen Ende Gottes Anfang. Sie handhabt Gesetz und Evangelium in richtiger Weise, indem sie das Gesetz vom Evangelium her nicht aufhebt, sondern seine Erfüllung weiß in Jesus Christus. Theologie des Kreuzes sucht im Sterbeprozeß der Nachfolge, in der dauernden Angst vor den Kräften des eigenen Ich, wenn sie Selbsttäuschung sind, die Korrektur in der gelebten Demut unter dem Kreuz.

Während Theologie der Ehren in den Begriffen der Mitmenschlichkeit wesentlich die Erfüllung ihres Auftrages sieht, ist Theologie des Kreuzes Weckuhr Gottes aus Schuld und Sünde zur Freiheit in Christus. Sie lebt im Ärgernis einer Nachfolge, die in der Welt, nicht von der Welt ist, die in der Welt der Vereinsamung die Einsamkeit tragbar macht in der Gemeinsamkeit mit dem Auferstandenen. Wenn das aber auch die wesentliche Voraussetzung ist, so sucht die Nachfolge in dieser Verbindlichkeit aber auch eine tragende Kette der Gemeinschaft untereinander. Die Bruderschaft wird somit die quadratische Ergänzung einer echten Theologie.

Das Wesen evangelischer Heiligung ist in Auftrag und Einsatz Frucht für den Herrn der Kirche geworden. Eine besondere Bereicherung hat die Bruderschaft durch die Vielfalt der Berufe und die Gemeinsamkeit in Auftrag und Sendung. Sie ist im Laufe der Jahre so sehr gewachsen, daß immer wieder ermahnt werden muß, es sich gründlich zu überlegen, wenn man sich nicht eindeutig geführt weiß.

Es war eine glückliche Führung, daß die Bruderschaft in die Bewegung des Ahldener Jugendtages hineingenommen wurde. In Seelsorge und Dienst war hier eine Mannschaft, die schlagfertig immer wieder die Schwierigkeiten meisterte. Bis heute schulde ich allen Brüdern Dank, die mir in seelsorgerlichen Diensten, in Frei- und Rüstzeiten immer wieder zur Seite stehen.

In den Satzungen der Bruderschaft wurde ich lebenslang zu ihrem Leiter bestimmt. Dieses geschenkte Vertrauen gab mir die Gewißheit, daß es des Herrn Wille sei, die Bruderschaft als Trägerschaft zu bestimmen für das Werk, das nach dem Willen Gottes die Erfüllung meines Lebens werden sollte.

Unter den Brüdern der Bruderschaft ragte eine Persönlichkeit besonders hervor. Sie hat uns wie kein anderer geprägt. Es war ein ungeschriebenes Gesetz, daß Pastor Dr. Paul Tegtmeyer die Bibelarbeiten hielt. Er war unser aller geistlicher Vater und vielen auch ein bevollmächtigter Seelsorger. Er traf bei den Bibelarbeiten immer ins Schwarze und redete nie in Phrasen. Als ich ihn zum erstenmal in jungen Jahren hörte, war ich so beeindruckt, daß er mir unverwischbar das Vorbild eines echten Zeugen Jesu Christi geblieben ist. Wie kaum ein anderer trug er an der geistlichen Not unserer Zeit. Wir kommen an anderer Stelle noch auf ihn zurück.

Die Kirche geht an der Fülle der Unberufenen zugrunde, sagt Hermann Bezzel, aber Gott gebiert sich seine Kirche auch immer wieder neu. Heute erst erkenne ich, daß die ganze Entelechie der Wegführung Gottes in meinem Leben sich erfüllen sollte über einen Einschnitt, der notwendig war, damit Gott zum Zuge kam.

»Aus der Enge in die Weite, aus der Tiefe in die Höh'
führt der Heiland seine Leute, daß man seine Wunder seh.«

Der Ahldener Jugendtag

VI. Der Aufbruch nach Krelingen nebenan

Die Zäsur Gottes

»Trachtet am ersten nach dem Reich Gottes und nach seiner Gerechtigkeit«, sagt der Herr in der Bergpredigt. Genau das wurde Ereignis bei der Vorgeschichte der Entstehung des Geistlichen Rüstzentrums. Wem Christus die erfüllte Wirklichkeit ist, für den gibt es keinen Zufall. Wenn ich zurückschaue, will es mir scheinen, als seien wir trotz aller Schwierigkeiten immer durch offene Türen gegangen. Und Luther hat recht: Gott handelt in allem Geschehen.

Wie begab es sich nun, daß wir von Ahlden nach Krelingen geführt wurden?

An einem sonnigen Wintertag fuhren meine Frau und ich in das zehn Kilometer entfernte Heidedorf Krelingen. Waren wir doch schon zwanzig Jahre in Ahlden und hatten diesen verträumten Heideort noch nicht kennengelernt. Nach einer schweren Nierenentzündung meiner Frau legte sich uns der Gedanke nahe, ob wir einmal nach einem Ruhesitz suchen sollten. Als wir begeistert über die natürliche Schönheit des idyllischen Ortes, über die verträumte Heidelandschaft und die herrlichen Wacholderwege einen Augenblick anhielten, rief uns plötzlich ein Mann zu:

»Herr Pastor, was suchen Sie denn in Krelingen?«

Ich lachte und antwortete: »Wenn Sie wollen, einen Bauplatz. Hier möchte ich wohnen.«

»Ist das Ihr Ernst? Dann kann ich Ihnen gleich einige zeigen.«

So wie er ging und stand, stieg er zu uns in den Wagen und zeigte uns Bauplätze, von denen uns einer am besten gefiel. Dieser Mann, der aushilfsweise Postbote in Ahlden gewesen war, kannte mich von daher und nahm mein Wort ernster als ich selber. Meine Begeisterung für den Bauplatz veranlaßte ihn, als ehrlicher Makler sofort den Besitzer zu informieren. In wenigen Stunden waren wir Besitzer.

Schneller als wir dachten, wurde mitten in der Heide unser Traumhaus gebaut. Nun begann, von 1959 an, ein Pendelverkehr zwischen Ahlden und Krelingen, der bis zu meiner Pensionierung im Oktober 1969 dauerte.

Meine eigenen Planungen ergaben sich aus folgenden Überlegungen. Durch das Echo der Leser auf meine Bücher, die immer neue Auflagen fanden, wurde ich angeregt, die schriftstellerische Gabe an einem ungestörten Platz weiter zu entwickeln. Bei den Ahldener Aufgaben war das fast unmöglich. Zum anderen wurde ich durch die wechselvolle Natur, die Weite der Landschaft und durch die ganze Umgebung so inspiriert, daß ich erholsam angeregt frei wurde zu einer schöpferischen Gedankenbewegung. Wie konnte das auch anders sein? Rehe, Füchse und Hasen gab es im Wald vor meiner Haustür jede Menge. Die unverbildete Natur spricht mich immer am meisten an. In den künstlich geschaffenen Erholungszentren habe ich mich nie recht wohl gefühlt. Die Natur hat mich mit davor bewahrt, daß ich bei den vielen Erschütterungen durch Menschen zum Menschenverächter wurde. Den Menschen sehen, heißt sein Elend sehen.

Die Unmittelbarkeit der Natur spricht an und befreit. Nun stellte mir die »Mutti« in Zürich Geld für ein Schwimmbad zur Verfügung. Sie wußte, daß ich eine Wasserratte war und bei der Vorbereitung aller Evangelisationen fragte, ob in meinem Quartier auch die Möglichkeit einer kalten Dusche gegeben sei. Es geschah nun eines Morgens, als ich zum Schwimmbad ging, daß ein Fasan vor der Tür stand. Ich begrüßte ihn, wie einst Kallypso den Odysseus, mit schmeichelnden und liebkosenden Worten. Er war erstaunlich ansprechbar und zutraulich. Immer mehr wurde er zu meinem täglichen Morgengruß, zumal, als ich ihn auch mit Futter versorgte. Wenn aber jemand anderes in der Nähe war, war er scheu und kam nicht. Als wir zu einer Evangelisation wegfuhren, geschah das Erstaunliche: Bei der Ausfahrt aus dem Tor flog er uns an die Wagentür. Wir haben uns wie zwei Freunde verabschiedet. Es war das letzte Mal. Er muß von einem Jäger erlegt worden sein.

Zum Heiligabend steckten wir Kerzen auf eine Blautanne vor der Haustür. Wie erstaunt waren wir, als wir beobachten konnten, daß eine Schar von Hasen einen Reigen um den Tannenbaum machten.

Zu meinem 70. Geburtstag habe ich mich über viele Grüße gefreut. Aber der schönste Gruß war der Besuch einer Bachstelze. Sie kam morgens als erster Gratulant angeflogen, als ich in meinem Hängestuhl schaukelte. Sie setzte sich auf mein blütenweißes Hemd, zwitscherte, als ich sie zum Staunen meiner Frau streichelte, flog sie weg, war dann noch weiter Gast auf der Terrasse, aber zum persönlichen Kontakt kam es nicht mehr.

Wenn ich auch die Lebensart von Hermann Löns nie begriffen habe, so muß man ihm doch zugestehen, daß er wie kaum ein anderer in seinen Liedern und Büchern die Natur erlauscht hat:

> »Laß deine Augen offen sein, geschlossen sein den Mund,
> Und wandle still, so werden dir geheime Dinge kund.«

Dieses Motto auf seinem Grabdenkmal in Fallingbostel deutet sein Leben und Werk.

Ein weiterer Grund, der mich bewog, von Krelingen aus meine Planung zu machen, war der, daß Gretel und ich durch Freizeiten und Evangelisationen im In- und Ausland in der Gefahr standen, die familiäre Stille zu verlieren. Das Ahldener Jugendheim, das durch Spendengelder geworden war, war Eigentum der Bruderschaft. In ihm wurden am laufenden Band Tagungen und Freizeiten durchgeführt. Nur ein Bruchteil der Bewerber konnte aufgenommen werden. Es ergab sich nun von selbst die Frage nach einer Erweiterung der Rüststätte. Wir gedachten, die Freizeiten auch nach meiner Pensionierung weiter im Heim der Ahldener Bruderschaft durchzuführen. Als die Bauunterlagen für einen Anbau an das Jugendheim eingereicht waren, kam eine bittere Enttäuschung. Die Baubehörde lehnte unsere Planung ab, und wir standen ratlos in einer Sackgasse.

In der Enttäuschung kaufte ich aus eigener Tasche ein Waldgrundstück, um hier die Planung eines neuen großen Heimes durchzuführen. Pläne wurden geschmiedet, Besprechungen fanden statt mit regierungs- und kirchenbehördlichen Stellen. Auch eine Fahrt nach Bonn zu Kontaktstellen wurde gemacht. Aber in diesem Augenblick wurde die Bruderschaft und die glaubende Gemeinde wach. War es der Wille Gottes, daß ich mein Bauvorhaben abhängig machte von kirchlichen und staatlichen Stellen? Und es kränkte mich, als ich hörte, daß in der Regierung jemand über mich gesagt habe, ich könne ein Scharlatan sein. In schlaflosen Nächten wurde mir klar, daß ich in der Gefahr stand, den Willen Gottes mit dem eigenen zu verwechseln. Warum wollte ich handeln ohne klare Weisung von oben? Luthers Erklärung zur dritten Bitte wurde mir bewußt: Gottes guter gnädiger Wille geschieht wohl ohne unser Gebet; aber wir bitten in diesem Gebet, daß er auch bei uns geschehe. Luther erklärte ferner, daß »Gottes Wille geschieht, wenn er allen bösen Rat und Willen bricht und hindert, so uns den Namen Gottes nicht heiligen und sein Reich nicht kommen lassen wollen, als da ist der Teufel, die Welt und unseres Fleisches Willen. Sondern stärket und behält uns fest in seinem Wort und Glauben, bis an unser Ende: Das ist sein gnädiger guter Wille!«

Kann Gott uns in solchen Lagen, wo wir Gottes Werk aus dem Eigenen treiben, anders retten, als daß wir erfahren müssen: »Welche ich lieb habe, die strafe und züchtige ich«? Gottes Willen erfüllt man nur, wenn man ja sagt zum Verlust der eigenen Mitte.

Es ist eine merkwürdige Sache, die ich bei mir selber beobachten konnte: Je erholungsbedürftiger man ist, desto hektischer und nervöser wird man. Ja, man bildet sich ein, unentbehrlich zu sein. Wenn man diese Selbsttäuschung nicht durchschaut, wird man erst wach, wenn das Unglück da ist: wenn eigenwillige Entscheidungen gefällt werden, der Herzinfarkt kommt und der Todesengel vor der Tür steht. Zum Lebensrhythmus des Menschen gehören auch die Ruhe und die Pause.

Im Streß jener Zeit erkannte ich nicht, trotz der Mahnung meiner Frau, daß ich leiblich und seelisch Erholung nötig hatte. Und wenn ich mir einmal Erholung einbildete, war ich mit meinen Gedanken betriebsamer als sonst. Wehe, wenn man keinen Abstand von sich selbst gewinnt, nicht die Tür findet zum Ausgang aus dem Teufelskreis, in dem man lebt! Es ist deshalb eine Barmherzigkeit Gottes, wenn bei einer solchen Gefährdung das Stop-Schild Gottes kommt. Solche Stopschilder können schöpferische Pausen sein. Ich möchte sie in meinem Leben nicht missen.

Damit fing in Krelingen alles an: das erste Mitarbeiterhaus

Es war ein Stopschild Gottes, das mir in jungen Jahren den Anstoß zum Glauben schenkte. Es waren Stopschilder Gottes, die mir nachher in der Gefahrenzone, wenn ich in eigener Regie in die Schleuderkurve kam, Einhalt geboten und mich dann neu im Glauben ausrichteten. Wohl niemand kommt nach seiner Bekehrung ohne diese Stopschilder nach Hause. Wer sie eigenwillig überfährt, kommt in ein Erfolgsdenken, nimmt sich auf seinem Eigenweg nur wichtig und wird damit sein eigener Gerichtsvollzieher. Es ist die Barmherzigkeit Gottes, wenn er uns im Eigenen überholt und unserem Leben in der falschen Betriebsamkeit durch einen harten Eingriff, der bis an den Tod führt, eine schöpferische Pause schenkt. Dann lernen wir in Wahrheit beten: »Dein Wille geschehe!« Diese schwerste und wohl auch härteste Zäsur Gottes in meinem Leben mußte sich erfüllen, damit das Geistliche Rüstzentrum Krelingen erstehen konnte.

Totalschaden

Wie geschah dieser Eingriff Gottes bei mir und meiner Frau? Nach einer Evangelisation in Eschwege, bei der noch bis Mitternacht Seelsorge war, fuhren wir beide zurück nach Krelingen. In der Nacht war wenig Verkehr auf der Autobahn. Nach dem anstrengenden Tag fuhr ich nur halbwach mit. Als wir schon bald zu Hause waren und ich zu Gretel sagte: »In zehn Minuten liegen wir im Bett«, beschleunigte sie das Tempo. Wir fuhren auf der linken Bahn. Da kam uns auf der entgegengesetzten Autobahn ein Lastwagen mit Anhänger entgegen. Der Fahrer kam – wie auch immer – auf den Mittelstreifen und verlor die Gewalt über den Wagen. Der Anhänger löste sich und fiel mit seiner Fracht in dem Augenblick auf unsere Seite, als wir vorbei wollten. Der kippende Anhänger traf unseren Wagen, so daß meine Frau die Steuerung verlor und wir, durch das Ladegut behindert, gegen die Leitplanke fuhren. Bei dem furchtbaren Schlag stieß ich durch die Frontscheibe. An der Kante brachen meine beiden Beine, das rechte Bein war mehrfach gesplittert. Gretel prallte gegen das Lenkrad, bekam acht Rippenbrüche und lag mit Arm- und Beinbruch ohnmächtig neben mir. Durch den Schlag waren mein rechtes Auge lädiert und mein Nasenbein gebrochen. Ich hatte dabei auch alle Zähne verloren. Nie werde ich den Schrecken vergessen, als ich meine Beine bewegen wollte und sie nicht gehorchten. Weil meine Frau sich nicht rührte, glaubte ich, sie sei tot. Unter den Trümmern des Wagens lagen wir eine lange Zeit, ohne daß sich jemand unser annahm.

Als wir am anderen Morgen erwachten, lagen wir im Walsroder Krankenhaus. Weil höchste Lebensgefahr bestand, hatte man uns notdürftig über die Runden gebracht. Die ersten Wochen durfte uns niemand besuchen. Der Chirurg sagte mir später, er habe jeden Morgen gefragt, ob wir noch lebten. Man hatte uns dann zusammen in ein Zimmer gelegt. Hier feierten wir gemeinsam Weihnachten. Gretel lag meistens unter Sauerstoff, und ich durfte mich nicht rühren. Trotzdem war es das schönste Weihnachtsfest unseres Lebens. Jeder lebte die Not des anderen mit, und meine Frau behauptete später, diese Wochen im gemeinsamen Krankenzimmer seien die schönsten nach der Verlobung gewesen. Vor den Toren der Ewigkeit hatten wir Zeit für einander gefunden.

Durch den Evangeliumsrundfunk war unser Unglück am Morgen verbreitet worden. Nie im Leben haben wir soviel Liebe und Anteilnahme erfahren wie in jenen Wochen. Wir wußten uns verbunden mit einer glaubenden und betenden Gemeinde, durch die in erster Linie das Wunder der Genesung geschah. Meine beiden Beine wurden genagelt. Im rechten Auge trage ich eine Kontaktlinse. Wegen der Emboliegefahr wurden die Tage ein betendes Warten auf den Herrn. Und das Warten war nicht vergeblich. Wohl am meisten haben wir uns über die Blumengrüße von den Eingeborenen aus Afrika gefreut. Wie ganz anders ist es doch, wenn man selber als Todkranker besucht wird und all die guten Worte, die man so leicht als Schall und Rauch empfindet, aus der Unmittelbarkeit des Glaubens und des Herzens gekommen sind.

Sehr bewegt hat mich folgende Begebenheit. Der Krankenpfleger, der in der Nacht unserer Einlieferung Dienst hatte, hörte, wie der Chirurg bei der Operation sagte:

»Wir können es versuchen, aber da ist wenig Hoffnung. Schade um den Pastor Kemner.«

Dieser Pfleger war Adventist. Er ging nachts noch zu seinem Prediger, holte Bekannte aus seinem Kreis zusammen, und man betete bis zum Morgengrauen. Daß meine Gebetskreise in Ahlden zu mir standen, war herrlich, aber auch ein wenig selbstverständlich; daß aber die Gemeinschaft auch konfessionelle Hürden durchbrach, verpflichtete mich demütig dankbar. Gott ist größer als unser Herz, auch wenn wir uns lehrmäßig abgrenzen müssen.

Nie haben meine Frau und ich so gewußt, daß wir von einer glaubenden und betenden Gemeinde getragen wurden. In dieser Stunde der Not gab es auch in der Gemeinde Ahlden niemand, der nicht zu uns gestanden hätte. Die Gemeinschaft der Leiden verändert auch den Lebensbezug.

Nachdem die schwersten Wochen vorüber waren, machte man mir vorsichtig klar, daß ich mit meinem rechten Bein, wenn überhaupt, doch nur bedingt wieder gehen könne. Mit einem Krückstock müßte ich für mein ganzes Leben rechnen.

Wo blieben nun meine Pläne! Hatte ich nicht die Rechnung ohne den Wirt gemacht? Die Wirklichkeit des Psalms: »Aus der Tiefe rufe ich, Herr, zu dir« habe ich wohl selten so durchlitten, wo ich mit Luther seufzen lernte: »Wir sind Bettler, das ist wahr.«

Nach acht Wochen Krankenhaus durfte meine Frau wieder heimkehren. Aber bei mir sah es ganz anders aus. Es war ein Ereignis, als ich zum ersten Mal auf beiden Beinen stehen durfte. Mit Gehwagen und Krücken begannen nun langsam die Gehübungen. Der Chirurg war begeistert, wenn ich einen Meter auf dem Flur zulegen konnte. Es ging zweifellos langsam bergauf. Ich durfte wieder hoffen. Aber daß ich noch Pfarrer von Ahlden bleiben konnte, war wohl aussichtslos.

Eines Morgens entdeckte ich an meinem rechten Bein einen roten Fleck. Mit fortschreitender Schwellung wurde der Fleck immer größer. Ich erinnerte mich an Johannes Busch, der an den Folgen der Thrombose gestorben war.

Bei der Abendvisite fragte ich den Arzt: »Ist das Bein nicht thromboseverdächtig?«

Er wollte mich ablenken und redete mir guten Mut ein. Aber seine Worte überzeugten mich nicht. Ich fragte die Oberin nach der Diagnose, aber auch sie gab eine ausweichende Antwort. Am nächsten Tag wurde mein Bett von einer jungen Schwester gemacht, die gerade ihr Examen hinter sich hatte. Ich sagte ihr, ich hätte in der Leistengegend immer Stiche, wenn ich nur wüßte, was das bedeute. Sie meinte: »Darüber bin ich gerade geprüft worden, da kann ich Ihnen Auskunft geben: Die Leistendrüse ist bei Thrombose das letzte Auffangbecken vor dem Herzen.«

Endlich war mir die ganze Wahrheit gesagt worden. Aber sie befreite mich nicht, sondern wurde mir zur schweren Anfechtung. Sicherlich habe ich in jener Nacht – wie Jakob in Sichem – den Hausstand überprüft, ob noch Götzen vorhanden waren. Sicherlich habe ich sie unter dem Kreuz abgegeben. Aber der angefochtene Glaube war eher getroste Verzweiflung als Freude der Heimkehr ins Vaterhaus. In der schlaflosen Nacht habe ich immer wieder die Nachttischlampe genommen, die Bettdecke gehoben und geschaut, ob der rote Fleck größer oder kleiner wurde.

Am anderen Morgen besuchte mich ein einfacher gläubiger Mann. Er spürte mein Angefochtensein und erkundigte sich nach meinem

Befinden. Als ich ihm das Bein zeigte und er mir prüfend ins Gesicht sah, sagte er plötzlich:

»Herr Pastor, Sie sind in Anfechtung. Sie liegen wie Elia unter dem Wacholder. Was kann man da tun? Ich bin unter Ihrer Predigt zum Glauben gekommen und habe Jesus als meinen Herrn annehmen können. Sie haben doch eigentlich immer gepredigt, daß Glaube nicht den Puls fühlen, sondern die Funktion eines großen Herrn sei. Sie haben viele Bücher geschrieben, und ich meine, auch da hätten Sie bezeugt, Glaube sei Blickwechsel. In der letzten Bibelstunde über den 34. Psalm haben Sie zum 6. Vers gesagt, daß eigentlich im Urtext stände: ›Welche auf ihn sehen, die liegen in der Strahlung‹; aber bei Ihnen ist jetzt nur Mattscheibe.« Unvermittelt kniete der Mann an meinem Bett nieder und betete, Gott möge es mir schenken, daß ich mich loslassen könne, daß er mich von der Selbstverhaftung befreie. Er betete, daß der Herr mir so begegnen möge, daß ich ihn so groß sehe, um mich an ihn völlig abzugeben, es sei zum Leben oder zum Tod.

Das vollmächtige Gebet dieses Bruders bewirkte den Blickwechsel. Ich habe die Bettdecke nicht mehr gehoben und unterschrieb mit meinem Herzen, daß denen, die Gott lieben, alle Dinge zum Besten dienen.

Unter der Fülle der Post und der guten Wünsche erreichte mich in jenen Tagen ein Brief von Dekan Friedrich Hauss, der mich so unmittelbar traf und meine Lage so erhellte, daß ich die Anfechtung als göttliches Stopschild dankbar annehmen konnte. Er schrieb:

»Der Herr Jesus muß dich sehr lieb haben. Er hat mein Gebet erhört. Ich war in letzter Zeit um dich in großer Sorge. Du warst zu sehr im Streß, immer nur in großen Sälen und Hallen sprechen, immer wieder angehimmelt werden, wer bleibt da vor Starallüren bewahrt! Freilich, ich weiß, daß die unendliche Leidenschaft auf Tagungen, Evangelisationen und Konferenzen und auch in der Seelsorge dich treibt. Aber Jesus überfordert niemand. Wenn man nur für andere da ist, muß man doch auch beachten, was der Herr sagt: ›Ruhet ein wenig!‹ Vollmacht wird zur Routine, Prediger werden Funktionäre, wenn sie die Stille unter dem Kreuz und die schöpferische Pause verlieren. Der Herr Jesus hat in seiner unendlichen Liebe dir diese Pause geschenkt. Er ist dir gekommen wie ein Löwe und hat dir alle Gebeine zerbrochen, aber nur um dich reicher und fruchtbarer zu machen. Wenn du dies Stopschild Gottes recht verstehst, wird dein Leben nun seine eigentliche Erfüllung finden.«

In einem Brief von Pastor Deitenbeck stand: »Herr, ich verstehe dich nicht, aber ich vertraue dir.«

Und in dieser Hiobsstunde fand ich das Vertrauen und die Gewißheit des Psalmisten: »Ich werde nicht sterben, sondern leben und des Herrn Werke verkündigen.« So lag ich mitten in der Anfechtung unter einem offenen Himmel, getragen von den Gebeten einer glaubenden Gemeinde, der ich immer Dank schuldig bleibe.

Die stille Zeit, die ich nun fand, wurde in manchen Stunden auch zum Nachdenken über die Stellung, die die Bruderschaft und ich selber zu der Bekenntnisbewegung einnehmen sollten. Auch Glaubensentscheidungen müssen durchlitten und durchstanden werden.

Betheler Kreis und Bekenntnisbewegung

In jungen Jahren hatte ich mich der Bekennenden Kirche nur mit Vorbehalt anschließen können. Ich war anders gebaut, ich hatte für theologische Finessen wenig Verständnis, und darauf lief am Ende ja manches hinaus, während ich doch die theologische Auseinandersetzung mit der Ideologie des Dritten Reiches voll mittragen konnte. Auch heute bin ich noch der Meinung, daß es ratsamer gewesen wäre, wenn im Dritten Reich die Bekenntnisfront mehr kirchliche Erwekkungsbewegung geworden wäre. Haben wirklich die Bekenntnisführer von damals, die nach der Niederlage Adolf Hitlers ans Steuer der Kirche kamen, die Stunde Gottes so ausgebucht und das Wächteramt so verwaltet, wie es hätte sein müssen? Die Ewigkeit wird darüber entscheiden, ob wir von treuen Hirten geführt wurden. Weder tote Rechtgläubigkeit noch Schwarmgeist können hier nützen.

Die neue Bekenntnisbewegung suchte ihren Anstoß in dem sogenannten Betheler Kreis, der in besonderer Weise von Pastor Tegtmeyer und Professor Hellmuth Frey geprägt war. Auch Dr. Theo Brandt, Bad Salzuflen, bestimmte Entstehung und geistliche Ausrichtung maßgeblich. An einer Reihe von Tagungen habe ich teilgenommen und wurde von dem Anliegen wohl überzeugt, war mir aber nicht klar, wieweit das Bekenntnis als Funktion der Erweckung verstanden wurde. Mir war auch nicht einsichtig, wie weit die theologisch versierten Brüder im Risiko des Glaubens bereit waren, aufeinander zu hören und sich allein vom Herrn führen zu lassen.

Wenn man die alten Brunnen Abrahams wieder ausgraben will, muß man die Schichten durchbohren, mit denen der Brunnen verschüttet ist, um zur Quelle zu kommen. Hanns Lilje sagte mir einmal: »Es ist so schlimm, daß so wenige aufeinander hören können!« Im Betheler Kreis versuchte man das zwar mit ganzem Ernst, aber man konnte nicht vollmächtig das Signal zur Konfrontation mit dem

Modernismus finden. Wenn die Stunde Gottes schlägt, braucht man die Uhr nicht vorher aufzuziehen. Wiederholte Besprechungen mit den Kirchenbehörden hatten zwar Verständnis, aber keine Klärung gebracht.

Als ich dann im Februar-März 1966 in deutschen Gemeinden in Südafrika Vorträge hielt, kam die Nachricht vom Dortmunder Bekenntnistag. Das Echo dieses Paukenschlages war auch in Afrika hörbar. Mein Gebet und meine Frage war: Würde der Herr es schenken, daß die Bekenntnisbewegung Erweckungsbewegung für unser Volk wird? Kierkegaard sagt mit Recht: »Wer den Herrn Jesus verteidigen und beweisen will, hat ihn im Grunde verraten.«

Bekenntnis, ja, aber erweckliches Bekenntnis! Bekenntnis als Bewegung. Ich mußte an jenen Mann denken, der alles besser wußte, der in jedem Apfel den Wurm fand. Es gab nichts, das vor seiner Kritik sicher war. Eines Tages besuchte er einen Frisör. In der Ecke saß ein Papagei. Es dauerte nicht lange, da kam die Frage: »Wo hast du dir diesen ausgestopften Papagei gekauft? Da haben sie dich aber angeführt. Kopf, Gefieder und die ganze Erscheinungsform hätten dir doch zeigen müssen, daß dieses ausgestopfte Tier nur einen Papagei vortäuscht.« Der Angeredete nickte nur und sagte: »Meinst du?« Er erwiderte: »Ja, das meine ich« und ereiferte sich weiter, und alle Anwesenden im Salon stimmten ihm zu. Aber da passierte das Unglaubliche: Der ausgestopfte Papagei bewegte sich. Ja, mehr als das: Er gab artikulierte Laute von sich. Alle lachten auf.

Diese Geschichte ist nicht erfunden, sondern passiert. Worin lag hier das Überzeugende? Nun, ich meine, in dem Beweis der Bewegung. Ist es anders im Zeugnis unseres Glaubens? Ist es anders in der Frage, ob die Bibel Gottes Wort ist oder nicht? Der Mythos löst sich auf, wenn Christus handelt. Es ist gewiß wichtig und richtig, daß wir in einer Welt des Unglaubens bekennen, was Irrweg und Heilsweg ist. Wie gesagt – Lehre und Leben verhalten sich wie zwei kommunizierende Röhren.

Es ist gewiß wichtig und richtig, daß wir zu Glaubens- und Erweckungstagen und zu Bekenntnisversammlungen Gottes Volk zusammenrufen. Aber wir sollen eine Konfrontation aus dem eigenen Fanatismus, die also nicht vom Heiligen Geist beglaubigt wird, vermeiden. Die dämonische Wand des Widerstandes, hinter der Jesu Siege verborgen liegen, die Kritik der uns umgebenden Welt werden nur überwunden durch eine Bekenntnisbewegung des Geistes und der Kraft. Eine Bibel, die uns nicht erneuert, eine Predigt, die uns nicht verwandelt, Akademie-Vorträge, die kein neues Leben schaffen, weil sie sich in Dialektiken erschöpfen, bewirken nur Verstandeszustimmung der Welt, schenken aber nicht die Kraft der Überwindung. Blumhardt sagt, die Kirche gleiche weithin einem Eisenbahnzug, in dem alles aufs beste eingerichtet sei. Für Gebildete und weniger Gebildete stehe ein Wagen bereit, nur die Lokomotive fehle, und das sei das Verhängnis, die eigentliche Not der Kirche, daß sie sich nicht im Glauben bewege und die Existenz Christi durch den gelebten Glauben beweise.

Wir haben in Ahlden den ersten Bußgottesdienst der Bekenntnisbewegung gehalten. Das war gut und richtig. Wenn die anderen den Weg zur Buße nicht finden können, sollten wir die Buße suchen, die Christus für uns alle wurde. Wir können den anderen nur abholen, wenn wir die Not des anderen erleiden. Ach, daß wir in der Bekenntnisbewegung Luthers erste Wittenberger These bedächten: »Da unser Herr und Meister Jesus Christus spricht, tut Buße, hatte er gewollt, daß alles Leben der Gläubigen Buße sein soll.«

Es war die Grunderkenntnis Luthers, die dem Grauen der Verzweiflung ganz nahe kam, daß in der Unvollkommenheit unserer Liebe die Welt ihre Deckung sucht (These 14–15). Himmel und Hölle unterscheiden sich wie Verzweifeln und Des-Heiles-gewiß-Sein (These 16).

Das ist die ansteckende Freude jeder Erweckung, daß sie nicht Heilssicherheit, wohl aber im Wirklichkeitsbezug zu Christus Heilsgewißheit ausstrahlt. Das ist das Überzeugende, das wir für unsere todkranke Kirche erbitten, damit die im Glauben geschenkte Bewegung Zeugnis für die Wirklichkeit von Gottes Wort wird. Bekenntnisbewegung können wir vor Gott nur sein mit einem erschrockenen Gewissen. Im Laufe meines Dienstes habe ich entdecken müssen, daß jede Predigt, die ich nicht mir selber halte, den anderen auch nicht erreicht; daß jede Herzensträne, die ich nicht über meine eigene Selbstverliebtheit weine, den anderen auch nicht erwecken kann. Sind wir erschrocken, wie heimlich oder unheimlich wir unter das Gesetz der Sünde verkauft sind? Merken wir nicht, wenn wir an den Rüstungswettlauf denken, wie aus der Angst des einen vor dem anderen der Wahnsinn einer Besessenheit wird, der höllische Abgründe unter uns öffnet? Wir hängen alle wie an der Eigerwand, da kann man nicht aussteigen, da kann man nur weiter aufsteigen. Für den Glauben gibt es nur eine Bewegung nach oben, für die Kirche nur die Wahlentscheidung zwischen Christus oder Chaos.

Neulich kam eine Frau zu mir. Sie berichtete, wie ihr Verwandter im Studium in seiner Verzweiflung zu einem Professor gegangen sei mit dem dringlichen Wunsch, mit ihm zu beten. Nach langem Wenn und Aber hatte dieser schließlich die Hände gefaltet und etwa so gestammelt: »Du unendliches Wesen aus der Tiefe! Für den Fall, daß du da bist, hilf uns aus der Verzweiflung!« Ist solch ein Gebet Hilfe für jemand, der den Himmel verlor und die Wüste fand?

»Wer wird mich erlösen von dem Leibe dieses Todes?« Gemeinde Jesu hat hier das Zeugnis in glaubender Bewegung: Gott sei Dank, durch Jesus Christus. Was Kirche und Volk retten kann, ist nur eine grundlegende Erweckung, eine neue Reformation. Hatte ich nicht im Krankenhaus selber am Rande des Todes erfahren, wie unsere Verzweiflung in gleicher Weise Flucht oder Zuflucht zum Gekreuzigten und Auferstandenen werden kann? Wir erleben, was Jesus sagt: »Die Wahrheit wird euch frei machen.« Im Sinne der 16. These Luthers heißt das: Den Himmel der Heilsgewißheit bezeugen. Nur wo Vergebung der Sünden ist, da ist auch Leben und Seligkeit. Alle Verstandesgründe können den am allerwenigsten überzeugen, der die Wahrheit noch nicht gefunden hat, die in Christus geworden ist. Ach, daß der Herr uns eine Bekenntnisbewegung schenken möge, die in zeitlicher Ungewißheit Ewigkeitsgewißheit ausstrahlt.

Gibt es nicht auch in unserem Volk und in unserer Kirche eine geistliche Blindheit? Eine Gleichgültigkeit gegenüber Gott? Man redet viel über Gott und über die Bibel, aber man begegnet ihm nicht mehr. Gibt es nicht Kirchengänger, ja kirchliche Amtsträger, die man eher als dämonische Wände bezeichnen müßte? Vor denen man nur noch beten kann: »Vater, vergib ihnen, denn sie wissen nicht, was sie tun«? Jesus hat gesagt: »Wenn das Licht, das in dir ist, Finsternis ist, wie groß muß dann die Finsternis sein« (Matth. 6,23b).

Pastor Hans Dannenbaum schrieb mir einmal: »Es ist leider wahr, daß der moderne Mensch vielfach kein Schuldbewußtsein mehr hat.« Der Dichter Paul Ernst sagt in einer seiner letzten Schriften, in der er seine religiöse Weltanschauung mit besonderer Energie vertritt: »Ich habe überhaupt nie ein Schuldgefühl gehabt und infolgedessen auch niemals Angst vor Gott. Ich glaube heute, daß das Schuldgefühl aus der Menschheit verschwunden ist. Der tiefste Schnitt, der die Gegenwart von der Vergangenheit trennt, ist wohl der, daß das Schuldgefühl ein verstecktes Minderwertigkeitsgefühl ist.« In Bojers Roman »Der neue Tempel« kehrt die Frage wie ein Refrain immer wieder: »Sünde? Was ist Sünde?« Hier artikuliert sich das Urempfinden der religiösen Dichtung der Gegenwart und macht dem kritischen Beobachter bewußt, wie weit die Gegenwart schon unter die Gottlosigkeit verkauft ist. Sie empfindet ihre Sünde gar nicht mehr als Sünde. Der Mensch ist so blind geworden, daß er die Dunkelheit gar nicht mehr als Dunkelheit empfindet. Es gibt ja so viel künstliches Licht, so viel künstliche Wärme, so viel austauschbare und perfekt funktionierende seelische Transplantate – was soll er sich auch um solche Archaismen wie Sünde und Vergebung, Licht und Dunkel scheren!

Aber auch dieser Mangel an Schuldgefühl, diese Folge einer modernen Gottesferne und sittlichen Verwilderung, die die Sünde namenlos und damit gegenstandslos macht, dieses Abgestumpftsein im Gewissen ist gerade Sünde, sogar die schrecklichste und mächtigste Form der Sünde. Wenn ein Mensch auf diese Weise Gott überhaupt nicht ernst nimmt, die Majestät Gottes und seine Liebe mißachtet, dann trifft das oft den Sachverhalt, den Paulus im ersten Kapitel des Römerbriefes beschreibt mit »dahingegeben in ihres Herzens Härtigkeit«. Aber nicht nur dem gebeugten Sinn, sondern auch dem blinden Unglauben der Gegenwart steht Gott in seiner grenzenlosen Gnade, die durch Christus geworden ist, gegenüber.

Unter dem betenden Nachdenken im Krankenhaus, das in manchen Nächten zu den vorerwähnten Überlegungen führte, wurde mir langsam deutlich, daß meine Wegführung mit Krelingen noch nicht zu Ende war. In der Planung unseres Lebens macht Gott keine Fehler, und wenn wir seinem Willen gehorchen, erfüllt sich unser Leben so oder anders. Der Arzt wunderte sich jeden Tag über meine Fortschritte. Bei einer Ärztetagung stellte er mich den anderen Ärzten vor und zeigte die Röntgenbilder von meinen Beinen. Als ich mit den Beinen, in denen ich die Nägel trug, einige Bewegungen machte, klatschten die Ärzte. Ich sagte:

»Ich danke Herrn Dr. S. für die fürsorgliche Hilfe; ich danke aber noch mehr dem Arzt aller Ärzte, daß er bis hierher geholfen hat.« Worauf der Arzt erwiderte:

»Das muß man wohl, wenn man die Röntgenbilder sieht.«

An einem Feiertag kehrte ich nach Krelingen zurück. Alle meine Freunde besuchten mich, nur der Hans vom Schwimmbad fehlte. Mühsam konnte ich mich erst nur mit zwei Krücken bewegen. Der Arzt überprüfte die Schwellungen an den Beinen, aber sie nahmen immer mehr ab. Nach Monaten konnte ich mit einem Stock gehen. Eines Tages gebrauchte ich auch den nicht mehr. Als dann sogar die Schwimmversuche gelangen, war ich überglücklich.

Als ich zum erstenmal in Ahlden predigte, brauchte ich sie noch, die Krücke. Die ganze Gemeinde freute sich. Ach, und wie sehr bewegte mich das alles! Aber weil mir, wie nach einer prophetischen Vision, jeden Tag gewisser wurde, daß Gott in Krelingen noch einen Auftrag für mich hatte, machte ich dem Kirchenvorstand klar, daß meine Pensionsgrenze gekommen sei. Ich stand zwar mit meinem treuen Gefährten, Diakon Wobker, der mir in jeder Weise aushalf, voll und ganz in der Gemeinde und Jugendarbeit. Aber mir war gewiß geworden, daß ich nach meiner Pensionierung noch einen besonderen Auftrag Gottes erfüllen sollte.

Als nach der Dortmunder Tagung die Bekenntnisbewegung unter Leitung von Pastor Bäumer gegründet war, wurde ich zu einer Sitzung des Leiterkreises gebeten. Hier nahm ich mit einigen Bedenken den Auftrag an, die Leitung der Bekenntnisbewegung in Niedersachsen und Schaumburg-Lippe zu übernehmen. Es fand sich ein Arbeitskreis zusammen, und zur ersten Regionaltagung mieteten wir die Stadthalle in Hannover. Vielen Brüdern erschien das leichtsinnig. Nach einem Gespräch, das ich in Bern mit Walter Lüthi hatte, kamen wir überein, daß er den Dienst mit Dr. Huntemann, Bremen, in Hannover teilen sollte. Die Tagung war ein überraschender Erfolg. Die Stadthalle war überfüllt, die Niedersachsenhalle mußte dazu genommen werden. Zu meiner Freude kam auch Hanns Lilje. Als wir uns begrüßten, meinte er:

»Ich konnte Sie doch nicht allein lassen!«

Auch die kirchliche Sammlung um Bibel und Bekenntnis, die ihren Anstoß Pastor Hartig, Sittensen, verdankte, hat mich in meinem Dienst für die Bekenntnisbewegung »Kein anderes Evangelium« unterstützt. Während Huntemann die Konfrontation zum Modernismus vertrat, betonte Walter Lüthi, daß der Gekreuzigte der Auferstandene sei, mahnte zum Zeugnis und warnte vor einer Kreuzzugsstimmung. Hier horchte mancher auf. War es nicht Kreuzzugsstimmung, die viele bibeltreue Christen gegen den Modernismus in der Kirche aufbrachten?

An manchen Bekenntnistagen in Hessen, Baden, Schleswig-Holstein und Bayern habe ich dann noch Dienst tun dürfen. Weitere Versammlungen in der Stadthalle Hannover folgten, bis wir in Krelingen im eigenen Gedinge behaust waren.

Ich suchte damals mit einigen Brüdern das Gespräch mit Lilje. Ich bat ihn noch einmal, den Kurs des Sonntagsblattes und auch den von Loccum zu überprüfen und, wenn notwendig, zu korrigieren. Wie kein anderer war Lilje berufen – nicht nur wegen seiner überragenden Fähigkeiten und seiner Erfahrung im Dritten Reich, sondern auch, weil er das Anliegen des reformatorischen Pietismus wohl verstand –, dem Modernismus gegenüber klare Front zu beziehen. Er ist dieser Entscheidung leider ausgewichen. Über die Gründe möchte ich mir kein Urteil anmaßen.

Weil neue Aufgaben auf mich warteten, habe ich nach meiner Pensionierung die Leitung der Bekenntnisbewegung für Niedersachsen an Dr. Bartels abgegeben. Gleichwohl stehen wir im Krelinger Werk und auch in der Bruderschaft der Bekenntnisbewegung uns nahe.

Abschied vom Amt – als Vollzeitliche in Krelingen

Im Oktober 1969 wurde ich mit dem obligatorischen Dankschreiben vom Landeskirchenamt – besonders für den Aufbau der Jugendarbeit und für den geistlichen Einsatz – pensioniert. Der Abschied von der Ahldener Gemeinde war schwer. Hatten wir doch über dreißig Jahre Freud und Leid mit dieser Gemeinde getragen. Die Kirchenbehörde war zur Freude der Gemeinde damit einverstanden, daß mein Nachfolger, Pastor Böker aus Wilstedt, aus der Ahldener Bruderschaft kam.

Es tat mir leid, daß das alte herrliche Pfarrhaus den Wünschen weichen mußte und mit dem neuen Pfarrhaus, das ich noch erbaute, ein Stück gelebter Vergangenheit begraben wurde.

Nach dem Krankenhausaufenthalt behauptete man in Ahlden, ich sei in manchen Dingen anders, wie man meinte, gelassener und gütiger geworden. Sicherlich hatte ich aus eigener Erfahrung gelernt, was ich früher oft nicht bedacht hatte: daß man mit Kranken und Sterbenden ganz anders spricht, wenn man weiß und begriffen hat, was es heißt, als Sterbender zu Sterbenden zu sprechen. Als ich die Abschiedspredigt hielt, wußte ich mich nicht nur schuldig wegen meiner eigenwillig gelebten Zeit, sondern noch mehr schuldig an der Liebe, die Jesus in der letzten Nacht seiner Gemeinde geboten hatte: »Ein neues Gebot gebe ich euch, daß ihr euch lieben sollt, wie ich euch geliebt habe. Daran wird jedermann erkennen, daß ihr meine Jünger seid, daß ihr Liebe untereinander habt.« Hatte ich dieses Gebot Jesu aus der Kraft seiner Liebe erfüllt? Hatte ich in liebevoller, die Menschen lockender Verkündigung die Gemeinde zu erwecken versucht, oder sie mit dem Stecken des Treibers auf Vordermann gebracht? Henhöfer sagte, mit Honig in der Tasche könne man die Bienen lokken, mit Essig vertreibe man sie.

Beim Abschied von Ahlden merkte ich erst, wie sehr ich Heidjer geworden war. Es erschien mir im Anfang meiner Amtszeit manchmal merkwürdig, wenn sterbende Bauern vor dem Tode noch den Wunsch hatten, einmal über den Acker und durch die Wälder, die sie gepflanzt hatten, gefahren zu werden. Wer ein Leben in die Scholle hineingelebt hat, bleibt mit ihr verbunden. So wurde uns auch der Abschied von dem efeu- und weinumrankten Pfarrhaus besonders hart, weil es durch die vielen Gebete, Jugendkreise, Frauenabende, Bruderschaftstagungen und Bibelstunden eine Weihe bekommen hatte, die erlebnismächtig und -trächtig war. Mit schwerem Herzen entschloß ich mich, die Berge von seelsorgerlichen Briefen mit den vielen Beichten zu verbrennen. Es gehört zum Beichtauftrag des Pfarrers, daß er Geheimnisse wahrt. Man braucht, ja darf nicht alles sagen, was man weiß; aber was man sagt, muß wahr sein.

Schwer wurde uns auch der Abschied von der herrlichen Blutbuche, deren breite Krone den ganzen Garten überschattete. Hier hatte die Jugend aus dem Frankenland mit Pastor Hägel immer wieder eines meiner Lieblingslieder gesungen: »Mächtig tobt des Sturmes Brausen um ein kleines Schiff« – mit dem Schlußrefrain: »Mut, blickt auf den Retter, höret, was er spricht. Ich bin bei euch alle Tage, ich helfe euch, verzaget nicht!« Wie oft habe ich die Platte – die Pastorale von Beethoven –, die diese Jugend mir geschenkt hatte, gehört. Die Aufschrift war originell: »Die Pastorale dem unpastoralen Pastor.« Sie hatten mir dann auch mit Begeisterung zu meinem Hause in Krelingen die sogenannte Bayernstraße gebaut. Während der Bauzeit am Haus und auch am Schwimmbad hat die Jugend unermüdlich mitgeholfen.

Würden in Krelingen Traditionen wie die Jugendtage und die Erweckungstage fortzusetzen oder einzuleiten sein? Pastor Bierbaum aus Bremen berichtete neulich noch, daß er mit vielen anderen in Ahlden den Anstoß zur Theologie gefunden hat. Diese alte Blutbuche könnte viel erzählen. Von Morgenwachen und Jugendnachmittagen,

Der Ahldener Jugendtag – nun in Krelingen unter den Eichen

von froher Geselligkeit bis ernster Bibelarbeit, die unter ihrem so herrlichen Blätterdach stattfanden.

Als ich Abschied vom Jugendheim nahm, das zwar der Bruderschaft gehört und in dem auch nach meinem Abschied noch Freizeiten gehalten werden, war mir das Herz dankbewegt. Ich schaute noch einmal diagonal durch die Gästebücher. Es gibt keinen besseren Beweis für den Segensstrom, der von dieser alten Pächterscheune ausging, als die Lektüre dieser Gästebücher. Wenn ich an die Lobgesänge in der Nacht denke, die die erweckte Jugend hier gesungen hatte, so daß ich im gegenüberliegenden Pfarrhaus nicht zum Schlafen kam, wurde mir Jesaja 12 anschaulich: »Ihr werdet mit Freuden Wasser schöpfen aus dem Heilsbrunnen.«

Durch die Bekehrung wird der Mensch Zeuge einer erfüllten Wirklichkeit und damit konsequenterweise Weckuhr Gottes. Ist die Anfechtung, wenn man in der Sünde sein Elend sieht, immer Vorletztes, dann ist das Letzte im Erlösungsbezug der Himmel namenloser, anbetender Freude. Diese Freude hat mit Schwärmerei nichts zu tun. Sie ist die Frucht des Kreuzes, vollkommene Freude schlechthin. Die Voraussetzung ist, daß der Mensch den falschen Bezug, die gelebte Lüge, sich selbst als eigene Mitte verloren und die ewigkeitliche Erfüllung durch Jesus gefunden hat. Das Geheimnis der Erweckung offenbart sich in der Unmittelbarkeit einer Freude, die selbst wieder überzeugendes Zeugnis ist und deshalb ansteckend wirkt. So geschah es in allen Erweckungen, die ich erlebte.

An der erweckten Jugend hatte ich immer wieder erfahren, daß die Freude, »die allem Volk widerfahren wird«, unmittelbar ist und sich im Kind-sein, im Unmündigsein ausdrückt, das in der Kraft des neuen Lebens aber zum erwachsenen, vollverantwortlichen geistlichen Menschen auswachsen will. Wollte ich versuchen, die Freude, um die es bei der Vergebung der Sünden geht, in theologischer Sprache auszudrücken, so würde ich es mit den Worten Kierkegaards sagen wollen, der am 19. Mai 1838, vormittags 10,30 Uhr den »Schritt über die Linie« tat und dieses Erlebnis beschreibt:

»Es gibt eine unbeschreibliche Freude, die uns ebenso unerklärlich durchglüht, wie der Ausspruch des Apostels unmotiviert hervortritt: Freuet euch, und abermals sage ich, freuet euch! Nicht eine Freude über dies, das oder jenes, sondern der Seele voller Ausruf, mit Zunge, Mund und von Herzens Grund: Ich freue mich bei meiner Freude in, mit, auf, durch und an meiner Freude. Ein himmlischer Kehrreim, der gleichsam plötzlich unser übriges Singen abschneidet: Eine Freude, die einem Windhauch gleichsam kühlt und erfrischt, ein Stoß des Passats, der vom Haine Mamre weht zu den ewigen Wohnungen.«

Und ist das Zeugnis bei Martin Luther anders? In der Vorrede seiner Schriften von 1545 berichtet er, daß bei ihm mitten im Durchstehen der Verzweiflung beim Lesen des Wortes »Der Gerechte wird aus dem Glauben leben« die namenlose Freude durchbrach. Er bekennt, daß er von der Botschaft so ergriffen war, daß er gemeint habe, durch die offenen Pforten des Paradieses zu treten.

Und Pascal? Das Memorial in seinem Sterbekittel? »Größe der menschlichen Seele!« Er fährt fort mit Ausbrüchen verzweifelter Anfechtung, aber endet mit der Freude der Gnadengewißheit: »Freude, Tränen der Freude!«

Das gleiche schreibt Augustinus in seinen Bekenntnissen, als er nach Sündenwegen im Garten von Mailand zum Glauben kam.

Am schwersten wurde mir der Abschied von meinem Arbeitszimmer. Hier war die herrliche Theologie Bezzels mir Begegnung geworden. Hier wurden Berge von Sünde und Schuld abgeladen. Hier hatte ich nach den Beichten die größten Freuden miterlebt, die Schönheit eines von der Sünde befreiten Menschen! Es stimmt, was Bezzel sagt: »Je mehr der Mensch sich unter dem Kreuze verliert, desto mehr lernt er die Freudenliturgie der Ewigkeit. Je weniger er Gottes Geschichte lernt, desto mehr denkt er an sich selbst, lebt in der Lüge und existiert in übertünchten Gräbern.«

Wo das Herz fern bleibt –

Aber wo viel Licht ist, da ist auch viel Schatten, und wo Christus kommen will, erwachen auch die Dämonen. Es gehört wohl schon zur Selbstkritik jedes Pfarrers, der bei seiner Pensionierung von seiner Gemeinde Abschied nimmt, daß er darüber nachdenkt, wie weit er ihr schuldig geblieben ist, was er einmal beim Einzug ins Pfarramt gelobt hatte. Was wir sind, wurden wir auch durch die Korrektur der Gemeinde.

Es ist auch gut, wenn man bei der Pensionierung einen Schnitt in den Kasualien macht. Es ist nicht gut für den Nachfolger, wenn der Vorgänger seinem Amte zu sehr nachhängt. Ich habe diesen Schnitt mit liebender Härte gemacht. Das war umso wichtiger, weil Diakon Wobker weiter in der Gemeinde wohnen blieb und ein Brückenpfeiler zwischen Krelingen und Ahlden wurde.

Oft habe ich mich gefragt: Warum hat Gott mir in der Ahldener Gemeinde, bei allem Erwachen in einzelnen Kreisen, doch die Erwekkung der Gesamtgemeinde versagt? Warum wurde ich enttäuscht in der Einbildung, daß mir gelingen sollte, was anderen auch nicht gelungen war? Ich weiß es nicht, und es ist wohl gut so, wenn die Frage offen bleibt. Die Brüder in der Bruderschaft sagten einmal: »Wenn die Gemeinde Ahlden so erweckt worden wäre, wie einst Hermannsburg, dann wären wir wohl doch neidischer geworden, als wir schon sind, und du hättest dich vielleicht im frommen Selbstbezug gesonnt.« Sicher schien vieles in Ahlden in Ordnung. Lilje sagte mir einmal auf dem Jugendtag:

»Was ist Ahlden doch für eine wunderbare Gemeinde! Wieviel Opfer, wieviel Gaben!« Er war erstaunt über die Abendmahlsziffer.

Ich mußte in Gedanken an den Propheten Amos traurig erwidern: »Das Herz ist weithin ferne geblieben!«

In dieser Frage wurde ich hellwach, als nach dem Kriege im Organistenhaus eine Flüchtlingsfrau wohnte, zu der die Menschen in hellen Scharen liefen, weil sie wahrsagte und die Karten legte. Lebensmittel wurden ihr in Hülle und Fülle für diesen Dienst zugeschleppt. Mein alter Organist und Lehrer, Heinrich Blöthe, der seit 1912 auf der Orgelbank saß, kam zu mir und sagte:

»Wenn das so weiter geht, endet das Dorf noch im Aberglauben.«

Wenn irgendwo noch jemand vermißt war, holte man bei ihr Auskunft, und sie lebte wie die Made im Speck. Nun nahm ich diese Sorge zur Veranlassung, in einer Predigt ganz offen zu warnen, so daß jedermann wußte, was gemeint war. Zu meinem Erstaunen kam die Frau am selben Sonntag noch zu mir. Ich erwartete eine scharfe Auseinandersetzung, aber sie sagte zu meinem Erstaunen:

»Herr Pastor, Sie haben ganz recht gehabt; die Leute wollen betrogen sein und ich will auf billige Weise leben.« Ohne jeden Groll nahm sie lachend von mir Abschied.

Aber die Sache wurde ernster, als ich hörte, daß ein Arzt Leute aus der Gemeinde, wenn sie etwa die Rose hatten, laufend zum Besprecher schickte. Und noch ernster, als ich erfuhr, daß zwei Besprecher in der Gemeinde am Werke waren. Mehr und mehr kam mir die bange Frage: Habe ich nicht doch bei allem Erfolg hier vor Gummiwänden gestanden?

Gedanken sind Kräfte; sie können Widerstände werden, das wußte ich aus manchen Erfahrungen. Aber konnten die Widerstände nicht dämonischer Natur sein und undurchdringliche Wände gegenüber dem Heilswillen Gottes sein? War ich nicht einmal wie ein geprügelter Hund irgendwo von der Kanzel gegangen, nur weil ein Besprecher, wie er mir selber bei seiner Bekehrung berichtete, vom ersten bis zum letzten Augenblick gegen mich fluchen mußte?

Da kam nach dem Kriege Pastor Müller aus Lieme zu einer Bibelwoche nach Ahlden. In seiner Begleitung war eine charmante Arztwitwe. Er übergab sie mir zur besonderen Seelsorge. Sehr erstaunt war ich über ihre Bibelkenntnisse. Sie gab die besten Antworten bei den Bibelarbeiten. Eines Tages traf ich die Besitzerin vom Hotel zur Post, wo sie wohnte. Sie sagte:

»Herr Pastor, die Frau, die zu Ihnen in die Bibelfreizeit kommt, hat aber einen ziemlichen Konsum in Narkotika. Sie trinkt am Tage zehn bis fünfzehn Cognac, dazu die vielen Zigaretten und den Kaffee.«

Ich nahm mir ein Herz, sagte ihr in Liebe die Wahrheit und bot ihr an, um der Seelsorge willen im Pfarrhaus zu wohnen. Sofort ging sie darauf ein. Und was geschah? Wenn ich mit ihr betete, wurden ihre Hände lahm; wenn ich Brüder zuzog, auch die Beine. Sie war so hochgradig besessen, wie es mir noch nicht begegnet war. Immer wieder erklärte sie:

»Ich will wohl, aber ich kann nicht glauben.« Nach einer Bibelarbeit kam sie wieder und sagte:

»Jetzt möchte ich frei werden, beten Sie mit mir.«

Wir knieten gemeinsam nieder. Als ich gebetet hatte, versuchte auch sie zu beten, aber das Wort blieb ihr im Halse stecken. Mich erbarmte das Elend, ich stand auf und legte ihr eine Hand aufs Haupt, um ihr ein unmittelbar geschenktes Gotteswort zu sagen. In dem Augenblick, als ich den Kopf mit der Hand berührte, wurde mir vor den Augen schwarz. Mir war, als schwände mir wie bei einer Fahrt in den Schacht der Boden unter den Füßen. In dem Schock riß ich, um mir Luft zu machen, meine Jacke auf, öffnete die Tür zum Zimmer von Bruder Wobker und bat ihn um Hilfe. Er behauptete, ich hätte völlig entstellt ausgesehen. Das gleiche sagte meine Frau.

Als ich zu der Frau zurückkam, rief ich impulsiv:

»Wollen Sie mich verderben?«

Sie lachte hohnvoll und sagte: »Sie wissen ja, wer ich bin«, und sagte mir Dinge, die ich hier nicht berichten möchte. Aus Erbarmen haben meine Frau und ich sie noch einige Tage behalten. Mir war klar, daß man sie nicht mehr retten konnte.

Von der Minute an, als ich die Handauflegung versuchte, war in mir ein Urzweifel wach geworden, der mich wochenlag schwermütig machte. Ich würde eine solche impulsive Handauflegung nie wieder wagen. Wie dankbar kann man sein, wenn man durchgetragen wird, auch durch das Tal solcher Anfechtung! Eine Woche nach der Abreise erhielt ich die Nachricht vom Selbstmord dieser Frau. »Die Hände lege niemand zu bald auf«, schreibt der erfahrene Paulus an Timotheus (1. Tim. 5,22).

Noch ein weiteres Beispiel aus meiner Erfahrung. Ich hatte einige Abende Dienst im Zelt der Landeskirche in Lüneburg. Am letzten Abend kamen noch besonders viele Menschen in die Seelsorge. Als ich dann zu meiner Frau ins Auto steigen wollte, und es schon um Mitternacht war, kam noch eine Frau mit dem dringenden Wunsch zur Seelsorge. Weil ich am anderen Morgen auf einem Jugendtag in Lübbecke in Westfalen sprechen mußte, fragte ich, ob sie nicht zu einem anderen in die Seelsorge gehen könne. Aber sie lehnte ab, und so ging ich etwas unwillig mit ihr ins Zelt. Nachdem ich ihr den Weg der Seelsorge erklärt hatte, bat ich sie, keine langen Umwege zu machen, sondern gleich das Geheimnis ihrer Sünde zu beichten. Nach kurzem Hin und Her kam sie auf ein Verhältnis zu sprechen, das im Kriege bestand, als ihr Mann im Felde war. Als sie die Ehebrüche ans Licht gebracht hatte, gingen wir auf die Knie. Sie bekannte sich als Sünderin. Als ich ihr die Absolution erteilen wollte und ihr die Hand auflegte, war mir, als berührte eine unreine Welle mein Herz. Ich unterbrach und fragte sie, warum sie Gott und mich belügen wolle. Daraufhin gestand sie eine unheimliche Tiergeschichte.

In dieser Nacht habe ich zwar geschlafen, aber ich war dauernd in einer Traumwelt, die so unrein und gemein war, wie ich das nie aus meinem Leben kannte. Am anderen Morgen war ich unglücklich und ohne jede Vollmacht. Mit meiner Frau habe ich auch auf der Fahrt nach Lübbecke noch einige Male gebetet, aber es wurde nicht anders. Ein Hamburger Hafenlöwe hatte mir gesagt, daß er bis zu meiner Verkündigung geglaubt habe, die Pastoren seien alle Schauspieler. Nun mußte ich ihm recht geben, denn allenfalls konnte ich die Predigt deklamieren, vielleicht mit viel Wind. Aber ich wußte, der Herr war nicht im Wind. In Lübbecke war ich verzweifelt. Der Superintendent wollte noch ein Gespräch über die Liturgie und den äußeren Rahmen. Ich sagte, ich hielte mich nicht für fähig, eine Predigt vor soviel Jugend zu halten. Er fragte, was man tun könne. »Mit mir beten«, antwortete ich. Einige junge Amtsbrüder schauten merkwürdig auf, aber sie falteten dann doch die Hände. Als ich in die Sakristei ging, begrüßte mich noch ein bekannter Pastor, der meine Not völlig verstand. Wir beteten noch einmal, und als ich dann auf die Kanzel ging, schenkte mir Gott eine Freudigkeit ohnegleichen.

Wie wir im Theater auf die Bühne blicken und die Welt hinter den Kulissen nicht sehen, so geht es uns auch, wenn wir die Wirklichkeit nur mit unseren fünf Sinnen erfassen wollen. Es gibt eine unsichtbare Welt. Paulus sagt, wir haben nicht mit Fleisch und Blut zu kämpfen. Die Nachfolge Jesu ist wahrlich kein Spaziergang. Das hatte ich im reichen Maße auch im Amt erlebt. Wer vor dämonischen Wänden steht, muß sie allenfalls erleiden mit Fasten und Beten. Es ist das Wesen des Bösen, daß wir es nie wissenschaftlich in den Griff kriegen. Es entzieht sich uns immer wieder mit Schlangenart, aalglatt und verführerisch, unwirklich wirklich. Mit einer vorgespannten Teilwahrheit verfrachtet es immer Lüge und Betrug. Das personifizierte Böse nennt die Bibel den Teufel.

Als ich vor Jahren Professor Bultmann traf, sprach ich ihn an.

»Herr Professor, Sie stehen in der Gefahr, bei der Entmythologisierung die Welt auf einen Wunschtraum zu reduzieren. Das Bild- und Gleichnishafte ist der ewigkeitlichen Wirklichkeit näher, als der reine Gedanke.«

Er fragte nach dem Beweis.

»Ich kann Ihnen nicht den Teufel beweisen«, fuhr ich fort. »Er kommt nicht nur dann anonym, wenn Christus ihm begegnet. Aber ich kann Ihnen beweisen, daß in dieser Welt mehr geschieht, als unsere Schulweisheit sich träumen läßt.« Ich fragte ihn, ob er mir gestatte, ihn bei der nächsten Evangelisation, wenn derartige Phänomene deutlich würden, anzurufen und einzuladen, die Dinge wissenschaftlich zu erhellen.

Er gab darauf die Antwort: »Das ist mir unheimlich.« Bezzel, der Mann, dem ich im Glauben so viel verdanke, sieht die endzeitliche Gefahr der Kirche darin, daß die Zahl der schriftgebundenen Bekenner immer geringer wird, und daß die Kirche immer mehr verflacht zu einer unverbindlichen Gemeinschaft von Gottsuchern. Diese Anpassung der Kirche an die Welt bedeutet Verleugnung, denn der Lebensnerv ist gelähmt und die Herzwurzel des Glaubens ist aus dem Bekenntnis herausgenommen. Ein Christentum, daß den Gegensatz zum Denken dieser Welt aufgibt, bedeutet auch für die Welt keine Alternative mehr.

Überall dort, wo das Heidentum in die Kirche einbricht oder der kirchliche Betrieb nur noch frommer Selbstzweck ist und die Leere dekoriert, ist nach Bezzel das Priestertum aller Gläubigen gefordert. Jeder Christ ist wie in den ersten Jahrhunderten aufgerufen, als neu geschaffene Persönlichkeit Christi Herold und Apostel zu sein. Nur das in der Bekehrung gewandelte Selbstbewußtsein, das ganz auf Christus bezogen ist, wird zur Frucht ausreifen.

Aber wir sind auch um einen Pietismus besorgt, der in der Gefahr steht, unreife Früchte zu ernten. Aber Zeugen wie Hofacker, Vilmar, von Hofmann, Ludwig Harms zählt Bezzel in ihrer pietistischen Ausrichtung zu den großen Männern der Kirche. Sie haben vergrabene Schätze wieder aufgedeckt, heilige Klänge ertönen lassen, sich um das Eselsgeschrei eines gewissen Modernismus nicht allzu sehr gegrämt. Sie waren Positionslampen der Ewigkeit und bezeugten das Heute der Gnade in der schöpferischen Kraft des Kreuzes Christi.

Das Geistliche Rüstzentrum Krelingen

So ging nun unser Weg von Ahlden nach Krelingen. Ich ahnte nicht, daß Gott hier die Erfüllung meines Lebens schenken würde. Die Ordensburg mußte gebaut werden. Herr, gib Gnade dazu!

In dem Buch »Fünf Kirchen unter einem Dach« gibt OLKR Hasselhorn unter der Überschrift »Krelingen, Zentrum der Erweckung« folgenden Bericht:

> »Wo die Autobahn Hannover-Hamburg abzweigt nach Bremen, liegt der Heideort Krelingen, nicht weit von Ahlden. Seit 1946 sammelt der Ahldener Jugendtag jährlich 12–15000 junge Menschen. Dazu kommen zwei große Erweckungstage mit drei- bis fünftausend Teilnehmern. Der jährliche Pfarrertag wurde 1979 von 300 Pfarrern besucht. Im Laufe des Jahres finden viele Tagungen christlicher Gruppen und Verbände statt, und alle bewegt die Frage: ›Wie kommen wir zum Glauben an Jesus Christus, und wie kann dieser Glaube heute gelebt werden?‹
>
> Das Geistliche Rüstzentrum Krelingen versucht diese Frage zu beantworten. Das ist die Ausrüstung: Zwei doppelstöckige Häuser für Freizeit und Seminare; ein Jugendtrakt mit Spiel- und Unterkunftsräumen; ein Studentenheim mit Hörsaal und Bibliothek; ein Haus für den Leiter des Studentenheimes; acht Werkhäuser für Mitarbeiter und Lehrkräfte; der Rehabilitationshof (etwa 100 ha) mit allen Nebengebäuden; eine Tischlerei und eine Schlosserei; ein Gewächshaus mit 1400 cbm, eines der größten seiner Art in Niedersachsen; ein Mitarbeiterhaus mit weiteren 20 Räumen. Weitere Neubauten sind geplant, u.a. eine Versammlungshalle für 5000 Menschen. Die Leitung des Gesamtunternehmens liegt immer noch bei dem Pastor i.R. und Evangelisten Heinrich Kemner, über 200 Personen gehören zur täglichen Werksgemeinde. Dazu kommen durchschnittlich 200 Teilnehmer an Freizeiten. Eine eigene Zeitschrift ›Erweckliche Stimme‹ informiert die vielen Träger dieses Werkes . . .« (Es folgt eine knappe Geschichte des Werkes.)
>
> »So steht dieses Werk fest auf den beiden Füßen: Dienst zum erwecklichen Leben und die Erweckung zum Dienst. Die Krelinger wissen, daß sie keine Insel der Seligen sind, daß sie aber den begonnenen Weg nicht verlassen wollen, in Wort und Tat den Glauben an Jesus Christus zu bezeugen.«

Der obige Baubericht müßte inzwischen noch erweitert werden: Es wurden zwei weitere Werkswohnungen gebaut, Werkstätten für 12

Das erste Krelinger Studentensemester

Lehrlinge von der Rehabilitation, zwei Putenställe mit Scheune (zehntausend Puten) und eine Kirche. Das Bürohaus mit zwei Wohnungen wurde in diesen Tagen gerichtet. Der Wohntrakt »Heimat für Heimatlose« wurde inzwischen von Ministerpräsident Albrecht eingeweiht. Der Grundstein für den Erweiterungsbau im Studentenwerk ist beim letzten Erweckungstag am 29. August 1982 gelegt worden.

All diese Bauprojekte sind nicht in eigener Planung geworden. Sie entstanden erst nach viel Überlegung und Gebet. Wir wissen, daß nicht wir uns schieben, sondern der Herr. Wo der Herr nicht das Haus baut, da arbeiten umsonst, die daran bauen. Dies Prophetenwort ist uns Grundsatz und Gebot. Aber wenn bis heute in gut zehn Jahren dieses Glaubenswerk erstanden ist, dann ist das ein Wunder vor unseren Augen. Wie kam es nach meiner Pensionierung zu dieser unvorhergesehenen Entwicklung? Wie wurde dieser Auftrag die Erfüllung meines Lebens?

Nach der Pfarrübernahme durch Pastor Böker in Ahlden zeigte es sich, daß trotz seiner vielen Aktivitäten nicht ohne weiteres mit dem Jugendheim, das auch der Gemeinde zur Verfügung stand, die aktive Bewegung der Jugend in Ahlden einfach fortgesetzt werden konnte. Von vielen Seiten wurde ich bedrängt, so daß ich nach Möglichkeiten sann, im bescheidenen Sinne der Jugend hier in Krelingen eine Heimat zu schaffen.

Mit der Gemeinde Krelingen gewann ich immer mehr Kontakt. Man hatte sich gefreut, daß ich dort baute. Als das Wohnhaus fertig war, hatten wir mit Superintendent Achilles einige Gemeindeabende auf der Terrasse. Weil ich selber immer mehr Heidjer wurde, besuchten mich auch die Bauern. An einem Abend öffnete sich die Tür, und ein Flüchtlingsbauer, der wenige Minuten von uns entfernt wohnte, bot mir sein Haus mit einigen Morgen Land zum Kauf an. Ich war so überrascht, daß ich erst schlucken mußte. Hatte doch meine Frau vorher gesagt:

»Wenn du hier in den Wald (hinter unserem Haus) baust, kommst du im Leben nicht mehr zur Ruhe.« So waren nun mit diesem Angebot meine Gebetsseufzer erhört. Wir kauften, und im Eiltempo wurde das neue Besitztum für Freizeiten umgebaut und hergerichtet. Der Notstand war damit aber nicht behoben. Wir konnten nur einen Bruchteil der Bewerber aufnehmen. Auch für die Evangelisationen, bei denen erweckte Kreise Rat und geistliche Ausrichtung suchten, war die Frage nach einer größeren geistlichen Rüststätte immer dringlicher geworden.

Der Grundstein für das zweite Gästehaus wird gelegt

Es wird gebaut

Mit dem Bruderrat der Ahldener Bruderschaft kam ich nun überein, das Glaubenswagnis einzugehen und den ersten Trakt der Gebäude zu errichten. Mit Lob und Dank wurde 1969 der Grundstein gelegt. Damals kam auch Günther Schorling zu mir. Er war bis dahin im Straßenbau beschäftigt. Nun erklärte er mir, daß er gehalten sei, seinen Dienst aufzugeben. Weil ich für die Neubauten Hilfe brauchte, wollte er seine Gaben und Kräfte mir zur Verfügung stellen. Vorbildlich und unermüdlich hat dieser Mann sich in die Aufgaben hineingeopfert. Von der Planung bis zur Vollendung der Bauten machte er Fachkräfte willig, mit geringen Mitteln Großes zu leisten.

Weil es meine Aufgabe war, für die finanziellen Mittel zu sorgen und ich die bei Evangelisationen und Vorträgen im Sinne des Wortes von Gott erbetenen und empfangenen Gelder zur Verfügung stellen konnte, bat ich dann auch immer wieder gläubige junge Menschen, uns freiwillig und ohne Geld zu helfen. Nun begann eine sagenhafte Zeit. Immer war eine Schar junger Menschen unter Leitung von Schorling im Aufbauwerk oft bis in die Nacht tätig. Ich habe erlebt, daß man im Scheinwerferlicht mauerte. Wenn ich dann zum Feierabend mahnte, lachte man und arbeitete weiter. Installateure und Techniker, die tagsüber beschäftigt waren, arbeiteten oft in den Nächten, Sabbatisten sogar am Samstag, ihrem Sonntag. Auch aus der Gemeinde wurde mitgeholfen. Wir haben bei den ersten Bauten kaum einen Handwerker bezahlen müssen. Es waren alles gläubige Leute, denen es wie einst beim Tempelbau eine Ehre war, Gottes Werk zu bauen. Die Ziegel am ersten Bau haben meine Frau und ich selber mitgelegt. Die Türen waren noch nicht alle eingesetzt, da liefen schon die Frei- und Rüstzeiten. Der Vers aus dem Bruderschaftslied: »Du Stern in allen Nächten . . .« wurde hier anschaulich gelebt:

> Es ist ein froh Getöne ringsum im Land erwacht,
> das hat uns, deine Söhne, vom Schlafe wach gemacht.
> Weinleselieder schwingen sich durch die öde Welt,
> und Sens' und Sichel klingen in deinem Erntefeld.

Der zweite Trakt wurde in gleicher Weise wie der erste vollendet. Wie viele junge Menschen haben ihre Ferien hier hineingeopfert! Manche Firmen bedachten uns mit Sachspenden wie Tapeten und Farben, Baumaterial, Küchenmaschinen und vor allen Dingen Lebensmitteln. Es gibt bis heute Firmen, die uns Lebensmittel spenden, und Glaubensbrüder, die uns jährlich bis zu 40 Zentner Zwetschen, Erd- und Stachelbeeren, Äpfel und Birnen schenken. Es ist verständlich, daß dem Unglauben die ganze Entwicklung des Werkes wie ein Phantom erscheinen mußte. Manche meinten wohl auch, ich hätte in Afrika Diamantengruben. Vertrauen ist Kapital, das wurde dem Werk und auch mir geschenkt. Dieses Vertrauen verpflichtet. Wenn Landesbischof Lohse später schrieb, in Krelingen geschehen die Wunder Gottes heute noch, so erscheint mir allerdings im Vergleich zur Hochzeit von Kana dieses gegenwärtige Wunder noch größer. Aber – Wunder können den Glauben wohl anregen, bewirken können sie ihn nicht.

Dieses eigentliche Wunder des dritten Artikels geschah in Krelingen in den überfüllten Freizeiten. Bei der Seelsorge wurde die Nacht zum Tage. Jedesmal, wenn ich die »Grenzen des Wachstums« neu bestimmen wollte, wurde der Rahmen gesprengt.

Inzwischen hatte sich herausgestellt, daß die gleichzeitige Durchführung von Erwachsenen- und Jugendfreizeiten zu Schwierigkeiten führte. Vorstellungen, die ideologisch auf die Frankfurter Schule zurückgingen, machten sich auch in christlichen Kreisen bemerkbar: Eine gewisse Entfremdung zwischen jung und alt wirkte bis in die Familien hinein. Was tat unser Schorling? Er fing an, den Jugendtrakt zu bauen – ohne baubehördliche Genehmigung! Ohne meine Bittgänge bei den Behörden wäre dieser »Sündenfall« wohl kaum ohne Strafe abgegangen. Auch hier wurde mit freiwilligen Kräften gearbeitet.

Die Tischlereiwerkstatt (1982)

Ein Baggerführer war an einem Samstagnachmittag gekommen, um zu helfen. Während er erhebliche Mengen Erde bewegte, kam der aufgeregte Unternehmer zu mir:

»Herr Pastor«, schrie der empörte Mann, »das ist doch keine Art und Weise, daß meine Leute, ohne vorher zu fragen, Ihnen hier helfen!«

Ich beruhigte ihn und stellte ihm die Kinder aus Berlin-Wedding vor. Da kam der kleine elternlose Thomas angelaufen und fragte:

»Herr Pastor, erzählen Sie morgen früh wieder eine Geschichte von Jesus?«

»Aber natürlich, mein Junge«, antwortete ich und wandte mich an meinen Besucher: »Sehen Sie, Herr P., diese Kinder kommen aus unsozialen Verhältnissen. Hier versuchen wir, ihnen Geborgenheit zu geben. Schauen Sie auch einmal in diese Gästebücher.« Ich schob sie ihm hin und ordnete, während er las, ein paar Sachen auf meinem Schreibtisch. Nach einer Weile ging er, ohne ein Wort zu mir zu sagen, zum Baggerführer und rief ihm so laut zu, daß ich jedes Wort verstehen konnte:

»Wenn Pastor Kemner den Bagger haben will, brauchen Sie nicht mehr zu fragen!« Einige Tage später schickte er eine große Kiste »Negerküsse« für die Kinder.

Die Studentenarbeit

Ein Kreis von jungen Theologen bemühte sich mit Professor Hellmuth Frey, die Gefahr der Modernistischen Theologie zu überwinden. In der Schweiz war die FETA (Freie evangelisch theologische Akademie) gegründet worden. Brüder, die evangelikal dachten, legten mir nahe, den gleichen Schritt zu tun. Doch schon auf der Tagung in Sittensen hatte ich jeden Seperatismus abgelehnt. Wir können auf die Kirche nur erneuernd einwirken, wenn wir in positiver Unruhe, als geistliche Kraft der Erneuerung, überzeugen. Nicht im frommen Getto, sondern in der Anfechtung muß sich der Glaube bewähren. Auch die theologische Anfechtung wird umso leichter überwunden, je mehr man eine Frühlingswiese Gottes vor der Haustür hat und es täglich ablesen kann, wie Gott Menschen verändert. In betender Überlegung wurde uns Krelingern gewiß, daß wir im Glaubenswagnis ein neues theologisches Modell suchen sollten, das Korrektur für die Kirche werden könnte.

Die Bruderschaft berief Pastor Sven Findeisen aus Neumünster zum Studienleiter und übernahm sein Gehalt. In zwei Semestern, verbunden mit einem Ergänzungsstudium, wurden die Studenten für das Gräcum und Hebraicum und neuerdings auch Latinum bis zur Prüfung vorbereitet. Diese Studienanstalt ist jetzt vom Staat voll anerkannt. Da sich der Studentenverband der »Krelimos« im Glaubenswerk geistlich ausrichtet, wirkt er an den Hochschulen wie ein Ferment. Manche, die jetzt schon im Pfarramt stehen, kommen mit ihren Gemeinden und Konfirmanden zu Frei- und Rüstzeiten. Mit viel Liebe, Hingabe und geistlicher Vollmacht arbeitete Pastor Findeisen daran, in die Phalanx der theologischen Schulen eine Schneise zu schlagen. Für die Zeit seines Krelinger Dienstes wurde er von der Schleswig-Holsteinischen Kirche beurlaubt. Es ist weitgehend sein Verdienst, daß es gelang, das Studienmodell immer attraktiver und eigenständiger zu entwickeln und damit auch die Skeptiker in den Kirchenleitungen und an den Universitäten zu überzeugen. Auch in der Seelsorge hat er den Studenten entscheidend weitergeholfen. Als er wieder nach Neumünster zurückgerufen wurde, war die Suche nach einem geeigneten Nachfolger nicht einfach, obwohl wir mit der Kirchenbehörde und besonders auch mit dem Landesbischof Lohse in einem so guten Kontakt standen, daß wir eine offene Tür fanden und jede mögliche Hilfe zugesagt wurde – aber Findeisens Nachfolger konnte eben nicht jeder fähige Theologe sein.

Über ein Jahr dauerte in der Studentenarbeit die Durststrecke, die von verschiedenen Brüdern und besonders von Fritz Dittmann, dem ehemaligen Dozenten an der CVJM-Sekretärschule in Kassel, überbrückt wurde. Er ist Glied der Bruderschaft und hatte das volle Vertrauen der Studenten.

Nach einer Evangelisation in Berg/Oberfranken bei Pfarrer Dr. Cochlovius, die mit erwecklichem Leben, besonders bei der Jugend, verbunden war, erschien uns seine theologische Ausrichtung und Fundierung genügend Gewähr für eine Berufung zu sein. Die Entscheidung jedoch, die erst vor drei Jahren übernommene Gemeinde im Stich zu lassen, wurde ihm schwer. Nachdem er sich aber zur Klarheit durchgerungen hatte und wir auch viel die Stille darüber gesucht hatten, war seine Wegführung nach Krelingen eindeutig. Seinen vorbildlichen Einsatz in der Studentenarbeit hier hat Gott beglaubigt.

Die Zahl unserer Studienplätze ist begrenzt. Schon jetzt brauchen wir für die sechzig gegenwärtig hier Studierenden noch eine weitere Lehrkraft und ein zweites Studentenhaus. Das Klima der Krelinger Studentenarbeit wird wesentlich durch die Wohngemeinschaften bestimmt. Dadurch hat die ganze Studentenarbeit einen familiären Charakter, der sich als sehr hilfreich erweist, sowohl für die Gemein-

Studenten des Studienjahres 1976/77 mit Pastor Findeisen/

Pastor Dr. Cochlovius bei einer Fragestunde im Hörsaal

schaft wie auch für die Bewältigung persönlicher Probleme und in Fragen der Anfechtung.

Das Wintersemester ist Grundlagensemester. Die zentralen Themen sind Bibelverständnis, Naturwissenschaft und Glaube, politische Ethik, Philosophie- und Theologiegeschichte sowie missionarische Praxis.

Durch das intensive Studienjahr entsteht eine starke Gemeinschaftsverbundenheit, die auch an den Universitäten die meisten Studenten durchträgt.

Dr. Cochlovius bemüht sich, die Verbindlichkeit des Krelinger Vorstudiums so auszurichten, daß die Studenten für die auf sie zukommenden Anfechtungen durch das Universitätsstudium – auch gemeinsam mit der Ahldener Bruderschaft – vorbereitet werden. So finden viele Studenten auch den Weg zur Bruderschaft. Nach dem Vorstudium bleiben sie durch einen Rundbrief und durch Tagungen in Verbindung, z.B. die Pfingsttagung in Krelingen und die Herbsttagung in Marburg, und finden durch die Fürbitte zu einer gemeinsamen Ausrichtung, die nicht nur theologische, sondern auch persönlich-seelsorgerliche Hilfe schenken möchte.

Die enge Gemeinschaft des Lebens und Lernens nimmt unsere Studenten in eine Lebens- und Charakterschule. Sie werden sich selbst zur Korrektur. Sie lernen praktische Seelsorge aneinander, bis hin zu intensiven Zweierschaften, die dann oft Studiengemeinschaften werden. So werden wertvolle Erfahrungen für den späteren Gemeindedienst schon hier gewonnen.

Die missionarisch-diakonische Ausrichtung des Rüstzentrums bietet eine Fülle von Möglichkeiten, die Verkündigung des Wortes Gottes und das persönliche Glaubenszeugnis vor anderen Menschen zu lernen. Die tägliche Morgenandacht im Werk, Einsätze in Schulen, auf Campingplätzen und Diskotheken, Gottesdienste in den Gemeinden des Kirchenkreises sowie Jugend- und Jungscharstunden, geben ein reiches Übungsfeld ab. Die Theologie bleibt dadurch konkret und zielgerichtet.

Die überschaubaren Größenordnungen der Sprachkurse und Seminare, der persönliche Kontakt zu den Dozenten und die Möglichkeiten individueller Förderung schaffen außergewöhnlich gute Lernbedingungen. Kleine Lern- und Gesprächsgruppen, die im engen Kontakt mit dem Dozenten bleiben, fördern eine vertiefte Aneignung des Unterrichtsstoffes. Die weit über dem Durchschnitt vergleichbarer Universitätskurse liegenden Ergebnisse der Sprachexamina sind der beste Beweis dafür, daß sich unser Studentenmodell auf dem richtigen Weg befindet.

Das theologische Grundstudium in Krelingen bietet den Studenten eine konzentrierte Einführung in wesentliche theologische Fragen der Gegenwart. Die Seminare versuchen neben der sachlichen Information vor allem auch eine Anleitung zu geben, die behandelten Themen in Beziehung zum Evangelium zu setzen. Die Studenten bekommen auf diese Weise Problembewußtsein und werden zum biblisch theologischen Denken motiviert. Der Leitspruch unserer Studienarbeit: In Christus liegen verborgen alle Schätze der Weisheit (Kol. 2,3) wird zum Weg und Ziel der Theologie. Durch das theologische Grundstudium fällt der Einstieg in das Universitätsstudium leichter, und das Studium selbst wird viel fruchtbarer.

Die Studentenschaft ist in die gesamte Arbeit des Krelinger Werkes verbindlich eingegliedert. An einem Tag der Woche ist Arbeitsdienst in den verschiedenen Bereichen und Aufgaben. Hoch erfreulich ist das starke Engagement in der Jugendarbeit und bei Gottesdiensten im Kirchenkreis und darüber hinaus. Außerdem versuchen die Studenten, mit der Schülerarbeit geistliches Leben an den Schulen zu fördern. Kongresse und Tagungen, auch mit führenden Wirtschaftsmanagern, Politikern und Wissenschaftlern, versuchen, auf die aktuellen Fragen unserer Zeit eine gegenwartsnahe Antwort zu finden. Das Modell des Studentenwerks ist keineswegs fertig; es ist in der Entwicklung, so daß wir ganz offen sind für die weitere Führung in diesem für die Zukunft unserer Kirche so wichtigen Bereich, der Universitätstheologie und Gemeindepraxis verbindet, und dies in so enger Gemeinschaft, daß Korrektur und Ermutigung gleich bei der Hand sind, sobald sich Unsicherheiten nach der einen oder anderen Seite zeigen. Was der Herr angefangen hat, wird er auch vollenden.

War es die Heidelandschaft, die Stille, das erweckliche Klima in Krelingen, in dem man sich wohl fühlte – wir stellten fest, daß viele ältere Gäste in den Freizeiten ihre Abreise immer wieder aufschoben und am liebsten bei uns geblieben wären. Einige, wie die Geschwister Rieck, suchten sich im Dorf eine Wohnung und haben in all den Jahren noch einen unschätzbaren Dienst im Werk getan. Andere bedrängten mich, besonders wenn sie sich als Gläubige irgendwo auf einem Abstellgleis fühlten, ob sie nicht ihre Ersparnisse als zinsloses Darlehen geben könnten, um dann bei uns eine Seniorenwohnung in Aussicht zu haben. Als ich an unseren Konten ablas, daß man das Wagnis eingehen konnte, führten wir mit einer erheblichen Eigenleistung den Bau durch. Ohne jeden Zuschuß aus öffentlichen Mitteln wurde es möglich, dieses Millionenwerk zu erstellen. Was war das für eine Freude, als eine Wohnung nach der anderen bezogen wurde! Hausvater wurde ungewollt Dr. Walbaum, der nicht nur seine Ersparnisse als Darlehen gab, sondern seither im Büro alle Spendeneingänge überwacht und dafür sorgt, daß jeder Spender ein Dankschreiben erhält, verbunden mit der Quittung fürs Finanzamt.

Die Senioren in unseren Heimen sind heute eine Säule des Werkes. Sie sind nicht nur aktiv, wenn irgendwo eine Arbeit zu tun ist, wie beim Versand der ›Erwecklichen Stimme‹; sie tragen auch die Sorgen des Werkes betend und glaubend mit. Besonders unentbehrlich sind die Frauen, wenn einmal große Mengen Obst für die Küche anfallen. Ihr Einsatz ist über jedes Lob erhaben. In ihrer eigenen Kapelle sondert sich die Seniorengemeinde wöchentlich einmal ab. Die Studenten haben hier Gelegenheiten, sich in den Anfangsgründen homiletischer Praxis zu üben. Allerdings findet dieser Dienst auch ein dankbares Echo. Die Studenten werden von den Senioren fürsorglich betreut. Wenn ich unsere Senioren begrüße, denke ich häufig an das Kierkegaard-Wort: »Wer Christus hat, wird nie alt.«

Ein Hof für Süchtige

Krelinger Bauern haben mir wiederholt erzählt, der frühere Besitzer der kleinen Hofstelle, auf der jetzt das Mitarbeiterhaus steht, habe das zweite Gesicht gehabt. Bei uns in der Heide kommt das öfter vor. Er hätte erzählt, er sähe dort am Rande der Tannenwälder in etwa einem Kilometer Entfernung am Abend und in der Nacht laufend Lichter vorüberziehen: Heute befindet sich dort die Autobahn nach Bremen. Ebenfalls hätte er auf seinem Gelände viele, viele Menschen mit Gesangbüchern gehen sehen; die Jugend sei immer am Singen, so daß er aus dem Schlafe oft aufwache. Ohne selbst zu wissen, was man über das zweite Gesicht denken soll, muß ich doch einräumen, daß der Mann das gesehen hat, was heute im Rüstzentrum geschieht.

Es ergaben sich weitere Landkäufe. Als ich den mitverantwortlichen Bruderrat fragte und seine Zustimmung erbat, kam ich in Verlegenheit, als sich einige Brüder sorgten, wie ich das Geld beschaffen wolle. Man sagte mir das zwar nicht direkt, aber es wurde geraunt, ob die Bruderschaft, wenn sie mit haftbar sei, nicht eines Tages bankrott mache. Nun darf gelebter Glaube zwar nie zu Handlungen verführen, die nicht einem betenden Denken standhalten können. Und doch bleibt evangelischer Glaube Wagnis im Risiko. Als ich nun noch sogar ein Haus mit großem Garten ohne lange Überlegung für den Werkmeister kaufte, spürte ich Krisenstimmung in der Bruderschaft. Sie wurde später durch andere Dinge noch angeheizt. In einer Hauptversammlung wurde darum beschlossen, innerhalb der Bruderschaft einen eingetragenen Verein zu gründen, der mit mir für den gesamten geschäftlichen Aufbau auf Grund der Satzungen verantwortlich sei. Einstimmig wurde mir lebenslang die Leitung des Werkes übergeben. Zum e.V. konnte nur innerhalb der Bruderschaft gehören, wer bereit war, sich laufend über den Stand von Krelingen gründlich zu informieren und an den Sitzungen teilzunehmen. Eine Bewerbung für diesen Kreis mußte bei mir schriftlich eingereicht und meine Entscheidung überprüft werden. Aus diesem Kreis wurden dann die fünf Mitglieder des Kuratoriums gewählt. Der Gesamtbruderschaft oblag nun mit dem Bruderrat die geistliche Überwachung des Werkes. Hier hat die Gesamtbruderschaft auch ein Vetorecht. Sie hat darauf zu achten, daß die reformatorisch-biblische Fundierung des Krelinger Werkes in freier Verbindung mit der Kirche unverbrüchlich erhalten bleibt. Nur so kann Krelingen auch für die Kirche Korrektur sein und geistliche Impulse geben.

Mir war während des Aufbaus des Werkes klargeworden, daß eine demokratische Entwicklung im geistlichen Aufbau eines Glaubenswerkes nur bis zu einer Grenze tragbar ist. Die Leitung, wenn sie vom Herrn berufen ist und die notwendigen Voraussetzungen mitbringt, darf in der Entscheidungsmöglichkeit nicht so eingeengt werden, daß Freude, Freimut und Vollmacht in Frage gestellt würden. Diese Entscheidung hat sich für die weitere Entwicklung auch der Bruderschaft als richtig erwiesen. Die Zwei-Reiche-Lehre Luthers wurde hier praktiziert.

Inzwischen ist das Glaubenswerk auch dem Diakonischen Werk angegliedert. In manchen Fragen gab mir auch OLKR Dr. Sperling guten Rat. Er war, wie auch andere Brüder im Amt der Kirche, immer bereit, mit uns die Wegführung zu suchen, die am fruchtbarsten für den geistlichen Aufbau wäre.

In jenen Tagen ergab sich nämlich eine völlig neue Fragestellung in der Wegführung des Glaubenswerkes, der ich am liebsten ausgewichen wäre. Ich habe damals gelernt, wie schwer es ist, eigene Wünsche und Träume im Gehorsam des Glaubens begraben zu müssen. Mit der Zeit stellten wir mehr und mehr fest, daß benachbarte Pfarrer und andere geistlich verantwortliche Brüder uns Rauschgiftsüchtige in die Freizeit schickten. Wir wurden damit konfrontiert, ohne daß man uns vorher gefragt hätte, und mußten deshalb wieder und wieder und ganz ungewollt eine Tagesreise weit nach Ninive hineingehen. Wer die Welt ansprechen will, muß sie in den Bezügen aufsuchen, in denen sie lebt. Was sollten wir mit den Süchtigen tun, die unerwünscht bei uns einkehrten? Einige gingen wieder, wie sie gekommen waren. Vielleicht durch die Verkündigung mit einem

Brandmal im Gewissen? Andere kamen zum lebendigen Glauben. Sie waren, wie sie sagten, mit keinen zehn Pferden wieder von Krelingen wegzubringen. In der geschenkten Freiheit fanden sie die Geborgenheit, die sie fähig machte, den Ersatzbefriedigungen nicht wieder nachzulaufen. Sie wirkten ansteckend, belastend und befruchtend für das ganze Werk. Wir haben diese ersten »Rehas«, deren Sterben wir nicht hätten verantworten können, bei den Bauten mit beschäftigt. Dann brachten wir sie irgendwo bei Gläubigen unter, oder sie gingen auf Bibelschulen und stehen heute im Verkündigungsdienst.

In den eigentlichen Auftrag wurden wir aber auf besondere Weise geführt. Wie geschah das?

Ich fuhr nach Altdorf bei Böblingen zu einer fünftägigen Evangelisation. Die Vorträge fanden in einer Turnhalle statt. In einer besonderen Sache wollte ich dem jungen Pfarrer helfen. Da rief am zweiten Abend meine Frau an und teilte mir mit, daß der Besitzer eines der größten Krelinger Höfe, dessen Ländereien an unser Werk grenzten, uns den Wehrsschen Hof zum Kaufe anbiete. Ich war fassungslos, weil ich den Besitzer noch kurz vorher gebeten hatte, mir einige Morgen Land zu verkaufen. Er hatte gesagt: »Alles können Sie haben, nur kein Land.«

Und nun der ganze Hof?

»Das kann doch wohl nicht wahr sein«, stammelte ich ins Telefon, »der Mann ist wohl auf einem Schützenfest gewesen und hatte keinen klaren Kopf!«

Am anderen Abend wurde ich wieder angerufen. Mein Frau sagte, er sei wieder dagewesen und biete den Hof für rund eine Million zum Kauf an.

»Es ist noch ein anderer Bewerber da; wenn du nicht zusagst, ist die Gelegenheit verpaßt!«

Woher sollte ich das Geld ohne staatliche und kirchliche Hilfe bekommen? Mir fiel der Vers ein, den ich einmal von Eva von Tiele-Winckler gehört hatte: »Mein Vater ist reich an Gütern und Geld, sein sind alle Reiche und Schätze der Welt.« Ich dachte an Luther: »Wie du glaubst, so hast du.«

Ich lehnte es ab, die Bibel wie ein Orakelbuch zu benutzen. Und doch wollte ich in dieser Lage wissen, ob ich mit dem Herrn rechnen durfte, wenn ich mich in solch ein Abenteuer begeben sollte. Mir kam ein Gedanke. Ich fragte den Pastor, wie hoch er die Kollekte an den fünf Abenden einschätze.

»Im Höchstfall fünfzehnhundert Mark.«

»Kannst du dir vorstellen, daß in deinem kleinen Dorf 20.000 DM zusammen kommen?«

»Unmöglich!«

»Dann wollen wir den Herrn bitten, daß das Unmögliche geschieht, nur dann werde ich den Hof kaufen.«

Als die Kirchenvorsteher am letzten Abend die Kollekte zählten, ergab sich eine Summe von über 25000 DM. Meine Betroffenheit kann man sich vorstellen. Im seufzenden Staunen stammelte ich: »Herr, gehe von mir hinaus!«

Bei meiner Rückkehr wurde der Glaubenshof sofort gekauft. Der Kaufvertrag verlangte, daß ich am anderen Morgen hunderttausend Mark anzahlte. Der Rest mußte in einem Jahr bezahlt sein. Der Sparkassendirektor sagte mir Kredit zu, aber bei dem Gedanken an die Zinsen war mir nicht wohl. Es folgte eine unruhige Nacht. Ich wollte schlafen und konnte trotz vielen Gebetes nicht. Als meine Frau unwillig wurde, tat ich wenigstens so, als schliefe ich. Am anderen Morgen ging ich, nicht gerade fröhlich, zum Rüstzentrum. Ich war so klein, daß ich aufrecht unter dem Teppich hätte gehen können. Da kam plötzlich der wohl größte Kaufhausbesitzer in Niedersachsen durchs Tor gefahren.

»Welch ein Glanz erhellt meine Hütte«, sagte ich ein wenig kleinlaut. »Aber Sie sehen nicht gut aus.«

»Ja, ich habe eine unruhige Nacht gehabt. Ihre Predigt von neulich über Frucht oder Erfolg hat mich heute nacht sehr beschäftigt. Erfolg war eigentlich mein ganzes Leben, aber wenn ich da oben ankomme – wo bleibt die Frucht? Wenn ich dieses Werk sehe, sehe ich Frucht.«

Er schluckte etwas, steckte mir einen Zettel in die Tasche und fuhr nach einem Händedruck heim. Als ich den Zettel aus der Tasche zog, war es ein Scheck über achtzigtausend Mark. Wahrlich, der Glaubenshof wurde von Gott bestätigt. Eine Woche später kam eine Dame aus Hannover und stiftete »auf höhere Weisung« hundertdreißigtausend Mark. Sie gab später noch andere Dinge und Bauland dazu. Der übrige Kaufpreis wurde fast ausschließlich von Spendern, die gering begütert waren, erbracht. Am Zahltage fehlte an der Kaufsumme keine Mark.

Die Bekanntschaft mit dem Kaufhausbesitzer wurde Freundschaft. Er ist heute in der Bruderschaft und im Kuratorium. Der Anlaß zur näheren Bekanntschaft wurde sein Vater. Dieser hatte einmal den Grundstein zu dem Geschäft gelegt, das sein Sohn zu seiner jetzigen Größe entwickelt hat. Die Begegnungen mit seinem Vater waren immer ein Erlebnis. Sein unverbrüchlicher, kindhaft fester Glaube hatte ihn so geprägt, daß seine Erscheinung und sein ganzes Wesen Zeugnis dieses Glaubens waren. Auf einem seiner Geburtstage konnte ich einmal allen Anwesenden sein schriftliches Glaubensvermächtnis vorlesen. Der Segen des Vaters baut den Kindern Häuser. Als seine Stunde gekommen war, durfte ich ihn beerdigen.

Nun waren wir Hofbesitzer. Aber was war das für ein Hof? Hofraum und Ländereien waren völlig verkommen. Wenn Dr. Hornemann, der erste Agronom, nicht eine klare Führung gehabt hätte, wäre er sicherlich an dem Zustand des Hofes verzweifelt. Er war schon in Gießen in dem Glaubenswerk »Hoffnung für dich«, ebenfalls ein Reha-Zentrum, tätig gewesen. In der Gießener Arbeit hatte man viel gebetet, daß doch die Möglichkeit geschenkt würde, die unruhigen Rehas auf einem Hof zu beschäftigen. Nun hatte Gott die Tür geöffnet, Hornemann wurde eingeführt und brachte gleich junge Rehas aus Gießen mit.

Als ich zum erstenmal die Bibelarbeit auf dem »Glaubenshof« hielt, wurde ich an eine Situation erinnert, die ich zuvor in einer Kongreßhalle hatte. Über der Versammlung lag eine hektische Unruhe. Eine Reihe junger Leute versuchten schon bei Beginn, mir das Mikrofon wegzunehmen. Weil die Unruhe andauerte, erklärte ich, daß nach Schluß der Versammlung eine Aussprache sei, bei der jeder, der echte Fragen habe, sich melden könne. So wartete man ab, bis der Vortrag beendet war.

Nun hatte der erste Diskussionsredner das Wort. Er schilderte in dunklen Farben das Elend auf einer Südseeinsel. Er warf der Kirche und ihren Einrichtungen vor, daß sie hilflos und ohne jede Spur von Mitmenschlichkeit am Elend vorübergehe.

Während der junge Mann redete, kam eine Schwester mit weißer Haube zu mir und bat mich, auf diese Vorwürfe antworten zu dürfen. Als der Redner endlich fertig war, kam sie ans Mikrofon. Sie sagte, der Vorredner habe die Lage auf der Insel genau geschildert. Die Not gerade auf dieser Insel habe ihr selber einmal den Anstoß gegeben, dorthin zu gehen. Nun sei sie hier in Urlaub. Sie bat nun den Vorredner, statt seiner fanatischen Anklagen selber mit ihr dorthin zu gehen. Sie erbot sich, ihm die Reise zu bezahlen, und fragte ihn vor der Versammlung, ob er dazu ein freudiges Ja habe.

Ich schaute nach dem redegewandten jungen Mann. Sein Gesicht wurde ganz lang. Es war wie immer: Die Frage blieb ohne Antwort. Die am lautesten gegen das Elend der Welt protestieren, sind am wenigsten bereit, Hand anzulegen. Neulich sagte mir ein Minister:

»Sozialistisch Reden und sozial Handeln sind zweierlei.«

Nicht nach unseren Reden werden wir einmal beurteilt, sondern, ob uns das Elend in Bewegung gesetzt hat. Hatte nicht auch ich bei allem frommen Reden diesen Schritt zum Glaubenshof hin gescheut? Nun war der Marschbefehl von oben gekommen.

»Rehas« sind auch keine Engel

Jedem von uns war von Anfang an klar: Das Werk konnte nur gelingen im Blickwechsel auf einen großen Herrn und in der opfernden Hingabe, die glaubte, daß der Herr uns nicht allein lassen würde. Die jungen Rehas, die nun zum Glaubenshof kamen, waren meist hoffnungslose Fälle. Manchmal kaum noch ansprechbar, vegetierten sie in der geistlichen Wüste, suchten nach einer Oase, die sie bis dahin in der Droge erträumt, aber nicht gefunden hatten. Wenn die Leber angegriffen war oder das Gehirn in Auflösung, zeigten sich erschütternde Dinge. Ein Junge meinte, er sei ein Hase, und aß Kohl. Ein anderer bildete sich ein, er sei ein Igel, und verbrachte Stunden in Igelstellung. Hornemann war oft verzweifelt. Und ich, als Neuling in dieser Szene, suchte noch den Einstieg. Bei den Bibelarbeiten sprangen manche auf, lachten gellend und liefen weg. Wir mußten sie mit Nachsicht wieder zurückholen. Wo es nötig war, wandten wir eine harte Liebe an, aber an die Herzen bin ich immer nur gekommen mit der Unwiderstehlichkeit einer Liebe, die man nicht in sozialen Denkkategorien haben kann. Ich hatte den Rehas gesagt, daß sie im Notfall Tag und Nacht zu mir kommen können; das gilt bis heute. Manche machten davon Gebrauch und durchbrachen den Teufelskreis in Buße und Beichte. Andere waren, wenn das Begehren nach der Droge kam, wie Terroristen und Rebellen. Was mußte man da tun?

In der ersten Zeit war einmal ein Junge nicht mehr zu halten. Er hatte seinen Koffer gepackt und wollte gehen. Mir war klar, daß Krelingen für ihn die letzte Rettungsstation war. Mit leeren Worten und Ermahnungen sprach man gegen eine Wand. Ich dachte an Jesus vor Jerusalem, mir kam das Jammern. Ich nahm den Jungen in den Arm, gab ihm einen Kuß auf die Stirn, dann suchte ich mein Taschentuch, denn ich mußte weinen. In diesem Augenblick brach das Eis. Der Reha nahm mich in den Arm und sagte:

»Herr Pastor, wenn Sie weinen, muß ich bleiben.«

Und er wurde Christ.

Weil Dr. Hornemann in die Mission wollte, war es schwer, eine Leitung zu finden, die hier Erfahrung und Vollmacht hatte. Wir wurden vom Sozialamt als Rehabilitationsstätte anerkannt. Man hat uns oft besucht und war auch jederzeit bereit, mit Rat und Tat zu helfen. Wir steuerten aber einen anderen Kurs als die Therapieketten und mußten den Beweis der Berechtigung erst erbringen. Daß Gott das immer überzeugender schenkte, verpflichtet uns zu Lob und Dank. Wenn ich aber an diese Jahre denke, bis uns Gott den Missionar Reuhl schenkte, wird mir wieder bewußt, wie verzweifelt wir manchmal in

Krisenzeiten gewesen sind. Bruder Reuhl, der heute die Rehabilitation leitet, und der Sozialarbeiter Hartmut Lauter sind für mich ein Geschenk des Himmels geworden. Die Mitarbeiter, die in der Zwischenzeit den Glaubenshof lenkten, waren als Prediger gut, aber konfrontiert mit den Rehas waren sie der Sache oft nicht gewachsen. In Missionar Reuhl, der eine klare Führung nach Krelingen hatte, bekamen wir einen Mann, der als Indianer-Missionar in Peru nicht nur die gründliche Erfahrung mitbrachte, sondern auch als vollmächtige Persönlichkeit achtunggebietend und überzeugend ist.

In jenen Jahren wurde manchmal die Nacht zum Tage, wenn auf dem Hof die Nebelwand des Mißtrauens so dicht wurde, daß man nicht wußte, was kommen würde. Es gab Rehas, die mit ihrem Doppelleben auch mich so täuschten, daß ich sie zunächst nicht durchschaute. Wir dachten, es sei barmherzig, wenn das Verbotsschild für Drogen nicht gleichzeitig Verbotsschild für das Rauchen war. Wir lernten, daß es barmherziger ist, als eisernes Gesetz ein Totalverbot zu erlassen. Das war richtig, denn nun führte die Anfechtung in die Freiheit zum Herrn. Aber es waren doch harte Schläge, wenn monatelang in Büros und Küchenkeller eingebrochen wurde. Schließlich faßten wir den Täter, einen früheren Rehabilitanden, der vom Rauschgift frei geworden war, aber die Droge in den Händen behalten hatte: Er war ein Schlüsselfan und schaffte jede Tür.

Mit Schrecken erlebten wir den Brand der Scheune. Ein Reha war schuld, der trotz Verbot geraucht hatte. Am meisten tat mir weh, daß dabei auch der eben neu gekaufte Mähdrescher verbrannte.

Da wurde ich an einem Himmelfahrtsmorgen von der Hausmutter des Hofes aus dem Schlaf geweckt. Im Büro war eingebrochen und die Hofkasse gestohlen worden. Vor der zertrümmerten Fensterscheibe standen einige Rehas. Sie berichteten mir aufgeregt, wie sie aus dem Bett gesprungen seien, als sie das Klirren der Scheibe hörten. Bei dem Verdacht auf Einbruch seien sie nach draußen gelaufen und hätten gesehen, wie ein Auto vor dem Hof abgefahren sei. Der Bericht war so überzeugend, daß ich ihnen dankte. Dann gingen sie zum Gottesdienst. Als die Kripo kam, bewies die Spurensicherung, daß der Täter Turnschuhe angehabt hatte. Nach dem Gottesdienst kamen die Rehas strahlend anmarschiert. In diesem Augenblick wurde mir wieder einmal bewußt, wie recht Kierkegaard hat, wenn er das Erscheinungsbild des Dämonischen als Verdoppelung der Existenz deutet: Nur einer von den Rehas hatte Turnschuhe. Als die Kripo ihn in die Mangel nahm, legte er ein Geständnis ab. Die beiden anderen, Dealer, die mir am Morgen den Bericht gegeben hatten, waren mitbeteiligt.

Am Nachmittag hielt ich in Goslar einen Vortrag über »Gottes Spuren im Krelinger Werk«. Unter dem Eindruck des Einbruches berichtete ich auch von den nothaften Dingen. Nach dem Vortrag kam der Leiter eines ähnlichen Rettungswerkes, bedankte sich und sagte, es habe ihn getröstet, daß in Krelingen nicht nur die Siegesfahnen wehten, sondern auch der Feind vor der Haustür sei.

Am Abend, als wir wieder in Krelingen waren, war das Geld wiedergefunden. Der Täter des Diebstahls sagte zu mir:

»Auch wenn ich jetzt ins Gefängnis muß – die Zeit hier auf dem Hof war nicht vergeblich. Zum erstenmal in meinem Leben habe ich hier Christen kennengelernt. Ich habe mich verführen lassen von den anderen, die Frommheit nur vortäuschten. Ich beging die Tat. Aber das Geld nahmen die anderen.« Vom Rauschgift frei, blieb er in Krelingen und wurde ein völlig neuer Mensch. Die beiden anderen verließen hohnlachend den Hof. Einen von ihnen, der verheiratet war, hatten wir mit Wohltaten überhäuft. Ja, durch Gutestun kann man einen Menschen nicht verändern. Wir haben in der Rehabilitation lernen müssen, genau darauf zu achten, wie viele Dämonen wir importieren. Wenn das geistliche Gegengewicht nicht ausreicht, ist Gefahr im Verzuge.

Im Glaubenshof: Austausch über Bibeltexte

Von diesem dunklen Hintergrund heben sich die Siege Jesu wie bei einem Rembrandtschen Gemälde aber nur noch markanter ab. Vor einiger Zeit haben wir an alle Rehabilitanden, die bei uns waren, einen Fragebogen gerichtet, der sowohl im positiven wie im negativen Sinne unseren Dienst überprüfen sollte. Fast alle gaben Antwort. Zu unserer Freude wurde mit dieser Umfrage auch aktenkundig für das Sozialamt bezeugt, daß zirka 80 % aller Rehabilitanden in Jesus Christus eine neue Lebensmitte gefunden hatten. Sie waren alle vom Rauschgift frei geworden und geblieben. Auch nach der Rehabilitation laden wir sie zu Drogenseminaren mit Eltern und Betreuern immer wieder ein. Von der Sozialbehörde unterstützt, können wir hier auch für Gefährdete vorbeugend Hilfe geben.

Während einer solchen Tagung berichtete mir neulich ein früherer Reha strahlend, daß er frei sei, aber daß eine alte Schuld ihn immer noch drücke. Er habe in der ersten Zeit an einem Abend nach der Bibelarbeit von mir einen solchen Widerstand gespürt, daß er im Vorbau des Küchentraktes ungesehen Feuer gelegt habe. Er habe Papierabfälle und sonstige brennbare Sachen unter der Kartoffelschälmaschine angezündet. Das Feuer wurde gelöscht, aber die Maschine war kaputt. Er legte mit Tränen eine Geldsumme auf den Tisch, die er sich abgespart hatte, und bat um Vergebung. Das ist nur eine Umkehrgeschichte von vielen.

Die Therapie

Wir führen die Drogenarbeit je nach Grad des Falles in zwei Stufen durch. Zunächst hatten wir auch Trinkerarbeit eingeschlossen. Aber es zeigte sich, daß aus psychologischen und diversen anderen Gründen eine gemeinsame Rehabilitation schwierig war. So gaben wir die Alkoholikerarbeit wieder auf. Stattdessen wurde uns eine andere Arbeit vor die Haustür gelegt: die an psychisch Behinderten und Kranken. Diese Arbeit ist trotz aller Schwierigkeiten leichter als die Drogenarbeit. Auch hier können wir vielen helfen. Sehr oft haben diese Jungen einen Nachholbedarf an Liebe. Sie kommen aus Familien, wo sie entweder nicht betreut wurden oder mit den Schwierigkeiten des Elternhauses nicht fertig werden. Die unverarbeiteten negativen Eindrücke führen schließlich zu Komplexen im seelischen Raum. Wir haben einen Jungen aus reichem Haus, der in der ersten Zeit seines Hierseins immer wieder zu mir kam und mich bat, mit ihm zu beten. Die Erfahrungen beim Zerbruch der elterlichen Ehe hatten sein Gemüt so verdunkelt, daß er nur noch den Wunsch hatte, seinen Vater zu ermorden. Es bewegt mich, wenn ich auf meinem Schreibtisch jeden Morgen den Stein sehe, den er für mich gefertigt hat mit seinem und meinem Namen. Am Tage will er immer wissen, wie es mir geht. Im Grunde hungert er nach einem liebenden Blick und einem helfenden Wort. Der Haß gegen seinen Vater baut sich langsam ab.

Ein Körnchen Liebe ist mehr wert als ein ganzer Sack voll Gold.

Es ist Aufgabe der Therapieleiter, Kranke oder Süchtige in der Arbeit des Werkes dort einzusetzen, wo sie am schnellsten aus ihrer Wüstensituation herausfinden. Manche gewinnen eine solche Liebe zu beruflichen Dingen, daß wir Lehrverträge mit ihnen abschließen. Viele sportliche Anregungen werden geboten. Uns wurden zwei Kutschwagen und fünf Pferde und Ponies geschenkt, so ist zum Reiten und Fahren Gelegenheit.

Seit langem bete ich für eine Sache, die sich langsam zu erfüllen beginnt. Wir mußten erkennen, daß die geistliche Hilfe – wenn es Gott gefiel, sie zu schenken – in manchen Fällen eine umfangreiche Ergänzung sucht. War es nicht unbarmherzig, die Rehas ohne Vorsorge zu entlassen, die keinen familien- und verwandtschaftlichen Bezug hatten oder die wir in eine Umgebung zurückgeben mußten, die eine untragbare Versuchung bedeutete. Wie sind wir glücklich, daß wir für solche Fälle nun das Haus »Heimat für Heimatlose« haben. Auch in dieser Einrichtung soll sich Familiengeist entfalten, sollen Freizeitfreuden geschenkt werden, die die Langeweile aufheben. Ich kann über den strahlenden Gesichtern dieser Leute sogar die Freude vergessen, die uns die behördliche Bestätigung für den Bau gebracht hat. Auch hier waren es die Betroffenen selbst, die den Anstoß zum Hausbau gaben. Sie kamen nach ihrer Genesung mit der eindringlichen Bitte, bei uns bleiben zu dürfen; sie seien den Gefährdungen da draußen nicht gewachsen. Sie hatten sich auch so in die Krelinger Werksfamilie eingelebt, daß sie einfach dazugehörten. Eine ganze Reihe von ihnen haben wir im Tarif eingestellt. Der geistliche Vater von ihnen allen ist Alwin, ein früherer SS-Führer und Säufer, der auch anderen Süchten verfallen gewesen war. Gott schenkte eine Wendung um 180 Grad. Nach einem Selbstmordversuch kam er zu uns. In der gleichen Gefahr stand ein Maurer. Er bettelte geradezu nach seiner Heilung um Aufnahme. Ministerpräsident Albrecht erzählte mir bei einem Besuch, daß er gern einen jungen Lebenslänglichen begnadigen würde, den er öfter besucht habe und der schon über 27 Jahre im Zuchthaus saß – wenn er nur wüßte, wo er ihn unterbringen könne. Seine Frage ging mir nach, und ich erklärte mich nach Rücksprache mit den Verantwortlichen bereit zur Aufnahme. Er kam mit Freuden. Nach seinem Befinden gefragt, sagte er zu meiner Frau:

»Ich bin hier sehr glücklich, und das mit dem Glauben, das kriege ich auch noch.« Und der Übergang über den Jabbok kam auch für ihn; er klopfte eines Tages bei mir an und beichtete sich selber unter dem Kreuz mit einer Ehrlichkeit, die mich erschütterte. Als er, wie Luther, die Engel im Himmel singen hörte, hat er mich fast vor Freude zerdrückt.

Die Schar der Erlösten, die so aus diesen Tiefen geboren sind, die einmal umgetrieben waren und nun in zeitlichem Nacheinander und Ineinander das Heute der Gnade in Christus fanden, bildet heute die Elite der Werksmannschaft. Es gibt wohl kaum eine Freizeit, die von diesen Brüdern nicht mitbetreut wird. Wie oft sagen mir die Rehas auf dem Hof: »Wir haben wieder eine Konfirmandenfreizeit.« Wenn die Pfarrer mit ihren Konfirmanden in die Freizeiten kommen, übernehmen die Rehas regelmäßig einen Abend. Die Kinder sind dann oft so gepackt, daß der Funkenflug zu Hause weiter geht und eines Tages die Eltern auch in die Freizeit kommen. Wie glücklich bin ich, daß, wenn Gottes Stunde für mich kommt, dann das Werk so steht, daß es eigenständig über mich hinaus weiter läuft.

Eine andere Freude ist mir auch noch beschert worden. Mit dem Haus »Heimat für Heimatlose«, in dem Waldhaus, wurde gleichzeitig der Bau der Werkstätten durchgeführt. Unter Beihilfe des Landeskirchenamtes, des Diakonischen Werkes und auch des Staates konnten wir das Wagnis durchführen. Der größte Teil auch dieses Baues kam, wie auch beim Waldhaus, aus Spenden. Der Herr möge an seinem Tage den Strom dieser Gaben zurückfließen lassen an die Geber. Diplomingenieur Dück, der nun die Lehrlingswerkstätten leiten wird, ist ebenfalls ohne unser Zutun in diesen Auftrag geführt worden. Nun können wir in Zukunft auch den Rehas, die keine berufliche Ausbildung haben, eine anerkannte Lehre vermitteln. Wahrlich: Da kann ich nur noch staunen und die Hände falten.

Es würde aber ein wichtiges Faktum bei der Rehabilitation fehlen, wenn wir die Zivildienstler im Glaubenswerk nicht beachten würden. Die Schar von durchschnittlich zwanzig »Zivis« leisten im Werk einen hervorragenden Dienst. Wir nehmen nur solche auf, die sich vor der Einstellung bei uns als Christen ausgewiesen haben. Sie bewähren sich als Arbeiter Jesu Christi in den verschiedenen Sparten unseres Glaubenswerkes, aber am meisten in der Betreuung der Rehas. Sie sammeln in der begleitenden Seelsorge Erfahrungen, die ihnen später, wenn sie sich einen pädagogischen oder geistlichen Beruf suchen, sehr nützlich sein können. Viele haben nach ihrem Abgang noch so starkes Heimweh, daß sie mit uns verbunden bleiben.

Menschen kommen und gehen und hinterlassen ihre Segensspuren. Wir Krelinger – die wenigen, die von Anfang an dabei waren, und die vielen neuen – sind die Nutznießer dieser Segnungen. Sie fließen uns von so vielen Ungenannten zu, von denen jeder seinen von Gott gewiesenen Platz und sein Stück Segen in das Werk investiert hat. Doch zwei möchte ich noch nennen: Ich denke an den Mann, der in den Jahren der Krisen des Werkes sich unermüdlich eingesetzt hat und in manchem verzagten Augenblick mir Trost gab. Der Kaufmann Wilhelm Lambrecht war als mein Vertreter im Werk immer am Steuer, wenn ich ihn brauchte. In der Bruderschaft war er eine Säule und in seiner Glaubens- und kaufmännischen Erfahrung mir unentbehrlich. Er fehlt mir, seit der Herr ihn heimgerufen hat.

Bewundert habe ich auch oft den Einsatz von Oberstudienrat Heinrich Vogt und Frau. War Not am Mann, waren sie ohne viel Aufhebens im Werk tätig. Wenn Bruder Vogt irgendwo Sand im Getriebe merkte, war er gleich dabei, Vorbehalte zu beseitigen, damit neue Zuversicht geschenkt wurde. Im Glaubenswerk muß sich wie bei einem Zirkel, wenn der Herr Jesus der Mittelpunkt ist, alles um diesen Mittelpunkt drehen und in ihm seinen erfüllten Bezug suchen. Wenn Heinrich Vogt mit Betheler kranken Geschwistern zur Freizeit kommt, ist das immer ein frohmachendes Ereignis. Die verbindende Kette dieser Begegnung möchten wir nicht missen.

Ein besonderer Dank gebührt Eberhard Schultz aus Bonn, dem Architekten. Er hat sich nicht nur um die Bundeshäuser verdient gemacht, sondern er ist auch der Baumeister von Krelingen. In seiner knapp bemessenen Zeit hat er mit großem Opfer auch seines Urlaubes die Entwürfe für die meisten Häuser gemacht und auch die Bauten prüfend überwacht. Das Gesicht des Glaubenswerkes trägt sein Gepräge. Ohne Bruder Schultz wäre das Werk so nicht geworden – und er hat keinen Pfennig dafür genommen!

Nachdem uns auch in dem Nordseebad Burhave eine Erbschaft mit Haus und Gelände gemacht wurde, laufen die Planungen des Krelinger Werkes schon in das Morgen hinein.

Das Teichhaus – hier wohnen unsere Rehabilitanten

Jugenderinnerungen wurden lebendig, als ich mit meiner Frau in diesen Wochen die Michowitzer Schwestern in Heiligen Grabe in der DDR besuchte. Der Begründerin, Schwester Eva von Tiele-Winckler, durfte ich einmal begegnen. In Begleitung Pastor Friedrich von Bodelschwinghs, des Begründers der Betheler Anstalten, hielt sie in meinem Heimatdorf einen Vortrag. Sie kam gerade aus England und hatte im Tabernakel Moody, den größten aller Evangelisten, gehört.

Dieser begnadete Zeuge hatte darauf hingewiesen, daß sich die Jüngerschaft Jesu daran entscheide, ob man bereit sei, das Liebste zu geben und das Geheimnis mit Jesus völlig zu leben. Es wurde Eva von Tiele-Winckler bei dieser vollmächtigen Verkündigung Moodys klar, daß sie außer ihren Gütern auch noch den Diamanten, den sie an einer Kette trug, Jesus opfern solle. Sie bezeugte, daß sie nach hartem Kampf den Diamanten in den Opferkasten warf und dann eine unaussprechliche Freude empfand – so völlig, wie es Pascal in seinem Memorial und Kierkegaard nach seiner Bekehrung im Tagebuch schildern.

Ich stand damals noch nicht im Glauben, aber die strahlenden Augen und das Bekenntnis »Mein Vater ist reich an Gütern und Geld. Sein sind alle Schätze und Reiche der Welt« wurden für mich eine unvergeßliche Begegnung. Die Christuswirklichkeit dieser begnadeten Frau war die gleiche, wie sie mir wieder am Krankenbett der wie von Engelmächten eingehüllten Corrie ten Boom in Los Angeles begegnete. Wieder wurden wir Zeugen eines Geheimnisses, das im irdischen Bereich lichtvolle überirdische Wirklichkeit deutete.

Die gesegneten Tage mit dieser Schwesternschaft in Heiligen Graben wurden für mich noch eine besondere Wunscherfüllung. Ich besuchte das Rittergut Turow im damaligen Vorpommern, wo ich vor 56 Jahren meinen Dienst als Gutsoberinspektor tat. Das Wiedersehen bewegte mich zu Tränen. Wie ganz anders war doch alles geworden. Die Kapelle und der Rittersaal, in denen ich einmal Bibelstunden gehalten hatte und Zeuge eines aufbrechenden erwecklichen Lebens geworden war, wurden gerade restauriert. Aus den anliegenden Räumen tönten uns die Glaubenslieder entgegen. Jetzt konnte ich es mit eigenen Augen sehen: Die Wasserburg ist keine Kolchose. Doch der Gnadauer Gemeinschaftsverband führte hier gerade eine Freizeit durch. Als man den Grund meines Besuches erfuhr, wurde ich so stürmisch und liebevoll begrüßt, daß ich nach einer Bibelarbeit eine

Begegnungstiefe erlebte, die mir unvergeßlich sein wird. Unter Tränen sammelten wir uns zum gemeinsamen Gebet.

Als ich durch die alten Pferdeställe ging, dachte ich zurück an meine beiden Reitpferde von damals, an den gutmütigen Hannoveraner, so fromm, daß man ihn im Schlafe reiten konnte; und das Vollblut, den Trakehner – ein Gleichnis meiner Lebensführung, will es mir scheinen; denn wie ich mit diesem störrischen Pferd nur mit Hilfe der Kandare zurechtkam, so Gott mit mir nur, indem er mit der Kandare den Weg und Richtung weisenden Zügeln Nachdruck verlieh. Damit unser Leben sich zielklar ausrichtet, waren zweifellos manche schmerzliche Korrekturen Gottes notwendig. Immer wieder kommt mir der Rat meines Vaters in den Sinn, als dieser mich, den enttäuschten Fünfzehnjährigen die krummen Ackerfurchen betrachten sah, die ich mit unseren schweren Oldenburgern gezogen hatte: »Wenn die erste Furche gerade sein soll, mußt du die Pferde und den Pflug auf ein festes Ziel hin ausrichten. Nur wenn die erste Furche gerade ist, wird der ganze Acker recht gepflügt.«

Ob das in meinem Leben auch so war? Wer im Urteil Gottes lebt, wird diese Sorge nie los. Hatte ich Zeit und Kraft meines Lebens wirklich so nach dem Ziel hin ausgerichtet, daß ewigkeitliche Frucht als Segen Gottes geschenkt werden konnte? Die schöpferische Wandlung unseres Lebens geschieht nur, wenn unter dem Kreuz Christi die Ethik Funktion des Glaubens wird. Nicht eine idealistische Frömmigkeit schenkt unserem Leben die Ausrichtung zur Frucht, sondern nur der Umbruch unseres Lebens unter dem Kreuz in der Verbindlichkeit zum Opfer Christi.

Seit der Stunde meiner Bekehrung hatte mich die Leidenschaft ergriffen, die in Christus erkannte Wirklichkeit als erweckliche Botschaft andern zu bezeugen. Wenn wir in diesem geschenkten Wollen im Kern und Wesen unseres Lebens echt bleiben, wird Gott uns trotz all unserer Schwächen und Gebrechen so führen, daß ER in unserem Leben zum Zuge kommt. Weil Gott sein Reich aber nur mit Bruchsteinen baut, wird unserem natürlichen Denken diese Planung Gottes nur als Anfechtung verständlich sein können. Meine Frau und ich sind heute dem Herrn für diese Wegführung demütig dankbar – viel mehr und bewußter als früher.

Es ist mir auch bewußt, daß ich in meinem Lebensgefühl und in der Eigenwilligkeit meines Denkens dem Jakob nicht unähnlich war. Um der eigenen Selbstverwirklichung willen den Erbsegen dem Bruder zu stehlen, wäre mir wahrscheinlich auch möglich gewesen. Ich wäre auch in der Täuschungskunst dem Jakob nicht unähnlich gewesen, wenn ich mich in der gleichen Lage befunden hätte. Wenn Gott in seiner Barmherzigkeit mich vor schweren Sünden gnädig bewahrt hat, so lag das weniger an meinem Willensernst, als eben an seiner Barmherzigkeit, die immer schon vor mir da war, wenn ich mir die Fleischtöpfe Ägyptens ersehnte und erträumte. Gott liebt auch die Rebellen.

Soweit ich alle Ereignisse und Führungen meines Lebens recht überschaue, bleibt mir nicht viel mehr als demütiges, anbetendes Staunen – vielleicht noch jenes unerklärliche Wissen, das im Geheimnis der Führung die Erfüllung einer Vision verstehen darf. Im Krelinger Glaubenswerk wurde sie geschenkt. Diese Gewißheit gibt mir die Zuversicht, daß dieses Glaubenswerk auch in der kommenden Zeit einen Auftrag in Kirche und Volk zu erfüllen hat. Das Frohmachende in aller Anfechtung liegt im Geheimnis der Führung selber.

Was ist – was soll ein Glaubenswerk?

Oft denke ich daran, wie wir als Kinder bei unserem alten Dorfschmied den Blasebalg ziehen durften. Er war der stärkste Mann im Dorf und konnte mit seinen Händen ein Hufeisen auseinander brechen. Wir schauten bei solchen Vorführungen bewundernd zu ihm auf. Einmal, als ich den Blasebalg zog, das Eisen weißglühend war und der Schmied es auf dem Amboß hämmerte, fragte ich ihn, was er aus diesem Eisen schmieden wolle. Er erklärte mir, daß sich das erst unter den Hammerschlägen entscheide. Es sei erst bei den Hammerschlägen über der Weißglut erkennbar, wohin das Eisen solle und wolle.

Wie oft verkennen wir, daß auch in unserem Leben die formende und zielstrebige eigene Kraft unter den Hammerschlägen Gottes dem Gesetz der eigenen Ehre folgen und sich damit verwirklichen will. In jedem Menschenleben wirkt eine verborgene Entelechie. Ob wir ein Gefäß zur Ehre oder zur Unehre Gottes werden, entscheidet sich unter den Hammerschlägen, in der Spannung von erkanntem Willen Gottes und eigenem Willen, seiner Führung und Eigenführung. Jedenfalls werden wir um so gewisser, was wir werden müssen, wenn wir wie Luther – und in diesem Sinne war ich immer Lutheraner – zu jener Getrostheit finden, daß Gott in allem Geschehen handelt.

Wenn das so ist, liegen für den Glaubenden die Gelegenheiten Gottes immer vor der Haustür. Diese Gelegenheiten Gottes gewinnen wir aber nie in eigener, sondern nur in geschenkter Vollmacht. »Weil die Apostel ganz einfache Menschen der geringsten Klasse waren, wirkten sie überhaupt nichts aus sich selber. Sie waren keine Genies, keine geheimen Räte oder Regierungspräsidenten und wirkten deshalb alles nur durch geschenkte Vollmacht. Der Vollmächtige handelt nicht aus dem Eigenen. Er wendet sich an das Gewissen, nicht an den Verstand; an den Menschen, nicht an den Professor. Wenn das Gewissen getroffen ist, ist die Vollmacht in Wahrheit da«, sagte Kierkegaard.

Dies war die Voraussetzung aller Erweckungen, die ich erleben durfte. Dieser Schmelz einer aufbrechenden Frühlingswiese – es gibt nichts Vergleichbares – kann nicht »hergestellt«, nicht gezüchtet werden. So liegt in der Sendungsgewißheit, die letztlich Gottes-Gewißheit ist, das Geheimnis aller vollmächtigen Verkündigung. Sie steht oft im umgekehrten Verhältnis zu unserem Denken und Wünschen. Nur der bettelarme, von Gott Erfaßte unter dem Kreuz Christi kann das Kreuz als Maßstab für Gott und Mensch zugleich gültig bezeugen. In diesem Sinne ist auch Kierkegaard zu verstehen:

»Vollmacht heißt, weder König sein noch Kaiser, oder General sein, Waffengewalt haben, Bischof sein, noch Polizeibediensteter sein; sondern es heißt, in festem und selbstbewußtem Entschluß alles opfern wollen, sein Leben für seine Sache opfern wollen, sich dergestalt einer Sache annehmen, daß man sich einig ist, nichts zu bedürfen, nichts zu fürchten. Diese unendliche Rücksichtslosigkeit ist Vollmacht.«

Es wäre nun die Erfüllung meines Lebens, wenn Gott es schenken würde, daß in der Vielfalt unseres Krelinger Glaubenswerkes ein überzeugendes Modell für das theologische Grundstudium unserer Kirche gefunden würde. Die Ausrichtung der theologischen Ausbildung an den Universitäten ist allen kirchlichen Stellen, die ehrlich nach den Ursachen für den Mangel an Vollmacht der Kirche fragen, fragwürdig geworden.

Im ersten Informationsblatt vom Herbst 1972 hieß es: »Unsere akademische Ausbildung ist herkömmlicher Weise durch den klassischen Humanismus motiviert. Seine Fragestellungen, seine Zielvorstellungen und Methoden bestimmen auch das akademische Verstehen der Bibel. Die heutige Fundamentalkrise des Humanismus hat den Weg frei gemacht zu einer grundlegenden Neubesinnung. Wir suchen nach einer biblisch bestimmten Ausbildung.«

Dr. Cochlovius, der Nachfolger von Pastor Sven Findeisen, schreibt in der ›Erwecklichen Stimme‹ »Das Krelinger Werk besteht aus mehreren ineinander verflochtenen Arbeitsbereichen. Die Studenten werden in dieses Gefüge mit hineingenommen. Durch persönliche Kontakte mit Rehabilitanden, mit den Bewohnern der Se-

Unser Werkmeister teilt die Arbeit ein

niorensiedlung, mit Zivildienstleistenden und Gästen entstehen prägende Erfahrungen und Beziehungen, die gleichzeitig einer ungesunden fachtheologischen Verengung des Denkens vorbeugen. Gottes Handeln im Lebensschicksal anderer Menschen wird praktisch erfahrbar. Das theologische Denken bekommt dadurch die richtige Orientierung.«

Das Studienwerk sucht seinen Weg nicht an der Universitätstheologie vorbei, sondern durch sie hindurch. Eine von erwecklichem Geist getragene, der Reformation verpflichtete Theologie bedeutet auch für die theologischen Fakultäten ein unverzichtbares Ferment. Es handelt sich also im Krelinger Studienmodell nicht um eine Gesamtalternative zu den bestehenden Fakultäten, sondern um ein Lehrangebot, das sich auf das Grund- und Sprachstudium beschränkt. Das Krelinger Studium sollte nicht mehr als zwei, im Höchstfall drei Semester betragen. Wer im Grundstudium in Krelingen die Begegnung mit der christozentrischen Theologie so erfahren hat, daß sie die Grundposition seiner späteren Verkündigung geworden ist, wird die Anfechtung des Zeitgeistes durchstehen und ein gesegneter Zeuge in Kirche und Volk sein können. Deshalb tendiert dieses Modell weder zu einem Getto fundamentalistischer Enge, noch zur Sepsis des Zweifels, dem die Wirklichkeitsdeutung der Offenbarungsmitte genommen ist.

Ich bin gewiß, daß Gott mit dem Geschenk des Studienwerkes der reformatorischen Kirche eine Chance gegeben hat, die eine weiterführende Erfüllung sucht. Gegenwärtig beginnen Verhandlungen, die in diesem Sinne mit Staat und Kirche aufgenommen sind. Wenn dieses eigenständig gewordene Modell theologischer Ausbildung als akademisches Studium von Staat und Kirche Anerkennung finden könnte, wäre das der erbetene Segen für die Kirche und die Erfüllung meines Lebens.

Das Geistliche Rüstzentrum sollte nun nicht nur eine Bildungsstätte für Studium und rechte Lebensorientierung sein, sondern auch eine Begegnungsstätte. Das Gelernte und Gewußte sucht eine überzeugende Deutung, die sich in der Begegnung mit den verschiedenen Aktivitäten des Gesamtwerkes erst recht erfüllen und klären wird. Es ist für die Kirche nur heilsam und gut, wenn sie auf den Erweckungs- und Jugendtagen die alten Brunnen Abrahams immer wieder neu entdeckt und als Brunnenstuben Gottes rauschen hört. Auch sie geben der Studentenarbeit eine wegweisende Ausrichtung. Sie verlieren aber ihren Wert, wenn man sie vermarktet. Es ist deshalb auch für die Zukunft gut, wenn das Glaubenswerk sich betend in Distanz vom Lärm des Alltags und des Zeitgeistes ausrichtet.

Die Entstehung der Rehabilitationsarbeit habe ich geschildert. Sie hat mir viele unruhige Tage und Nächte bereitet. Die Mitarbeiterfrage ist gerade bei dieser Arbeit besonders entscheidend. Bei aller Frucht blieben Rückschläge wie der Brand der Scheune oder Einbruchdiebstähle und raffinierte Intrigen nicht aus. Es war je und dann schon mal der Teufel los, und ich hörte das Hohnlachen der Hölle. Aber Jesu Sieg ging durch alles hindurch. Der Herr schenkte auf unser Seufzen vollmächtige Mitarbeiter, und ich konnte die Zügel auch auf diesem Sektor weithin in andere Hände abgeben.

Eines Notstandes bin ich mir erst in der Rehabilitation recht bewußt geworden: Die Rehabilitation ist die Krisis echter Seelsorge. Wir erfahren hier Befreiungen aus Bindungen, die Impulse für das ganze Glaubenswerk sind. Die Sünderbank wird hier zur Bank der Begnadeten. Neulich sagte mir jemand nach einer Bibelstunde auf dem Hof:

»Ich wollte, ich hätte auch eine Bank geknackt oder LSD genommen, dann wüßte ich wenigstens, daß ich ein Sünder bin.«

Er war ein Mann aus frommem Haus und merkte, als er an der Bibelarbeit mit den Rehas teilnahm, seine Vorbehalte: fromm, frömmer, am frömmsten – schlecht, schlechter, am schlechtesten. Wer den Idealismus unter dem Kreuz nicht begraben hat, wird diese Jugend nicht verstehen und finden.

Was sind das aber auch für schöne Stunden, wenn ich, wie am letzten Weihnachtsfest, zwei Rehas trauen durfte! Sie waren seit einiger Zeit standesamtlich verheiratet und waren beide ans Rauschgift gekommen. Er kam dann zu uns auf den Hof und sie nach Hessen in ein Heim. Beide fanden Christus und feierten in der Weihnachtsfreude Hochzeit. Vielleicht lag es auch in der Führung Gottes, daß der Herr meiner Frau und mir keine eigenen Kinder schenkte, damit wir für die Suchtkranken und ohne Elternhaus Gefährdeten einen besonderen Auftrag fänden. In diesem Auftrag durften wir unendlich viel Liebe und Anhänglichkeit erfahren. Wie sehr hat es uns oft bewegt, wenn wir gerade von diesen Jungen mit Liedern, Blumen und strahlenden Augen empfangen wurden. Die Erfahrung Bodelschwinghs wurde die eigene: »Ein Körnchen Liebe ist mehr wert als ein ganzer Sack voll Gold.«

Ich denke an den aus Spenden, Gaben und Kollekten finanzierten Bau des Hauses »Heimat für Heimatlose« – es wurde vom Landesvater Albrecht am 34. Jugendtag mit einem evangelistischen Wort, das bei der Jugend ein tiefes Echo fand, seiner Bestimmung übergeben und an die Lehrwerkstätten, die besonders den jungen Rehas nach ihrer Begegnung mit Jesus Christus auch die Möglichkeit einer beruflichen Entwicklung geben sollen. Ein Wunder war es vor unser aller Augen, daß Gott auch hier Herzen und Hände öffnete und wir mit dem gesamten Maschinenpark alles aufs beste ausrichten konnten.

In der Landwirtschaft

Ich denke auch an die Zivildienstler in den verschiedenen Sparten des Glaubenswerkes, das ohne diesen Motor gar nicht bestehen könnte; und nicht ohne Bewegung an unsere Senioren. Wahrlich, die Werksfamilie ist Gottes Gemeinde. Wenn sich das ganze Werk, etwa bei der Weihnachtsfeier, findet, wird immer, wie einst bei den alten Patriarchen, ein Altar des Dankes für das, was der Herr getan, errichtet. Man muß in Krelingen gewesen sein, um die glaubende Gemeinde recht zu deuten und zu verstehen.

Dienst in der Ordensburg Gottes

Es war mein Bestreben im Aufbau des Krelinger Werkes, jedem Mitarbeiter einen Freiraum für eigene Entfaltung zu lassen. Und doch kam ich gerade hier sehr bald in Kollision mit den Erfordernissen der täglichen Arbeit, die, wie mir schien, trotz allem an erster Stelle zu stehen hätte. Dabei habe ich es erst lernen müssen, daß Gretel und ich als kinderloses Ehepaar uns einen Lebensstil angewöhnt hatten, den wir auf größere Familien und anders gewachsene Ehen nicht übertragen durften. So überfiel mich zuweilen die Angst, dieser theoretisch zugestandene Freiraum könnte Sorge und Verantwortung für das Werk einschränken. Ein schwieriger Lernprozeß setzte ein, der nicht nur mir, sondern auch den Mitarbeitern manche schwere Stunde bereitete. Wir haben alle gelernt, und so ist es nur natürlich, daß sich mit der unvorhergesehenen Entwicklung des Glaubenswerkes eine Familien- und Gemeinschaftsstruktur gebildet hat, die uns alle einschließt und die sich inzwischen als sehr hilfreich erweist. Die Mitarbeiterbesprechungen, die Gebetsgottesdienste und auch das Miteinander in persönlichen Dingen sind zu einer immer stärkeren Kette der Verbundenheit geworden. Das ist mir um so beglückender, als nur in dieser Unmittelbarkeit verhütet werden kann, daß Meinungen und Vorbehalte zu trennenden Mauern werden.

Es hat sich bewährt, daß sowohl wir als auch der potentielle Mitarbeiter die Gewißheit haben müssen, daß im Krelinger Glaubenswerk der uns zugewiesene Platz ist – diese Gewißheit kann auch nicht durch Eignung kraft besonderer Begabung ersetzt werden. Diese Gewißheit wird ihn fähig machen, in Notzeiten freudig und im kindlichen Vertrauen auch unter Opfern seinen Dienst zu tun. Mich plagt zuweilen die Sorge, dies vom Herrn geschenkte Werk könnte vom Strom des Zeitgeistes aufgenommen werden und in ein Lohndenken einmünden, das die Strahlkraft nimmt und den Unterschied von Pflicht und Nachfolge aufhebt. Der Herr möge dem Kuratorium, dem

Bruderrat und allen Mitarbeitern immer die Verbindlichkeit des Opfergeistes erhalten, der im Kreuz Christi normiert ist.

Wenn es auch menschlich verständlich ist, daß die Entwicklung eines Werkes wie Krelingen kritisch hinterfragt wird, etwa in dem Sinne, daß man glaubte, ich besäße Diamantengruben in Afrika, oder ich baute Häuser und kaufte Höfe mit Geldern, die eigentlich dem Finanzamt gehörten, dann besinne ich mich auf die erlebte Vergangenheit und staune und freue mich über die eine Tatsache, daß nämlich in Wahrheit auch für mich das Wunder des Glaubenswerkes der Herr selber ist. Menschlichem Verständnis nicht einsichtig, in den Statistiken nur am Rande vermerkt, schafft er mit dem Allergeringsten das Allergrößte. Je näher man einem Bauwerk steht, desto weniger überschaubar ist es. So ergeht es auch mir im Blick auf Krelingen. Ich gebe keinen Kommentar auf Fragen wie etwa nach der Finanzierung der laufenden Bauten, der Erweiterung der Ländereien, der Intensivierung der Landwirtschaft, der Errichtung der Werkstätten und was sonst immer geschieht. Im rechten Augenblick machte Gott eine Dame willig, uns einen großen Betrag für das Werk zu schenken. In Verträgen wurden uns Ländereien vermacht, deren Namen wir kaum kannten. Zwei verehrungswürdige Schwestern im Nordseebad Burhave vererbten dem Werk ein mehrstöckiges Wohngebäude mit Grundstücken. Durch das Lesen meiner Bücher hatten sie diese Entscheidung im Gebet gefunden. Eine Scheune wird gegenwärtig zu einem kleinen Freizeitheim ausgebaut. Unsere Studenten sind am Werk, damit sich hier auch für Tagungen und seelsorgerliche Ausrichtung neue Aktivitäten entwickeln können.

Sorge bereitet mir auch die Gefahr, das Werk könnte in Zukunft mehr in die Breite als in die Tiefe wachsen. Es liegt im Interesse des Feindes, diese Entwicklung zu beschleunigen. Wenn nicht auch hier die Grenzen des Wachstums gesehen werden, kann das Glaubenswerk seinen Korrekturwert für die Kirche verlieren. Darauf zu achten, habe ich meinen Mitarbeitern zur Verpflichtung gemacht. Gegenwärtig umfaßt das Werk sieben Wohnhäuser, ein Bürohaus mit zwei Wohnungen, einen Trakt für Jugendfreizeiten, zwei Trakte für Freizeiten und Tagungen, einen Trakt mit Seniorenheimen, ein Studentenwerk, dem jetzt der zweite Haustrakt angegliedert wurde. Die Landwirtschaft hat sich zu einem Besitzstand von ca. 100 Hektar entwickelt. Schweinemast wird betrieben mit etwa 150 Schweinen, Putenmastställe für ca. 10000 Puten. Bullenmast und Schafzucht ergänzen den Betrieb. Im eigentlichen Bauernhaus ist die erste und schwierigste Stufe der Rehabilitation. Zwei andere Stufen haben die Sanierung übernommen. Die Rehas arbeiten zunächst meistens in

Das erste Studentenhaus

dem 14000 qm großen Gewächshaus und in der Landwirtschaft. Eine dauernde psychotherapeutische und ärztliche Kontrolle ist gewährleistet. In dem zwanzig Zimmer umfassenden Haus »Heimat für Heimatlose«, dem Waldhaus, sind vorwiegend junge Menschen, die in der Landwirtschaft, im Gartenbau oder in der Schreinerei in einem ordentlichen Lehrverhältnis ausgebildet werden. Eine Abteilung für psychisch Kranke wurde neuerdings eingerichtet. In der Rehabilitation wurde die Zahl auf 40 begrenzt.

In den letzten Jahren hat sich der Sektor der Evangelisation und der Seelsorge weiter entwickelt, daß Überlegungen im Gange sind, hier noch geeignete Mitarbeiter zu berufen. Wie immer das Krelinger Werk sich entfaltet, als Ordensburg Gottes wird es auch in der kommenden Stunde seinen Auftrag weiter erfüllen.

Erfolg oder Frucht?

Es war die Korrektur Gottes in meinem Leben, daß er mir oft schmerzhaft klarmachen mußte, daß es in seinem Vokabular das Wort »Erfolg« nicht gibt. Wir stehen einer Begegnung mit Jesus dem anderen immer selbst am meisten im Wege, wenn wir Anerkennung und Selbstbestätigung suchen. Sind die Pharisäer etwa dem Herrn Jesus begegnet, wenn sie stundenlange Streitgespräche mit ihm hatten?

Sind die Schriftgelehrten ihm begegnet, wenn sie ihm still und heimlich Fallen stellten und ihn beobachten ließen? Begegnet sind ihm alle, die auf den Trost Israels warteten; oder anders ausgedrückt, die in Sünde und Schuld Heimweh hatten und nach Hause wollten.

Als Elias Schrenk einmal gefragt wurde, wie er denn die Menschen, die in seiner Seelsorge Christus begegnet seien, ethisch qualifizieren würde, antwortete er: »Es waren nicht gerade die Besten.« Es wurde mir in jungen Jahren schwer, den anderen in der Seelsorge abzuholen, weil ich im geheimen mich ethisch besser einstufte. Welch eine Mühe hat Gott doch mit uns, daß wir Sünder werden! Ich würde Spurgeon recht geben, daß jeder, der auf der Sünderbank wirklich Platz genommen hat, schon halb gerettet ist. Es ist für viele ein Ärgernis, daß das Geheimnis der Begegnung mit Christus sich auch heute noch im umgekehrten Verhältnis zu unserem Wunschtraum erfüllt: Was nichts ist vor der Welt, das hat Gott erwählt. Wer die Begegnung mit Christus unter seinem Kreuz für eine Welt, die aus dem eigenen Anspruch lebt, hoffähig machen möchte, steht in der Gefahr, das Ärgernis aus dem Weg zu räumen. Nein, die Gnade ist nicht so billig, sie kostet in jedem Fall unser Leben.

In meinem theologischen Selbstverständnis habe ich mich immer als Lutheraner gewußt. Das rechte Verhältnis zum Pietismus habe ich bei der Beschäftigung mit Hermann Bezzel gefunden. Dieser große Lehrer der Kirche hat mich darin überzeugt, daß die reformatorische Rechtfertigung nur dann verbindlich in der Heiligung zum Zuge kommen kann, wenn sie Verbindlichkeit in der Willenshingabe und Nachfolge wird.

Vor Jahren saß ich einmal mit dem Mitglied unserer Bruderschaft und dem jetzigen Leiter des Lutherischen Weltbundes, Dr. Josia Kibira, in einem seelsorgerlichen Gespräch zusammen. Er studierte damals noch in Hamburg. Es ging ihm um die Frage, wie die Erweckung in Tansania in ihrer keuschen, vom Heiligen Geist beglaubigten Weise erhalten bleiben könne. Es schien ihm betrüblich, daß so manche erwecklichen Ansätze in der Kirche nur immer in begrenztem Rahmen zeitlich und räumlich erneuernde Kraft und Wirkung hätten. Er meinte damals, es müsse doch möglich sein, die erweckende Kraft in einer dauernden Begegnung mit dem Auferstandenen in Bewegung zu erhalten.

Sicherlich gilt das auch für Krelingen. Der Bote tritt ab, die Botschaft bleibt. Glaubenswerke versanden, wenn sie sich fromm einigeln und den Heiligenschein suchen. Glaubenswerke bleiben, wenn sie sich in geheiligter Natürlichkeit im Raume der Kirche als Mitarbeiter Gottes wissen. Es ist der Gemeinde Jesu nie gut bekommen, wenn sie sich separatistisch in frommer Selbsterfahrung heiligen wollte. Ist es nicht eine ungeheure Chance, die wir noch haben, daß wir im Raum der Volks- und Landeskirchen eine ungewöhnliche Freiheit zur missionarischen Arbeit haben? Wahrlich, ich muß es meiner Kirche danken, daß ich jedenfalls höheren Orts immer nur Wohlwollen und volles Verständnis für den eigentlichen Auftrag der Kirche gefunden habe. Mag der organisierte Leerlauf auch noch so erdrückend sein, mögen noch so viele Mietlinge in ungeistlicher Weise ihren Dienst tun – wir sind das Salz der Erde, wir sind das Licht der Welt.

Sind wir es wirklich? Nur die geistliche Front hält wach; die Etappe bedeutet Gefahr. In der Etappe ging Jona auf Beobachtungsposten, in der Etappe verlor er seinen Auftrag; in der Etappe verlegte er sich auf Rizinuszucht und verlor Ninive aus dem Blickfeld und dachte nur daran, daß er seiner Ruhe pflegte. Nein, alle Glaubenswerke bleiben nur frisch, wenn sie nach Ninive gehen. Hier erfüllen sich Auftrag und Sendung. Hier geschehen die Taten Gottes, damals wie heute. Eine glaubende Gemeinde, die diese Anfechtung nicht durchsteht und erträgt, verliert ihren Herrn und hat ihren Lohn dahin.

Es ist auch eine gefährliche Selbsttäuschung, wenn man aus einem geheimen frommen Leistungsdenken meint, Gott in Erbpacht genommen zu haben. Erweckungen kommen sicher nicht nach den Gesetzen, die nur von der Reinheit der Lehre und von geistlichem Erfolgsdenken bestimmt sind. Nein, in dem Vokabular Gottes gibt es das Wort »Erfolg« nicht. Es ist seine Freiheit, daß er handelt, wie und wann und wo es IHM gefällt. Anders gesprochen: Man kann Gott auch in der Erweckung seiner Kirche nie berechnen. Er kann sich aus Steinen Kinder erwecken. Es gehört zu meiner Lebenserfahrung, daß auch die ethischen Kategorien nicht unbedingt die Rangstufen im Reich Gottes sind. Völlige Hingabe und Herzenseinfalt sind immer noch die sicherste Gewähr, daß seine Treue unser Leben zur Frucht macht.

Jesus sagt einmal: »Wenn dein inneres Auge finster ist, wie groß muß dann die Finsternis sein!« Es ist deshalb in biblischer Sicht verständlich, daß die Kirche – das heißt: die Gemeinde Jesu – ihr Wesen und Wachstum von den geistlich bestimmenden Kräften des Zeitgeistes wesentlich unbemerkt vollendet. Alles Große und Strahlende ist der Gemeinde nie gut bekommen. Das bedeutet nicht, daß sie nicht auch in Staat und Politik Salzkraft haben und erhellend wirken muß.

Eine gewisse nothafte Schwierigkeit liegt für die Gemeinde Jesu auch darin, daß sie sich immer im rechten Verhältnis zwischen organisatorischer und geistlicher Bewegung hält. Wachstum in die Breite kann das Wachstum in die Tiefe hemmen. Ich habe in meinem Leben immer leidenschaftlich das Verlorene gesucht. Ich habe aber auch immer die Angst gehabt, mit meinem ungeistlichen Wollen den Garten Gottes zu verderben. Weil das Machbare in unserem Leben begrenzt ist, ist die »Bettelarmut im Geist« Bedingung für Gottes Handeln. Am fruchtbarsten leben die Christen, die am wenigstens davon wissen. Für sie wird die größte Überraschung am Tage des Herrn die sein, daß der Bezug ihres Lebens sich erfüllte und enthüllte in jenem: »Was ihr getan habt, das habt ihr mir getan« (Matth. 25).

Auch den charismatischen Bewegungen unserer Tage gegenüber habe ich immer eine gewisse Reserve behalten. Dem Heiligen Geist bin ich dort am gewissesten begegnet, wo mehr die gelebte Kraft als frommer Wortschwall den Namen Jesu verklärte. Das Echte macht sich weniger durch die Wichtigkeit seines Daseins als durch die Kraft seines Soseins bemerkbar.

In früheren Jahren bin ich oft, nachdem ich in wochenlanger Seelsorge mit dem Schmutz von Sünde und Schuld konfrontiert worden war, in die Schweizer Berge geflüchtet. Was war das für mich ein Erlebnis, wenn ich auf den schneebedeckten Bergen über die Frühlingswiesen der Almen gehen durfte. Immer wieder erlag ich der Versuchung, den Enzian, die Alpenrosen oder das Edelweiß in meinen Pfarrgarten nach Ahlden zu bringen. Weil die Umbettung nie gelang, kam ich der Sache endlich auf den Grund: Ich hätte die Strahlung der Sonne und auch die Mineralien der Bergböden mit verpflanzen müssen. Ist es nicht auch oft so in der charismatischen Bewegung? Wo die Unmittelbarkeit der Bestrahlung und die Voraussetzungen im Glaubensboden nicht gegeben sind, können sie über Nacht ungeistlich entarten. Und wie oft habe ich sie nur als Pflichtübung, als Nachahmung und dann als Falle für den Gläubigen erlebt!

Zur Anfechtung und je und dann zur Versuchung wurde es mir gelegentlich, wenn die Leit- oder Menschenbilder des Zeitgeistes das biblische Wirklichkeitsbild des Menschen retuschierten. Ich kann nicht leugnen, daß ich der modernen Philosophie viele gute Denkanstöße und geistliche Einsichten verdanke. Nicht anders ist es mir mit den Freudschen Analysen des Menschenbildes und den Methoden der Psychotherapie ergangen. Die Praxis der Seelsorge machte mir aber einsehbar, daß alle Versuche, das Menschenbild in seiner abgründigen Tiefe aufzuschlüsseln, sich als Kurzschlüsse und Selbsttäuschung erweisen, wenn man sie im Lichte der biblischen Offenbarung sieht.

Wenn Menschen sich begegnen, sagt Martin Buber, begegnet Abgrund dem Abgrund. Gott reagierte auf diese Verzweiflungslage des Menschen und schenkte uns in Jesus Christus seinen seelsorgerlichen

Maßstab. Alle unsere Seelsorge, die dieser Wirklichkeitsdeutung ausweicht, verfehlt Auftrag und Ziel. Nur die Begegnung mit Jesus Christus kann unsere Lebensfrage, unser Woher, Wozu und Wohin so aufschlüsseln, daß diese Begegnung uns frei macht von uns selber und fähig, im Erleiden der Mitwelt das Evangelium zu bezeugen. Alle Anleihen, die die Kirche aus den Kräften des Zeitgeistes macht, führen zur Versandung, und zwar in dem Maße, wie sie diesen Kräften mehr vertraut als der schöpferischen Kraft ihrer ewigkeitlichen Botschaft. Aber wo die Sünde in ihrem Grundschaden erkannt, das Menschenbild in seiner abgründigen Verlorenheit, in seinem unendlichen Elend recht gesehen wird, ist im Kreuz Jesu Christi das Heil gegenwärtig – nur da!

In den vergangenen Jahren habe ich bei der Entwicklung des Krelinger Werkes viel darüber nachgedacht, wie sich die verschiedenen Strukturen unserer Arbeit segensvoll auf Volk und Kirche auswirken könnten. Nur wenn Gott es als Anstoß zu einer ewigen Bewegung beglaubigt, nur dann kann ein Glaubenswerk Anstoß und Korrektur für die Kirche sein. Eine kirchliche Institutionalisierung würde dem Glaubenswerk den erwecklichen Impuls nehmen. Glaubenswerke verlieren ihre Salzkraft, wenn sie am Ende nur noch sich selbst erhalten, erweitern und zu Großbetrieben entwickeln. Nur als Gebende bleiben Glaubenswerke die Empfangenden. Das eigene Gesichertsein bei frommer Geruhsamkeit oder hektischer Betriebsamkeit ist ebenso gefährlich wie Welt und Unglaube. Johannes Busch sagte mir einmal: »Unsere Glaubenswerke sind dann am gesegnetsten, wenn sie aus dem letzten Loch pfeifen. Das Seufzen der Elenden hört der Herr.«

Gott erhalte Krelingen diese Bettelarmut im Geist! Die Vision meines Lebens wäre erfüllt, wenn sich in Krelingen wiederholte, was der Prophet von einst schaute: Ich sehe einen erwachenden Zweig. Krelingen als Positionslampe Gottes wäre die Erfüllung.

Es würde den Kirchen sehr gut bekommen, wenn sie in ihrer Verkündigung den Entscheidungscharakter der Botschaft so verschärften, daß jede Verkündigung Begegnung mit dem lebendigen Herrn werden kann. Die Predigt sollte Dialog mit der Gemeinde und gleichzeitig durch den Heiligen Geist Trialog mit dem Auferstandenen sein. Nur wenn die Kirche dem suchenden Menschen in seiner Lebensfrage wieder begegnet, wird in der Verkündigung auch die Seelsorge als Reaktion Gottes und als Wesen lebendiger Gemeinde wieder erfahrbar.

Wenn ich recht sehe, war es ein Fehler der Kirche, daß sie nach dem verlorenen Krieg sich selbst zu schnell installierte. Sie hat weithin die Stunde der Begegnung, vor allem mit der fragenden Jugend, dadurch verpaßt, daß sie die Not des Unglaubens nicht als persönliche Not so durchstand und durchlitt, daß sie echte Begegnung werden konnte. Anders gesprochen: Die Kirche wird die Krisen der kommenden Stunde in ihrer Anfechtung um so gewisser überstehen, je wirklichkeitsechter in der Begegnung mit dem Suchenden und Fragenden sich ihre Botschaft erweist. Der Hirt ist größer als die Hürde. Diese Gewißheit fordert Offenheit, auch für das ökumenische Anliegen. Aber nicht um den Preis geschichtlich gewordener Wahrheit, denn alles, was geschichtlich geworden ist, muß so lange im Geschichtsfluß bleiben, bis auf geschichtlichem Wege der Herr der Kirche neue Ausrichtungen reifen läßt.

Obwohl ich immer auf Bekenntnisboden gestanden habe, ließ ich mich doch nicht verleiten, Bekenntnisfanatiker zu werden. So gewiß der Pluralismus für die Kirche eine große Gefahr bedeutet – ebenso gewiß ist, daß dieser Pluralismus nur durch eine lehrhafte Bekenntnisbewegung in einer Erweckung, die der Heilige Geist schenkt, überwunden werden kann. Es war nicht richtig, daß man etwa den Kirchentag zu einem Experimentierfeld aller möglichen Geistesrichtungen erniedrigte. Wenn die Glaubenssubstanz selber gefährdet wird, ja, wenn der Glaube dem Unglauben in den Sattel hilft, dann sind Mahnung und Bekenntnis geboten. Möge auch das Glaubenswerk Krelingen in dieser Anfechtung der Kirche Korrektur sein. Daß die gewordenen Strukturen im Krelinger Glaubenswerk von der Kirche als befruchtend anerkannt und auch gefördert werden, möchte ich mit großer Dankbarkeit vermerken. Vertrauen verpflichtet zum Schuldnertum.

Erst an meinem Lebensende habe ich gesehen, wie der ganze Weg, den ich hier nachgezeichnet habe, einer Vision folgte, die zur Demut zwingt. Womit hatte ich verdient, dort das Licht dieser Welt zu erblicken, wo schon mit der Wiege Barmherzigkeit Gottes vorgesorgt hatte? Wie kann dem Verstand einsichtig werden, daß auch Elternhaus und Umgebung ewigkeitsgeschichtlich vorgeprägt sind?

Ja, noch schwieriger wird mir die Deutung, daß auch eigenes Versagen und sogar Eigenwege der Sünde die Planung Gottes in unserem Leben nicht aufheben. Die Erfahrung mit unserer Begrenzung wird dann eine dauernde Bußnot, die unsere wahre Existenz unter dem Kreuz erst wirklich macht. Es ist wohl wahr und richtig, daß wir eigentlich zur Frucht unter dem Kreuz mehr von Gott hingeprügelt werden, als daß wir sie uns selber wünschen und erträumen. In diesem Sinne bin ich dem Herrn dankbar, daß er mir viele Pläne im eigenen Leben zerschlagen hat. Es ist oft besser für das geistliche Wachstum, Schwierigkeiten zu durchleiden, als ihnen auszuweichen und die Gelegenheit dazu noch als Führung Gottes hinzustellen. Persönlichkeiten werden nur durch schwere Krisen geschenkt. Auf Glaubensboden wächst man nur unter Belastung.

Frauen in der Kirche

Dankbar bin ich auch meiner Frau, daß sie mir eine Gehilfin war in mancherlei Anfechtungen und Nöten. Mit einer unermüdlichen Hingabe hat sie in der Jugendarbeit, im Aufbau des Krelinger Werkes sich als Dienstmagd Gottes eingesetzt. Sie ist mir Vorbild geworden, wenn ich einmal etwas auf das Eigene buchen wollte. Sie war es, die mich nie ungeschoren ließ, wenn meine Kritik zu hart, meine Warnung lieblos, mein Stolz verletzend waren. Hier liegt sicherlich am Lebensende meine größte Schuld. Ach, daß ich in der Liebe Jesu völliger gewesen wäre! Aber das Blut Jesu deckt auch hier meine Schuld. In mancherlei Verkennungen und ungerechten Verdächtigungen war ich oft über Engstirnigkeit und Mangel an Urteilsvermögen verzweifelt. Meine Frau wurde mir dann Seelsorgerin. Sie hat bei den vielen Beichten, die ich hören mußte, nie neugierig gefragt. Wohl aber hat sie in unruhigen Nächten meine Hand gesucht und die Not zum Gebet gemacht. Sie machte mich mißtrauisch für die Erfolgsleiter und wurde so der Mittelpunkt des Mitarbeiterkreises, der mich durch alle Anfechtungen glaubend und betend hindurchtrug.

Bei aller Verehrung und Dankbarkeit Frauen gegenüber, die ich bei meiner eigenen Frau am meisten empfinde, möchte ich aber doch glauben, daß die frauliche Eigenart sich am besten in der vorgegebenen Schöpfungsordnung fruchtbar entfalten kann. Ein emanzipiertes Frauentum ist mir immer ein Greuel gewesen. Die echte frauliche Entfaltung findet ihre Krone in geschenkter Mütterlichkeit, die sich in den Worten Augustins ausdrückt: »Gebt mir Mütter, und ich will die Welt retten!«

Als man mir einmal die Leitung eines großen Werkes anvertrauen wollte, habe ich das aus zwei Gründen abgelehnt. Zum einen, weil mein Pietismus aus dem Luthertum geworden ist, und zum anderen, weil ich Frauenwirtschaft nicht leiden kann. Die Kirche muß den Frauen dankbar sein, die in Gefängnissen, Diakonissenhäusern und Stätten der Inneren Mission pastorale und seelsorgerliche Funktionen ausüben. Aber wenn Ausnahmen auch die Regel bestätigen, könnte ich mich nie mit einer Kirche abfinden, die in der klerikalen Funktion von Frauen bestimmt ist. Ich kenne nur eine einzige Pfarrerin, die alle Vorbedingungen erfüllte, die für das Amt notwendig sind. In vielen Dingen sind uns die Frauen in der schöpfungsmäßigen Mitgift voraus. So war mir meine Frau immer in der Menschenkenntnis überlegen. Trotzdem ist das allgemeine Urteil wohl gültig, daß in den Sachbezügen die Frauen oft mehr von unterbewußten Gefühlen sich im Urteil leiten lassen als Männer. Wir tun gut, die Schöpfungsordnung nicht zu vergewaltigen – ja, und doch dem freien Walten des Geistes Gottes überall Raum zu geben, wo wir ihn wirksam sehen.

Was bleibt: Dank und Staunen

Im Rückblick auf mein Leben empfinde ich auch eine große Dankbarkeit für die gelebte Zeit, die nicht im wesenlosen Schein des Leerlaufs verblaßte, sondern schöpferische Begegnungen schenkte; Impulse, die den Blick weiten und die uns den Reifeprozeß der Persönlichkeit schenken. Es will mir auch scheinen, daß sich all das in mir durch die Begegnungen Geweckte gar nicht so leicht im Vokabular des Wortes ausdrücken läßt. Was uns in der Abgründigkeit unseres Selbst in begnadeten Augenblicken bewahrte und ausrichtete, macht uns zu Schuldnern, und je älter ich werde, desto intensiver empfinde ich das.

Die Natur habe ich immer geliebt. Ja, ich danke es Gott, daß er mich davor bewahrt hat, etwa aus beruflichen Gründen mein Leben in der toten und seelenlosen Struktur einer Stadt zu verbringen. Der Bauer in mir war immer existent.

Mehr aber als die Begegnung mit der Natur weiß ich mich den Menschen verpflichtet, die mir, ohne daß sie es vielleicht wußten, anschaulich machten, wie das Gesuchte in der Begegnung das Gefundene wird.

Der Gedanke, daß das Leben in Raum und Zeit begrenzt ist und wie eine Uhr, die Gott aufgezogen hat, abläuft – und, o Schreck – inhaltslos und ohne Frucht enden kann, bestimmte das Kindergebet, das mich die Oma lehrte: »Ich bin klein, mein Herz mach rein, soll niemand drin wohnen als Jesus allein.« Nun sind bald acht Jahrzehnte an meiner Lebensuhr abgelaufen. Hat sich die Zeit oder haben wir uns selber verändert? In meiner Kindheit schien mir die Zeit ungleich länger zu sein als heute. Wenn die Bauern mit dem schlohweißen Haar und den langen Bärten je und dann zu Besuch kamen und Zeit fanden, stundenlang zu klönen, dachte ich wohl, das muß doch eine Ewigkeit sein, bis man so alt wird wie diese Leute. Erst in der Rückschau entdeckt man die Wahrheit des neunzigsten Psalms: »Unser Leben fährt schnell dahin, als flögen wir davon.« Je mehr man in der

Flucht der Zeit sich bewegt, desto weniger merkt man, daß die Eisscholle unter unseren Füßen schmilzt. An der letzten Grenze ist die Erkenntnis unumgänglich: Es ist den Menschen gesetzt, einmal zu sterben, danach aber das Gericht (Hebr. 9,27). Der Tod ist der Siegesakt der Zeit, aber es wäre ebenso dumm wie folgenschwer, wenn es uns erginge wie einem Krebskranken, der die Wahrscheinlichkeit des Endes nicht sehen kann und will.

Wenn ich nun die gelebte Zeit von der Höhe des Alters überschaue, tut es mir weh, daß ich dadurch schuldig geworden bin, viele Zeit im Eigenen und damit im falschen Bezug verbracht zu haben.

Soweit wir unsere Zeit mit Scheingütern gefüllt haben, können uns im Alter die enteilenden Jahre wie gelebte Lügen erscheinen. Die eigentliche Unruhe, die unheimliche Tiefe erhält unsere Lebenszeit dadurch, daß wir sie im Anstoß des Feindes leben. Der Feind weiß, daß er wenig Zeit hat, sagt die Offenbarung Johannes. In diesem Wissen beschleunigt er die Zeitenuhr zu einer Täuschungswelle, die den Himmel verheißt und die Hölle bringen kann.

Diese Täuschungswelle nimmt mit dem kommenden Ende immer mehr zu. Im Zeitenlauf wiederholt sich im Grunde die gleiche Gefahr, die im eigenen Leben liegt. Ohne die Erfüllung in Jesus Christus ist der Glockenschlag der Zeit sinn- und ziellos. In seinem Kreuz, in seiner Auferstehung, in seiner Wiederkunft hat die Zeit die ewigkeitliche Gewißheit. »Warum prüfet ihr die Zeit nicht«, war die Frage Jesu an seine Zeitgenossen.

Es wird sicherlich in einigen Jahrzehnten möglich sein, nicht nur zum Mond, sondern auch zu anderen Planeten zu fliegen, ungeahnte Räume in kürzester Frist zu durchbrechen. Aber mit derselben Beschleunigung, mit der der Mensch versucht, Raum und Zeit zu durchbrechen, wird er freudloser und ärmer an Frieden. Seine Welt wird zum Tummelplatz einer endlos rasenden Jagd in Angst und Sorge um die Überlebensfrage. Es wäre kein Fortschritt, wenn der Mensch alle Planeten der Erde eroberte; es wäre aber ein Fortschritt, wenn er Raum und Zeit durchbräche. Die Todeslinie wird immer wirklicher. Die überholte Zeit gibt es nur in Jesus Christus. Vergangenheit und Zukunft sind in ihm erfüllte Gegenwart.

Von den Alten heißt es je und dann in der Bibel: »Sie waren lebenssatt.« Man kann das als Sättigungsgrad im gelebten Leben deuten, der erwartungslos macht und resignieren läßt. Ich möchte es als weite Erfahrung verstehen, die dem Alter Güte und gelassene Überlegenheit schenkt. Diese Eigenschaften sind das Geheimnis geprägter Persönlichkeit.

Was kommt auf uns zu?

Mir ist sonderlich in der Seelsorge gewiß geworden, daß die Gemeinde Jesu sich wie auf einem gleitenden Fließband dem Ende von Raum und Zeit nähert. Welche Kräfte führen das Steuer? Und was wird kommen, wenn die Steuerung versagt? Diese Möglichkeit sehen, heißt noch nicht, von ihr abhängig zu werden.

So wie die Welt unregierbarer wird und die Fluten der Angst und des Zweifels steigen, wie die dämonische Selbsttäuschung wächst, als könne die Welt sich aus Eigenem retten und verändern, muß die Kirche in der Standfestigkeit des Glaubens an Jesus Christus ihre Wirklichkeitsdeutung dieser Welt unmißverständlich vor Augen halten. Als wir uns vor Jahren einmal an der attischen Riviera erholten, fuhren am Abend viele Menschen auf das vor uns liegende Kap Sunion. Dort ging die Sonne in unbeschreiblicher Klarheit unter, dort war mir, als entschwebe sie in eine mir unzugängliche Unendlichkeit. Der Herr wird seiner Gemeinde auch für die kommende Endstunde solche dem Feind unzugänglichen Räume schaffen. Er wird die Gemeinde aber auch hier mitten in der Wüste ernähren.

Hermann Bezzel, der Mann, der mir – diese Erinnerungen haben es gezeigt – wie kaum ein anderer zur Positionslampe der Ewigkeit in dieser Zeit wurde, sieht die letzte Wegstrecke der Kirche so: »Es werden der Kirche in Zukunft viele Kräfte entzogen werden. Auch viele geistvollen Kräfte werden ihr entschwinden. Aber der Herr wird sich dann aus Steinen Kinder erwecken. Man wird ungelernte Leute finden, Laienprediger, schlichte Männer aus dem Volke; und es werden Notordinationen in der Wüste vollzogen werden. Ungelernte Handwerker werden wieder das Evangelium predigen. Aber das Evangelium wird gepredigt werden.

Genauso wird es sein, wenn die Welt offenbar ihrem Ende zugeht. Wir wollen weniger an die große Katastrophe denken, sondern wir wollen darum beten, daß der Herr Jesus uns noch ein großes Aufatmen schenke, ehe die letzte schwere Zeit kommt. Wie er dem einzelnen vor dem Ende, ohne daß wir es vielleicht wissen, eine Ruhestunde gibt, in der er durch die Nähe seines Heilandes für die letzte Bangigkeit gestärkt und getröstet wird, so wird er seiner streitenden Gemeinde noch eine kurze Zeit schenken, in der sie sich seiner Nähe freut und auf den großen Entscheidungstag sich rüsten kann. Dieser Entscheidungstag naht, und an uns ist es, die Wahl zu treffen, dessen bewußt, was ER für unsere Seele getan, und im unvergessenen Dank das zu bewahren, was er uns durch Vergebung unserer Sünden an Leben und Seligkeit geschenkt hat.«

In den Evangelien wird berichtet, daß die Jünger auf dem Wege stritten, wer bei der Aufrichtung des messianischen Reiches in die höchste Stellung aufrücken würde. Ist solche Streitfrage in der Jüngerschaft Jesu nicht etwas Beschämendes? Spiegelt sich da nicht unser aller Hochmut, unsere heimliche Selbstverliebtheit wider? Mir will scheinen, daß nichts der Sache Jesu und der Erweckung so sehr im Wege steht, wie die Unbußfertigkeit im frommen Gewande. Wie viele Intrigen, wieviel ehrgeiziges Streben lähmen den Durchbruch des Evangeliums zur Welt hin! Die fromme Maskerade, ohne Bußwilligkeit, ist die allergefährlichste (Offb. 3,17–18).

Dem ehrgeizigen Streben der Jünger stellt Jesus als Vorbild ein Kind entgegen. Ein Kind lebt von den Eltern her. Seine Einfalt ist keine Tugend, sondern gelebtes Vertrauen zur Mutter, zum Vater. Müßte es nicht auch in der Gemeinde Jesu so sein? Einer ist unser Meister, Christus; wir aber sind Brüder. Im Anschauen Jesu leben ist alles.

Es muß ja auch in der Kirche Rangordnungen geben, und wir sollten sie beachten; aber die sollten geistlicher Natur sein. Wenn man sich in diesen Ordnungen sonnt oder sich hinter ihnen verschanzt, können sie gefährlich werden; außerdem zeigen sie, daß sie ungeistlich sind oder auch nur ungeistlich verwaltet werden. Die Kirche wirkt dann nicht erweckend, sondern erkältend. In unnachahmlicher Weise hat Luther im Magnifikat das Wesen wahrer Größe bestimmt. Sie ist für den Christen nicht Existenz im Eigenen, sondern sie freut sich Gottes ihres Heilandes. Die Existenzmitte der Kirche ist der Herr selber. Der Maßstab liegt für die Gemeinde Jesu unter dem Kreuz Christi. Je mehr ich ihm in seinem Tode ähnlich bin, umso mehr ruht das Ansehen Gottes auf meinem Leben. Nach Luther steht auf der höchsten Höhe, das heißt im Ansehen Gottes, wer behaust ist unter dem Kreuz Christi.

Diesen Lebensbericht möchte ich nun nicht ohne einen besondern Hinweis abschließen. Kierkegaard betont mit Recht, wenn die Erfassung der Wirklichkeit mit dem Intellekt möglich wäre, hätte Jesus als Philosophie-Professor zu uns kommen müssen. Aber der Sohn Gottes hat uns die ewigkeitliche Wahrheit in Gleichnissen offenbart. Das gleichnishafte Bild liegt deshalb der erfüllten Wirklichkeit näher als der kluge Gedanke. So soll auch dieser Bericht nichts anderes sein als ein mutmachender Hinweis auf das, was Gott aus einem Menschen und durch ihn machen kann, wenn sich dieser Mensch – so störrisch und eitel und wie immer er auch sein mag – nur in die guten Hände Gottes gibt und IHN »walten« läßt, wie Paul Gerhardt das ausdrückt. Der Heilige Geist verklärt niemals einen menschlichen Namen, sondern nur den Namen Jesu. In diesem Sinne möchte ich meinen Lebensbericht verstanden wissen.

Niemand baut sein Haus ohne Fenster, sagt Spurgeon. Diese Binsenwahrheit, übertragen auf die Verkündigung, wird zur zwingenden Voraussetzung jeder glaubwürdigen Evangelisation. Ich habe gelernt, die Menschen dort abzuholen und dort anzusprechen, wo die Begegnung am gewissesten geschenkt werden kann. Da sahen sie zunächst nur mich, den Heinrich Kemner – aber nur anfangs und nur kurze Zeit. Auch die persönlichen Erlebnisse in diesem Buch sollen Fenster zu Jesus hin sein. Wenn es dem Heiligen Geist gelingt, sie als Wegzeichen Gottes zu deuten, können sie Begegnung mit Jesus sein. »Wer in der Wüste wandert mit dem Heimweh nach Hause, dem ist jeder Stern und jede Oase Deutung dafür, daß denen, die Gott lieben, alle Dinge zum Besten dienen« (Bezzel).

Im Rückblick auf mein Leben bleibt für mich nur die Bitte, daß es mir bis ans Ende verwehrt bleiben möge, Erfolge zu buchen; daß mir im gelebten Wissen um das Kreuz Christi die verborgene Eitelkeit und Selbstverliebtheit entschwinden möge wie der Tau vor der Sonne. Im Blickwechsel auf IHN bleibt nur das Bekenntnis: »War etwas Gut's am Leben mein, so war es wahrlich lauter Dein!«

Unter allen Enttäuschungen, die uns im Leben widerfahren können, ist doch am schlimmsten jene, von der der Herr am Schluß der Bergpredigt berichtet, daß einmal eine große Schar vor seinem Throne steht, die mit Zuversicht erwartet, daß sie in den Himmel kommen wird, aber zu spät aus dem furchtbaren Irrtum einer frommen Selbsttäuschung erwacht. Alles, was sie anführen: »Haben wir nicht in deinem Namen . . .« hat offenbar vor dem Retter und Richter kein Gewicht: »Ich habe euch noch nie erkannt!« Wie war dieser Irrtum, diese furchtbare fromme Selbsttäuschung möglich? Nun – dadurch, daß man Erfolg und Frucht verwechselte. Ein guter Baum bringt gute Früchte. Erfolg haben wir im Griff, Frucht ist Geschenk und Gnade. Frucht aus gelebter Demut wird nie in Selbstverwirklichung gewußt; sie lebt nur im Urteil Gottes. Erfolge bedeuten im jüngsten Gericht weniger als nichts. Wem viel gegeben ist, von dem wird man auch viel fordern. Frucht ist das Wirken des Herrn durch uns hindurch: »Ohne mich könnt ihr nichts tun.«

Worauf kommt es also an? Daß unser Leben und Sterben nicht im Vollzug des eigenen Willens, sondern im Vollzug des Willens Gottes liegt. Denen, die ihn lieben, müssen alle Dinge zum Besten dienen. Wer diese Wahrheit in Christus ergriffen hat, ist für die Wirklichkeit frei geworden. Es kommt nicht darauf an, was wir tun, sondern wie wir's tun und für wen wir's tun.

Einmal habe ich einen lieben Pastor und Bruder in Hamburg St. Pauli, in dessen Gemeinde ich einige Dienste hatte, getröstet. Er klagte mir mit Tränen, daß er dort viele Jahre, wie er meinte, in Anfechtung gestanden hätte, jedoch ohne jeden Erfolg. Er klagte mir, wie seine einzige Tochter auf der Großen Freiheit um Haaresbreite vergewaltigt worden wäre.

Ich habe ihn, so lieb ich konnte, in den Arm genommen, als er mir sagte, daß er in der Gefahr stände, neidisch zu sein auf manche Erweckung, die ich doch im Leben erfahren hätte. So habe ich ihm bezeugt: »Wenn du auf diesem Boden im Gehorsam in Gottes Willen ausharrst bis ans Ende, dann wirst du an Seinem Tage erleben, daß der Herr nicht mir, sondern dir sagt: ›Freund, rücke herauf! Ei du frommer und getreuer Knecht, du bist über wenigem getreu gewesen, gehe ein zur ewigen Freude!‹«

Es kommt alles darauf an, daß wir in unserem Leben den Willen des Herrn erfüllen. Soweit das unter der Korrektur Gottes in meinem Leben geschah, kann ich nur staunen und die Barmherzigkeit anbeten. Lieber wie die Jünger auf der Hochzeit zu Kana im Glaubensgehorsam: »Was Er euch sagt, das tut« Wasser in leere Gefäße füllen und die Stunde Gottes erleben, als wie Kain große Städte bauen und doch im Gericht Gottes enden. Lieber wie Mose vierzig Jahre Schafe hüten und dann Bote des Herrn werden, als das Leben bei den Trebern Ägyptens beschließen.

Gottes Stunde liegt immer im Wagnis und endet – auch für seine Gemeinde – in der ewigen Anbetung. Er hat uns nicht dazu erwählt, daß wir im Himmel über ihn diskutieren, sondern seine Wunder anzubeten.

Wenn wir am Tage der Ewigkeit überprüft werden, wird eine Umwertung aller Werte stattfinden: Die Letzten werden die Ersten sein und die Ersten die Letzten (Matth. 20,16f). Aber es wird sich zeigen, daß alles, was in der Nachfolge Jesu Opfer wurde in Ganzheit und Hingabe, daß alles, was Licht von Seinem Licht sein wollte und nur Seine Ehre suchte, Frucht wurde, die da bleibt. Für die Frucht liegt in unserem Ende immer Gottes Anfang.

Wenn ich auf mein Leben zurückschaue, liegt das eigentliche Geheimnis, das ich nur anbeten kann, in dem Wunder, das Luther im dritten Artikel so beschreibt: »Ich glaube, daß ich nicht aus eigener Vernunft noch Kraft an Jesus Christus, meinen Herrn, glauben oder zu ihm kommen kann . . .«. Dieser Glaube begreift sich in Einfalt als Wunder, schon jetzt und am Tage der Ewigkeit in anbetendem Staunen (Matth. 25,34–40). Seit meiner Bekehrung hat es mir deshalb nie Not gemacht, die Gottesherrschaft Jesu Christi zu erkennen und zu glauben, weil dieser Glaube im Heiligen Geist immer eine Erfahrung tangiert, die in der Anfechtung Ostergewißheit schenkt.

Von diesem Anfang im Ende her, im Heimweh und Sterbensernst hat mir Hermann Bezzel den pietistischen Bußernst der Heiligung so überzeugend vermittelt, daß Dienst und Amt davon geprägt wurden. Er sagt: Wenn mir das anvertraute Pfund auch noch so unbedeutend erscheint, darf ich doch kein Quentlein davon preisgeben. Es ist ein Unrecht der Kirche an der Welt, wenn sie das Ewige und Wahre durch den Pakt mit dem Zeitgeist zu retten sucht. Zeitbewußtsein als einziges motivierendes Element für christliches Handeln wäre der Versuch, Selbstbewußtsein an die Stelle des Ewigen zu setzen.

Dankbar bin ich auch für die geistliche Ausrichtung, die mir der große Däne Kierkegaard schenkte. Ihm danke ich die geistliche Orientierung und weithin das theologische Verstehen, das nur in der Hingabe an Jesus Christus zureichende Erfahrung wird, die den Glauben durch jede Anfechtung hindurchträgt. Der Widerspruch in der Gottessohnschaft Jesu wird nur eigene Überzeugung in Buße und Bekehrung. Kierkegaard sagt: »Das absolute Paradox ist, daß Gottes Sohn Mensch wurde. Wer es auflöst, will in seinem törichten, menschlichen Sinn, daß er Erfolg habe. Der Glaube, der aus diesem Paradox geboren wird, ist die Vernunft.« Unter Vernunft versteht er ein Zusammenknüpfen von Wahrheiten, von Schlüssen, von Ursachen. »Der Glaube an Jesus Christus kann deshalb nicht bewiesen, begründet oder begriffen werden, denn es fehlt das Glied, welches ein Zusammenknüpfen möglich macht. Was will das anders heißen, als daß der Glaube paradox sei! Wer den Glauben an Jesus Christus beweisen will, hat ihn im Grunde verraten. Er kann nur im Glauben ergriffen und bezeugt werden. Natürlich hofft auch der Glaube für dieses Leben, aber wohl gemerkt: nur in der Einfalt und Kraft des Absurden, nicht in der Kraft des menschlichen Verstandes. Sonst wäre der Glaube nur Lebensweisheit und nicht christlicher Glaube. Der christliche Glaube ist das, was die Griechen den göttlichen Wahnsinn nannten.«

Und noch einmal der Däne: »Das Paradox ist das eigentliche Pathos des geistlichen Lebens. Es ist höher zu bewerten als jedes System. Die Idee der Philosophie ist die Vermittlung, die des Christentums die des Paradoxes. Christi Erscheinung ist das absolute Paradox. Im Verhältnis zu seiner Mitwelt lag es darin, daß Er, dieser bestimmte einzelne Mensch, der aussah wie jeder andere Mensch, der wie dieser redete und Schick und Brauch folgte, daß er eben Gottes Sohn war. Für jede spätere Zeit ist das Paradox ein anderes, denn da sie ihn nicht mit leiblichen Augen sieht, ist es leichter, sich ihn als Gottes Sohn vorzustellen. Jetzt erscheint das anstößig, daß er im Gedankengang eines bestimmten Zeitalters redet. Und doch, hätte er das nicht getan, so wäre damit ein großes Unrecht gegen seine Mitwelt geschehen, denn sie wäre dann die einzige Zeit gewesen, die ein Paradox gehabt hätte, um sich daran zu ärgern.«

Nun beginnt niemand damit, Christ zu sein, das wurde wie Kierkegaards auch meine Lebenserfahrung, sondern man wird es in der Fülle der Zeit (Gal. 4,4), falls man es wird. Dann bekennt man wie Kierkegaard: »Die einzige Neuigkeit des Erdentages ist der Ewigkeit Anfang in Jesus Christus.« Ohne die Erfüllung in Christus wäre mein Leben im Leerlauf geendet, und ich wäre vielleicht Gangster geworden. Durch die erfüllte Wirklichkeit in Ihm wurde jede Anfechtung tragbar, und sie wurde überwunden, wenn ich unterschrieb, was der Herr vor mir tat: Dein Wille geschehe!

Mein Vaterland und meine Heimat habe ich sehr geliebt. Am schwersten habe ich unter dem Makel gelitten, der durch das Hitlertum für uns alle Kollektivschuld geworden ist. Daß wir als Volk der Reformation im Dritten Reich wie kein anderes Volk schuldig geworden sind, hat mich oft, wenn ich auf ausländischen Kanzeln stand, tief geschmerzt. Die Frage Bezzels liegt nahe: »Ob nicht Deutschland vielleicht zu den sterbenden Nationen gehört? – Dieses reich gesegnete, von Gott mit allen Gaben wundersam ausgestattete Volk scheint mit einer unheimlichen Beschleunigung den fremden, verneinenden Gewalten überantwortet zu sein, um an ihnen zeitlich und ewig zu sterben. Was können wir tun, was wird das Ende sein?«

Am Ende meines Lebens bedauere ich meine zeitweilige Begriffsstutzigkeit, die es mir schwer machte zu begreifen, daß wir nur unter Belastung Tiefgang behalten und daß Christus uns mitten in der Anfechtung am nächsten ist. Aber es geht uns wohl allen schwer ein, daß nur das in der Bekehrung gewandelte Selbstbewußtsein, das sich versteht im Blickwechsel auf Christus, zur Frucht ausreift. Die Ewigkeit wird zeigen, daß ein Christ nicht ein Gramm mehr Frucht hat, als was er unter dem Kreuz Christi mit Bettlerhänden empfing.

Möge der Herr unserer Kirche Zeugen schenken, die in vollmächtiger Verkündigung dem Herrn Jesus allein die Ehre geben.

Möge die Kirche das Heute der Gnade einer untergehenden Welt so bezeugen, daß die schöpferische Kraft des Wortes die alleinige Quelle des ewigen Lebens wird.

Möge doch das Rüstzentrum Krelingen mit dem anvertrauten Pfunde so wuchern, daß es in der Kirche, die ich mit all ihren Schwächen so sehr geliebt habe, immer Anstoß zur ewigen Bewegung bleibt. Deshalb noch ein letztes Mal Bezzel:

»Wir wollen mit leuchtenden Augen werben und einladen, wir wollen Weckuhren unseres Heilandes sein, solange unsere Gnadenstunde noch währt. Wir wollen mit leuchtenden Augen sterben, wenn unsere Zeit vollendet ist. Warum? Weil wir wissen, daß es nicht einem Abend entgegengeht, der grau und düster ist, dem die völlige Nacht vorzuziehen wäre; sondern wir wandern mitten durch die Nacht der Heimat entgegen. Über ein Kleines werden wir ihn sehen, wie er ist. Nur wer nicht im Heute der Gnade lebt, dem ist das ›über ein Kleines‹ ein langes ›über ein Kleines‹. Die Gemeinde Jesu lebt vom Ziel her. Der Weg bedeutet nichts. Über ein Kleines werden wir ihn sehen, und dann sind alle Reiche der Welt unseres Herrn und seines Christus geworden. Wer erweckt wurde, glaubt, wer glaubt, der fliehet nicht. Herr, erwecke dir eine Gemeinde, die es der Welt leicht macht, an dich zu glauben.«

O du Unendlicher! Wie kann ich würdig dich verkünden.
Ich – Mensch, du – Ewiger,
du mußt dich selbst mit mir verbünden,
mein Gott, mein Heil, mein Herr.

O du Allgütiger! Aus ewgen Räumen streckst du Hände
zur Welt, die du erschufst,
daß eine Menschheit heimwärts fände,
die du im Sohn noch rufst.

O du Allgnädiger! Nur zagend kann ich dir vertraun.
Du bist – ich werde sein –,
verheißen hast du, dich zu schaun,
im Sohn bist du schon mein.

Ministerpräsident Albrecht überbringt das Bundesverdienstkreuz 1. Kl. (April 1983)

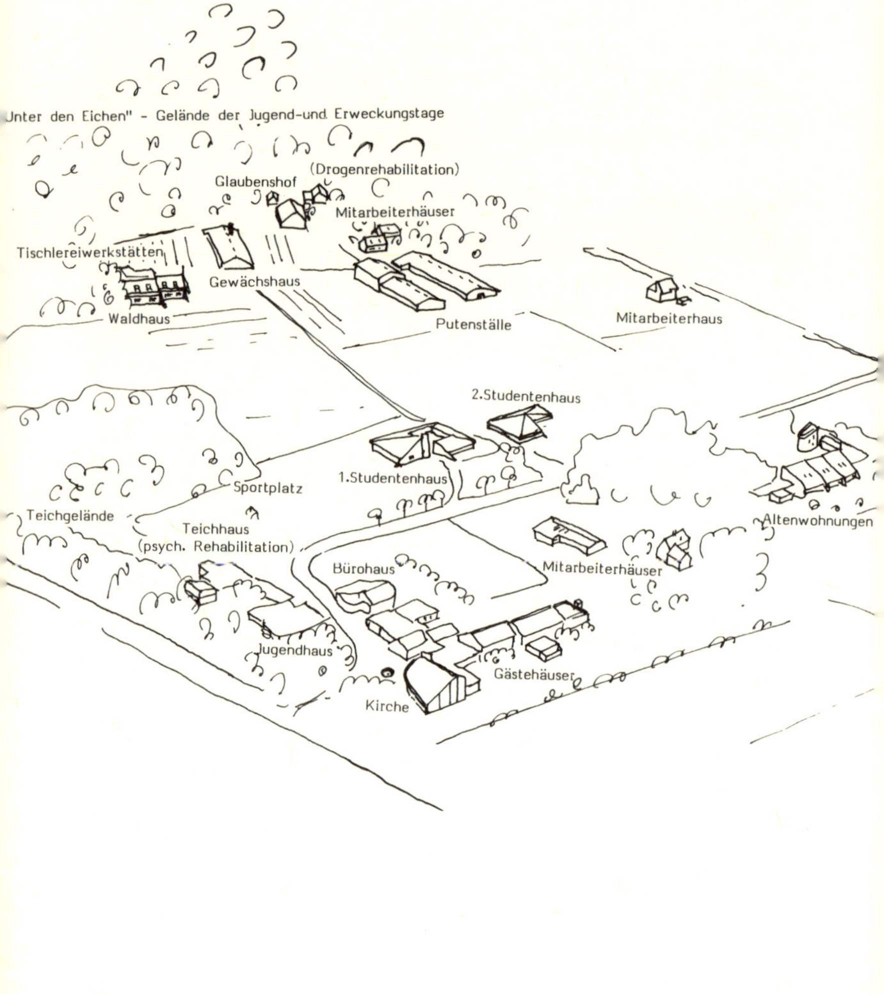
"Unter den Eichen" - Gelände der Jugend-und Erweckungstage
Glaubenshof
(Drogenrehabilitation)
Mitarbeiterhäuser
Tischlereiwerkstätten
Gewächshaus
Waldhaus
Putenställe
Mitarbeiterhaus
2.Studentenhaus
1.Studentenhaus
Sportplatz
Teichgelände
Teichhaus
(psych. Rehabilitation)
Altenwohnungen
Bürohaus
Mitarbeiterhäuser
Jugendhaus
Gästehäuser
Kirche

INHALT

Das Leben Corrie ten Booms

In drei Bänden berichtet sie über ihre Familie, ihre Arbeit, ihre Leidensschule und die Erfahrungen auf ihren Reisen in aller Welt.

I. Kleines Haus mit offenen Türen

176 Seiten, R. Brockhaus Taschenbuch, Best.-Nr. 20350

Dieses Buch beschreibt die frühe Geschichte der Familie: wie sich der jungvermählte Casper im jüdischen Viertel von Amsterdam niederläßt und mit den Nachbarn die Bibel liest und den Sabbat feiert. Seine Töchter holen sich Kinder ins Haus – gesunde und geschädigte –, gründen Pfadfinderclubs (Corrie als Verantwortliche für Sport!), versorgen Flüchtlinge, entwickeln Kulturprogramme und Musikabende, und dies alles im Rahmen einer Großfamilie, die die Türen ihres schmalen Hauses für jeden offen läßt, der Hilfe braucht.

II. Die Zuflucht

240 Seiten, R. Brockhaus Taschenbuch, Best.-Nr. 20254

»Ein erschütterndes und zugleich frohmachendes Buch, in dem Corrie ihren Lebensweg bis 1945 schildert. In den ersten fünfzig Jahren deutet nichts auf eine dramatische Zuspitzung hin, doch dann überschlagen sich die Ereignisse bis hin zum KZ Ravensbrück. Und das Erstaunliche: dieses Buch enthält keine Anklage, keinen Groll, keinen Haß . . .«

Paul Deitenbeck

III. Mit Gott durch dick und dünn

176 Seiten, R. Brockhaus Taschenbuch, Best.-Nr. 20312

Dieses Buch enthält ihre Erlebnisse vom Kriegsende bis zum Lausanner Kongreß 1974. Die 83jährige pendelt zwischen Amerika und Europa hin und her und verkündigt vor Tausenden von Menschen Gottes Botschaft von der Vergebung. »Ich habe erlebt, wie entscheidend wichtig Vergebung ist«, sagt sie, »und das Ablegen von Sorgen und das Leben in der Erwartung der Wiederkunft Christi.«